A EGREJA E O ESTADO

GANGANELLI

A EGREJA

E

O ESTADO

POR

Joaquim Saldanha Marinho

SEGUNDA SÉRIE

RIO DE JANEIRO

Typographia — Perseverança — rua do Hospicio, n. 85.

1874.

SATHER

A EGREJA E O ESTADO

I.

Motivo d'esta segunda serie de artigos.— Começo da questão episcopo-maçonica.— Inercia fatal do governo.

Caveant consules.

Cumpramos o nosso dever.

Em presença dos acontecimentos, que se succedem, apreciando os actos do governo, cada vez mais dubios, e attenta a arrogancia progressiva dos bispos, o nosso silencio seria, pelo menos, uma covardia senão um crime.

Começando esta segunda série de artigos ácerca da questão romana, cada vez mais encandecente, bem podiamos tomar por epigraphe do que vamos escrever a simples significativa palavra — *Alerta!*

A questão tem tomado um caracter assustador; chegou á mais medonha situação; chegou ao mysterio!

E o que dará o mysterio?

Acautele-se o povo!

Eis-nos, portanto, de novo empenhados na contenda nobre da liberdade contra a perfidia ultramontana; da soberania do povo contra as pretensões da curia romana; dos legitimos direitos do paiz contra a subserviencia dos que, acatando sem dignidade ao supposto rei dos reis, nos querem avassalar ao mais medonho dos despotismos, o despotismo dos padres.

Não vos tememos, *sacerdotes do poder*.

Contra a nossa humilde individualidade, sem duvida imperceptivel nesta magna contenda de idéas, ou contra os principios que professamos, vossos esforços, por melhor combinados que sejão, são improficuos.

Não vos tememos.

Abraçados com a cruz precipitaremos no abysmo o satan de roupeta, o demonio jesuita, o hypocrita de baculo, ou qualquer outro impostor e por mais alto que se assente.

Curvamo-nos respeitosos ante o altar em que se eleva a verdadeira imagem do Creador.

Abominamos e repellimos o altar sobre o qnal se arvora a dominação dos governos e o aviltamento e servilismo dos povos.

Por mais que fação os ultramontanos, mintão e calumniem, illudão ou ameacem, será para nós indifferente; seu poder não nos attingirá.

A inviolabilidade do fôro interno do homem desafia todas as Egrejas, todas as tyrannias.

Diremos com Ernesto Hendlé :

« Nesta luta impia em que aquelles que, arrogando-se o direito de reinar em nome de Deos, se insurgem contra as leis da harmonia universal, a consciencia do homem tem por complice a propria Providencia ! »

Os males que se nos preparão, a audacia dos soldados de Roma, e a vacillação do governo não nos entibião.

Não perderemos a coragem na defeza das sãs doutrinas sociaes, em prol das quaes todo o espirito independente e leal deve combater.

Eis-nos, pois, padres enfezados, á vossa frente.

A mentira não se tornará verdade á força de ser repetida.

O povo, afinal, vos fará inteira e severa justiça.

E se por imbecilidade ou má fé dos que governarem, vos fôr proporcionado um inesperado triumpho não será elle duradouro.

Vós vos abraçareis com os thronos de vossa affeição, e constituireis com elles o despotismo, sob cuja unica égide podeis reinar; mas ficai certos de que taes thronos, de envolta comvosco, rolarão infallivelmente ao abysmo.

O povo acordará um dia, e o povo é implacavel no seu julgamento.

Dissemos que a questão romana attingira ao mysterio, e portanto, á mais perigosa situação.

Apreciemos as occurrencias.

O bispo do Rio de Janeiro, que primeiro deu execução ás já caducas bullas, e não exequiveis no Imperio, por não terem sido submettidas ao beneplacito, acordou a maçonaria do lethargo em que se achava. O perigo para ella e para o paiz inteiro a fez estremecer; e antes de tudo, esquecidas antigas divergencias, tratou da sua união e a effectuou. A força que assim adquirio e que entretanto jámais a empregaria senão para o bem, creou indevidas apprehensões no *poder*.

Para logo foi planejado, e executado, manter a velha divergencia !

E o bispo de Pernambuco mostrou-se iniciado nesse plano de destruição : foi elle que ao começar a luta distinguio, para seus fins, *os bons dos máos maçons*. Parece que contava com os primeiros para aniquilar os outros.

E a guerra fratricida daria o almejado resultado — a extincção da Ordem maçonica !

A despeito de todos os esforços a maçonaria zombou dos seus algozes e se ostentou sobranceira.

Acoroçoado esse bispo, teve a *feliz* imprudencia de não aguardar os conselhos e direcção do poder, e pôr sua conta confundio *bons e máos*, e contra todos decretou a interdicção!

Suppóz chegada a hora do seu triumpho, em satisfação das ordens de Roma. Ainda bem!

O governo tremeu diante do resultado desse plano, e excommungado o proprio presidente do conselho de ministros, manifestou-se elle em attitude franca contra os ultramontanos.

Trabalhavão as camaras legislativas, e ellas offerecêrão ao governo o necessario apoio contra a insidia de Roma. Medidas reclamadas pela ordem publica contra os bispos rebeldes lhe forão com a melhor vontade offerecidas.

O governo não as acceitou, dizendo que na legislação em vigor tinha meios, ainda os mais energicos, para conter os bispos rebeldes.

A ousadia episcopal excedeu toda a espectativa: os bispos romanos infringirão a constituição do Imperio e incorrêrão em desnaturalisação.

O governo, entretanto, recolheu-se ao silencio, do qual todos os males presentes são o resultado.

A sua sinceridade era posta em duvida ante a sua inercia.

Um ultramontano, no calculo de desmoralisar mais facilmente o governo, aconselhou-o a que, entre todas as medidas a tomar, devia escolher a da responsabilidade dos bispos ante o supremo tribunal de justiça.

O governo demorou as providencias, e longe de privar do exercicio dos bispados a desnaturalisados, súbditos romanos, deixou, com a mais apparente tranquillidade, que elles continuassem a sua obra, e consentio que fossem armando o fanatismo, para fazerem frente ás idéas livres que surgião.

O de Pernambuco, o mais audaz dos jesuitas no Brazil, não tem perdido tempo, e acha-se na possibilidade de resistencia formal.

Contentou-se afinal o governo com a expedição de ordens ao procurador da corôa, para promover a responsabilidade.

O ultramontanismo folgou com a deliberação porque o resultado era já previsto.

O governo deixou de mandar tambem responsabilisar os outros bispos, aliás tão criminosos como o de Pernambuco !

E levou a tanto a sua obstinação em favor dos outros, tambem já desnaturalisados, que teve de soffrer a mais audaz provocação do bispo do Pará, o qual, por uma folha que alli se redige, sob sua influencia, e em officio directo ao ministerio do Imperio, descommunalmente affrontou a todos os poderes do Estado !

Se é capaz, disse esse bispo, sujeite-nos a processo !

E nenhuma provocação demoveu o governo de seu plano de procrastinação e de inercia !

O resultado do processo quasi que é préviamente conhecido.

O bispo de Pernambuco será absolvido, se não logo despronunciado, como geralmente se propala, e a presença, no tribunal, de um ultramontano denodado, e ferveroso defensor do *Syllabus* contra a constituição politica, o assegura.

Submettendo o negocio ao poder judiciario, o governo como que pretendeu demittir de si todo o poder de que, na camara dos deputados, se dissera armado !

E quando, ao menos na apparencia, devia aguardar a decisão judiciaria, por elle provocada, emmaranhou-se cada vez mais, envolveu-se desastradamente em

novo enredo que urdio, mandando a Roma o barão
de Penedo prostrar-se, em nome do Imperio, aos pés
de Pio IX a pedir-lhe amparo, e armando esse seu
plenipotenciario do *mais fórte argumento* para convencer a curia romana em favor do Brazil!

Dous mil contos de réis forão postos á disposição desse agente do governo (como é publico, e não
tem sido contestado) para subornar (é termo proprio)
o Santissimo Padre, e excitando-lhe a avareza, conseguir com tal immoralidade uma excepção á sua infallibilidade!

E de Roma já se diz para aqui, que o rei dos
reis, pensando melhor, e vistas as informações que em
carta authographa lhe forão dirigidas, admittia que
a maçonaria do Brazil não era tão má como elle sup-
punha, e que bem se podia della fazer mais uma
sociedade catholica, dessas que por cá se crião; jurando dar a ultima gotta de sangue pela conservação
de Sua Santidade!

Si non é vero é bene trovato.

Na questão, e a unica, do beneplacito, nem
palavra se arrisca!

O poder dos bispos continuará; a supremacia de
Roma será conservada! E á custa de uma absolvição
aviltante para a maçonaria, e que ella REPELLIRÁ,
INDUBITAVELMENTE, procura-se adormecer o espirito
publico, para que casados — throno e altar — , tri-
umphe a vontade de Roma!

Os bispos, para subjugarem todo o clero brazileiro,
liberalisão a fatal, aviltante, despotica e estupida
suspensão *ex-informata conscientia.*

E o governo, que tem o poder de revogar o
decreto, que tão imprudentemente concedeu aos bispos
essa terrivel arma, conserva-os no gozo imperturbavel
dessa repugnante attribuição!

Quando se tratou ultimamente, em conselho de ministros, de resolver sobre a medida a adoptar, para pôr termo aos desmandos episcopaes, o Sr. ministro do imperio lembrou prudentemente, e como unica e salutar providencia, a deportação. Ficou, porém, em unidade!

O processo de responsabilidade foi preferido, a despeito mesmo de se acharem os bispos já desnaturalisados, na fórma prescripta na constituição politica.

Em favor do *Syllabus*, e contra a lei fundamental do Estado, o poder supremo abraçou o conselho que no senado lhe foi dado pelo chefe da sociedade catholica do Rio de Janeiro!

O plano de Roma vai, pois, surtindo o desejado effeito!

Não é sem razão que os bispos ploclamão desde já a sua victoria.

Em Pernanbuco, no Ceará, no Rio-Grande do Sul, e em quasi todas as parochias do Imperio, se exige, para a celebração do matrimonio, para levar á pia baptismal um innocente, e para outros actos religiosos, que os pretendentes jurem não ter pertencido, ou não continuarem a pertencer á maçonaria, abjurando della!

O Governo, mudo e quedo, nemhum remedio dá contra tão grande protervia; e os padres de Roma vão assim saciando as suas iras e avassallando o povo!

O novo bispo de S. Paulo, depois de se manifestar na mais razoavel tolerancia no seu hispado, e a ponto de ser até obsequiado pela maçonaria que confiava na sua probidade, veio a esta côrte, sem duvida, conferenciar com o governo, e voltando á sua diocese mandou *sorrateiramente* (achando-se em Lorena) executar o *decreto* de Pio IX de 29 de Maio, SEM BENEPLACITO!

O bispo do Rio de Janeiro, já do pulpito, já nas suas publicações pelos jornaes, affronta o governo e o conselho de Estado, maldiz, ignorante ou desleal-mente, da maçonaria, e de todos quantos a elle não prestão servil obediencia; e nem sequer é privado das honras de capellão-mór de Sua Magestade o Imperador!

Como se póde explicar tudo isto?

Ha imbecilidade ou traição?

Onde estamos?

Para onde vamos?

Ainda os mais acautelados, e que esperão sempre a victoria de quem quer que seja, para se chegarem ao triumphador, e aplaudi-lo, nem esses podem bem dirigir seus passos vacillantes. O procedimento do governo os atordôa.

O governo, que começou a obra de moralidade, social e politica contra os bispos, não terá sufficiencia para conclui-la perfeita e digna?

Estará no caso de lhe poder ser applicado o conceito de Horacio: *Infelix operis summa, quia ponere totum nesciet?*

Diante da magnitude da questão, conhecendo que se trata de materia de maior importancia para o Brazil, nada menos do que do aviltamento, ou da liberdade desta terra, não terão os actuaes ministros o necessario patriotismo para resignarem o poder se delle não podem ou não sabem usar?

Ou haverá accôrdo e plano ajustado entre o go-verno e a curia romana para aniquilar no Imperio as liberdades que lhe restão praticamente, e sujeitar-nos todos ao mais hediondo dos despotismos?

Tudo é mysterio!

Qualquer hypothese, que os factos autorisão, é por tal modo feia e repugnante, que ninguem ousa aventurar juizo sobre o futuro!

O desconhecido, entretanto, está diante de nós; e o desconhecido póde ser de horriveis consequencias.

O que fará Pio IX, já que o nosso governo faz depender os destinos do Imperio da sua vontade indispensavel?

Deixar-se-ha o Santo Padre corromper?

Os 2,000:000$000 serão argumento sufficientemente poderoso para que elle se digne quebrar a sua omnisciencia e irrisoria infallibilidade?

Diante de um espectaculo tão humilhante, o que dirão delle os velhos catholicos da Europa?

E ante os governos das nações cultas, que papel representará o nosso, conhecido o seu procedimento em toda esta miseravel questão?

Os maçons da jurisdicção do Sr. presidente do conselho soffreráõ pacientes a decisão que, segundo a carta publicada na *Reforma*, vem de Roma, amesquinhando a maçonaria e ao Imperio?

Ou o Sr. presidente do conselho terá preparado as cousas de modo a destrui-la no Brazil, substituindo-a por uma misera associação autorisada por Pio IX, e que sem duvida será repellida por toda a maçonaria do mundo?

Repugna-nos acreditar na realização de qualquer destas hypotheses. Por honra do governo, por honra do paiz, repellimo-las.

A questão de dinheiro é aviltante quer ao poder civil do Imperio, quer ao da Egreja romana.

É uma compra e venda deslavada, e impudente.

É desmoralisadora a ambos os contractantes.

E entretanto a curia romana tem dado tantas provas de que não recusa dinheiro; tem com tanta facilidade vendido sempre as suas dispensas, suas reliquias e até a absolvição do crime, que já não tem direito a que se affirme ser ella bastante digna para repellir a grave offensa de um suborno.

E os governos do Brazil, tão faceis em esbanjar o suor do povo, e em despender irregularmente, e com subterfugios, os dinheiros publicos, illudindo de continuo os orçamentos, que nem sequer autorisão a que com vigor se repilla, como nós o desejaramos, o que ora se lhe attribue para com Pio IX.

Nenhum governo procurou ainda manter intimidade com a curia romana que não tivesse de aviltar o seu paiz.

A actual Egreja de Roma é um mal para todos os povos catholicos.

No estado das sciencias humanas, o que resta ao clero ultramontano?

A physica e as mathematicas, a chimica, a physiologia, a astronomia, a geologia e as demais sciencias, no estado de perfeição a que tem attingido, explicão tudo ao homem. Ante ellas o sobrenatural desapparece.

O que resta, pois, á hypocrisia e á astucia dos padres?

O que dizem Guyot e Lacroix: « Reclamar o direito da ignorancia em nome da fé. »

E o que querem os nossos politicos ultramontanos?

« *Omnia serviliter pro dominatione!* »

E o futuro?

Bem pouco lhes importa isso, comtanto que governem um 'dia!

Como se elles pudessem governar!...

Rio de Janeiro, 1º de Dezembro de 1873.

II.

A tribuna sagrada na actualidade — O confessionario.— As suspensões *ex-informata conscientia*. — Necessidade da revogação dos decretos n. 1911 de 28 de Março de 1857 e n. 907 de 29 de Janeiro de 1852.

A cadeira sagrada, na qual só palavras instructivas, de paz, de benevolencia e perdão, de mansidão e humildade devião ser proferidas; palavras unicas autorisadas e ensinadas pelo fundador da Egreja christã, está no Brazil e, o que mais é, nesta illustrada côrte e imperial cidade de S. Sebastião do Rio de Janeiro, convertida em esquina, onde o bispo e seus acolytos vão affixar os pasquins contra as leis, contra as auctoridades constituidas, contra a reputação dos particulares, contra todos os elementos de ordem em um paiz livre!

Mont'Alverne, Sampaio, S. Carlos, Rodovalho, Januario, e tantos outros brazileiros illustres que honrárão o pulpito, e que, com a sua palavra eloquente, illustrada, e, portanto, revestida de auctoridade conseguião a persuasão e o enthusiasmo do auditorio pelas doutrinas fieis e verdadeiras do martyr da Cruz, fôrão substituidos por Lacerda e a sua Companhia!

A cadeira sagrada, tão honrada outr'ora, o que é hoje?

Um instrumento grosseiro de propaganda ultramontana!

Dalli se atirão invectivas, alli se exercem vinganças, dalli desappareceu a palavra de Deus, para

ser ouvida a satanica imprecação do jesuita, de envolta com o imperturbavel disparate do barbadinho!

Proh pudor!

E se assim publica e ostentosamente se affronta
a dignidade do paiz, o que se passará nos confessionarios, onde o segredo (*sómente para o confessado*) autorisa a intriga na familia, e offerece poderoso incentivo
ao desenvolvimento do plano e destruição das liberdades?

O que tem feito os jesuitas no confessionario?

A historia o diz.

Salvos poucos pregadores, que, por sua erudição,
por sua prudencia, e por sua propria dignidade, não
polluem o pulpito; pregadores que, certamente por
isso, não gozão das graças do episcopado, os que
sobem á tribuna sagrada prevalecem-se da immunidade, que indevidamente lhes é tolerada, para darem
expansão a seus odios, aviltando assim a religião
santa de que se dizem sacerdotes!

Quantos ouvintes se tem, desgostosos, retirado dos
templos quando a voz do diocesano se faz ouvir?

Quantos se retiram para não se darem em espectaculo com uma gargalhada, provocada pelos disparates estupendos que em tom dogmatico e magis-
tral são proferidos do pulpito?

Quantas senhoras deixão de ir á egreja, para
não se envergonharem das obscenidades que em ita-
liano-aportuguezado, se proferem na cadeira, chamada
da verdade?

« A mulher é escrava do homem, é uma ma-
china de procreação e nada mais. O estudo das
mathematicas, e quantos podem illuminar o espirito
do homem, devem ser despresados. Com elles só se
obtem o inferno, porque o inferno é o premio do
philosopho. e do sabio » dizem esses padres!

Só se deve aprender o que ensina o barbadinho,
ou o padre ultramontano!

E tal é a educação pela qual a tribuna ecclesiastica se empenha actualmente!

Inimigos da sciencia, porque a sciencia os aniquila, elles incutem no espirito do povo,— que para sua educação basta só um livro — o cathecismo que elles vendem; e um só professor — o padre que elles inculcão!

Todos esses energumenos de sotaina professão a doutrina de De Maistre, e a ensinão, na convicção de que com ella ainda lhes é possivel restabelecer o seu detestavel reinado:

« A ignorancia, dizem elles, vale mais do que a sciencia, porque a sciencia vem do homem e a ignorancia vem de Deus. »

Querem que a primeira nação seja, não a mais illustrada, e sim a mais guerreira.

« O militar, dizem elles, não deve ter cultivado o espirito, porque só a ignorancia o habilita á obediencia. »

« O que a sciencia póde fazer de melhor é desapparecer do mundo! » Dizem elles sempre!

A noute na intelligencia e o homem material!

« Extinguir a intelligencia, diz Pelletan, já é um passo gigantesco; mas não basta ao fim a que se dirigem os patronos do obscurantismo: é mister ainda supprimir a vontade, para que o homem attinja ao estado de simples machinas.

« *Pas de peuple, un roi; pas de representation nationale, une cour; pas de opinion, la police; pas d'école, le corps de garde; pas de pensée, la censure, et mieux encore l'inquisition en taille douce.* »

E tal é o governo, cujo segredo Deus confiou aos seus intimos secretarios, os celibatarios apparentes, os insidiosos romanos, Pio IX e seus queridos ultramontanos!

E entre os reis que melhor tem comprehendido

tão santas doutrinas, um se fez notavel; foi o rei de Napoles. Elle jurava, e, com a maior facilidade, violava o juramento, metralhava o povo, e em seguida commungava, etc.

E só de semelhantes doutrinas vem a creação estupenda dos reis de direito divino, creação absurda, e pela qual Deus é representado na terra, ora por um louco, como a Suecia, a Inglaterra, e a França o experimentárão; ora por um idiota, guiado por uma mulher perversa, como Napoles supportou; ora por um ebrio como a Prussia soffreu já, e finalmente por tantos sicarios, intollerantes e perversos, que tem desmoralisado os thronos e affigido a humanidade.

E só com taes reis póde Roma imperar, porque o seu imperio tem por base: — ignorancia e subserviencia.

E para isso que elles systematicamente se oppõe ao exercicio do beneplacito.

É nesse proposito que trapaceando, procurão ampliar a esphera do espiritual, para absorver o temporal, e dar largas ao poder theocratico.

E o plano entre nós vai já adiantado!

Mas disto, quem é o principal responsavel?

O governo, e só o governo, cuja desidia dará infallivelmente pessimos resultados.

A elle deve o paiz imputar os males que vão surgindo, e que mais terriveis surgiráõ, se a procrastinação, e obstinada inercia, receio e falta de energia continuão a ser a norma de proceder dos poderes do Estado.

Na situação a que têm chegado as cousas entre nós póde um governo que se respeite e que, sobretudo, respeite o paiz, limitar-se a um simples processo de responsabilidade dos bispos, e quando estes lhe dizem em face, e arrogantes: — nada temos comvosco, obedecemos de preferencia ao pontifice romano, que é a unica auctoridade suprema nos paizes catholicos?

Como se harmonisa a inercia e tão notavel longanimidade, com a solemne promessa feita ás camaras legislativas, de que as medidas ainda as mais energicas, serião adoptadas para conter o episcopado rebelde?

Foi o governo sincero nessas suas promessas e nas declarações cathegoricas com que respondeu ás interpellações que lhe fôrão dirigidas relativamente á questão religiosa?

Façamos uma experiencia, e folgaremos que o governo satisfaça ao que delle sinceramente esperamos.

Está nas faculdades do governo, e ninguem ousará de boa fé contesta-lo, pôr termo á perfidia com que o episcopado tem exercido a faculdade incorrigivel, e que o proprio governo lhe deu, das suspensões ecclesiasticas; assim como está nas suas attribuições, e é do seu rigoroso dever, dar execução á lei que estabeleceu o registro civil dos nascimentos e obitos, e bem assim amplia-lo aos casamentos.

Pois bem: salve o clero brazileiro, emancipando-o do mais audaz e atropellador dos despotismos a que se acha sujeito.

Tire dos padres o registro do estado civil.

São dous passos gigantescos, para começar a grande obra de nossa independencia da sórdida curia romana.

Entretanto estas duas providencias, e que promptamente devem ser adoptadas, são anciosamente exigidas pelo paiz inteiro, o qual chegou, e com inabalaveis fundamentos, a descrer completamente da boa fé de Pio IX e de seus agentes.

O clero brazileiro está fóra da lei e á discrição dos bispos, que delle estão fazendo o seu principal instrumento.

O decreto n. 1911 de 28 de Março de 1857,

constitue o padre brazileiro, escravo humilde, de senhor absoluto e independente!

O governo imperial abandonou por esse decreto o cidadão brazileiro que professa a vida sacerdotal.

A dignidade do clero ficou assim humilhada; o padre foi, e acha-se privado de *liberdade e de vontade!*

Os bispos podem, sem attender a regras a que devão obedecer, sem justiça a que devão respeitar, e só por seu capricho, e sem responsabilidade e nem correctivo, inutilisar qualquer sacerdote; e este tem por força, de curvar-se, porque lhe é negado todo o recurso !

Das suspensões e interdictos extra-judiciaes ou— *ex-informata conscientia,*— não podem os padres brazileiros appellar para os poderes do Estado. O art. 2.º § 2.º desse inconsiderado decreto o véda!

E para que assim descommunalmente determinasse, o poder executivo, nem sequer attendeu á lei fundamental do imperio, se bem que para autorizar o seu acto citasse o art. 102 § 12 da constituição.

Entretanto a constituição não exceptuou o padre das garantias que no art. 179 outorgou ao cidadão brazileiro. O padre, como outro qualquer cidadão, deve gosar da liberdade de communicar o seu pensamento por palavras, ou escriptos, publical-os pela imprensa, sem dependencia de censura; respondendo, caso abuse na fórma do direito criminal estabelecido.

O padre, como outro qualquel, não póde ser condemnado sem ser ouvido e convencido :

Tambem não póde ser obrigado a fazer ou deixar de fazer alguma cousa senão em virtude de lei anterior :

Mais ainda; deve-lhe ser garantida a liberdade de consciencia. .

Esse decreto fatal, porém, priva o padre de todas essas garantias, desde que o sujeita á discrição dos bispos e sem recurso !

Os exemplos formigão de abusos intoleraveis praticados no uso de tão terrivel attribuição.

O illustre Deão da sé de Olinda, sómente por lhe serem attribuidos alguns artigos publicados no *Jornal do Recife* contra os jesuitas, foi suspenso de ordens e de beneficio !

O bispo de Pernambuco, a quem o fatal decreto armou assim, constituio-se poder para julgar dos delictos da imprensa e condemnar, sem audiencia, sem processo, e contra todos os preceitos constitucionaes :

O bispo do Rio de Janeiro suspendeu o padre Almeida Martins, por que este teve o *arrojo* de proferir um discurso em uma festa maçonica, manifestando o seu prazer pela promulgação da lei de 28 de Setembro de 1870, a da emancipação dos nascidos de ventre escravo :

O do Pará suspendeu o conego Ismael, por ter, em publicação no *Jornal do Amazonas*, censurado alguns dos seus actos. E para cumulo de escandalo, fez esse bispo dependente a absolvição do conego, de se *humilhar elle a dar-lhe uma publica e solemne satisfação*, comminação criminal que, certamente, nenhuma lei autorisa.

Outras muitas suspensões se tem infligido a diversos sacerdotes, sómente porque os bispos não obtiverão delles a subserviencia infamante, que exigem em nome de Jesus Christo, e da caridade christã, como esses energumenos a ensinão !

Dessa desastrada attribuição tem-se valido o episcopado na audaciosa attitude em que se tem collocado para com o governo !

As parochias de Pernambuco, contra as quaes o seu bispo lançára interdicto, continuão na mesma posição, a despeito de ter o conselho de Estado provido aos recursos dalli interpostos, e determinado que cessasem taes interdictos.

Os diversos vigarios, a quem o poder civil intimara o cumprimento de suas ordens legaes, forão immediatamente ameaçados de suspensão, se obedecessem ao governo ! Espavoridos ante aos effeitos do *ex-informata conscientia* preferirão curvar-se ás ordens de Roma, postergando as leis do imperio !

Como tudo isto é edificante !

Lá estão, pois, sem effeito as decisões proferidas por auctoridade competente, sobre os recursos: lá estão as matrizes abandonadas e os fieis privados de missa, de sacramentos e de tudo quanto requerem da Egreja.

E desde que esse imprudente decreto foi um acto espontaneo do executivo, e póde ser revogado; e quando é elle a mais poderosa arma dos bispos ultramontanos, para açular o fanatismo, deixa-lo em vigor e não o nullificar desde já, será a prova mais positiva, conveniente e clara, da connivencia e mancommunação do governo com a curia romana.

Por esta occasião póde o governo definir mais claramente o direito de padroado e a supremacia dos poderes do Estado em relação a quaesquer disposições da curia romana.

Ainda póde o governo, firmado na doutrina do beneplacito, fazer dependente do seu *exequatur* as pastoraes dos bispos, para que possão ellas produzir effeito.

E ao governo cumpre fazê-lo, visto que, como primeiro guarda e vigilante dos direitos do povo, não póde prescindir da indispensavel inspecção de todos os actos publicos em que o mesmo povo seja interessado.

O abuso praticado pelos bispos é ainda mais repugnante e intoleravel, quanto elles nem quer procedem de conformidade com a lei da Egreja, e com o que aconselhão os entendidos e respeitados na materia.

Leia o governo o que, com a maior sciencia, erudição, imparcialidade e criterio, se acha escripto a paginas 185 e seguintes, da magnifica obra publicada ha pouco nesta côrte, sob o titulo: *O Arcipreste da Sé de S. Paulo e o Clero do Brazil*, e verá que, conforme ensinão a *Chronica Religiosa*, o venerando bispo D. Manoel do Monte nos seus *Elementos de Direito Ecclesiastico*, aconselha o Papa Benedicto XIV, e expressamente determina o Concilio de Trento, as suspensões *ex-informata conscientia*, como tem sido decretadas pelos bispos ultramontanos do Brazil, e para firmarem um poder que nenhuma lei autorisa, são escandalosamente caprichosas e irregulares.

Cessem, portanto, todos os escrupulos, se é que, ante o espectaculo miserando a que assistimos ainda o governo vacilla para despojar os despotas de baculo do poder de que elles tão descommunalmente abusão no plano romano de supplantar os poderes politicos do Brazil.

A outra medida que urge, é a revogação prompta do vergonhoso decreto n. 907 de 29 de Janeiro de 1852, pelo qual, *por imposição clerical*, forão suspensos os de ns. 797 e 798 de 18 de Junho de 1851, o primeiro que dava organisação ao censo geral do Imperio, e o segundo que regulava o registro civil dos nascimentos e obitos.

Fôrão esses dous decretos expedidos e mandados executar. Os padres sentirão-se feridos e, na fórma do costume, incitárão os fanaticos á desordem.

Conseguirão, em uma das provincias, anarchisar o povo e constitui-lo em opposição ás ordens do governo; e este acobardou-se e.... suspendeu os effeitos dos seus actos!

Restabeleça, pois, o governo os dous citados decretos, e no do registro de nascimentos e obitos faça um additamento, incluindo tambem o dos casamentos.

As provas no estado civil abrangem as tres especies e não ha razão plausivel para fazer registrar nascimentos e obitos e não casamentos.

Agora que os bispos, abusando da benevolencia exagerada com que o governo os tem tratado, exigem tresloucadamente de mais, e resistem, é indispensavel que, entre outras lições que lhes devem ser dadas, seja o paiz satisfeito proporcionando-se-lhe a prova indispensavel e segura desses importantissimos actos do estado civil.

Satisfará o governo taes exigencias?

E' indispensavel começar!

Esperará, mesmo para isso, que o Sr. barão do Penedo lhe dê de Roma a palavra *sagrada* e de *passe*?

E' conveniente que os Srs. ministros se compenetrem de uma verdade:

« Para salvar o paiz da catastrophe de que se acha ameaçado, é indispensavel não ser brazileiro-romano. »

Ao Sr. presidente do conselho bem podemos applicar as palavras significativas que Charles Schœbe dirigio a Bismark:

« Quand on porte le titre de chancelier de l'empire rien n'est plus mesquin, et disons-le, rien n'est plus coupable que se renfermer dans le particularisme. »

Coragem e franqueza, Sr. presidente do conselho de ministros. Sua vontade *sobre todas*, sua acção com independencia.

Perante a lei é V. Ex. o unico responsavel.

Ou brazileiro ou romano.

Vacillará V. Ex. na escolha? Não certamente: nós o acreditamos. Seria a mais negra ingratidão á terra a quem V. Ex. deve tanto.

Rio de Janeiro, 13 de Dezembro de 1873.

III.

Da bulla *Unam sanctam* de Bonifacio VIII tiram motivo ainda hoje os ultramontanos para definirem o almejado poder da Egreja!

O Estado, dizem elles, lhe deve ser submisso, a sociedade civil não tem direitos que por ella não lhe sejão conferidos!

O Evangelho, dizem ainda essas *sapientissimas* e *sinceras creaturas*, ensina que o poder da Egreja deve estar armado das duas espadas, a espiritual e a temporal: a primeira manejada directamente pelo pontifice, a segunda, por intermedio dos reis, e dos guerreiros, sob a direcção do mesmo pontifice; o poder espiritual é o competente para instituir o temporal, bem como para puni-lo, caso elle se deslise dos preceitos da Egreja!

É a tão absurda doutrina que chamão preceitos do Evangelho, como se o Evangelho escudasse a audacia desses homens negros que conspurcão o nome de Deos para a realização dos seus tenebrosos planos politicos!

Os tempos, porém, em que taes paradoxos podião ser prégados, em que as fogueiras creavão os crentes, e a ingnorancia amparava esse brutal poder da Egreja, passárão.

Sob o pretexto de — *heresia* — amedrontão o povo;

e para o conservarem em cega e passiva obediencia, não cessão de o ameaçar em nome de Deos!

Como se illudem esses padres desnaturados!

Se em algum paiz catholico podem elles ainda assim se impôr, certo que esse paiz não será o Brazil, onde o povo repelle *espontaneamente* as doutrinas que lhe aniquilão a soberania e que o arriscão ao mais hediondo dos despotismos.

E o Brazil, zeloso pela manutenção de seus direitos, não se deixará supplantar pela perversidade romana.

Livre o creou a natureza, e ha de ser livre.

A politica romana não o colherá na sua rêde; medidas poderosas e energicas virão, cedo ou tarde, em favor do paiz.

E essas medidas consistem essencialmente em quebrar para sempre certos laços que o unem a Roma, destruir todas essas perogativas, privilegios e favores que o escravisão á curia, e, como diz E. Hendle, « franquear á liberdade de consciencia o campo virgem em que deve ella germinar. »

Gritem, blasphemem, calumniem e enredem quanto quizerem os padres romanos; nesta terra não arvorarão o seu estandarte de exterminio e de morte.

Cessem de intrigar com a politica, que a seu paladar figurão. Nada lhes valerá.

Sob qualquer fórma de governo, tenhão, os que governem, sciencia, brio necessario, e sobretudo amor á sua patria, e a sorte dos ultramontanos será a mesma.

Elles se abysmarão no proprio inferno com que nos ameação.

Ante a dignidade nacional, ante um povo que comprehende a sua força e a força de seus direitos, não ha Vitaes nem Laranjeiras, Silveiras nem Macedos, Santos nem Linos, como não ha *Apostolos* nem *Boas Novas*, que resistão.

A razão publica, a historia e a logica, a experiencia do passado, como as esperanças do futuro, condemnão a todos esses *marcos* do obscurantismo, a todos esses inimigos do progresso, a todos os hypocritas e impostores que, sorrateiros, pretendem, em nome de Deos e sob a égide da religião, enredando o catholicismo, blasphemando contra a liberdade, estabelecer um poder repugnante e condemnado, avassallar os reis e os povos.

Debalde tentão os padres de Roma aterrorisar com a injuria e com a diffamação aos que, livres de suggestões e cumprindo os deveres santos que lhes inspira a consciencia, resistem com tenacidade e denodo, franca e lealmente, á façanhuda cohorte que no Brazil se arregimenta para aniquilar a liberdade; que envenena e apunhala em falta de argumento, e que pretende impôr-se á custa da ingnorancia e do aviltamento.

Roma está perdida. Sua impiedade, seus vicios, seus erros e seus crimes a desacreditárão para sempre.

O catholicismo prosperará sem ella. Libertado da infallibilidade do papa curvar-se-ha só á doutrina christã por convicção e livremente, sem necessidade de oraculos e sem alimentar a simonia.

Roma, sempre hypocrita, sempre perversa, não tem dado um passo que não affronte o bom senso do universo.

Conforme as suas conveniencias, taes tem sido os seus esforços.

Compulse-se a historia, e se conhecerá até que ponto tem chegado o escandalo dos padres da Egreja romana. Veja-se, por exemplo, o que essa Egreja tem feito em relação ao voto de castidade dos padres.

O celibato não é certamente nem aconselhado

sequer por Jesus Christo; a Egreja o adoptou, mas, sem sinceridade indispensavel, conseguio apenas a prostituição e a infamia.

No tempo de Jesus Christo, dizem os padres da Egreja, á excepção de S. João, todos os apostolos forão casados.

Entretanto o celibato foi elevado a uma virtude christã!

E S. Paulo na sua epistola a Tito, dizia: — *Escolhei para padre aquelle que só tiver uma mulher.*

A curia, porem, que procurou sempre impor-se pela impostura e pela hypocrisia, e ainda quando era grande o numero dos bispos e dos padres casados, enredou por tal modo que conseguio a decretação do celibato.

Com que sinceridade porém?

Pio II escrevia á sua amasia, *que era demencia procurar fraudar a natureza.*

A libertinagem dos monges tornou-se proverbial
O cardeal Baronius, alludindo á sua época, dizia:

« Que vergonhoso espectaculo apresenta a Egreja romana ao contemplar-se que ignobeis cortezãs exercem no pontificado um poder illimitado; que promovem á cadeira de S. Pedro os seus amantes. »

Sergio III viveu publicamente com a bella Marosia.

Um filho desse concubinato foi elevado ao pontificado: foi Leão XI!

Essa mulher adquirio, por sua belleza, um poderio tal ante as primeiras auctoridades da curia romana, que muitos forão directamente por sua influencia elevados á cadeira de S. Pedro, assim como a outros ella obrigou a deixarem esse primeiro posto de honra da Egreja!

Foi ella quem fez eleger Sergio III e Anastacio III: foi ella quem depoz a João X, eleito por influencia da celebre Theodora, sua irmã e rival.

João XII foi assassinado, quando se deleitava nos braços de uma mulher, e pelo marido della!

Formoso e Estevão VI erão filhos de padre, Alexandre VI, nome celebre na historia de todos os vicios, primou pelo concubinato, pelo adulterio, pelo incesto e até pelo assassinato.

E entretanto o celibato foi elevado, pelos padres, á altura de virtude christã.

E para maior cumulo de miseria foi esse voto de castidade decretado pelos que, em geral, se a-chavão nos braços das amantes que fazião o deleite dos baculos e das thiaras!

Sempre a impostura, embora tão grosseira como esta!

E o —*fazei o que digo, não façais o que eu faço* — era a resposta favorita, quando accusados por faltarem elles proprios ao preceito de castidade que impunhão.

Os padres tem na verdade inventado regras muito commodas!

Muitos sacerdotes de boa fé acreditárão na sinceridade dos chefes que lhes impunhão a sujeição a esse voto de continencia; mas esses mesmos, ante tão grande corrupção, se convencêrão de que apenas devião fugir do casamento formal e de effeitos civis.

Não podião ser casados, mas podião ter amantes, sem duvida porque, como diz o *Tartufo*, de Moliére, entre elles e o céo havia um certo arranjo, pelo qual a elles seria perdoado aquillo mesmo que aos outros homens daria infallivel condemnação.

Então acreditarão todos que podião, sem inconveniente renunciar o casamento, em presença da possibilidade de evitar o encargo, sem deixar de fruir dos prazeres desse estado.

Mas taes forão os escandalos, que nos XIV e XV

seculos se reclamou da Egreja o restabelecimento do casamento dos padres.

A lei do celibato, ou melhor, essa grande e audaciosa impostura, tornou-se a fonte da immoralidade e do crime.

Entretanto todas as solicitações dos reis para a abrogação da lei do celibato, todas as considerações sensatas feitas pelos escriptores que tratárão desta materia, forão baldadas ante o pontificado romano, porque, dizião os dominadores da Egreja, o casamento dos padres creando affeição ás mulheres e aos filhos, e maior devoção á patria, produziria infallivelmente a decadencia da santa sé, reduzindo o papa a simples bispo de Roma!

A decretação do celibato, portanto, foi apenas um meio de acção da politica romana; e um dos principaes fins a que se dirigia, e o que geralmente se observa, era poder contar com soldados dedicados, que, sem interesse proprio a garantir, facilmente se prestassem a conservar, como ainda estão entre nós, os casamentos, na dependencia de Roma, por quanto uma das maiores forças da curia nos paizes catholicos é o casamento só religioso e sujeito absolutamente aos caprichos do chefe da Egreja e de seus prepostos.

Dizia um celebre padre francez : « O celibato do sacerdote é o mais nocivo exemplo para os costumes. Não se chegará a fazer boas leis sobre o casamento, emquanto não fôr abolida a lei injusta e anti-social que condemna os ministros da Egreja a uma continencia pessimamente observada, ou antes, de impossivel execução. »

« O celibato, diz um escriptor notavel, tem aberto na sociedade uma chaga profunda. O Evangelho o proscreve. Os papas calculárão emprega-lo como arma politica, para obrigar o clero a constituir-se um partido compacto e á sua discrição. »

Tudo, pois, é combinado para perpetuar o dominio da Egreja romana, mas isso mesmo a tem arrastado ao descredito em que se acha.

Será isto uma blasphemia? Assim o affirmão imperturbaveis os soldados de Roma.

Procuremos, pois, auctoridades que nos amparem. Entre muitos, citaremos os mais insuspeitos.

Santa Hildegarde, já em 1170, em relação aos papas dizia: — « Elles nos subjugão, como animaes ferozes com o seu poder de ligar e desligar. A Egreja inteira definha e se aniquila em suas mãos. Querem conquistar todos os imperios da terra, mas os povos se levantaráõ contra elles e contra o clero avido de riqueza e dq luxuria, e o reduziráõ á justa medida do que lhes póde ser dado. E os homens diminuiráõ a grandeza desses papas, que não têm uma gotta de religião nas veias. » (*Baluze, A Manzi II'* 444 — 447.)

Dous seculos depois, Santa Brigida dizia ao papa « que era elle peior do que Lucifer; assassino das almas que lhe erão confiadas, e que condemnava o innocente e vendia o justo a troco de ganho ignobil. (*Revel L. 4.° e 49 p.* 211.)

S. Boaventura, no seu commentario sobre o Apocalypse, contempla Roma como a prostituta que atordóa o rei e os povos com o elixir de sua devassidão, e como a causa das desordens, que atropellão o povo christão.

Em 1329, Pelayo, bispo de Silves, declarou: « Que o pontificado envenenava a Egreja; que desmoralisava tudo com a sua avidez de dominio, com sua arrogancia; que era o causador do odio votado ao clero pelos leigos; e que á curia romana devião os padres a sua corrupção. « (*De Planctu Ecclesiæ.*)

Santa Catharina, ao encontrar-se com Gregorio XI, lhe disse: « Que na curia se sentia o cheiro nauseabundo dos crimes infernaes » (*Acta sanct. p.* 891.)

Um santo sacerdote que vivêra em Roma, e que chegou a conhecer o espirito da curia, dizia que « Jerusalem crucificara uma só vez a Jesus Christo emquanto que Roma o crucificava constantemente. »

Micheau, de quem extractamos o que acabamos de citar, accrescenta:

« E' assim que, em diversos tempos, os personagens os mais consideraveis, quer por sua santidade quer por sua sciencia, tem julgado a curia, e os papas. Sem duvida elles só quizerão, com a sua critica atacar os abusos dos papas. Mas nós que vivemos depois delles, que podemos, sob o seu testemunho, fazer a synthese historica, que elles não puderão fazer, chegamos a uma época em que a instituição do papado deve afinal ser julgada em si mesma e não em seus abusos. »

A historia da curia romana se resume nas seguintes palavras:

« Erro, mentira, superstição, incredulidade, orgulho, ambição, odio, intriga, injustiça, nepotismo, avareza, símonia e crueldade! »

Repetir a historia não é blasphemar; dizer a verdade sem temor, não é ser anti-christão.

Lê-se no Evangelho, segundo S. Matheus, Cap. XVI v. 22 e 23, que Jesus Christo dissera a S. Pedro, stygmatisando o seu procedimento — *Vade post me, satana. Scandalum es mihi. Quia non sapis ea quæ Dei sunt, sed ea quæ hominum.* »

Se Christo comparou S. Pedro a Satan, o que não podemos e não devemos dizer no XIX seculo dos papas ultramontanos.

E quando escrevemos as verdades que temos enunciado, somos pelos padres de Roma acoimados de hereticos, de blasphemos e até de athêos.

Querem que endeosemos o vicio, querem que respeitemos a simonia e perversidade da curia romana, querem que acreditemos na infallibilidade do contradictorio Pio IX ?

Querem o impossivel.

Perdôe Deos a ira e o rancor com que os padres do *Apostolo* vomitão contra nós os mais nojentos improperios.

Deos se compadeça dessas almas desgarradas dos verdadeiros principios do christianismo, que no seu actual procedimento mais ainda concorrem para a perturbação da Egreja christã.

Pudessem esses padres (aliás todos muito boas pessoas e honradas creaturas), readquirir a calma que perdêrão, conseguir que a sua razão esclarecida revertesse ao seu estado normal; pudessem elles, sem odio, sem despeito, com criterio e com paciencia, reflectir e trabalhar, não por vãos desejos de um dominio impossivel, mas para restabelecer a dignidade humana de accôrdo com a bondade divina, e, estamos certos, teriamos nelles outros tantos coadjuvadores para salvar das mordeduras da hydra papal o christianismo e a civilisação assaltados atrozmente pela horda infernal dos suissos de Roma.

Rio de Janeiro, 17 de Dezembro de 1873.

P. S. — O supremo tribunal de justiça julgou hoje procedente a pronuncia dada pelo Exm. procurador da corôa contra o bispo de Olinda D. frei Vital de Oliveira. Acha-se, pois, pronunciado esse infractor das leis do Imperio, e, segundo nos informão, em crime inafiançavel. Deverá, portanto, ser recolhido á prisão para defender-se.

Não será ainda o supremo tribunal juiz competente para julgar os bispos?

Continuará esse bispo a affrontar os poderes do Estado, desobedecendo ainda ás ordens da auctoridade competente?

O governo tomará sem duvida as devidas providencias para fazer respeitar a decisão do poder judiciario.

Trataremos desta materia no seguinte artigo.

IV.

Pronuncia do bispo de Olinda.

*« Onde a lei fosse vã abstração, desar-
mada e impotente contra os deuses da terra,
a sociedade não existiria mais. »*

Do jornal — A Nação.

Non possumus disse D. Vital, o jesuita rebelde,
ao supremo tribunal de justiça!

Possumus responderão-lhe os venerandos decanos
da magistratura brazileira!

Ainda bem!

A palavra mais autorisada, a mais elevada, a
primeira do nosso poder judiciario, foi proferida. O
supremo tribunal cumprio o seu dever.

Condemnou o *Syllabus* e Pio IX de envolta com elle;

Salvou a constituição politica do Imperio, salvou
a soberania do paiz, salvou a sua propria dignidade;

As exageradas pretensões romanas forão condemnadas;

As ordens de Pio IX, sem beneplacito, forão julgadas sem effeito nesta terra;

Os elogios desse chefe politico ao seu mais denodado preposto não têm importancia, são nullos!

Ainda bem !

D. Vital commetteu um grande crime: disse-o o
supremo tribunal.

D. Vital está pronunciado.

D. Vital acha-se sob sancção penal, e incurso nas penas de 3 a 12 annos de prisão com trabalho (*Art.* 86 *do Codigo criminal*).

D. Vital terá de ser recolhido á prisão : pela natureza do crime, em que está pronunciado, não se póde livrar solto.

O nome de D. Vital de Oliveira agente secreto de Pio IX, e seu dilecto filho, vai ser lançado no rol dos culpados (*Art.* 293 *do Regulamento n.* 120, *de* 31 *de Janeiro de* 1842).

D. Vital está sujeito a accusação criminal.

Está suspenso do exercicio de todas as funcções publicas :

O *non posumus* de D. Vital perdeu o valor, que elle loucamente lhe dava, por quanto o *posumus* do poder judiciario, e a acção de qualquer agente policial, que tem a seu cargo a prisão dos criminosos, será exercida contra elle, visto como o ser bispo não o exceptua da regra geral, que a constituição politica consagra no salutar principio de *igualdade da lei para com todos absolutamente.*

Tal é o estado a que a protervia episcopal fez chegar a questão levantada pela actual Egreja de Roma (que não é a do Estado) contra as leis do paiz !

Só aos bispos insensatos se deve esta lamentavel situação. Só elles são os responsaveis por ella.

Quizerão constituir-se Estado no Estado, quizerão libertar-se dos deveres de cidadão brazileiro, considerarão-se superiores á lei e aos poderes regularmente constituidos. O que conseguirão?

O rebaixamento dos altos e importantes cargos de que se achão revestidos ; a desmoralisação do episcopado !

As condições a que attingio o negocio exigem imperiosamente, que se firme, bem clara e possitiva, a legitimidade dos actos praticados pelos poderes do Estado.

Os *Apostolos* da mentira e do erro, surgem por toda a parte; e elles procurão, incansaveis, desmoralisar tudo para consecussão do almejado dominio theocratico.

O ultramontano não tem patria; tem senhor.

O ultramontano só mira a um alvo, o de enredar as almas para submettê-las humildes aos caprichos de Roma.

Querem adeptos que jurem em prol de Pio IX, sacrificando até patria, familia, direitos e liberdade.

Fallão em Christo, mas a sua religião é o papa, e pelo papa não duvidão sacrificar o universo.

A intriga, o enredo, o sophisma, são suas armas. Não nos descuidemos, pois.

Impomo-nos hoje a tarefa de demonstrar —que bem e juridicamente procedeu o supremo tribunal de justiça,—que este venerando tribunal, bem como o governo em nada desacatárão a Egreja que a constituição autorisou como do Estado.

Nem o poder executivo, nem o judiciario, tem no seu procedimento excedido de suas legitimas faculdades.

Quanto a nós, o governo tem feito menos do que devêra.

Se tivesse assumido, desde o começo da lucta, a attitude, em que devêra collocar-se, a audacia episcopal não attingiria ao escandalo a que tem chegado. Se, conforme já o demonstramos, tivesse preferido a desnaturalisação dos bispos estrangeiros, e determinado a sua deportação, teria menos embaraços a superar.

Submetter os bispos a processo de responsabilidade, como se o caso fosse ordinario, foi quanto a nós, inconveniente e perigosissimo.

A inconveniencia estava em procrastinar as medidas, que achando-se nas attribuições do governo, nem devião ser demoradas, e nem preteridas por outras, que simplesmente addiarião a solução do negocio.

O perigo estava em expôr-se o governo á opinião desconhecida de um tribunal, opinião que podia variar, attentas as condições do paiz e a intriga e pervesidade ultramontana.

No proprio tribunal ha quem infelizmente endeose cegamente o *Syllabus*.

Uma despronuncia, como geralmente se temia, era de consequencias gravissimas: o poder judiciario deixaria firmada a substituição das garantias constitucionaes pelos despoticos artigos do *Syllabus*.

Dessa desastrosa hypothese livrou-nos o supremo tribunal de justiça, a quem por isso cabe summa honra, e a quem pedimos desculpa pelas duvidas que se havião apossado de nosso espirito em relação ao seu procedimento, duvidas que certamente não se fundavão em preconceito de qualquer modo desairoso ao tribunal, mas em achar-se a questão desvirtuada, e especialmente por força da inercia do governo, demora e procrastinação de providencias, o que levava a crêr que se fazia jogo de responsabilidade entre os poderes, procurando cada um libertar-se da censura.

A pronuncia traz como inevitavel consequencia a suspensão de exercicio; e fazer effectiva essa suspensão será tarefa espinhosa ante a pertinacia e capricho dos bispos.

A deportação, porem, facilitaria tudo ao governo, e ás auctoridades judiciarias.

E se se attender a que, com o tempo que o governo tem perdido se deu facilidade aos bispos, para armarem o fanatismo contra a ordem publica, cousa de que se não descuidou, um momento sequer, o famigerado D. Vital, se comprehenderá a gravidade da situação.

E quem sabe se o governo, afinal não será coagido a usar da deportação! Contamos com isso.

Attendão os poderes do Estado para as circumstancias em que se acha a provincia de Pernambuco. Desgraças se preparão, e já uma vez o dissemos, o governo será o responsavel pelo sangue que correr. Deixou com a sua inercia crear a resistencia! Deos se amercie do Brazil.

A Egreja do Estado, a da constituição, não foi affrontada pelo supremo tribunal de justiça, como não o foi pelo governo, e nem o seria, se este tivesse a coragem para deportar os romanos audazes que conspirão contra as leis do Estado.

Lêmos hontem em um dos jornaes desta côrte uma censura ao supremo tribunal de justiça, por haver pronunciado o bispo!

Para fundamenta-la se argumentou do seguinte modo :

« A Egreja catholica apostolica romana é, pela constituição, Egreja do Estado.

« O chefe dessa Egreja é o pontifice romano.

« Os bispos, delegados dos pontifices, e seus immediatos subordinados, estão no rigoroso dever de obedecer.

« Logo, cumprindo as suas ordens, não commettêrão crime algum, e pois, a pronuncia contra o de Pernambuco proferida é uma iniquidade! »

Tal argumento aliás singularissimo, illude pela fórma ; cahe, porém, ante a analyse, visto que pecca pela base.

Em um dos artigos da primeira serie, que escrevemos sobre a materia, definimos o que era, entre nós a Egreja do Estado, a qual certamente não é a de Pio IX.

As palavras *religião catholica apostolica romana* empregadas no art. 5.° da constituição, não pódem ser entendidas isoladamente e em absoluto. Seria um contrasenso; e em jurisprudencia, especialmente tratando-se de direito constitucional, seria um absurdo inqualificavel.

Dissemos no XXI desses artigos e que se lê a pag. 181 do primeiro volume, o seguinte:

« Temos para resolver a questão os arts. 5.°, 102 § 14, 179 §§ 1.°, 4.°, 5,°, 11, 12, 16, 19 e 22 da constituição e art. 10 § 1.° do acto addicional.

« Harmonisadas estas disposições, temos:

« Que a religião catholica apostolica romana é a religião do Estado, subordinada

« A' liberdade de consciencia ;

« A' liberdade de cultos ;

« A' sujeição ao *beneplacito* do poder civil dos decretos, bullas, letras e quaesquer constituições apostolicas, partidas da auctoridade do summo pontifice, concilios ou curia romana ;

« A' obediencia sómente ás leis do Imperio ;

« A' liberdade de palavra e de imprensa independente de censura ;

« A' não perseguição por motivo religioso ;

« A' sujeição sómente aos tribunaes civis ;

« A não ser sentenciado e condemnado senão em virtude de lei do Imperio ;

« A' igualdade perante a lei ;

« A' abolição de privilegios ;

« A' abolição de fôro privilegiado ;

« A' responsabilidade dos funccionarios, e perante juizes e tribunaes reconhecidos pela constituição ;

« A deixar de ser monopolio dos padres a instrucção publica ;

« Ao livre arbitrio do poder civil para a divisão ecclesiastica.

« Nestas condições é que a religião catholica apostolica romana é a religião do Estado, autorisada pela constituição do Imperio. »

Já vigorava a constituição politica quando os bispos actuaes acceitarão os bispados, sendo que o de Pernambuco é de muito recente data.

Acceitando-os no Brazil e sob o regimen dessa constituição sujeitarão-se a ella.

E se o pontifice os approvou para servirem sob essa mesma lei, que certo não lhe era desconhecida, limitou elle proprio o seu poder no Brazil, sujeitando-o tambem ao beneplacito estabelecido, e subordinando a Egreja romana a fazer effectivas e a acatar todas as garantias outorgadas nessa lei fundamental.

Sendo assim, e se já tambem estava constituido o direito de punir a quem quer que transgredisse a legislação em vigor, e se os bispos não podião, nem lhes seria legalmente concedido, negar obediencia a quanto se achava firmado em direito, é evidente que elles, como os demais cidadãos, estão sujeitos a igual sancção penal.

Pio IX, exigindo dos bispos brazileiros mais do que lhes permittem as leis do Imperio, procede exorbitantemente, e não póde, nem deve ser obedecido.

Os bispos que transgridem essas leis para se curvarem a mandato estranho e anti-constitucional, cumprem ordem illegal, são criminosos e devem ser punidos.

O preceito de hermeneutica juridica de interpretação da lei,— *que não deve ella ser entendida de modo a induzir a contradicção ou absurdo*, preceito conhecido e observado desde a origem do direito, visto que só elle póde manter a estabilidade, e exequibilidade da lei, repelle a intelligencia que admitte reciproco desconchavo de seus artigos, revogação, ou inefficacia mutuas.

Antes de se dizer, portanto, que *a posição dos bispos é difficil porque disposições da Carta se contradizem* deve-se estudar e comprehender o que é a Egreja do Estado no Brazil, e só a falta desse estudo reflectido, dá lugar ao erro, com o qual alguem pretende innocentar os bispos rebeldes ás leis e ás auctoridades constituidas.

Os bispos do Brazil só estão sujeitos á jurisdicção do papa naquillo em que a constituição politica o permitte: e o papa só póde determinar de accôrdo, e subordinado a essa mesma constituição.

O art. 102 § 14 não é antinomico com o 5.° da Carta constitucional.

E sem que com isto pretendamos que se não revogue esse art. 5.°, porquanto não nos dará elle senão a desordem a que de continuo estão expostos todos os paizes que consagrão uma Egreja do Estado, e especialmente a actual romana, porquanto a curia e o seu chefe, votados aos interesses ultramontanos, se empenhão sem cessar por absorver o poder temporal, e tomar a si indevida, indecente e immoral supremacia nos povos catholicos, não podemos, dando absurda intelligencia, considera-lo em contradicção com o citado art. 102.

A religião do Estado, portanto, é subordinada ao *placet* civil, e o art. 5.° deve entender-se do seguinte modo :

« A Egreja catholica apostolica romana continúa a ser a do Estado, subordinado o seu chefe ao beneplacíto civil para execução de seus decretos. »

Sendo assim, é claro que os bispos do Brazil, e que acceitárão os bispados jurando (sem o que não podião ter exercicio) observar e fazer observar a constituição e as leis, pódem, sem desobediencia ao chefe da Egreja dizer: vossa disposição é inexequivel aqui, por ser contraria á legislação em vigor.

Se obedecem ao papa de preferencia ao direito da nação, constituem-se transgressores desse direito, e como taes ficão sujeitos á sancção penal. Tudo quanto não fôr isto é anarchia.

Pio IX não podia por si constituir direito no Brazil contra as sociedades secretas. E' materia de que a legislação já curou. (Cap. 2.º Part. 4.ª Cod. Crim.)

Se a maçonaria se involvesse em materia de religião acharia o correctivo que estabelece o Cap. 1.º Part. 4.ª do mesmo Codigo.

Não se póde, portanto, estar de accôrdo com os bispos no que elles pretendem, com violação manifesta do direito constituido.

Poder-se-ha, porventura, argumentar regularmente com a possibilidade do procedimento acintoso e tresloucado do pontifice?

Não, porque isto seria uma excepção contradictoria com a regra, pela qual a auctoridade papal não póde, isolada, ser effectiva no Imperio.

Se o que os bispos têm determinado relativamente á maçonaria é para dar execução a uma ou mais bullas pontificias, quando taes bullas não chegárão a obter beneplacito para poderem ser exequiveis no Imperio, não é licito dizer que elles o podião fazer, porque é de doutrina !

O direito de beneplacito não tem limitação e comprehende geralmente todos os decretos dos concilios, letras apostolicas e quaesquer constituições ecclesiasticas. Se assim não fosse era inefficaz.

A subtil distincção, aliás não autorisada pelo citado § 14 do art. 102, tem sido de invenção ultramontana para melhor dominar no paiz, illudindo a constituição do Estado.

E maravilha que, quem dá razão aos bispos na negação estupida e criminosa de casamentos, baptismos sepulturas, etc., conclua que só andárão elles mal em ter publicado as bullas sem que as apresentassem ao poder civil !

De sorte que o cumprimento não é vedado, e nem póde constituir delicto, mas sim a simples publicação em pastoral !

Este modo de argumentar é por tal modo defectivo, que o não podemos comprehender.

Os ultramontanos não têm argumentado melhor.

Os bispos rebeldes, portanto, são criminosos; e, sujeitos, como regularmente o forão, ao supremo tribunal de justiça, este, formando-lhes culpa, e pronunciando-os, estava em seu incontestavel direito, e cumprio o seu dever.

Não entendemos liberdade sem observancia da lei, salvo o direito de reforma e aperfeiçoamento.

Não admittimos a infallibilidade do papa; é dogma novo, irritante do bom senso universal, e no Brazil inadmissivel.

O decreto romano que em 1870 o instituio, não foi sujeito ao poder executivo, não teve beneplacito, e nem o podia ter porque seria uma offensa formal á constituição.

Pugnamos pela separação absoluta da Egreja do Estado, porque tal instituição, ainda sob as bases mais livres, supplanta todas as outras religiões, pela preferencia que se dá a uma, que assim atrophia a liberdade de consciencia, inseparavel da dos cultos.

Queremos o casamento civil, e propugnaremos sempre para que de todo nos libertemos de Roma, porque a experiencia de muitos seculos nos tem convencido de que não ha nem haverá, na curia romana e no pontifice a boa fé indispensavel.

Emquanto não chegamos a uma tal obtenção, não consentiremos tambem que se interpretem as leis do Estado de modo a dar á curia romana um direito superior ao das nossas leis.

Póde o papa punir os bispos do Brazil por obedecerem elles ás leis do Imperio?

Não, porque o proprio papa, approvando-os para servirem sob essas leis, se subordina tambem a ellas.

Se transgride esse preceito até de honra, é elle quem separa a Egreja.

A religião do Estado está consagrada na Carta, a par da soberania nacional.

Os ministros da religião do Estado devem acatar essa soberania.

E se os bispos não quizerem curvar-se a ella, ou resignem os bispados, ou respondão ante a auctoridade competente por seus crimes.

Se preferem obediencia a uma auctoridade estranha, desnaturalisão-se *ipso facto*, porque exercem, sem licença do governo, jurisdicção e attribuições estranhas. E se, desnaturalisados, excitão o povo, em suas pastoraes, em seus actos, á anarchia e á desobediencia, devem ser deportados, como estrangeiros nocivos ao paiz e como perturbadores da ordem publica.

D. Vital de Oliveira, D. Macedo Costa e todos os ultramontanos já o devião ter sido.

Finalizaremos este artigo affirmando com prazer, que o supremo tribunal de justiça cumprio o seu dever.

Se completa e satisfactoriamente, não o podemos ainda dizer, visto que desconhecemos os pormenores da pronuncia e o que ella abrange.

Reservamo-nos para a publicação, que será breve.

Rio de Janeiro, 20 de Dezembro de 1873.

V.

Acautele-se o governo.

A questão ecclesiastica attingio a uma situação gravissima.

Não diga depois — *eu não cuidei!*

As faltas commettidas até agora pódem ser ainda reparadas.

A maior energia, o sacrificio mesmo, são indispensaveis. Cumpra o governo o seu dever.

Os bispos conspirão contra os poderes do Estado.

O do Pará, dizem as folhas do norte, seguio para Pernambuco. Para que?

Deu-lhe o governo licença para ausentar-se do seu bispado? Não nos consta.

E' um acinte, portanto, ao governo; é mais uma affronta ás leis do paiz, é mais um motivo para desconfiarmos desse turbulento.

Esse bispo abandonou a sua diocese por seu unico arbitrio, e vai unir os seus esforços aos do seu *digno* companheiro na luta contra as leis do paiz e contra os poderes do Estado !

Esse bispo, de caracter violento, como a sua *Boa Nova* o attesta, não offerece garantias de paz e de segurança publicas.

No seu furor de aniquilar a maçonaria de envolta

com o governo, tratou, por todos os meios, de fazer reviver antigos e já extinctos odios; foi elle que no Pará autorisou o brado aterrador e barbaro de — *mata portuguezes!*

A illustrada redação da *Reforma* sem duvida com bons fundamentos, porquanto tem bastante criterio para não aventurar tão graves proposições, disse no seu numero de hontem o seguinte:

« Já haviamos communicado ao publico que em Fevereiro deste anno o bispo do Pará, prevalecendo-se de agitações que se derão em Belém entre nacionaes e portuguezes, espalhou á noute, e na vespera de uma grande reunião maçonica, uma proclamação, intitulada *Brado ao povo*, em que se o concitava a que assassinasse os maçons, porque erão todos portuguezes, e o que querião era, por meio da maçonaria, firmar aqui melhor o seu dominio.

« O bispo negou então a paternidade de tal proclamação, e negou igualmente qualquer ligação com o partido dos *tribunos*, que era ostensivamente o que dirigia a imprensa hostil aos portuguezes.

« Agora elle entendeu que devia deitar a mascara abaixo, e, como os leitores verão da carta do nosso correspondente, ligou-se ostensivamente aos *tribunos*.

« Fique o governo convencido que o bispo do Pará é um dos caracteres mais perversos que tem o Brazil, e que se não fôr retirado em tempo, elle fará derramar muito sangue. Não se fie o governo no caracter sacerdotal; D. Antonio não só não é catholico sincero, nem mesmo acredita em Deos. Educado nos festins de Roma trouxe dahi todos os vicios que deshonrão as classes pervertidas da cidade papal. Para elle a existencia termina-se toda neste mundo, e a vida só tem um fim razoavel — *o gozo material*; e como este se não consegue sem poder e dinheiro, todos os meios são bons para adquiri-los.

« Os que duvidarem disto, recorram a um jornal que D. Antonio de Macedo redige, cuja linguagem torpe não respeita nem o sanctuario da familia, nem o leito da donzella, e verão que para escrever aquillo é necessario ter alma di *rufiano*.

« A doutrina que elle tem sustentado ultimamente nas columnas do tal periodico, com referencia aos poderes publicos é esta : « *com um governo poltrão, como o nosso, o unico meio para se conseguir qualquer cousa consiste em tornar-se temido.* »

O governo não póde nem deve conservar-se inactivo, confiando sómente na boa indole do nobre povo de Pernambuco. A provocação é extrema e a paciencia se esgota.

O fanatismo é estupido e com o fanatismo contão esses tresloucados diocesanos.

Nas questões religiosas, toda a cautela, toda a prevenção é pouca da parte daquelles a quem a segurança publica é confiada.

Por Deos, pelo Brazil, pela nossa patria, não confunda o governo a presente questão com as vulgares questões politicas, confiando muito, confiando demais na inercia, no cansaço, na procrastinação !

Os *martyres* do Vaticano, os suissos de Roma se congregão. O fanatismo em Pernanbuco continúa a ser excitado, e, infelizmente, com vantagem para os amotinadores.

Obedecerá D. Vital á ordem de prisão, que já deve ter sido expedida pelo supremo tribunal de justiça ?

O digno procurador da coróa já a deve ter requerido.

Acceitará D. Vital a suspensão que lhe está decretada, na fórma da lei, por um poder a quem elle, oppondo o seu formidavel *non possumus*, nega competencia ?

Se não se entrega á prisão deve ser respeitado ?

Se não se sujeita á suspensão, como tudo leva a crêr, póde ser consentido no bispado, exercendo jurisdicção illegal?

E as licenças e dispensas que elle, mesmo suspenso, conceder para casamentos ; as nomeações que fizer para as parochias ; as ordens sacras que conferir, pódem, ante direito, ser consideradas válidas?

Se assim se obstina em continuar no exercicio, a que ficão reduzidos os direitos civis dos catholicos naturaes ou residentes no paiz?

Os casamentos serão nullos, as ordenações sem effeito.

Os casados com dispensa actual de D Vital poderão separar-se impunemente !

Os ordenados poderão mudar de estado quando quizerem !

Tudo quanto fizerem os parochos presentemente nomeados em Pernambuco não terá effeito legitimo !

Quod nullum est, nullum producit effectum.

Actue meri facti sinexullo juris effectu ne domine quidem contractus digni.

Ainda mais :

Quod initio vitiousm est, non potest tractu temporis convalescere.

Com estas regras, e sem que se possão apartar dellas, serão obrigados os nossos tribunaes a resolver as questões que se suscitarem a respeito da validade dos casamentos, e de todos os actos da vida civil delles dependentes.

Qual a garantia das successões que assim ficarem viciadas?

D. Vital se não se subordina devidamente ao poder civil, se, impertinente, continúa romano e subdito sómente de Pio IX creará em Pernambuco uma perfeita anarchia juridica.

Portanto, ou esse bispo, até hoje energumeno e

4

em hostilidade aberta ás leis do Imperio, se confessa culpado e se curva aos decretos do poder competente (o supremo tribunal de justiça e o governo, na parte que lhe cabe, e no contencioso administrativo), ou não póde impunemente ser supportado a dar leis, de seu palacio episcopal, affrontando a tudo e a todos, e constituindo, sob u sua famosa égide, Pio IX, o unico poder desta terra.

As circumstancias, pois, são gravissimas, e com mais força ainda bradaremos: *Caveant consules!*

As manifestações e adhesões que esse bispo D. Vital de Oliveira tem conseguido, por intermedio de seus vigarios *de encommenda*, e sob a pressão do furibundo *ex-informata conscientia*, devem pesar no animo de qualquer governo prudente e reflectido.

As sociedades secretas, que em Pernambuco se achão constituidas sob a direcção episcopal, sociedades para as quaes se tem, segundo nos informão pessoas fidedignas em cartas que temos recebido, recrutado a parte do povo menos illustrada; a popularidade creada com o fanatismo, mantida com boas promessas, ou com a ameaça de penas eternas, e tudo quanto mais se observa repugnante ás instituições brazileiras, e de animação aos jesuitas e ultramontanos, deve merecer muito séria attenção do governo.

Deixar que um tal germen de perturbação publica se desenvolva, e tome maior incremento, será um erro, um crime mesmo e de fataes consequencias.

Acobardar-se o governo ante a ousadia episcopal será uma degradação.

As gerações futuras bradarão indignadas contra a inepcia, a humilhação, senão contra a protervia, e a traição que hoje se praticarem em prejuizo das liberdades, das garantias e do bem estar sociaes.

Attenda o governo, e conheça quanto tem sido facil nas nomeações de bispos.

O que hoje se faz ostentosamente de ha muito se fazia com cautela!

Os padres, escravos do ·Vaticano, e iniciados nos mysterios de Roma, os suissos de Pio IX, se preparão, ha tempos, para organisação da cruzada, que, felizmente franca, appareceu agora, e quando é ainda possivel esmaga-la.

Se o governo perde a opportunidade, mata o paiz.

O actual bispo do Ceará, que tão hypocritamente se conservou, até poucos mezes, em illusoria apparencia de paz, e até vivendo e convivendo com maçons, tomou afinal o seu lugar entre os *francos atiradores* do papa!

Esse bispo de ha muito se prepara para o combate. Soube ser hypocrita para fortalecer a cruzada.

Attendão os leitores:

Em 1864 instituio elle no seu bispado uma sociedade secreta, e sob sua immediata inspecção, com o titulo — Sociedade Ecclesiastica de S. Pedro.

Os estatutos dessa sociedade estabelecem as seguintes disposições, que textualmente copiamos :

« Congraçarem-se os irmãos ou socios com a maior *amabilidade e fraternidade* (art. 3.°)

« Promover quanto couber em suas forças e *até com sacrificio* o bem estar *dos negocios da Egreja,* DE QUALQUER NATUREZA QUE SEJÃO! (art. 12 § 2.°)

« *Tomar* TODA A PARTE ACTIVA *na politica, afim de sér representada em seus interesses, em qualquer das camaras e assembléas, por membros de sua classe* (art. 24.)

« SEGREDO INVIOLAVEL E SAGRADO (art. 28)!

« NÃO LEVAR AO CONFESSIONARIO (!) *os interesses da sociedade* (art. 3.°)! »

Eis uma associação cujos *segredos* são vedados, e por um bispo, até no confessionario!

Eis uma *sociedade secreta* com fim *essencialmente politico*.

Eis uma *sociedade secreta* que deve empenhar-se, ainda com *sacrifício, pelos interesses da Egreja*, DE QUALQUER NATUREZA QUE SEJÃO!

Taes estatutos forão publicados na *Fraternidade* (do Ceará) de 11 de Novembro proximo passado, e sem contestação!

O actual bispo, o executor das bullas, sem beneplacito, contra as sociedades secretas, e que as fulmina com excommunhão maior, foi o instituidor dessa famosa *Carbonaria* de S. Pedro!

Para esse bispo, o mesmo que em observancia da celeberrima — *Quamquam dolores* — condemnou a maçonaria, como sociedade secreta, e declarou por isso os maçons fóra da Egreja, qual o peso dessa e das demais bullas que actualmente servem de arma para aniquilar o poder civil!

Elle proprio as transgride, dando-lhes assim o valor!

Hypocritas, que sob a invocação de Jesus-Christo arrastão os fanaticos e os convertem em seu instrumento.

Refalsados, embusteiros, calumniadores, que, para seus fins *secretos, inviolaveis e sagrados*, condemnão a maçonaria por ser secreta!

E a sociedade formada por esse bispo é essencialmente politica, e para fazer eleger os seus membros ao parlamento!

Como, em todos os actos desses soldados de Roma transluz a má fé e a deslealdade, o refalsamento e a traição!

Emquanto que nas constituições maçonicas, longe de se fallar em politica, se estabelece a prohibição absoluta de se tratar ou discutir materia dessa natureza, esses homens negros, attribuem a essa asso-

ciação o intento de derribar thronos e instituições!
Elles mesmos se organisão, entretanto, para trabalha-
rem em segredo,. e tão inviolavel, que até *nos proprios confessionarios é vedado!*

Um bispo ultramontano autorisa assim a mentira
no confessionario!

E querem que nos enthusiasmemos por esse fatal
recurso dos padres!

E por que dissemos o que é publico e notorio
dos abusos commettidos por confessóres; jesuitas e romanos, os padres de D. Lacerda arrancam quanta as-
querosidade os envenena e corróe, e no-la atiram *in-
dividualmente* a mãos cheias, sem se lembrarem de
que em si proprios cospem.

Calculam amedrontar com o insulto, com a calumnia, com a diffamação!

Se juizes venerandos condemnam o procedimento
criminoso de um bispo, sobre elles lançam uma chuva
de improperios immundos, desses que a sotaina ultramontana agazalha.

Se o venerando ancião, honrado presidente · do
mais elevado tribunal do paiz, cumpre o seu dever,
e, severo, não se deixa amedrontar pela ameaça,
nem se deixa seduzir pela promessa, contra elle proferem vil invectiva, *suspeitando-o capaz de falsificar
o sorteio dos juizes!*

E são os sacerdotes da Egreja romana e os seus
sachristães que a tanto se atrevem!

Assim, raivosos e desesperados, ainda querem
que se acredite na sua sinceridade!

Continuai, bons padres; admirando a sabedoria do
vosso bispo, vos definis perfeitamente.

Continuai, bons padres, não perturbareis a nossa
viagem.

O vosso estado é lastimoso.

Apoz a hydrophobia, a morte! Deos se compadeça de vós!

Vós, que, cégos, obedeceis a Pio IX, attendei:

A Egreja romana se suicida. Pretendeu de mais, e cahio!

Procura levantar-se á custa da excommunhão e da mentira! O que não póde fazer com lealdade e francamente, quer consegui-lo com hypocrisia!

« Sem o poder temporal, disse ultimamente um arcebispo ultramontano, acabaremos como uma seita. »

Mas o poder temporal é já uma utopia dos poderes de Roma. O que, pois, fica sendo a Egreja romana!

E quando, exhibindo opiniões de auctoridades competentes, nos empenhamos em demonstrar essa decadencia do papado ultramontano, que, certamente, já não póde ser considerado o chefe legitimo do catholicismo, os suissos de Pio IX se prevalecem do pulpito e da imprensa para o insulto, usam do confessionario para a intriga, e, longe de argumento nos oppõem palavras banaes!

Hereges, blasphemos, impios, covardes, ignorantes! E mais nada!

E com que applicação?

Nem elles proprios o sabem explicar.

E' que, na questão, como ella está sendo debatida, duas escolas predominam.

Uma é a da historia, a da apreciação dos acontecimentos, a da logica, a da sinceridade, a da civilisação e da liberdade, a que considera as constituições politicas dos povos a suprema lei que repelle uma supremacia despótica, de impossivel e repugnante infallibilidade.

E' a escola que falla livremente aos espiritos, e que procura, com os recursos da razão e em prol da dignidade humana, convencer com os principios, tirando a sua vantagem da ampla e livre discussão. E' a nossa escola.

A outra é a dos padres romanos : é a da crença por *ordem superior*, e que não argumenta, mas simplesmente responde a tudo, qualificando as mais claras e evidentes consequencias de — *heresias e blasphemias*. E' aquella em que os sectarios lendo mal o breviario, considerão-se dogmaticamente omniscientes, jogão com profusão o epitheto de ignorante, sem capacidade aliás nem para definirem o termo que empregão.

A primeira é a da liberdade de consciencia e que propaga a sã doutrina de que ao homem é facultativo o livre arbitrio da escolha de religião, ou do modo de adorar a Deos, como mais consentaneo seja com a sua razão e intelligencia.

A segunda impõe a sua crença, foge da luta intelligente, amaldiçôa a civilisação e procura convencer com a tortura, com a fogueira.

As duas escolas se pódem resumidamente definir :

Progresso e estabilidade caprichosa estupida e indefinida ; liberdade e obscurantismo ; soberania do povo e soberania dos papas ; constituições politicas livres e *Syllabus*.

Dahi vem que é e será sempre preferivel a primeira, enquanto que a segunda cada vez se torna mais detestada. A dignidade humana a repelle.

E porque é essa segunda a unica e exclusiva da Egreja de Roma, dahi vem a sua decadencia e descredito, o seu demerito e o seu aniquilamento.

Emquanto o governo tem procurado por todos os meios brandos (levando a sua bonomia até á inconveniencia e perigo) chamar os bispos a seus deveres de cidadãos, estes acastellão-se no positivo que lhes ensina a curia, e que os ultramontanos lhes impoem, e sem attender á razão, e menos ás condições constituintes do paz, respondem com as simples *magnas* palavras — *non possumus* !

E quando os poderes do Estado, esgotados todos os recursos da cortezia, da paciencia e da brandura, fazem effectiva a legislação, que os bispos jurárão acatar e respeitar, procurão elles, incutindo no animo do'' povo, o simples medo do inferno, alimentar o fanatismo e fazer delle uma arma de perturbação da ordem e da segurança do Estado !

Rebellão-se, não argumentão ; e creando uma vil intriga de nacionalidade, pretendem atirar-nos a uma medonha guerra civil religiosa, para no sangue que correr moldarem a obediencia cega ao seu idolo de Roma !

« Quando a Egreja se prepara, diz um escriptor conceituado, reune todas as forças vivas de que dispõe ainda e lança um desafio solemne ás sociedades modernas, proclama em um concilio ecumenico doutrinas erroneas, com as quaes pretende restabelecer o seu imperio ; e que o exercito inteiro de seus padres, de seus monges e adeptos de todas as qualidades se esforção em propagar no mundo e ensinar á mocidade doutrinas repugnantes, é obrigação rigorosa do homem livre agitar a sua bandeira de independencia de Roma e de separação da Egreja »

Tal é a situação em que nos achamos, e ante a qual urge que o governo do paiz, sem preconceitos e com lealdade, cumpra o seu dever, para o salvar da catastrophe medonha que o ameaça.

A nobre bandeira a que nos abrigamos está francamente desfraldada.

Cedo ou tarde chegará a convicção ao governo : povo e governo se abraçaráõ com ella para salvarem-se da insidia e da perversidade de Roma.

A civilisação o reclama e os verdadeiros interesses do paiz o determinão.

Rio Janeiro, 24 de Dezembro de 1873.

VI.

O ultramontanismo definido com uma allegoria de Apelles. — A Egreja
de Roma e a Maçonaria.

Apelles defendeu-se, ante Ptolomeu, das machinações de um rival, offerecendo-lhe uma espirituosa
e magnifica allegoria.

Representou a *credulidade* com as longas orelhas
de Midas, sentada em um throno, entre a *ignorancia*
e a *suspeita*, dando a mão á *calumnia* que, raivosa,
caminha para ella.

Esta é a figura principal, e occupa o centro
do quadro, tendo em uma das mãos um archote,
e com a outra arrastando pelos cabellos a *innocencia*
figurada em uma bella menina, a qual tem levan-
tadas as mãos para o céo, a quem toma por testemunha
da crueldade que com ella se pratica. Diante da
calumnia é representada a *inveja*, livida e vêsga,
acompanhada da *fraude* e do *artificio*, que concorrem
para torna-la menos feia.

Um pouco distante se vê o *arrependimento*,
representado por uma mulher em luto, desgrenhada,
com os vestidos dilacerados, em attitude de desespero,
e que lacrimosa encara a *verdade* a qual apparece
no fundo do quadro, caminhando lentamente para o
lugar occupado pela *calumnia*.

Mal sabia Apelles que a allegoria, com tanto

talento pensada e executada, exprimia uma situação bem apartada do seu tempo !

Apelles pintou a côrte romana e o ultramontanismo em acção !

E se o *arrependimento* fosse figurado por um governo timido, e a *verdade* pela civilisação moderna, a allegoria representava fielmente a situação em que nos achamos !

A calumnia, a mentira e aleivosia são as principaes armas de Roma, em detrimento dos interesses de todo o mundo civilisado.

E contra o degradante manejo dos ultramontanos, cumpre protestar com energia.

Aquelles que nos attribuem violencia de expressões contra o chefe da Egreja romana, os que entendem que o definimos com demasiada severidade, não reflectem que a aggressão não partio de nós.

Respondemos com vigor ; damos os nomes proprios ás cousas, e qualificamos os actos como elles devem ser qualificados.

Por mais alto que esteja collocado, ninguem tem o direito de mentir, de calumniar, ou de perturbar a consciencia do povo.

O chefe da Egreja romana, é um homem, como outro qualquer, sujeito ao erro, ao vicio, como tambem susceptivel de tudo quanto póde constituir um ente digno e respeitavel. Póde ser Pio IX ou Clemente XIV.

Ante Deos e quando juizo final tiver de ser proferido, papa ou simples e misero sachristão, rei ou vassallo, general ou soldado, governador ou governado, todos comparecerão como simples creaturas, e serão avaliados indistinctamente, conforme a sua vida, o seu proceder, a sua virtude ou o seu vicio.

Se por convenção os homens constituirão jerarchias religiosas ou civis, nas quaes gradualmente

se distinguem uns dos outros conforme os encargos
sociaes a cada um commettidos, não é menos verdade que todas as grandezas desapparecem ante um
juizo eternamente justo e por isso inexoravel.

O papa como o simples sapateiro, como o
homem do povo, nenhuma distincção tem e nem
póde ter ante a justiça divina.

A tiara nem lhe apaga os crimes, nem estimula
o perdão.

O justo, quem quer seja, terá o premio de
suas virtudes, assim como o máo, o relapso, ha-de
ser infalivellmente punido. E façāo o que quizerem
os padres, enredem como lhes aprouver, vendão as
cousas mais santas sob falsas promessas de mudar
a condição de quem quer que seja, nada disso
passará de especulação torpe, por meio da qual
apenas se illude o espirito do povo.

E demais : esse negocio indecente que na terra
é feito por auctoridade de Roma, é o mais eloquente
argumento para provar a falta de sinceriedade dos
que nogocião com a Egreja.

O julgamento final é um só, e ante a justiça
eterna nem ha *embargos á execução*, nem procrastinação, nem chicana, que só aos juizes humanos podem
confundir e arrastar.

Os padres de Roma, porém para manter a sua
politica e crear proselytismo que lhes assegure um poder absoluto sobre todos os homens; os padres de
Roma que para recheiarem as suas arcas não duvidão apregoar-se prepostos infalliveis do Altissimo, para
em nome d'Elle absolverem *por dinheiro*, o roubo, o
incesto, a depravação, o assassinato, o parricidio e todos os crimes, affrontando a justiça eterna ; perdem
o verdadeiro caracter de sacerdotes de um Deos, a
quem assim aleivosa e indignamente injurião e diffamão.

Dissessem elles ao povo :— Que procedesse sem-

pre bem porque nada mais valerá ante o juizo final
que o avaliará sómente pelas suas obras; aconse-
lhassem, que se apartasse do caminho do vicio e que
se arrependesse sinceramente emquanto é tempo; que
fosse livremente virtuoso, — e deste modo cumpririão
a sua missão na terra.

Longe disto, elles propagão a doutrina cavilosa
de que só o papista romano entrará no céo por menos
exemplar que tenha sido a sua vida; que só o que
subordinar, cégo e estupido, a sua consiencia aos decretos de Roma terá as graças de Deos !

Esquecem, ou, antes, não lhes convém que se
dê o valor devido ao grande principio de que,—sem
liberdade, sem vontade deliberada, sem espontaneidade, não ha acto que não seja nullo.

Esquecem-se, ou antes, não lhes convém que o
povo conheça perfeitamente o que seja a verdadeira
e impeccavel justiça !

O processo a que a fragil creatura é sujeita,
está formado na consciencia divina, que não erra.

Na eternidade nem ha *prisão preventiva* nem de-
tenção *simples* emquanto se arranjão as *provas*.

Deos omnisciente e justissimo; Deos que não erra
profere julgamento definitivo, e sem possibilidade de
ser jamais reformado.

E o christianismo, que é o compendio destas eternas verdades, e que contempla na vida futura o premio á virtude e o castigo inevitavel ao vicio, não
apadrinha certamente a velhacaria de sotaina que se
arroja a prometter em nome de Deus até aquillo que
repugna ás qualidades divinas !

Ainda hontem lêmos com pasmo e extrahido de
uma folha que se diz a *unica mestra da verdade religiosa*, o seguinte :

« Pois que ! O legislador civil está a cada passo
estabelecendo excepções ás suas leis geraes.

« Columnas e columnas do *Diario Official* apparecem cheias de decretos imperiaes dispensando das condições de matricula a estudantes retardatarios ou vadios.

« Todos os dias se está vendo dispensar dos direitos de alfandega, carris de ferro, machinas disto ou daquillo, pomadas, sebo, etc.

« Todos os dias se estão vendo permutações e perdões de penas.

« Até os direitos inviolaveis garantidos ao cidadão pela carta constitucional, o governo é dispensado de respeitar, nos casos de suspensão de garantias !

« E só o Creador, o Legislador Universsal e Eterno, não podia dispensar ! »

E Deos é qualquer ministro de estado, ou inspector de alfandega, e deve como elles concertar seus erros. E somos nós os blasphemos !

A prédica do sacerdote de Christo deve manter-se nos limites de sabiamente illustrar o espirito do povo, aconselha-lo, e dirigi-lo para o bem, isto é, para a virtude.

Entretanto a prédica dos padres de Roma aparta-se desse empenho digno e unico confiado á missão do sacerdote.

No pulpito procurão esses padres simplesmente amedrontar, e isto para arrastar o povo á subserviencia de que necescitão.

Do pulpito fazem a sua politica !

Ao padre christão não é certamente vedado ter um assento no parlamento, quando o povo livremente lhe confie o mandato.

Elle é cidadão como os outros, e tem, como estes, direitos.

O que não póde e nem lhe deve ser consentido é, *sob a capa de religião*, enredar o povo, fazer politica de *cincadilha* (é um termo já empregado por um estadista) para crear no corpo legislativo uma facção romana e com fins inconfessaveis.

O padre christão deve ser essencialmente tolerante e compassivo.

Na cadeira sagrada não deve proferir senão verdades.

E o padre romano esquece tudo isto !

Quanta vez, postergando os proprios preceitos evangelicos, elle mente e se aparta de sua missão nessa mesma cadeira !

Quantos panegyricos indecentes se tem ouvido do pulpito, a reis e altos personagens, ainda os mais criminosos ?

Quanta devassidão tem ahi sido endeosada !

Quantos vicios têm nesse lugar sido elevados á altura da virtude?

E assim fazem a sua politica !

A prédica como Jesus Christo a praticou, e como a ensinou a seus apostolos, não é certamente a que fazem os padres de Roma.

O romanismo tem pervertido tudo; a tudo tem amesquinhado e corrompido !

E o seu chefe é o primeiro a dàr o exemplo desgraçado da corrupção.

Querendo firmar um poder temporal, que certo não lhe foi permittido pelo Divino Mestre, elle não trepida na injuria, na calumnia, contra tudo e contra todos que superiores a suggestões clericaes, curvão-se a Deos de preferencia á *infallibilidade* de um pobre e fragil mortal.

Prevalece-se, insensato, do nome de Deos justo, para lançar excommunhões e interdictos a quantos pensando nobremente, só dão a Roma o que Roma merece.

Pio IX no seu calculo sordido de poder, atira-se raivoso contra povos inteiros.

Pio IX calumnia !

E' o termo proprio : desculpem-nos os leitores.

E' assim que, imitando antecessores tão desleaes como elle, escreve e affronta o catholicismo, affirmando sem consciencia (por exemplo) *que todos os maçons são immoraes, são corrompidos, são conspiradores, são crapulosos, entregues a todos os vicios, petroleiros* e quanto aprouve ao seu calculo de destruição !

O papado não o autorisa ao aleive. Se é inviolavel e sagrado para não ser punido physicamente, não escapa nem póde escapar da punição moral, como não escapará da condemnação eterna.

Tem elle tanto direito de calumniar os maçons, como estes de qualifica-lo como elle o merece.

Respeite-se e ha de ser respeitado.

Pedro I, José Bonifacio, Martim Francisco, Vergueiro, Vasconcellos, Abrantes, Feijó, Euzebio, Paulino, Honorio, Caxias, Joaquim Marcellino, Furtado e tantos outros brazileiros illustres, que não se dedignárão de pertencer á maçonaria, a todos elles attribue Pio IX todas as immoralidades possiveis, todos os crimes, todos os vicios, todas as torpezas !

O que, pois, é Pio IX?

Um aleivoso vulgar.

A que fica reduzida a sua infallibilidade?

A' negação da verdade.

E tudo porque?

Porque, escravisado immoralmente aos jesuitas, satisfaz assim os desejos dessa horda infernal que sacrifica Deos, religião e quanto ha de mais sagrado á consecução do seu nefando intento.

E nem sequer a guerra de morte declarada á pacifica associação maçonica, é fundada em acto algum por ella praticado, quer contra a religião, quer contra o Estado.

A maçonaria, segundo as vistas dos ultramontanos, não é o ponto principal a que esses intrigantes se dirigem. A maçonaria é apenas um pretexto. As liberdades consagradas na constituição politica, especialmente o direito de beneplacito, e ante o qual todos os planos de Roma podem baquear, são o motivo dessa guerra.

E' ella apenas uma experiencia para executar o *Syllabus* no Brazil.

Não ha energia de Roma que não se dirija a um fim occulto, mas sob apparencia diversa,

Sempre à hypocrisia; sempre a traição!

Para que foi organisada a tarifa das indulgencias, e considerada, em consequencia della, heretica metade da Europa?

Para multiplicar o numeros dos catholicos?

Não.

Foi para estabelecer um rico dote a uma *filha* querida.

Para que se fez alliança com os protestantes da Suecia, durante a guerra dos trinta annos? Seria para manifestar o desinteresse e a longanimidade da Egreja?

Não!

Foi para aviltar a casa de Austria.

Por que foi lançada a excommunhão sobre Veneza em 1606?

Para ligar, porventura, a republica á Egreja?

Não!

Foi para alimentar os odios de Hespanha contra os primeiros alliados de Henrique IV.

Para que se romperam as relações com as provincias hespanholas da America, na occasião em que se declararam independentas?

Conviria isso aos interesses reaes da Egreja?

Não!

Convinha sómente aos interesses da Hespanha.

Qual a razão por que foi fulminada excommunhão a todos os romanos que comprassem bilhetes de loterias estrangeiras?

Seria para prende-los melhor á Egreja?

Certamente que não.

O que se pretendeu foi não *furtar* mais esses es-cudos ao *thesouro* do papa!

Está, pois, na indole perversa de Roma, não se dirigir franca e lealmente ao ponto a que pretende chegar. Os caminhos tortuosos lhe agradam mais do que os rectos. A dignidade não se fez para a curia. Com lealdade ella não póde marchar desassombrada; só a hypocrisia e a astucia convém á sua perenne traição.

Se a maçonaria foi a victima dos rancores de Pio IX, não é a ella que elle pretende chegar : o motivo exhibido é apparente.

O beneplacito, a liberdade de consciencia, a ex-tincção dos privilegios dos padres, são esses os ini-migos que a curia romana quer debellar; inimigos que a privão, ou pelo menos a entorpecem na exe-cução de seus planos já conhecidos.

E a maçonaria comprehendeu desde logo a per-fidia da tactica empregada.

Ella, que no Brazil não necessita defender-se, nada mais tem feito do que coadjuvar o povo bra-zileiro e o governo para libertar-se da insidia papal.

Não constituio, por isso, orgão seu exclusivo, ajuntou apenas os seus esforços aos da sociedade civil, para combater as loucas pretensões de Roma.

A maçonaria, eminentemente livre e protectora de todos os melhoramentos sociaes, tem cumprido o seu dever, e só isso.

Nem se diga que *ella tem exigido demasiada-mente*, como já vimos escripto.

Não é assim : ella se limitou até agora a pedir pacificamente aos poderes do Estado a condemnação de bullas não placitadas, e este pedido está nos limites constituicionaes.

5

Se, pela nossa parte temos caminhado para maior progresso; se, nos nossos escriptos pugnamos por altas refórmas, conscientes de que não pedimos demais, a responsabilidade disso é nossa sómente, e franca e lealmente a assumimos.

E sob essa mesma responsabilidade continuaremos a nossa tarefa, argumentando, e esforçando-nos por convencer ao paiz de que a sua primeira, a sua mais vital necessidade é a — separação da Egreja do Estado —; cousa urgentissima, e que cedo ou tarde se realizará nesta terra, cujos legitimos e reaes interesses o reclamão.

Continuaremos a mostrar ao povo o que é Roma, o que são os seus padres, e elle se convencerá afinal — de que só com liberdade plena de cultos, e completa separação da Egreja attingirá a sua prosperidade e grandeza.

Para que nos serve Roma, com os seus bispos, sob o actual regimen da Egreja do Estado? Nós o temos visto.

E a situação em que nos achamos, ameaçadora da paz publica e das mais nobres prerogativas sociaes, o diz eloquentemente.

No reinado dos Vitaes e Macedos não ha desgraça que não possa realizar-se, se o governo se descuidar.

Roma ameaça, e é mister repelli-la de nossa politica constitucional.

Os bispos romanos desobedecem aos poderes, transgridem as leis, e quando são chamados á ordem, o que nos dizem?

« Se não satisfizerdes o que de vós exigimos, nós arvoraremos a bandeira do martyrio e nos constituiremos objecto de piedade de todos os catholicos do mundo. Tremei de nosso poder! Com os milhares de padres a quem vós pagais, e que fallão e proclamão em nosso favor, nós diremos ao povo que tyrannisaes ao Santo Padre! E com isso conseguiremos a conflagração do paiz. »

O que estará fazendo o bispo de Pernambuco?...

Rio de Janeiro, 27 de Dezembró de 1873.

VII.

Os que contra nós vociferão tem a condemnação no proprio Evangelho.—
Opinião de Pio IX em favor do que temos sustentado.— As contra-
dicções do actual chefe da Egreja assignaladas pelo *Times*.—
Factos recentes de reacção clerical.

Querem o pharisaismo na fé!

E aquelles que procurão doutrinas no espirito dos
escriptos sagrados, são, na opinião dos padres de
Roma, pelo menos.... atheus!

Apegão-se á letra, sacrificando a razão, e, sem
attender nem á sua propria consciencia, blasfemão,
vituperão, e, pertinaz, e estupidamente, condemnão!

Obstinados, cerrão os olhos, privão-se de ouvir,
com receio de que vendo e ouvindo comprehendão o
seu dever, e se horrorisem do miseravel papel que
representão.

« Bestas de carga (*Psalmos XLVIII v.* 13) sem
intelligencia, e teimosas como ellas! »

Taes são os suissos de Roma nesta terra. Sem
conhecer o que escrevem e que propagão dolosa e
grosseiramente, condemnão em these a razão humana,
como prejudicial á fé!

O que mais se póde dizer delles?

E devemos tudo crêr porque o *Apostolo* o disse;
e devemos ser condemnados porque assim convém
aos seus inconfessaveis interesses!

Seria para rir, se o assumpto não fosse tão
sério: seria para desprezar se o negocio não tivesse
assumido tão graves quanto perigosas circumstancias.

Digão o que quizerem os subservientes da curia:

O proprio Evangelho, que elles arteiramente revolvem em cata de letra que nos confunda, é a nossa mais poderosa alavanca para combater o obscurantismo e provar que não ha fé sem razão.

« Felizes aquelles (Psalmo CXVIII v. 2, 34, e 144) que investigão a vontade do Senhor. Dai-me intelligencia, ah! meu Deus, e eu comprehenderei a vossa lei. »

Segundo o *Ecclesiastico*, a intelligencia, não a fanatica e grosseira, mas a livre e de espirito, sábia e desciplinada, é o unico meio de comprehender a vontade divina.

« *Qui credite cito, levis corde est et minorabitur.* »

Tranquillos, pois, seguimos o caminho que a consciencia nos prescreve. E mais nos encoraja ainda o que contra nós dizem os enfesados inimigos que nos acommettem.

Na falta de argumento sério e procedente, confundidos pelos factos irrecusaveis que nos fornece a historia, e acastellados só e simplesmente na sua *honrada palavra*, os insidiosos urbanos episcopaes, em crescente despeito e rancor, a cada proposição que se lhes apresente, a cada raciocinio com que os aniquilamos, gritão possessos : É FALSO ! E nada mais !

Lembra-nos a anedocta curiosa do réo estupido, que suppondo salvar-se pela negação absoluta de quanto lhe perguntassem, respondeu ao interrogatorio, sobre seu nome, dizendo : *É a primeira cousa que eu nego.*

Tal é a tactica sediça desses *urbanos* da Egreja romana, desses esbirros da santa sé, que como os executores materiaes d'alta justiça, ralhão, envenenão, apunhalão e matão, na simples qualidade de instrumentos.

No somno profundo de suas consciencias, prestão-se a tudo.

O costume inveterado de trocarem por dinheiro as cousas mais sagradas, o mercantilismo que professão vendendo missas, sacramentos, encommendação dos defuntos e alugando-se corporalmente para carregar andores; e na augusta solemnidade da Paixão de Christo, fazendo questão do preço pelo qual carregaráõ o esquife; habituou-os por tal modo ao lucro sórdido, que reputão a dignidade pessoal, o desinteresse e a probidade, impossiveis a quantos, isentos de superstição e de fanatismo, concorrem com os seus esforços em defesa dos direitos sociaes.

Miseros paladinos de Pio IX! Entendem que gritando e descompondo venceráõ a causa pela qual se empenhão.

Como se enganão!

Vosso despeito, *bons* padres, não nos incommoda. Proseguiremos.

As reformas pelas quaes nos empenhamos, e de cuja realização dependem essencialmente a paz, a segurança e a prosperidade deste paiz, tiverão iniciativa e apoio da propria Egreja romana.

A independencia do Estado e limitação dos poderes dessa Egreja não são idéas novas, e não sómente acceitas, sustentadas e requeridas pelo poder civil.

O documento que hoje vamos exhibir exclue toda a excepção.

Apresentamos em prol dessas reformas uma auctoridade insuspeita.

Os filhos de Loyola, os *sapientissimos urbanos* de D. Lacerda, não levarão a mal que nos amparemos em uma auctoridade de sua predilecção.

Essa auctoridade é nada menos do que Pio IX!

E' o mortal infallivel, o homem que não erra, o actual chefe da Egreja romana, e editor responsavel do *Syllabus*; o presentemente retrogrado, o escravo dos jesuitas, o instrumento mais cego do obscurantismo que pretende dominar o mundo!

E' pois auctoridade insuspeita aos ultramontanos, porque é um typo de sua predilecção.

Nada menos é o documento a que nos referimos do que uma nota dirigida ao governo de Valais pelo bispo *in partibus*, Luquet, na qualidade de enviado extraordinario, plenipotenciario e delegado apostolico da santa sé!

Não é, pois, uma proposta de concordata apresentada e requerida pelo poder civil á Egreja de Roma; é uma imposição, uma exigencia, dirigida áquelle governo, por ordem expressa do Santo Padre e na sua *infallibilidade* de então!

Não se trata de um escripto apocripho, e contra o qual possão os padres de Roma oppôr com vantagem o seu favorito argumento — *é falso*. Não.

E' um documento authentico exhumado recentemente dos archivos de *Sion*, e que foi transcripto no *Confederé* e reproduzido no *Jornal de S. Petersbourg* de 21 de Outubro do presente anno.

A parte mais importante desta nota, e para a qual chamamos attenção dos leitores é a seguinte:

« S. Mauricio, 6 de Maio de 1848.

« O papa Pio IX adopta e quer executar indispensaveis e reclamadas reformas não só na Egreja, como no Estado, e sob as bases seguintes:

« Pio IX entrega ao povo a nomeação do seu clero.

« Para a eleição do bispo, o clero proporá seis candidatos, o governo escolhera dentre elles tres; a nação nomeará um dos tres, o qual será reconhecido pela santa sé.

« Para eleição dos beneficiados se observará a mesma ordem, com a differença, porém, de que o clero será substituido por um conselho da Egreja, o governo pela communa, a nação pelos parochianos, e a santa sé pelo bispo.

« Este systema de eleição (attendão bem os leitores) é muito catholico e apostolico.

« As immunidades até então (1848) em vigor, ficão inteiramente abolidas.

« A disciplina será modificada relativamente aos casamentos mixtos, as festas obrigatorias, serão transferidas para os domingos: relativamente aos jejuns, vigilias, abstinencias, e emfim o que é preceito da Egreja, póde ser alterado, modificado, ou abrogado, tão licitamente quanto o tem feito os Estados. »

Tal era a vontade, e taes as opiniões de Pio IX !

E porque, dizemos hoje o que elle hontem nos aconselhou, somos hereticos, blasphemos, atheus e até.... petroleiros, conforme D. Lacerda nos qualifica !

Quanta coherencia, quanta lealdade, quanta sinceridade do chefe actual da Egreja romana !

« O que dirão os ultramontanos (diz o *Jornal de Genève*) de taes proposições tão francamente liberaes, e cuja condemnação entretanto está hoje escripta em todas os artigos do *Syllabus?* »

« Se o papa infallivel póde adorar hontem o que hoje condemna e anathematisa, dá-nos o direito de esperar que as excommunhões presentes, não sejão absolutas, e que o tempo modificará as prevenções que certamente não existirão no espirito do pontifice liberal de 1848. »

Quando, pois, devemos acceitar como sinceras e leaes as pretensões e os preceitos de Pio IX?

Em 1848 elle procedia por sua deliberação, e independente de sujestões, seguia os impulsos! de sua consciencia, comprehendendo o verdadeiro interesse das nações catholicas e da religião.

Presentemente acha-se escravisado aos jesuitas,

sempre astuciosos e obstinados no calculo sordido de uma politica retrogada e nefanda.

Parece, portanto, que se Pio IX alguma vez fallou a verdade foi em 1848, quando dizia o que pensava, e não hoje que executa as ordens de quem nenhuma responsabilidade legal assüme, mas que fez desse *pobre liberrimo captivo* do Vaticano um instrumento infernal contra a civilisação.

Podemos, pois, dizer que o papa de 1848, esmaga, no terreno do adiantamento do seculo, ao papa de 1870 em diante, que aliás procura hoje amparar-se na pratica insidiosa do ultramontanismo.

Podemos, escudados por Pio IX de 1848, anathematisar a Pio IX de hoje

Se elle agora é infallivel, porque não o seria naquella época ?

Se o não foi então e quando na robustez de sua intelligencia, como o será no estado lastimoso de senilidade em que se acha ?

Se os ultramontanos fossem sinceros, o procedimento do seu constituinte os embaraçaria sobremaneira. Elles, porém, têm seu plano e vão por diante. Não se curvão á evidencia, e menos attendem ás reclamações de todos os povos cultos. Fechão os olhos á razão, mentem á sua propria consciencia, e continuão a exclamar :—E' falso, é calumnia, é mentira, é ignorancia !

E todos, avaliados pelos *sapientissimos urbanos* do bispado, são ignorantes !

Nem Alexandre Herculano, o homem da sciencia, esse vulto venerado por todas as illustrações da Europa, o talento, e a sciencia personalisados, escapou !

D. Lacerda, *o sabio*, e seus acolytos, não tendo que oppôr á argumentação vigorosa desse homem eminente e geralmente respeitado, ousão appelida-lo de *ignorante* !

Miseros padres !

Quœte dementia cepit ?

E é assim que os jesuitas, os dominadores do pontificado, abrem a estrada por onde pretendem chegar á realização de seus planos !

Pio IX é sua preza !

E sem temor de Deus, nem zelo pelo credito do pontificado, elles arrastão esse *pobrezinho do Vaticano* ás maiores contradicções e descredito. Misero chefe ! Detestaveis subditos !

Não se admirem os leitores da contradicção do chefe da Egreja, comparado o seu procedimento de 1848 com o actual.

Lastimem, como nós lastimamos, o que Pio IX ora pratica, ao mesmo tempo e para os diversos paizes, e convenção-se de quanto temos dito da falta de lealdade do chefe da Egreja romana, e da impossibilidade absoluta em que essa Egreja se tem constituido para continuar a ser considerada do Estado.

O *Times*, em artigo especial sobre a materia, e que o *Jornal do Commercio* transcreveu ha dias, diz o seguinte, e que bem manifesta a falta de unidade de pensamento, a ausencia total de sinceridade, e a mais repugnante contradicção desse homem prejudicialissimo e fatal ao catholicismo :

« A IGREJA E O ESTADO NA PRUSSIA.

« Berlim, 15 de Novembro de 1873.

« Torna-se saliente o contraste que se nota na attitude assumida pelo papado respectivamente na Suissa e na Prussia. Com effeito, actualmente, em que a questão religiosa tem adquirido tanta importancia na Europa, essa differença de linha de conducta torna-se digna de observação.

« Na Suissa, como é sabido, existem numerosas

corporações catholicas que têm-se opposto a que do pulpito das suas Egrejas se preconise a doutrina da infallibilidade. Na Prussia, porém, a este respeito, o grupo dos intolerantes é muito diminuto, e não está em maioria em parochia alguma; a grande massa da população catholica, se não adhere ao dogma, pelo menos mantem-se indifferente.

« Outrosim na Suissa os dissidentes religiosos, em referencia a este topico, não têm julgado necessario apartar-se formalmente da sua Egreja, mas conservão-se em um estado negativo, apenas expellindo do seu gremio os sacerdotes que partilhão opiniões contrarias ás suas. Na Prussia é o contrario. Os dissidentes afastárão-se manifestamente da supremacia papal e procurão constituir-se em nucleos corporativos sob diversa denominação confessional. Ao mesmo tempo deixão, não obstante, em perfeita paz os membros do sacerdocio que adherem á infallibilidade, os quaes perdurão com os mesmos estipendios e emolumentos que até aqui, sem que se tenha interferido no exercicio dos seus deveres sacerdotaes.

« Ainda mais : emquanto na Suissa os bispos e sacerdotes que differem, em relação a este dogma, no conceito dos seus jurisdiccionados espirituaes, têm sido expulsos dos respectivos limites territoriaes com auxilio das auctoridades civis, o governo da Prussia, não obstante o que se possa presumir aos contrarios, tem-se severamente abstrahido de intervir directamente na distribuição da instrucção ao clero por parte dos seus superiores, e no modo de percepções dos seus vencimentos, sem inquirir qual o caracter especial das suas crenças.

« Apenas adverte que insiste com firmeza na educação litteraria e instrucção civil do corpo sacerdotal, além de quaesquer outros subsidios religiosos ; e exige completa abstenção de concitantes predicas no pulpito ou manejos de confessionario com intentos politicos.

« Em summa, a opposição do governo e povo suisso contra a curia romana é toda religiosa e acha-se apoiada pelos poderes seculares, que a cada instante, nos accidentes a que dá lugar a esta controversia, interpoem a sua força material para executarem as deliberações da maioria das respectivas congregações religiosas, fazendo transportar para fóra do paiz ou para outras circumscripções territoriaes quaesquer esclesiasticos ou religiosos que incorrem na censura das mesmas corporações.

« O governo da Prussia, ao inverso disto, não se intromette com as puras aspirações confessionaes, contentando-se a este respeito com perdurar em uma, por assim dizer, neutralidade armada, procurando evitar qualquer aggressão ou indevido influxo religioso sobre a orbita da jurisdicção civil.

« A Allemanha procura, é evidente, tão sómente resguardar-se dessa verdadeira sedicção politica que ultimamente nella tem apparecido, revestida com trajes prelaticios e sacerdotaes. Fóra isso, nos Estados Allemães o clero é pago directamente pelos cofres publicos, emquanto que na Suissa o caso é inteiramente diverso, pois que as despezas do culto são feitas pelos proprios interessados.

« Assim, pois, é diametralmente opposta a politica religiosa dos dous governos, porquanto, se o ultimo destes, isto é, o da Suissa procede com todo o rigor contra funccionarios que delle não recebem um ceitil, o outro affecta a maior moderação para com agentes por elle retribuidos e que o hostilisão manifestamente, prevalecendo-se para tal fim do critico ensejo do ainda mal firme estado de cousas a que deu lugar o facto da recente unidade germanica.

« Sendo tal qual acabamos de descrever o acervo das circumstancias sobre este ponto nos dous paizes alludidos é sem duvida de estranhar que o governo da Prussia tenha attrahido sobre si tão. salientemente as iras e a colera do Vaticano; emquanto que ás communidades da Suissa a curia romana deixa á rédea solta, pouco curando dos excessos que praticão. Effectivamente a santa sé, ao mesmo tempo que regorgita de animosidade contra a Prussia e invectiva o seu gabinete, só fortuitamente fulmina as suas censuras contra as congregações suissas.

« Nem é só isto: torna-se ainda mais sensivel esta estranhesa quando se considera quão contradictoria é a politica do pontificado nos proprios limites germanicos....

« Não se póde effectivamente deixar de aquilatar uma tal differença em semelhantes circumstancias, senão ao menos como mera versatilidade, advertindose com sorpreza que o Vaticano considera e denuncia como severo e mortal peccado em uma esphera, aquillo que em outra releva e deixa transcorrer sem reparo; isto nos mesmos limites nacionaes....

« O bispo de Münster que na Prussia é um dos principaes oppugnadores da moderna lei ecclesiastica, classificando-a como regimento idolatra, ainda agora continúa a pedir solicitamente a approvação do Grã-Duque de Oldemburgo, quando nos dominios deste principe tem de preencher qualquer beneficio ecclesiastico. O bispo suffraganeo de Friburgo, que para a collação do seu clero em Baden impetra o assentimento do governo de Calreruhe, comtudo de preferencia a obedecer na Prussia aos recentes preceitos estatuidos, soffre pacientemente multa após multa.

« O bispo de Rettemburgo não permitte que seja ensinada na universidade de Tubingen a doutrina da infalli-bilidade que ahi suscitaria graves tumultos academicos.

« Entretanto não procede contra o mesmo a
santa sé, comquanto tenha lançado a excommunhão
contra diversos professores de theologia catholica na
Prussia, que seguem, por identico motivo, o exemplo
deste mesmo prelado. Segundo este inexplicavel theor,
Pio IX mostra-se cheio de brandura e suavidade para
com a Baviera, e outros menores Estados allemães;
desculpando nelles phenomenos iguaes ao que algures
tão rigorosa e severamente incrimina.

« Commentando estes factos a opinião publica na
Allemanha, ou pelo menos diversos dos seus orgãos,
pretendem entrever no procedimento da curia romana
projectos occultos e segundas tenções. »

É evidente que Pio IX não é dirigido por nenhum
principio religioso. Não é o christianismo o seu
norte.

Instrumento para um plano politico que os ultramontanos lhe traçárão, elle se presta naturalmente
e vai por diante sem respeitar nem a dignidade do
cargo, nem a coherencia, nem a probidade!

O governo do Brazil deve estudar com calma e
muito reflectidamente esses factos, para que se acau-
tele contra a insidia da curia romana.

Parece que o Sr. presidente do conselho de ministros nem se preoccupa com o que, sobre a materia
religiosa, se passa no paiz!

Attenda, porém, para a gravidade de quanto vai
occorrendo.

Em Pernambuco a Relação absolve o parocho que
deixou de dar execução á resolução de consulta do
conselho d'Estado, que deu provimento ao recurso á
corôa, interposto pelas irmandades interdictas por
Frei Vital!

Essa absolvição importa reconhecimento de direitos
desse jesuita, ao qual ainda se consente armar o fanatismo contra os poderes do Estado naquella provincia.

Esse inaudito procedimento da Relação desanima aos que combatem pela firmeza das garantias constitucionaes, ao mesmo tempo que açoroçóa o partido do bispo rebelde, partido que cada vez mais cresce, visto como a acção do governo não se fez sentir, e D. Vital continúa incólume na sua propaganda revolucionaria!

O povo acredita já que os bispos têm mais força do que o governo, e que, portanto, esta infeliz terra já é boa presa de Roma.

Ignora-se se a ordem de prisão, confiada aos cuidados e zelo do Sr. ministro da justiça, seguio ou não o seu destino.

Duvida-se que D. Vital se resigne a vir a esta côrte responder por seus crimes.

Ao mesmo tempo corre que uma solemne ovação aqui se prepara para a recepção, que assim se tornará apparatosa, desse martyr artificial!

Tudo isto vai, cada vez mais, indignando o espirito do povo, e cumpre ao governo fazer respeitar as suas ordens, e manter illesa a moralidade publica, collocando-se á testa do movimento, para que não autorise o povo a fazer justiça por suas proprias mãos.

Outros factos occorrem e que não menos attenção reclamão dos poderes publicos.

Da Bahia nos contão o seguinte, conforme hoje transcreveu a *Reforma* de um jornal daquella provincia:

« Peço-lhe que chame a attenção de quem competir sobre o escandaloso procedimento de dous lazaristas encarregados de fazer missão entre os *bugres* do arraial do Amparo, freguezia do Rio-Fundo, deste termo.

« Estes dous jesuitas um dos quaes chama-se Camillo e outro pelo nome não perde, ou perdêrão o juizo, ou imaginão estar em o meio de alguma aldêa de cayapós!

« No sabbado (20) um delles desandou uma furiosa

descompostura no povo do Amparo, e concluio dizendo
— que só desejava ver cahir sobre os ouvintes a
palhoça levantada ao pé da egreja, para castigo de
seus crimes !

« O povo nessa occasião prorompeu em uma es-
trepitosa vaia ao audaz sacerdote, que assim abusava
de sua posição para insulta-lo impunemente. O padre
irado e possesso, talvez pouco acostumado a taes re-
presalias, declarou em voz stentorica que em nome
de Jesus Christo e de sua Santa Egreja, excommungava
a todos!

« E assim está excommungada toda a população
do Rio-Fundo...

« Note que com igual pena já tinhão sido ameaçados os que davão aos missionarios presentes de
ovos e gallinhas, em vez de dinheiro. E assim se educa
o povo ' »

E a importação desses sacerdotes de Satanaz continúa livremente !

Aqui, mesmo em presença do governo imperial e
á face do Imperador, se dão factos de escandalosos
abusos e de uma protervia inaudita.

Uma casa onde se reunem os da seita evangelica
em S. Domingos (Nictheroy), e que pacificamente se
congregão para exercer o culto, como elles o adoptão,
acaba de ser apedrejada.

Os taes commanditarios catholicos não dormem !

Levada ao chefe de policia uma séria reclamação
pelo pastor protestante, essa auctoridade, esquecida da
garantia que no art. 5.° da constituição é outorgada
aos que professão diversas religiões, não só desatten-
deu a representação, como que por seu despacho negou
o direito de reunião, em casa sem fórma exterior de
templo, aos que não professão a religião do Estado !

Como que entre nós se prepara um S. Bartholomeu !

Na Franca (S. Paulo) um vigario nega todos os sacramentos aos maçons, e não contente com isso, sobe ao pulpito, concita o povo contra elles e contra o proprio governo !

E mais ainda: arma o povo e o aconselha a um massacre !

No Pará, o energumeno bispo, redactor da celeberrima *Boa Nova*, açulla o brazileiro contra o portuguez, e a não serem tomadas já muito severas providencias, não tardará que o sangue corra naquella provincia !

O bispo do Pará quer celebrisar-se, ainda que para isso seja mister lançar fogo ao templo !

Continuará o Sr. presidente do conselho a desdenhar da actual gravissima situação ?

Emquanto o governo soffre impassivel todos os insultos, ainda os mais asquerosos, do pulpito e da imprensa ultramontana, submette a conselho de guerra e exila a honrados e dignos officiaes militares, que em Pernambuco cahirão no desagrado dos jesuitas !

Como interpretará isto o povo ?

Fraqueza do governo ? Vigor episcopal ? Verdadeiro triumpho ultramontano ?

E quando o fanatismo com as armas nas mãos invadir os palacios da justiça, os do Imperador e os de seus ministros, quem se animará a disputar o terreno aos desordeiros de rosario e punhal ?

Se a sociedade catholica quizer affrontar a moral publica e desprestigiar o poder judiciario proporcionando ao bispo criminoso uma recepção ostentosa, o que fará a policia ?

Assistirá impassivel ao degradante espectaculo que por tal modo escandalise a capital do Imperio?

Tudo isto nos preoccupa seriamente, e deveria preoccupar tambem ao governo, sobre quem pesarão todos os desastres que occorrerem e todo o sangue que fôr derramado.

6

Não conseguirá o Sr. ministro do imperio convencer a seus collegas de que só com energia, e com franco e leal esforço se conseguirá prevenir contra os males que nos ameação?

S. Ex. comprehendeu bem a questão quando votou pela deportação do *denodado* D. Vital.

E com honra deixaria o poder na occasião em que não teve o apoio de seus collegas para uma medida indubitavelmente de salvação publica.

Lemos a correspondencia de Pio IX, e perguntamos — o que fez o Sr. Penedo, em Roma?

O governo *o sabe já*, mas não se anima a publica-lo. Quer que a vergonha do Brazil fique archivada no Vaticano!

Trataremos desta materia em outro artigo.

Rio de Janeiro, 31 de Dezembro de 1873.

VIII.

Nova encyclica de Pio IX. — A missão a Roma. — Continuão os insultos
dos bispos. — A lei da emancipação do ventre plagiada. — Circular
politica do cabido de Marianna.

O que fez o Sr. barão de Penedo em Roma? O
que conseguio elle de Pio IX?

O governo guarda sobre o negocio a maior reserva. Mas o povo, que aprecia os factos, comprehende perfeitamente o que terá produzido a longanimidade dos poderes do Estado em relação ás impertinencias da santa sé.

Estamos convencidos de que as *bem fundadas*
esperanças do Sr. presidente do conselho, de instruir
melhor o santo padre e alcançar delle a declaração
de que errou esvaecêrão-se!

Pio IX executa um plano politico; e os jesuitas
que o dominão não consentirião de certo que elle,
com sua contradicção, manifestasse fraqueza e perdesse
assim os inauditos esforços que já tem empregado.

Pio IX fechou os olhos; não vio o dinheiro que
lhe offerecêrão.

E quando Roma não se accommoda por dinheiro,
tem segurança de seus planos. Conta lucrar mais
ainda para o futuro.

A paciencia evangelica do governo, que, esbofeteado pelos bispos, ainda foi christãmente offerecer a
face ao chefe da cruzada romana, foi improficua!

A marcha que, nas cousas da Egreja, em relação ao Estado, é seguida por ambos os poderes, cada vez mais complica o negocio.

A falta de promptas e energicas providencias tem creado os maiores obstaculos; e hoje, esforços mais urgentes, e até sacrificios, que permitta Deos não sejão de sangue, se tornão indeclinaveis em defeza e protecção da soberania nacional até agora atacada de frente e humilhada pelos ultramontanos.

Depois da audiencia solicitada por parte do governo e concedida por Pio IX, e cujo resultado é segredo do governo (!) publicou o chefe infallivel nova encyclica pela qual, reiterando as suas anteriores providencias, ainda uma vez affronta, quer ao paiz, quer ao governo, quer a quem noméa *livremente* os ministros!

Desse novo insulto á civilisação do mundo, e á dignidade do Brazil extrahimos os seguintes trechos, para os quaes chamamos a attenção dos leitores:

É á maçonaria que Pio IX ostensivamente se dirige:

« Tendo-se tornado consideravel o numero daquelles que por esse modo forão seduzidos, essas funestas sociedades julgão que os seus votos vão ser cumpridos, e que, dentro em pouco alcançaráõ o fim a que ellas se propõem e que ainda não alcançárão. Tendo, emfim, conseguido o que desde tão longo tempo desejavão, isto é, o acharem-se em muitos pontos á testa do governo, chegárão a reunir audazmente as suas forças, e todos os meios que a auctoridade póde fornecer-lhes, afim de reduzirem a Egreja de Deos á mais dura escravidão, de derribarem os fundamentos em que ella se apoia; e de alterarem os divinos caracteres que a fazem brilhar com tão vivo resplendor. »

É sempre a mesma linguagem: Reduzir a Egreja de Deos á mais dura escravidão!

E entretanto não ha um só acto que se possa traduzir nessa pretensão de escravisar Egreja alguma, e menos a Egreja de Deos, e que certamente não é a romana!

Sempre a mentira, sempre o aleive! Sempre o mesmo Pio IX, e o jesuita!

Diz ainda a encylica:

« Não é só isso! O que querem é, depois de a ter abalado com esses repetidos assaltos, depois de a fazerem desfallecer e cahir extermina-la se fosse possivel, por toda a superficie do mundo. Sendo este o estado de cousas, veneraveis irmãos, applicai os vossos esforços em premunir contra os embustes e contagios dessas seitas os fieis confiados á vossa guarda, e a tirar da perdição aquelles que, por desgraça, tenhão inscripto os seus nomes na lista dessas seitas.

« Mas, primeiro que tudo, dai a conhecer e combatei o erro daquelles que, victimas do artificio ou querendo espalha-las, não temem affirmar que essas tenebrosas sociedades não têm por intento, senão a utilidade social e o progresso de uma mutua benevolencia. Mostrai-lhe muitas vezes, e collocai mais alto diante dos seus olhos, as constituições pontificias que tratão desse flagello, e ensinai-lhes que por essas constituições estão *condemnadas não só as sociedades maçonicas instituidas na Europa, mas todas aquellas que estão estabelecidas na America em todos os paizes do globo.* »

Estas ultimas palavras contem implicitamente a resposta que Pio IX deu ao Sr. barão de Penedo!

Dizer que a maçonaria tem dado *repetidos assaltos* á religião e que o seu plano é extermina-la de todo o mundo, é o mais revoltante aleive e contra o qual invocamos o testemunho do proprio Pio IX que *conhece perfeitamente* quanto faz essa nobre instituição, por elle entretanto calumniada!

O que ha de commum entre a maçonaria e os governos dos diversos paizes, que, para fazer respeitar a soberania nacional, procurão libertar-se do jugo de Roma?

Em que se offende a Egreja, pelo que concerne á religião, e na sua parte essencialmente moral, promovendo a sua separação do Estado?

E praticados os maiores disparates pela curia romana, vendo-se perdida essa Egreja de Roma, que constitue em unidade a religião do papa; em presença da opposição séria e essencialmente moralisadora dos respeitaveis catholicos que preferem os principios santos dos Evangelhos á devoção estupida por uma infallibilidade irrisoria, prevalecesse Pio IX da excommunhão *por atacado*, exclue mais de metade dos catholicos da sua desvirtuada Egreja de Roma.

E é do catholicismo a sua causa!

E diz que protege a religião do Calvario!

Accrescenta elle, em relação a todos quantos têm feito sinceros reparos a seus desmandos:

« *Todos esses sejão excommungados de tal sorte que, segundo o preceito do apostolo, não recebão mais nem mesmo os bons dias dos christãos.* »

E por tal modo levanta o medonho brado de guerra religiosa!

E de 24 de Novembro essa encyclica, e tem sido considerada um acto de hostilidade aberta ao mundo civilisado!

Nesse documento se *glorifica a resistencia praticada pelos bispos ultramontanos*, e se excluem da seita papal todos os padres que respeitão as leis de seu paiz!

É a má fé que attinge á loucura.

E quando já era conhecido o plano da tenebrosa politica jesuitica, lembrou-se o governo de converter ainda em seu favor o pobre riquissimo, captivo liberrimo do Vaticano; e por seu embaixador, se curvou ante Pio IX pedindo-lhe..... o que?

Respeito á nossa constituição politica?

Não, porque seria isto exigir a revogação do *Syllabus*, impossivel de alcançar da curia.

E como se não bastasse que o Sr. Penedo fosse assim humilhar o Brazil, lá foi elle acompanhado pelo Sr. conde d'Eu marido da herdeira presumptiva do throno do Imperio!

Seria para dar arrhas do futuro reinado?

Pio IX, porém, está no seu periodo de audacia : Pio IX reputa-se tão seguro no seu plano, que até desdenha a avultada somma com que lhe acenárão.

Pio IX não quer conciliação, quer subserviencia, quer escravos, não quer irmãos!

Quod Deus vult perdire prius dementat.

Previmos quanto a agora occorre.

Reprovamos opportunamente a tentativa diplomatica, de que infelizmente se lembrou o Sr. presidente do conselho, preferindo este desgraçado expediente a acceitar do poder legislativo as medidas amplas que lhe forão offerecidas, para reguardar a soberania nacional dos botes insidiosos do ultramontanismo.

Rojamo-nos aos pés de Pio IX e nada conseguimos, e nem era de esperar que se chegasse a accôrdo serio com essa fatal Egreja romana.

A mão do santo padre, sempre *beneficente e misericordiosa*, sellou na face do governo as bofetadas que os bispos lhes tem já imprimido!

Pio IX considera firmado o seu partido politico no Brazil, e trata de invalidar a constituição do Imperio, por intermedio de senadores e deputados, que conta em favor de seu capricho!

E desde que o governo o vai deixando livre na acção, parece que está de accôrdo com elle!

Respeite-se portanto a Egreja do Estado, e cumpra-se o *Syllabus!*

A execução desse conjuncto disforme de banalidades despoticas já começou solemnemente no Brazil.

A Relação de Pernambuco arrojou-se a firmar a doutrina ultramontana de que — é virtude a desobediencia ás decisões dos poderes temporaes!

As resoluções de consultas do conselho de Estado, *este conclave de estupidos, ignorantes e atheus,* como o qualificão atrevidamente as folhas episcopaes, e até as proprias pastoraes, os *publicados* dos bispos o dizem claramente, pódem e devem ser desobedecidas?

O *Syllabus,* portanto, é lei no Imperio. Curvemo-nos, pois á vontade absoluta do ex-rei de Roma, rasguemos essa constituição por uma vez, e resignemo-nos á sorte de ilotas do chamado successor de S. Pedro!

Se não é isto o que o procedimento manco e irreflectido do governo autorisa a acreditar, nada entendemos do que se passa! E nós, e os bispos estaremos igualmente mystificados, devendo o governo e só o governo representar o — *tertius gaudet?*

Mas, em que? Para que fim? Com que proveito do paiz?

Provocamos com estas duvidas mais uma gargalhada do Sr. presidente do conselho, que, senhor do segredo e *depositario fiel das ordens superiores* desdenha dos que, não iniciados nos altos mysterios, se debatem em agonia pelo futuro desta terra infeliz.

Mas, S. Ex., que tão *christãmente,* com tanta resignação se mostra para com Pio IX; porque não hade exercer igual *virtude* para com o povo brazileiro, instruindo-o, ao menos, de sua verdadeira situação?

Na verdade, vai-se tornando cada vez mais obscuro este negocio. Sem duvida que é incomprehensivel a paciencia, e já notabilissima longanimidade do governo em presença do que vai occorrendo.

O bispo do Pará lhe diz afoutamente o seguinte:

« Pois bem! o governo que procede deste modo tem de baquear, e baquear vergonhosamente; tem de desapparecer por força na procella que elle mesmo levanta.

« D'aqui a pouco o Sr. Rio Branco, o Sr. João Alfredo estarão sumidos para sempre debaixo da immensa camada de desprezo publico que elles sobre si têm attrahido.

« E a nação indignada escrever-lhes-ha o epitaphio pela mão da historia:

« Aqui jazem os politicos que blazonavão de catholicos perseguindo o catholicismo! Processadores de bispos e absolvedores de Visgueiros!—Protectores da maçonaria e inimigos das associações catholicas!

« Hão de desapparecer como desapparecêrão os Corér de todos os seculos.

« Mas a arca santa, em que ousárão pôr mãos temerarias, continuará a ser conduzida para o porvir, no meio dos applausos do povo, sobre os hombros dos levitas.

« E os perseguidos de hoje serão os triumphadores de amanhã.

« E os cadeias dos bispos se transformaráõ em rutilantes joias e adereços a ornarem o collo da Egreja immortal. »

O mesmo bispo do Pará dirige-se ao Sr. ministro do imperio com a insolencia contida nas seguintes palavras e em artigo edictorial da *Boa-Nova*.

« Infeliz o Sr. ministro do imperio na citação de sagradas paginas, que nunca existirão e de uma carta de S. Agostinho reconhecida como apocrypha pelos homens instruidos, sobretudo rebaixa-se não só intercallando palavras no breve de 29 de Maio, mas allegando falsamente que os vigarios do Recife tinhão obedecido ao seu legitimo bispo pelo temor das penas canonicas.

« Solemnissimo desmentido acabão de dar os parochos do Recife sob fórma de protesto, que ficará como um monumento glorioso para a Egreja, e uma vergonha á mentirosa affirmação de um ministro da corôa em documento official dos mais importantes,

« — *Ministro idiota*, que cita sagradas paginas, que nunca existirão;

« — *Ministro ignorante*, que cita uma carta apocrypha de S. Agostinho;

« — *Ministro que se rebaixa, ministro mentiroso (!) que levanta falsos aos vigarios do Recife.* »

E o Sr. presidente do conselho *ri-se!*

Os bispos abandonão as suas dioceses sem licença; e o Sr. presidente do conselho *ri-se*, e deixa-os proseguir livremente !

Pio IX não attende ao pedido do governo, e o Sr. presidente do conselho ri-se ainda, e... guarda segredo !

Rirá S. Ex. por ultimo ?

Triumphará talvez ! Mas como? Deixando que, esquecido quanto tem occorrido, volvão as cousas ao antigo estado ?

Engano manifesto. O povo não admitte, nesta materia, procedimento illusorio e ridiculo.

Elle comprehende que, um tal desenlace apenas dará tempo aos bispos e aos jesuitas para fortalecerem o seu partido, armarem mais firmemente o seu exercito de fanaticos, e, em tempo opportuno, darem assalto vantajoso ás liberdades que nos são outorgadas, e implantarem no paiz, e sem rebuço, o despotismo theocratico.

Rirá o Sr. presidente do conselho por ultimo? Não, porque mystificar-se-ia tambem a si proprio !

Por sua honra tomamos a liberdade de affirmar que não ; porque seria alegrar-se com as desgraças da patria.

Estará S. Ex. estudando o projecto que tem de

offerecer ás camaras, em Maio, para a separação da Egreja do Estado ?

Trabalhará por estabelecer o casamento civil ?

Quererá nacionalisar a Egreja ?

Para tudo isto já tem o Sr. presidente do conselho trabalho bem elaborado, e póde-se dizer, já experimentado, e que em diversos paizes tem sido adoptado.

Nem se diga que não terão esses trabalhos applicação no Brazil ; S. Ex. deverá estar convencido de que não encontraráõ elles obstaculos serios.

E S. Ex. tem já uma magnifica experiencia do que é *nacionalisar* uma lei estrangeira, e sem o trabalho de grandes estudos, *copiandu-a* sómente.

Occupou por muitos annos o espirito publico a solução do problema da libertação dos escravos.

O Sr. presidente do conselho por mais de uma vez se manifestou em desaccórdo com a idéa, julgando-a sempre inopportuna.

Em um bello dia deparou-se-lhe a lei promulgada em 21 *de Julho de* 1821 na republica de NOVA GRANADA e dispondo da força necessaria (tanta goze S. Ex. neste negocio da Egreja romana !) transplantou para a collecção de nossas leis essa de 1821.

E o Brazil, onde os grandes interesses feridos pelas novas providencias armáráõ um formidavel partido contra essa lei da Nova Granada, a adoptou, e a vai executando muito regularmente.

A materia era e é gravissima, visto como toca de perto e positivamente ás finanças do Imperio, mas a lei da republica nos servio, e os brazileiros apenas reclamáráõ que se facilite a immigração.

A lei de 28 de Setembro de 1870 necessita, indeclinavelmente de um complemento ; e, queira-o ou não o Sr. ministro da justiça de accórdo com o seu collega da guerra, esse complemento se decretará, e é o casamento civil e a plena liberdade de cultos.

E nem o governo necessita para isso de grande trabalho, e nem de estudos seus.

O trabalho está feito, e o estudo completo nas diversas nações e que bem podem aproveitar ao nosso governo, o qual é tão feliz que já encontra, sem o minimo sacrificio de tempo e de pensamento, tudo feito, e pelo melhor modo, e mais completo!

Não tem mais do que copiar, para a decretação do casamento civil, como o fez para a libertação do ventre escravo.

Na Italia foi, em 3 de Dezembro ultimo, apresentado um projecto de lei para tornar obrigatorio o casamento civil, antes do casamento religioso.

Mingheta, de accôrdo com Bismarck, toma precauções indispensaveis contra a supremacia repugnante do poder espiritual nos contractos de matrimonio.

Na Prussia o casamento civil, obrigatorio, já é lei do Estado.

Mande S. Ex. consolidar mais essas leis, producto de grandes lucubrações, e de verdadeira sciencia de Estado, e transporte para o *nosso jardim de acclimação juridica* mais essas plantas salutares e que de certo, bem nos serviráõ e sem que, para as obter, o nosso governo despenda os seus grandes esforços.

O governo não necessita de acurado estudo, basta-lhe confiar nos que sem duvida mais habeis na sciencia do governo, nos edificão com o seu exemplo de abnegação, de franqueza, de coragem civica, e de dignidade nacional.

Entretanto a paciencia evangelica do governo, a falta de energicas e promptas providencias contra o ultramontanismo, vão dando os resultados que erão de esperar.

O partido clerical romano já se apresenta desdenhoso e a descoberto contra os poderes do Estado.

O cabido de Marianna, que vio sem correctivo o acto do seu diocesano, que deu execução a bullas independente de beneplacito, largou o breviario, e atirou-se com denodo na arena politica!

Transcrevêmos da *Reforma* a circular dirigida por esse cabido recommendando a sua chapa para senador, na eleição a que se está procedendo na provincia de Minas.

Os padres romanos são os mesmos em toda a parte!

Nessa circular se diz que a maçonaria ousa chamar-se — *a unica religião verdadeira!* Como se isso não passasse de um meio fraudulento de illudir o povo!

Nessa circular se diz que para o partido que ora se fórma dos catholicos, servem todos, republicanos ou monarchistas, liberaes ou conservadores, o partido do papa contra o governo, e que póde assim arvorar uma bandeira de retalhos, mas por bem da Egreja romana.

Nessa circular se proclama guerra ao casamento civil!

Nessa circular se chama infame e sacrilega apostasia á doutrina do beneplacito, que é o ponto cardeal da questão em que o Brazil se debate actualmente.

E essa circular é dirigida aos vigarios, os quaes, sob a pressão do *ex informata. conscientia*, devem por força trabalhar, de accôrdo com as ordens episcopaes, que lhes são transmittidas pelo cabido de Marianna!

Tal commettimento fará rir ao Sr. presidente do conselho, e a nós provocaria tambem o riso, se, além do ridiculo que encerra, não envolvese a manifestação de um plano combinado, contra os legitimos interesses do Brazil, e para o estabelecimento do despotismo do sambenito e da fogueira.

Eis o parto estupendo do cabido de Marianna, arvorado em centro politico eleitoral:

« Illm. e Revm. Sr. vigario.—E' bem conhecida por V. S. a guerra infernal, que nestes tempos move a impiedade contra a religião catholica neste imperio. Pretendem avassallar a Egreja e seus ministros, e humilhar todos os que professão o catholicismo, para enthronisar a maçonaria, que já ousarão chamar *unica religião verdadeira*. Se chegarem a lograr seus damnados intentos em breve teremos abolido o culto catholico, estabelecido o casamento civil, fechados os seminarios, despojadas as Egrejas, roubados os bens do clero, encarcerados ou desterrados os bispos e sacerdotes, que não se prestarem a uma infame e sacrilega apostasia como estamos vendo praticar na Allemanha, Suissa, Italia e na outr'ora tão catholica Hespanha. Em pouco seremos expectadores e victimas destas horrorosas scenas, se com tempo não envidarmos todos os esforços para atalhar o espantoso progresso da impiedade.

« Nossos adversarios não dormem; empenhão todas as forças na lucta contra a Egreja. Não é razão; é desdouro immenso que nós cruzemos os braços e os deixemos levar avante seus conselhos, sem empregar na defesa da religião que professamos, e da qual somos ministros e guardas, todos os meios que Deos poz em nossas mãos.

« Ora, como o bom ou máo exito da victoria que disputão os catholicos e os impios, dependem principalmente do modo porque fôrmos representados no parlamento brazileiro, assentamos em crear, e já demos principio a um partido catholico, que sem attender a cores politicas dos individuos, trabalhe por levar á assembléa e ao senado representantes que não guerreiem, mas defendão intrepidamente os principios da religião que professamos. Para esse fim combinamos em propôr aos nossos collegas e aos mais catholicos da provincia os nomes dos Srs,

bispo de Marianna, bispo da Diamantina e Dr.
Jeronymo Maximo Nogueira Penido.

« Agora dirigindo-nos a V. S. e por meio de
V. S. aos Srs. eleitores de sua freguezia, em nome
da religião pedimos que com todo o zelo e esforço
favoreça esta chapa catholica. V. S. empregando os
recursos de sua prudencia, consideração e merecida
influencia, póde valer-nos muito nesta gloriosa empreza,
e com seus esforços obter grande resultado. Rogamos,
pois, que empenhe com os Srs. eleitores todo o seu
valimento a bem de que todos prestem seu apoio e
voto aos tres nomes acima apontados.

« Desejamos a V. S. os bens que Deos promette
aos seus amigos, e com toda a consideração e estima
nos assignamos.

« Marianna, 20 de Novembro de 1873. De V.
S. amigos obrigados e criados—Dr. *Joaquim Mariano
da Rocha Pinto.*—Arcediago, *José de Souza Telles
Guimarães.*—Conego, *Bernardino Ferreira Brandão.*—
Padre, *Aureliano Deodato Brazileiro.*—Conego, *Ignacio
Pereira de Almeida.*—Padre, *João Baptista Caldeira.*—
Padre, *Silverio Gomes Pimenta.*—Conego, *Tobias
Bernardino de Souza Cunha* »

A curia romana não perde de vista o que por
aqui occorre, e providencia em bem de neutralizar
os esforços do poder civil.

Comprehendeu que o procedimento dos bispos no
Brazil podia determinar a sua deportação, como era
natural e indispensavel por bem da ordem e segurança
do Estado.

Neste caso se daria *sede vacante* e nomeação de
vigario capitular e governador do bispado.

A curia não dormio no caso, como o nosso
governo tem feito em relação ao procedimento de
Roma.

A curia providenciou já e de modo a constituir

as dioceses na absoluta dependencia de Roma, e na contiuuação de resistencia aos poderes do Estado.

Na Bahia, e na folha episcopal, foi publicada uma *constituição* que regulamenta a substituição dos bispos.

Tal constituição não foi sujeita a beneplacito, mas o arcebispo já a mandou publicar para que tenha execução !

E' uma das peças mais insidiosas que têm partido de Roma.

Trataremos della em outro artigo.

Rio de Janeiro, 4 de Janeiro de 1874.

Post-scriptum.— Acabamos de saber por telegramma expedido de Pernambuco, que o bispo D. Vital de Oliveira foi preso em cumprimento da ordem do supremo tribunal de justiça. A ordem publica não foi alterada, o que prova que o povo comprehende os seus deveres. Os esforços empregados ante o fanatismo, para desmoralisar a ordem do tribunal, não tiverão effeitos. Honra ao povo Pernambucano ! Parabens ao paiz !

IX.

Honra ao nobre povo pernambucano!

O seu comportamento grave e reflectido confundio a altivez ultramontana!

Foi demasiada audacia dos padres de Roma contarem com o apoio publico para seus desatinos.

Por mais que o pulpito, o confessionario, a intriga mesquinha, o enredo jesuitico procurassem desvirtuar o espirito do povo, nada aproveitou aos petroleiros de roupeta ou de samarra.

Chegou o dia do desengano, e o bom senso e o patriotismo não faltárão!

A acção da justiça publica não encontrou obstaculo, nem murmurio sequer da multidão; o povo em massa assistio, quieto e respeitoso, á execução do mandato do supremo tribunal de justiça, e o jesuita frei Vital de Oliveira, a quem por desgraça nossa se acha entregue uma das mais importantes diocesses, foi recolhido á prisão!

Ninguem se oppôz á execução dessa ordem legal.

Frei Vital confiou de mais na credulidade da superstição, na irracionalidade do fanatismo! Contava com a anarchia, esperando que o povo oppuzesse o seu véto á effectividade da ordem do tribunal!

7

Teve a velleidade de não se entregar á prisão, sendo della intimado; aguardava acontecimentos, que reputára inevitaveis !

Os executores da ordem, porém, tiverão a energia que a consciencia do dever determina e coagirão frei Vital a submetter-se ao decreto judiciario.

O bispo rebelde desenganou-se de que o povo sabe cumprir o seu dever, e não se presta a ser instrumento vil, nem mesmo que o seu pastor o provoque a isso abusando do nome de Deos.

Está, pois, recolhido á prisão D. frei Vital, bispo da diocesse de Olinda, *fac-totum* de Pio IX, fiel executor de suas ordens e ousado instrumento da curia romana.

Nem a arrogancia e menos as excommunhões do Santo Padre valêrão ao infractor da constituição politica do Imperio; o desrespeitador dos poderes do Estado comprehendeu o valor do seu *non possumus*.

Os ultramontanos, os jesuitas, os padres de Roma ainda desta vez errárão, como errárão sempre, no seu plano de dominio, porque, nesta terra, elles só reinaráõ sobre cadaveres.

« Se são capazes processem os bispos », disserão elles. E o bispo frei Vital foi processado.

« Se são capazes decretem a prisão de qualquer delles. »

E a prisão foi decretada.

« Não são capazes de encarcerar nenhum desses servos de Deos. »

E frei Vital acha-se, em observancia á lei, e em execução de ordem da auctoridade competente recolhido á prisão !

Quem se enganou? Fomos nós, ou os suissos de Pio' IX.

Forão estes que procuravão o apoio da desordem e da turbulencia.

Nós tinhamos firmadas as nossas esperanças na lei, e a lei foi cumprida.

Confiavamos no povo, e o povo cumprio o seu dever.

O que dirão agora os outros bispos? Que conjecturas estará fazendo o denodado e extremamente audacioso bispo do Pará.

A que ficaráõ reduzidas as quixotadas da sua *Boa-Nova?*

Para que lhe servio o brado selvagem que levantou contra portuguezes?

O que aproveitou elle com as doutrinas subversivas da ordem, e que tão desenvolta e indecentemente propagou conspurcando até o respeitavel caracter de que se acha revestido?

Tudo isto só produzio a convicção, que deve dominar o espirito do povo, da impotencia de Roma entre nós, da impossibilidade de execução do *Syllabus* no Brazil, cuja população deseja manter, e mesmo ampliar, mas com criterio, as liberdades que lhe estão outorgadas, e não transige jámais para retrogradar um passo sequer da posição livre que uma vez conquistou.

Ao supremo tribunal de justiça, ao qual os apostolos do erro e da mentira têm, por calculo sordido, indignamente vilipendiado, e para do temor da injuria colherem a inobservancia covarde do dever, ao supremo tribunal de justiça cabe a honrosa missão de dar o ultimo toque no quadro, que deve consagrar o exemplo aos que ainda quizerem illudir e affrontar as leis do Estado.

O julgamento de D. Vital ha de vir, e elle será mais um florão de gloria judiciaria ao poder independente e severo que o tem de proferir.

Ante a jurisprudencia criminal a causa de frei Vital é perdida.

Se ha caso em que a decretação de pronuncia traga como consequencia inevitavel a condemnação final, é este.

As provas que determinárão a pronuncia, são sufficientes para, no rigor do direito, condemnar.

Allegará frei Vital ignorancia da lei?

E impossivel, porque elle a transgredio, citando-a, e com premeditação.

Allegará que estava em erro?

Tambem não o fará com vantagem, desde que podendo-o ter corrigido, quando resolvida a questão dos interdictos pelo poder competente, elle desdenhou desse poder, e, recalcitrante, permaneceu na anterior situação, e mais declarou officialmente, que não reconhecia o direito da corôa, e que executaria de preferencia ás ordens de Roma.

Deu-se involuntariedade de seu acto?

Ninguem o coagio a ser rebelde a seus deveres de cidadão brazileiro. Bem ao contrario foi elle advertido o mais cortezmente, de que era irregular o seu procedimento.

E se a coacção por ventura vem de Roma, mais criminoso é elle, por prestar-se á influencia de uma auctoridade estranha e cujos decretos são dependentes de beneplacito civil, para poderem vigorar.

Frei Vital, o joven bispo, é maior de 14 annos:

Não é louco (e tanto o não é que exerce um bispado):

Não foi violentado:

Não procedeu casualmente e sem intenção, ou na idéa de um acto licito, porque não póde ignorar a disposição de direito contra os infractores dos preceitos que elle ousada e reflectidamente transgredio:

Não cabe o caso na hypothese de evitar mal maior, visto que a anarchia, a peturbação da ordem publica, a infracção da lei constitucional do Imperio

não são meios menos prejudiciaes: e quando, ainda
mesmo pensando sinceramente do modo por que se
tem pronunciado, só tinhá em sua possibilidade legal
o meio de representação aos poderes do Estado para
abrogação da legislação existente, mas nunca lhe poderá ser perdoado assumir elle a qualidade de supremo arbitro da lei, e em um paiz em que vigora
o systema representativo, para revogal-a, não cum-
pril-a, prival-a de effeito:

Não procedeu tambem em defésa de sua pessoa,
porque pessoalmente não foi offendido:

Não procedeu em defesa de seus direitos, porque
não é direito do bispo brazileiro, e que presta juramento de subordinar-se ás leis do Imperio, transgre-
dil-as e annulla-las:

Não se achou na contingencia de defender a familia nem tambem se prestou a defender a terceiro.

Tambem não resistio a ordens illegaes, porque os
provimentos dados aos recursos interpostos á corôa,
e em casos definidos, são autorisados expressamente
pela lei:

Não procedeu, finalmente, castigando moderadamente, seus filhos, seus escravos ou seus discipulos.

Não ha hypothese juridica de absolvição para
frei Vital.

O crime pelo qual elle é trazido á barra do tribunal, além de estar provado com os documentos
authenticos officiaes que instruirão a denuncia, ficou
iudestructivel pela arrogante confissão, na resposta as-
signada por esse réo, e na qual elle ostenta inaudita
e insolentemente a sua rebeldia ás leis e ás auctoridades constituidas do paiz.

A condemnação de D. Vital é, portanto, inevitavel
ante o direito.

A moralidade da administração publica, a garantia
dos direitos do cidadão, ameaçados pela projectada

execução do *Syllabus* entre nós, a força moral, a independencia, a honra do poder judiciario, achão-se presentemente á mercê do juizo do supremo tribunal de justiça, e elle, que não faltou a seus deveres, pronunciando-os, cumprirá religiosamente, condemnando.

É de uma inversão do systema liberal que nos rege para o despotismo de Roma,. é do porvir do Brazil, que se trata; e o venerando tribunal certamente se manifestará, garantindo os direitos do cidadão, fazendo respeitar as leis, e firmando no presente a doutrina unica que constituirá a felicidade dos vindouros.

Não podem actuar no animo do magistrado os sophismas grosseiros de que os ultramontanos se prevalecem para firmar a supremacia absoluta do papa. nos paizes catholicos.

O chefe da Egreja do Estado é —por isso mesmo— sujeito ás leis do Estado.

As chamadas conveniencias da Egreja não autorisão a transgressão das leis civis, e nem as sujeita a interpretações capciosas.

« *Non sunt judicandæ leges.*

« *Stulta videtur sapientia quæ lege vult sapientior videri.* »

Para o juiz ha uma regra sem excepção :

A lei falla; e basta !

O magistrado não póde dizer que tal disposição legislativa é desarrozoada, injusta, ou iniqua, e que convém despreza-la ou modifica-la. O dever do magistrado nem lhe consente a equidade, porque seria constitui-lo juiz da lei, quando é elle seu escravo.

Não lhe é permittido avalliar quaesquer inconvenientes para altera-la na execução ; seria isto antecipar o aperfeiçoamento da lei, e, portanto, commetter um excesso de poder, visto como invadiria assim as attribuições legislativas.

A absolvição de frei Vital, entretanto, vai desde já ser tentada com afinco.

Para melhor illudir os venerandos julgadores desse criminoso convicto, começárão desde já os elogios, as lisonjas, a adulação, a baixeza, o servilismo! O jesuita sabe curvar-se em regra e opportunamente.

Os urbanos de D. Lacerda derão treguas aos insultos, ás calumnias, ás mentiras com que até hoje têm menoscabado o nosso primeiro tribunal judiciario.

Os mesmos que hontem falsificárão escrutinios serao já magnificos magistrados !

O empenho virá com todo o seu degradante cortejo.

Os senadores ultramontanos se porão a serviço da causa de frei Vital.

A sociedade catholica tomará opa e bacia, para esmolar de porta em porta um votinho pelo amor de Deos em favor do réo confesso !

Fazemos idéa dos vexames, das amofinações, das contrariedades a que desde já ficão expostos os respeitaveis conselheiros que compõem o tribunal.

Haverá até quem ameace com proxima ascensão ao poder (*quod Deus averiat*).

Não faltará quem com sordida intriga queira converter o tribunal em mesa eleitoral, que negue e reconheça identides, e arranje as cousas de modo a obter um triumpho, que será a morte das liberdades publicas.

O que vale, pela moralidade e pelo bem-estar do paiz, é a longa experiencia dos provectos magistrados a quem o negocio se acha sujeito. Elles conhecem bem a confraria dos altos pedintes judiciarios, que fazem consistir a justiça de suas causas na sentença mesmo injusta e revoltante, que por influencia, erro, medo ou immoralidade se obtenha. E com essa alta confraria toda a cautela é pouca. Ella emprega a humildade e a soberba ; supplica como um mendigo, ameaça como um sultão ; sophismando sempre, pois que argumentando lealmente perde o seu trabalho.

Aquelles dos illustres magistrados que, devotados á causa dos ultramontanos e á acceitação do *Syllabus* têm já manifestado o seu voto, estes, como por exemplo, o illustre Sr. Figueira de Mello, o qual já declinou expressamente o seu juizo sobre a materia, na tribuna e na imprensa, sem duvida que seberáõ manter a sua dignidade declarando-se suspeitos, como na verdade são.

Não seremos nós quem lhe irroguemos a injuria de os suppôr capazes sequer, de se constituir juizes, depois de terem sido advogados na causa, e publicamente se empenhado por ella. Até o presente, e honra seja feita aos tribunaes, ainda nenhum juiz se atreveu a tanto.

O supremo tribunal, que bem comprehende os seus deveres, e que sabe severamente cumpri-los, conhece a sua jurisdicção e a esphera em que ella gyra.

O supremo tribunal não se confundirá com o poder moderador, usurpando-lhe as attribuições e precedendo-o irregularmente na acção.

O negocio é melindrosissimo.

Trata-se de firmar a jurisprudencia no Brazil em relação ao procedimento dos bispos rebeldes.

Trata-se de firmar a salutar doutrina do beneplacito aos decretos de Roma.

Trata-se de salvar o paiz das garras dos jesuitas.

Trata-se de firmar as liberdades outorgadas pela Carta constitucional.

E esta é, na presente luta, a soberana missão do supremo tribunal de justiça.·

A condemnação do jesuita rebelde firmará as sãs doutrinas, sem que fique o poder moderador privado de exercer para com os bispos a caridade do perdão, de que elles não sabem usar.

A condemnação ainda mais poderá facilitar a libertação do povo de seus algozes de roupeta, dando lugar á commutação da pena de prisão com trabalho, na *deportação*, unico modo de salvar o paiz do abysmo a que os Vitaes, Macedos & Comp., o querem lançar.

Todos os poderes do Estado têm faculdade, na esphera de suas attribuições, de concorrer para o triumpho real da grande causa que se agita entre nós; e da harmonia dos poderes, nos seus beneficos attributos, virá a salvação do Estado, a qual certamente não está na subserviencia a Roma, e nem na negação dos direitos que são garantidos ao cidadão brazileiro.

Os esforços de conciliação com a famosa Egreja de Roma estão esgotados, e nenhum mais se empregará com vantagem.

Depois do dogma da infallibilidade, não ha mais direito algum que vantajosamente possa ser defendido ante a curia romana. Pio IX reconhece aos catholicos sómente a subserviencia, humildade e rebaixamento aos caprichos do pontificado, que se constituio poder absoluto e senhor arbitrario e despotico do mundo.

E' mister, portanto, que os poderes do Estado se conservem na altura de sua missão, mantendo como delegados do povo os direitos e prerogativas estabelecidos.

Sirva-nos de exemplo o que se passa na Europa.

Sob o falso pretexto de perseguição á Egreja, pretende o clero ultramontano estabelecer a perseguição ao Estado.

Na actual situação do pontificado, e depois especialmente do ultimo concilio chamado ecumenico, donde forão enxotados todos os prelados os mais dignos e illustrados, e os mais logicamente catholicos, para que com liberdade pudessem as creaturas subservientes de

Pio IX dar leis ao mundo, constituindo o capricho em lugar da razão e da justiça, é forçoso condemnar o passado para acompanhar o progresso da civilisação moderna.

É indeclinavel a maior attenção ao que se passa presentemente. Os jesuitas não dormem; e não ha insidia que não ponhão em acção para seus tenebrosos fins.

Agora mesmo, e pelos partidarios cegos do pontificado, acaba de ser apresentado na camara baixa, em *Berlim*, uma moção, para que o governo *retrograde* aos antigos principios nas relações com a Egreja romana, que os ultramontanos querem, por força, confundir com a catholica.

O ministro do culto, porém, referindo-se á resistencia que os bispos de Roma fazião ás leis do Estado, obedecendo para isto aos acenos de Pio IX, repellio a odiosa accusação de que a Egreja estivesse sendo perseguida, e declarou que, nas actuaes circumstancias, fazer pazes com o partido clerical seria sacrificar a soberania do Estado.

E taes forão as razões com que esta´ these foi sustentada, tal a força da argumentação fundada nos factos que se multiplicavão, que essa insidiosa moção foi rejeitada por 288 votos contra 95, a que o partido ultramontano ficára reduzido.

Sempre os mesmos e por toda a parte a intrigar, a illudir, a calumniar e a mentir!

O negocio é muito sério, e o governo que o levar á gargalhada morrerá asphyxiado na sua propria indolencia e imbecilidade; o clero romano rirá por ultimo, e quando o páiz chore a maior das suas desgraças, que é a perda de todas as suas garantias.

O que se passa actualmente é a repetição do que por tantas vezes tem sido provocado pela insidiosa curia romana.

As mais sérias accusações são respondidas sempre com as mesmas palavras — é falso, é ignorancia, é heresia, é blasphemia!

São tenazes na negação da verdade, e disso nos offerece a historia milhares de exemplos.

Os bispos reunidos em Brixen (1608) proferirão contra Gregorio VII a seguinte sentença, que agora bem se podia applicar a Pio IX.

« Considerando que esse homem não póde ser o escolhido de Deos, porquanto anarchisa a ordem ecclesiastica, perturba os governos, mata corporal e espiritualmente a um rei catholico, e defende um rei perjuro, semeia a discordia, estabelece querellas entre homens que vivião em paz, o escandalo entre irmãos, o divorcio entre esposos, e abala tudo quanto parecia firmado; considerando que esse homem audacioso préga e manda prégar doutrinas incendiarias e sacrilegas, perdôa o perjuro, e homicidio, etc.... o julgamos canonicamente e o condemnamos a ser deposto e enxotado do pontificado. »

Os ultramontanos clamárão contra essa decisão, e, a despeito de serem todos esses bispos conhecidos e respeitados, não duvidárão dizer que erão miseraveis e indignos de fé.

Em vez de se defenderem, atacão deslealmente, deixando, entretanto, em vigor tudo quanto contra elles se disse.

Gregorio VII, como Pio IX, podem ser considerados um flagello do christianismo e da civilisação, sob a apparencia de inimigos de Satan.

Fingindo uma humildade que não têm, o papa quer passar por defensor da *legitima* Egreja e do catholicismo, quando não faz mais do que uma politica miseravel para reintegrar-se no poder temporal! É o homem, presentemente, o mais fatal ao christianismo e á humanidade.

Concluiremos este artigo com a seguinte noticia que lemos na *Republica* de hontem, transcripta da folha episcopal:

« Com data de 18 de Dezembro proximo passado dirigio S. Ex. Revma. o Sr. arcebispo da Bahia uma representação a S. M. o Imperador accusando-se dos mesmos crimes que derão lugar á pronuncia e prisão do heroico bispo de Olinda, e mostrando que deve ser igualmente processado todo o episcopado. »

Lembra-se o governo do que lhe dissémos quando elle, entre todos os criminosos, escolheu um só para mandar responsabilisar?

Castigo do vicio!

Rio de Janeiro, 7 de Janeiro de 1874.

X.

Lêmos com surpresa as seguintes palavras escriptas em um artigo publicado hontem na *Republica:*

« A iniquidade que vive a procurar em caminhos tortuosos uma lei para punir os bispos hade afinal estremecer diante de sua propria obra! »

E o escriptor desse *notavel* artigo, tendo, segundo nos parece, conseguido muito, com a sua admissão naquellas paginas, suppõe ter conseguido tudo, e o fechou com esta chave de ouro: *Consummatum est !*

Como o ultramontanismo é insidioso!

Pela nossa parte não trataremos de justificar-nos da pécha de *iniquos,* e menos da imputação cavilosa de que sophismamos (*andar por caminhos tortuosos!*) em procura de lei para punição dos bispos. Como se o nosso direito não fosse tão claro !

Temos escripto bastante, explicitamente e com franqueza, para que não possamos ser condemnados, como o illustre *republicano* nos condemna, e no intuito de atirar a um alvo, que certamente só póde ser atacado com vantagem, de frente, a descoberto, franca e lealmente.

As idéas nobres não necessitão de caminhos tortuosos para chegarem ao seu triumpho.

A republica, como nós a comprehendemos, não necessita de artificio. Firma-se na convicção sincera, e a lealdade deve ser a sua arma predilecta.

Continuaremos a affirmar conscienciosamente, que os bispos, como qualquer cidadão, são sujeitos ás leis do Estado, e podem o devem ser responsabilisados, quando as infrinjão.

Já o demonstrámos cabalmente.

Continuarêmos a affirmar com lealdade, que o governo devêra ser mais energico.

E a experiencia o tem mostrado.

Continuarêmos a sustentar, que bem desempenhou o supremo tribunal de justiça a sua nobre missão pronunciando, e que bem procederá condemnando a D. Vital de Oliveira.

Era o seu dever; cumprio-o e o cumprirá.

Diremos ainda que esse, como todos os outros bispos, bem assim o arcebispo, rebeldes, subditos de Roma, subservientes da curia, de preferencia a serem cidadãos brazileiros, desnaturalisados como se achão, podião e devião ter sido deportados.

Nesta questão não distinguimos partido algum dos que se debatem no Imperio.

Nesta lucta conhecemos dous empenhos sómente: o dos que sustentão a soberania nacional contra as exageradas pretensões de Roma, e o dos que por erro ou calculadamente adoptão, por qualquer motivo que seja, a supremacia de Roma em detrimento dos direitos politicos do Brazil.

Somos pelo primeiro.

Não tememos a excommunhão que Pio IX, como *ultima ratio*, fulmine contra todo o Imperio. Será um passo gigantesco para a nossa libertação completa de Roma, e ainda mais justificadamente.

O artigo a que nos referimos não podia mais opportunamente ser publicado. Foi elle impresso no mesmo numero em que vem a representação do arcebispo da Bahia.

Não podia esta MANIFESTAÇÃO ousada e despeitosa ter melhor argumento !

Deixemos, porém, este incidente que apenas e rapidamente nos surprehendeu, e prosigamos no trabalho que nos imposémos.

Sempre insidioso, o ultramontanismo recruta em todos os partidos ! Tudo lhe faz conta. *Vermelho, escarlate, azul, verde ou amarello,* nós o atacaremos de frente.

Não o tememos nem vestido *á republicana*; será mais ridiculo ainda.

Prosigamos.

Desde que se tratou de responsabilisar o bispo de Olinda, os ultramontanos procurárão por todos os modos desmoralisar o acto.

Entre os meios de que lançárão mão na imprensa, no pulpito e nas palestras, um, com especialidade, se tem feito notavel.

É uma estulta comparação que além de pecar contra a verdade não abona ainda a mais mediocre intelligencia.

Dizem as folhas episcopaes:

« Visgueiro vai ser julgado.

« D. Vital de Oliveira o será tambem:

« Para aquelle todas as attenções, para este nem uma.

« Visgueiro será absolvido, e D. Vital irremissivelmente condemnado !

« Aquelle, um grande criminoso, e este um devotado filho da Egreja, e seu denodado defensor !

« Aquelle merece as graças do governo e dos tribunaes, e este só a mais inaudita perseguição ! »

Custa a crer tanta perfidia, tão negra aleivosia, tanto desfaçamento.

Não ha nenhuma base para affirmar que Visgueiro será absolvido, assim como não se póde provar que contra D. Vital, o inimigo tenaz das liberdades patrias, se tenha praticado nenhum acto de perseguição.

Visgueiro, o barbaro e covarde assassino de uma mulher, o cruel, que esquecido de sua posição de membro da alta magistratura, despio a toga que o honrava para tomar a pelle de tigre sedento de sangue; está, conforme a lei, respondendo a processo, e ninguem, de boa fé, ousará affirmar que elle será absolvido. O supremo tribunal está fóra do alcance de tão grande injuria.

D. Vital de Oliveira, o assassino da constituição politica, o perturbador do catholicismo, o anarchisador audaz, o sustentaculo ds seita papal, o prejudicialissimo prelado, está respondendo a processo, na fórma da lei, e ninguem, de boa fé, ousará affirmar que elle será tambem absolvido.

São dous criminosos importantes, ambos têm sido tratados com a mesma imparcialidade, são ambos prejudiciaes.

Mas quanto aos altos interesses sociaes, em que se podem traduzir as infracções da lei por cada um delles commettidas, ninguem, com calma, reflectidamente, e com a devida imparcialidade, poderá dizer que D. Vital seja mais digno de benevolencia do que Visgueiro.

Não se illuda o povo com a perfida insinuação dos suissos de Roma! O crime não se póde occultar nem sob a mitra nem sob a toga.

Comprehenda e avalie os factos como elles natural e socialmente devem ser considerados, e se convencerá de que a pretensão, estultamente cavilosa, de estabelecer comparação entre esses dous criminosos, para com detrimento de um salvar o outro, é por demais grosseira.

O que fez Visgueiro?

O que fez D. Vital?

Quaes os males consequentes do crime daquelle?

O que póde resultar do que praticou e está praticando este?

Qual dos crimes aggrava mais a sociedade, qual o que mais a póde comprometter?

Tal é a questão a ventilar, e na qual entrámos desassombrados e livremente, sem temor de sermos mal comprehendidos pelos homens da sciencia, pelos doutos imparciaes, pelos cidadãos intelligentes que, livres de suggestões, contemplão conscienciosamente as occurrencias e desejão o bem estar da sua patria.

Na apreciação que vamos fazer não nos embaraça a disparidade das penas applicaveis.

A grandeza philosophica do crime não está no valor da pena que lhe é simplesmente imposta pela lei criminal.

Os males que dos factos podem resultar á sociedade constituem a bitola moral para a sua avaliação.

Os ataques á pessoa devem ser punidos para manter a segurança individual, e nada mais.

Os ataques á sociedade inteira, a toda uma nação, devem ser punidos para manter a segurança geral, as garantias sociaes, a soberania do povo, a dignidade nacional emfim.

As consequencias destes são muito mais perigosas do que as daquelles.

O homicidio é, socialmente, menos importante do que a anarchia geral.

A simples morte de um individuo limita em si mesmo as suas consequencias, os actos attentatorios da ordem e da segurança do paiz o arrastão em suas consequencias aos mais deploraveis desastres e a males incalculaveis.

Matar uma mulher, e do modo atroz, repug-

nante e covardemente barbaro, por que o fez Visgueiro, é de severa punição.

Não é entretanto tão prejudicial á sociedade
como atiçar uma horrivel guerra religiosa, transgre-
dindo para isso as leis constituintes do Estado, e
desacatando as auctoridades legitimas, praticando e
aconselhando, em materia tão melindrosa, a rebeldia
ao direito estabelecido, como fez D. Vital.

O que rouba a vida, especialmente com tamanha
atrocidade, deve ser infallivel e severamente punido.

Mas o que rouba o socego publico, o que procura implantar no paiz o negro despotismo da fogueira, que é o despotismo de Roma, o que, para
servir uma politica estrangeira, emprega todos os
meios sem excepção, e para escravisar o povo ao
nefando dominio de um clero impertinente e capri-
choso, mais inevitavelmente deve soffrer severo castigo.

Não se endeose, pois, D. Vital, á custa de Visgueiro.

Criminosos ambos, cada um delles de diverso
genero, nem por isso o segundo é mais prejudicial
do que o primeiro.

Emquanto Visgueiro aterra o homem, D. Vital
atterra o paiz inteiro.

O crime de Visgueiro cinge-se a uma vida : o
de D. Vital attenta contra todas, arvorando a bandeira de uma revolução civil religiosa. Um assassinato particular ou um *S. Bartholomeu.*

E o supremo tribunal de justiça saberá punir a
ambos. O magistrado assassino soffrerá a punição
legal, o bispo anarchisador e audaz, não ficará impune ; nós o esperamos, e a sabedoria e imparcialidade do tribunal o assegurão.

Fique, pois, consignado, o protesto que ora fazemos, contra a insinuação odiosa que os ultramontanos
têm levantado para desmoralisar o procedimento do

governo e do supremo tribunal de justiça em relação a D. Vital de Oliveira.

Entremos em outras considerações.

O arcebispo da Bahia, como noticiamos no artigo antecedente, INTIMOU AO IMPERADOR (não se dirigio ao governo!) para consideral-o e a todo o episcopado brazileiro nas mesmas condições do bispo de Olinda!

O metropolitano não abandona o seu exercito nem mesmo no campo do crime!

Se quizesse ser cidadão brazileiro, respeitador da constituição politica, e das leis do Imperio, se curvaria á decisão do supremo tribunal de justiça, que pronunciou D. Vital.

O metropolitano, visto o seu procedimento, e depois dessa decisão judiciaria, considerou perdida a causa romana, e esqueceu-se da gravidade do alto cargo que exerce para ostentar a sua qualidade de servo humilissimo da curia romana, em guerra áberta contra o Imperio!

O metropolitano, como os seus subordinados, precipitou-se no abysmo, do qual não se levantará jámais, ante o respeito e veneração publicas.

A animosidade dos ultramontanos, representados servilmente pelo nosso episcopado, tocou ao mais subido gráo.

O acto do arcebispo é uma dessas quixotadas que não se compadecem com o caracter, idade, e sizudez que devião adornar o Principal da Egreja brazileira.

A despeito de constar já que os cardinalatos estão distribuidos, e entre os *amigos mais proximos*, a avidez por tanta honra é tal que cada um quer dar melhores arrhas do que os outros, para captar as boas graças do liberrimo *captivo* do Vaticano!

Attenda o governo á triste collisão em que o arcebispo e os bispos o collocão.

Não ha remedio já : convenha em que lhe é necessaria mais coragem !

Ou prisão com trabalho, ou hospicio de Pedro II, ou.... a indispensavel deportação.

D. Vital teve a coragem de collocar-se na vanguarda do insulto ás leis, e aos poderes do Estado, e os seus companheiros ultramontanos se tomárão de ciumes, e lhe querem disputar a primazia do crime!

Reina, pois, a desordem na egreja d'Elvas.

Tudo isto, a não ser considerado effeito do plano de Roma e da obediencia cega a Pio IX, seria supremamente irrisorio.

O que fará o governo ante a nova audacia?

Cumpre observar que o arcebispo da Bahia, no plano geral de Roma em menoscabo da soberania da nação, esqueceu-se que se achava em um paiz regido pelo systema representativo; e, desdenhando dos ministros de Estado, que formão o governo, dirigio-se directamente ao Imperador !

E embalando-o com lisongeiras esperanças, para conseguir o seu *desideratum,* procurou convencê-lo, depois de indigna e sediça bajulação, de que o mais seguro penhor da purpura imperial e o mais aprofundado alicerce do throno é Pio IX com o seu cortejo, Roma com os seus jesuitas, o ultramontanismo com o *Syllabus,* que é o que o metropolitano resume descuidoso na palavra religião !

Throno e altar !

Diz ainda que nas mãos do Imperador está a liberdade dos bispos do flagello do poder civil!

E o Imperador deve confiar mais em Roma do que no povo brazileiro !

E o Imperador deve constituir-se ultramontano para ser dominador !

E o ministerio? E as camaras legislativas? E o poder judiciario? O que são no juizo do meticuloso arcebispo ?

Elle quer a invasão da nossa ordem social: quer
o rei só: quer.... abysmar o Imperio, e sobre as
suas ruinas plantar a theocracia da Egreja.

O principio que elle estabelece como base fundamental de sua propaganda, nada deixa a desejar; é
claro e positivo. Tal principio se resume no seguinte:
*Sententia pastoris sive justa, sive injusta, tenenda
est.*

E para que se observe o injusto e para que nos
curvemos ao iniquo, nos fallão os padres de Roma
em nome de Deos!

Petulancia inaudita!

Os bispos, diz o metropolitano, devem gosar da
liberdade plena de consciencia e assim podem desobedecer ás leis e ás auctoridades constituidas!

O povo, porém, na sua singular liberdade, não
póde deixar de sujeitar-se aos caprichos dos taes pastores que justos ou injustos devem ser obedecidos!

Quanto dislate!

E' na verdade um modo de argumentar curiosis-
simo!

Ainda melhor vai esse ehefe da cruzada ultramontana quando ousa negar a verdade do principio de
que os bispos são cidadãos e que harmonisando-se com
os poderes do Estado, tudo correrá placidamente.

« Mas, exclama elle, quaes as consequencias desta
bella theoria? O que seria da religião neste caso? »

O metropolitano, pois, veio, em sustentação de
nossa doutrina, dizer-nos que não ha possibilidade de
religião do Estado, visto como não comprehende (é elle
que o diz) que possa haver harmonia entre elles.

Não ha religião sem rebeldia! E' o que diz o
chefe do episcopado brazileiro!

O metropolitano volve á idade média, e condemna
a civilisação moderna.

Esquece-se de que, nesta época, a sociedade

nada admitte sem discussão ; nem a lei, nem a fé, nem o orçamento, nem o dogma, nem os reis, nem os papas.

« A chimica do direito de exame, diz um escriptor illustrado, decompõe tudo. »

« S'il y a des idolatres des ténèbres, qui s'appellent ultramontains, la faute n'est pas au soleil. Le jour est fait ! »

O metropolitano procurou defender D. Vital, dizendo que elle não commetteu crime, porque obedeceu ao papa, que é quem governa.

O metropolitano procura illudir o Imperador com o seguinte argumento que levará ao infinito o poder. de Roma, como ao aniquilamanto o poder civil.

« O papa tem acima de si o mesmo Christo, os bispos são ovelhas do papa e os povos são ovelhas dos bispos ! »

Por conseguinte o papa será o unico poder, o arbitro supremo do mundo. Os reis, os imperadores são seus vassallos !

Na actualidade, argumentar assim é argumentar estultamente.

O que fará o Imperador ante tanta ousadia?

Concluiremos este artigo perguntando ao governo :

A quem ficou commettida a diocese de Olinda ?

Quem governa presentemente aquelle bispado?

Rio de Janeiro, 10 de Janeiro de 1874.

P. S. — Devemos resposta ás considerações com que nos honrou a *Nação*, a proposito da lei de 28 de Setembro de 1871.

Não é de agora que para o nosso *jardim de acclimação juridica* se transplantam leis estrangeiras.

Algumas temos, e que fazem parte dos nossos

codigos, cuja *pessima traducção* de alguns de seus artigos lhes tem muito difficultado a execução.

Não quizemos de modo algum censurar a quem quer que se servio para a lei de 28 de Setembro de 1871, do que já se achava, e de ha muito, bem elaborado, e até em execução.

Pouco nos importa que a lei da Nova Granada seja a *mãe, avó* ou *mesmo irmã* da nossa.

De qualquer modo fizemos no Brazil effectiva uma grande providencia.

Pouco nos importa tambem que viesse essa lei de uma republica ou de um paiz monarchico.

No nosso presente empenho, e no qual cumprimos um encargo de consciencia, e na certeza de prestarmos um serviço ao nosso paiz, não temos tido em consideração fórmas de governo.

A liberdade de consciencia, a plena liberdade de cultos, o casamento civil, a separação da Egreja do Estado, são compativeis com qualquer systema.

O que não se compadece com algum delles é a petulancia, a insolencia e o crime com que os ultramontanos actualmente affrontam as leis e os poderes do Estado.

Na situação das cousas da Egreja só conhecemos e respeitamos um partido : o da dignidade do Brazil, o da defeza da soberania nacional.

Apreciando a transcripção que os illustrados redactores da *Nação* nos offerecêram da *falla* com que o famigerado Garcia Moreno abrio a sessão das camaras da republica do Equador, diremos :

Não é o nome — Republica — que nos serve de norte, é sim o governo regular que garante sinceramente as legitimas liberdades do povo, com responsabilidade real de todos os agentes do poder.

Garcia Moreno, jámais animará a ser republicano sincero ; ser-lhe-ha mais facil crear monarchistas provisorios, assim como os maus reis, obrigando os homens de boa fé a estudar o systema com que elles illudem o povo, tem creado republicanos convencidos e permanentes.

Solano Lopez, ou D. Carlos da Hespanha valem bem um o outro.

A todos os partidos cujas convicções tenham por base invariavel o bem estar e prosperidade do paiz, convém as doutrinas que temos sustentado.

XI.

*Que l'Eglise est fertile en devots
empiriques !
Que de Saints Charlatans !*
SAINT EVREMOND.

Representou frei Vital de Oliveira a farça mais ridicula ao entregar-se á prisão, em Pernambuco!

Quiz até que a mitra e o baculo operassem um milagre de indignidade do povo, para elevar o merito pessoal do jesuita criminoso!

Nem sequer, porém, teve a gloria da invenção. Outro criminoso, como elle, o tinha já precedido, procurando furtar-se, sob as vestes pontificaes, ao castigo a que estava condemnado.

O *Jornal do Recife* dá conta dessa farça nos seguintes termos:

« Em virtude de mandado expedido pelo supremo tribunal de justiça, foi hontem preso o Sr. D. frei Vital Maria Gonçalves de Oliveira, bispo desta diocese, que tem de seguir para o Rio de Janeiro, onde vai esperar a decisão do processo, que lhe foi instaurado por aquelle supremo tribunal.

« A' 1 hora da tarde, comparecendo no palacio da Soledade o Sr. Dr. Quintino José de Miranda, juiz de direito da 1.ª vara e das execuções criminaes, acompanhado pelo escrivão do jury, intimou ao prelado o mandado cuja execução lhe havia sido commettida.

« Apezar de reconhecer como authentica a ordem da auctoridade, negou-se a obedecer-lhe, dizendo que só sahiria de palacio *acompanhado pela força publica.*

« A' vista desta sua deliberação, apresentárão-se, sem perda de tempo, no mesmo palacio, os Srs. capitão de fragata Francisco Romano Stepple da Silva, inspector do arsenal de marinha, tenente-coronel Francisco Carneiro Machado Rios, commandante do corpo de policia, e major Manoel de Azevedo Nascimento, do 9.° batalhão de infanteria de linha.

« Com a chegada delles, tomou o Sr. bispo as suas vestes pontificaes, poz a mitra sobre a cabeça e, empunhando o baculo, dispoz-se a sahir, tendo antes feito lavrar e assignado o protesto, que damos na parte official e nos foi enviado da secretaria do bispado.

« Chegando á porta, quiz caminhar a pé, mas o Sr. Dr. juiz de direito não annuio a isto, e fez-lhe ver que elle já não tinha vontade para fazer o que lhe aprouvesse, pois se achava preso.

« Obedecendo ao magistrado, subio para o carro que o devia conduzir, tendo nesta occasião o Sr. padre Dr. Joaquim Graciano de Araujo, vigario geral, que o acompanhava, dito que protestava contra o proceder do Sr. Dr. juiz de direito.

« Seguirão os carros em direcção ao arsenal de marinha, sendo o Sr. bispo recolhido á casa do Sr. inspector, sob cuja guarda ficou, rodeado de todas as attenções que a sua posição social exige.

« Hoje deve chegar da côrte o transporte de guerra *Bonifacio*, que o vem buscar, e dalli sahio a 26 do mez ultimo.

« Tendo S. Ex. Revma., por seus principios intolerantes, alienado todo o amor do seu rebanho, no curto prazo de sua administração, a população o vio com a maior indifferença collocad⸱ na má posição que por si mesmo creou, quando podia viver feliz como tantos outros antecessores seus.

« Deixando a diocesse, protesta o Sr. bispo contra o governo, ou antes contra a justiça do paiz que o fere; mas suas palavras não encontrárão écho, por quanto todos virão com quanta arrogancia sempre recusou obediencia ao supremo governo do paiz de que é subdito; o que não podia ser de fórma alguma tolerado sem transtorno da ordem social do Imperio.

« Agora, que começa a hora da expiação para S. Ex., é bem provavel que reconheça que não trilhou bom caminho e que nada ha peior do que a união da Egreja e do Estado.

« Francamente, magóa-nos a sua possição; mas ella é a consequencia dos principios que tem prégado e da intolerancia que os caracterisa.

« Soffra resignado as consequencias delles. »

A petulancia desse jesuita enfesado, tocou ao charlatanismo.

Não obedeceu á ordem que lhe foi intimada, porque disse elle, só sahiria de palacio acompanhado da força publica.

Resistencia de simples ostentação. Farça!

Póz a mitra sobre a cabeça, e empunhou o baculo! Ainda farça!

Quiz que o levassem a pé, em procissão. Farça mais ridicula!

Queria exhibir-se paramentado, para assim attrahir a attenção dos fanaticos, ter a protecção das beatas e as ovações dos socialistas catholicos.

A auctoridade publica, que fez executar a prisão, não consentio no tal passeio de mitra e baculo, e o fez entrar para o carro que lhe estava destinado, sem necessitar para isso do emprego de força.

E, frei Vital teve de convencer-se de que o povo não se illudio com elle; porquanto, respeitando as leis do paiz, e o mandado legitimo do supremo tribunal, deixou que o réo seguisse o caminho que a justiça publica lhe prescrevera, unico que esse jesuita trilhou regularmente desde que lhe entregárão o bispado de que tanto tem abusado.

Convenceu-se o povo, em presença de tão ridiculo procedimento, que a impostura, a hypocrisia, a astucia grosseira, são os meios de que o clero romano se prevalece, suppondo que o povo brazileiro, ingenuo e estulto, é assim capaz de constituir-se instrumento ignobil da dominação de Roma.

São perfeitos charlatães, mas felizmente conhecidos já. Em ficção religiosa, sob uma humildade apparente mas com audacia desmedida; com os olhos fitos no céo, e a consciencia na perversidade de seus planos, querem illudir a quantos delles se approximão e a quem arrastão assim ao inferno, com que elles proprios argumentão, e que lhes serve do poderosissima arma.

A impostura depende absolutamente da credulidade: não se mantem uma sem a outra.

A frei Vital faltou a credulidade estupida no povo, e frei Vital perdeu o salto mortal que premeditára contra a ordem e segurança publica.

« Os charlatães observão (lê-se em um curioso escripto do XVII seculo) cinco essenciaes condições:

« E' a primeira o disfarce (o diabo no paraizo sob a fórma de serpente), a segunda é exhibir-se sempre de alguma altura (a serpente subio a arvore), é a terceira a mentira (*nequequam moriamini* como promelteu o máo anjo), a quarta é zombar do povo (*et eritis sicut dei*) e a quinta, que é o fim principal, é..... vender bugiarias. »

E os charlatães de Roma vendem veronicas,

bulas de indulgencias, reliquias de sua fabrica, e de inesgotavel mina, etc.

Frei Vital, o criminoso, disfarçou-se sob a ·mitra, exhibio-se do alto do episcopado, fez promessas falsas, zombou do povo, mas afinal.... não pôde vender as suas bugiarias, e..... foi recolhido ao arsenal de marinha de Pernanbuco, prisão que lhe foi destinada e de onde embarcou para esta côrte, para ser julgado pelo tribunal competente.

Mas completo foi o charlatanismo desse homem audacioso, atirando *urbi et orbi* um protesto, com o qual pretendeu aterrorisar as auctoridades e poderes publicos! Attendão os leitores :

« Nós D. frei Vital Maria Gonçalves de Oliveira, por mercê de Deus e da santa sé apostolica, bispo da diocese de Olinda, do conselho de Sua Magestade o Imperador,

« Protestamos, em face do nosso rebanho muito amado e de toda a santa Egreja de Jesus Christo, da qual somos bispo, posto que muito indigno, que deixamos esta cara diocese, que foi confiada á nossa solicitude e vigilancia, porque della somos arrancado violentamente pela força do governo.

« Protestamos outrosim com todas as forças de nossa alma contra essa violencia que em nossa humilde pessoa acaba de ser irrogada á santa Egreja eatholica apostolica romana, violencia que jamais será capaz de alienar os nossos direitos, privilegios e prerogativas de supremo e legitimo pastor desta diocese.

« Protestamos, finalmente, que em todo e qualquer lugar onde nos acharmos, conservaremos fielmente o mais ardente amor e a mais profunda dedicação aos nossos queridos diocesanos cuja guarda a Deos confiamos, e depois aos governadores por nós nomeados.

« E, para testemunhas deste protesto, invocamos

a Deos, ao nosso rebanho muito amado e aos nossos empregados e officiaes que presentes se achão.

« Exarado em nosso palacio da Soledade, ás 2 ½ horas da tarde de 2 Janeiro de 1874, uma hora depois da intimação official.

† *Fr. Vital*, bispo de Olinda. — Padre, *Joaquim Graciano de Araujo*, provisor e vigario geral. — Padre, *Miguel Americo Pereira de Souza*, secretario do bispado. — Padre, *Dr. Francisco do Rego Maia*, secretario de S. Ex. Revma. — Padre, *Joaquim da Assumpção* escrivão da camara episcopal. — Padre, *Valeriano de Alleluia Corréa* 1.º official da camara. — Padre *,José Affonso de Lima e Sá*, 2.º official da secretaria. — Padre, *Juvencio Verissimo dos Anjos*, capellão do cemiterio. — Padre, *Sebastião Constantino de Medeiros*, lente substituto de moral. — Diacono, *Themistocles Gonçalves de Andrade.* »

Fr. Vital se diz — violentamente arrancado de sua diocese pela força do governo!

E frei Vital, a quem faltou a cooperação dos fanaticos com que contava, seguio para a prisão sem que fosse mister que nenhum agente da auctoridade o tocasse sequer.

Frei Vital, o criminoso, confunde-se com a Egreja, e a considera atacada na sua pessoa.

Frei Vital affirma, que não ha poder que delle possa alienar os direitos, privilegios e prerogativas de supremo e legitimo pastor de sua diocese!

Frei Vital considera-se invencivel!

E quando devêra curvar-se á lei a que deve obediencia, ameaça o paiz, e especialmente ao supremo tribunal de justiça, a quem especialmente affronta com descommunal ousadia!

Frei Vital quer confundir o criminoso, o réo confesso com o bispo! Faz-lhe conta isto.

O bispo não commette, nem póde commetter crimes.

O individuo que exerce o bispado, é que abusando delle, infringe as leis e sugeita-se por isso á punição.

Frei Vital, pronunciado, como se acha, e em crime inafiançavel, não é o bispo de Pernambuco; é simplesmente o frade ousado que incorreu em severa punição, e que deve esperar ser condemnado, porque o supremo tribunal de justiça, que não é da curia romana, não vende indulgencias, mas applica imparcialmente a lei.

Frei Vital, declara guerra ao Imperio, em nome de seu patrão; e o paiz, excommungado em massa, ... prosperará, libertado de Roma, da sua curia, e do ultramontanismo, isto é, da insidia, da perfidia, e da desastrada politica do Vaticano.

Esperemos, pois, que as ameaças de frei Vital se realisem.

Pio IX se encolerisará com a noticia da prisão do seu denodado preposto, e de lá nos fulminará com os seus raios espirituaes!

E o Brazil?

Rirá dos esforços vãos de um impostor; e libertado de um poder anomalo e sem razão de ser, respirará tranquillo em uma atmosphera magnifica de liberdade plena de cultos, e separado de uma Egreja que lhe é hostil, conservando, entretanto, a religião que professa, pois que já chegou a convencer-se de que entre a Egreja romana e o catholicismo ha um abysmo insondavel.

Um facto notavel se deu ainda, praticado por frei Vital.

Depois de suspenso do exercicio do bispado, e intimado da pronuucia proferida contra elle, depois que a suspensão lhe chegou officialmente ao conhecimento elle exerceu jurisdicção nomeando quem por elle ficasse governando o bispado!

Auctoridades, assim irregular e de modo nullo constituidas, ficárão em Pernambuco compromettendo gravissimos direitos civis.

Frei Vital ainda uma vez affrontou as leis do Estado, incorrendo em sancção penal, conforme o estabelecido no art. 140 do codigo criminal que diz :

« Continuar a exercer funcções do emprego ou commissões, depois de saber officialmente que fica suspenso, etc. — penas de prisão por tres mezes a um anno, e multa igual ao dobro do ordenado. »

Este novo crime não deve ficar impune, em razão dos importantes interesses sociaes que por elle são offendidos.

E os padres que lhe obedecêrão, e que se achão em exercicio de auctoridade que por tal modo lhes foi delegada, são tambem criminosos em presença do disposto no art. 142, 2.ª parte, do mesmo codigo.

Cumpre ao governo não deixar passar sem reparo taes crimes.

O cabido de Olinda não cumprio o seu dever, e dimittio-se, tambem irregularmente, de funcções que pelas leis civis e ecclesiasticas lhe cabem

O governo do bispado pertence ao cabido na hypothese que se dá.

O procedimento de frei Vital, arrogando-se a nomeação de seu substituto é ainda originado na combinação romana para anarchisar o paiz.

Na sua ausencia, convinha-lhe deixar quem conservasse em desasocego o espirito publico.

O tal governador do bispado, de encommenda, o padre ousado que assume jurisdicção que indevida e criminosamente lhe foi conferida, o associado de frei Vital na cruzada ultramontana, para dominar esta terra, já mostrou para o que ficou elle em Pernambuco.

Affrontando, conforme a ordem que lhe deixou esse enfezado jesuita, as leis e os poderes do Estado, especialmente o judiciario, expedio a seguinte cir-. cular :

«. Palacio da Soledade, 5 de Janeiro de 1874. — Revm. Sr.— Achando-nos em uma época sobremaneira anormal a ponto de se estar praticando as mais inauditas violencias que nos mesmos paizes protestantes não têm ainda sido commettidas, como seja o encerramento dos bispos, segundo infelizmente se deu com o nosso inclyto e eximio prelado que no dia 2 do corrente foi arrancado de sua residencia episcopal para ser encarcerado, é do mais rigoroso dever de todo o catholico, e especialmente do clero, dirigir fervorosas supplicas ao Todo-Poderoso, implorando a sua divina clemencia para que nos livre de tão lastimoso estado e augmente ao nosso amado pastor aquella resignação, que elle sabe e costuma ter, para com essa virtude confundir os seus inimigos, que são justamente os inimigos da Egreja de Jesus Christo.

« Pelo que determino que V. Revma. celebre preces publicas em qualquer Egreja de sua freguezia, que não esteja interdicta nos dias 6 7 e 8 do corrente mez.

« Outrosim, cumpre que d'ora em diante seja dada na missa, pelo clero secular e regular, a oração —*Deus, qui beatum Petrum*, etc. (*pro constituto in carcere, vel in captivitate*), exceptuados os dias de primeira classe ; omittindo-se, porém, a oração *Deus, qui corda fidelium*, até que seja mandado o contrario.

« Deus guarde a V. Revma. — O Chantre, *José Joaquim Camello de Andrade*, governardor do bispado. »

E assim falta á verdade e calumnia esse subdito fiel de Pio IX!

Quem se collocou em estado anormal, o episcopado ou o governo?

E' anormal a execução das leis do Estado, e muito normal a anarchia, a desordem, a affronta a tudo quanto ha de mais respeitado em um paiz civilisado !

Esse governador do bispado mantem os interdictos, mandados levantar pelo poder competente !

Poderá continuar?

Está ou não commettendo os mesmos crimes pelos qual se acha já pronunciado frei Vital?

Póde, deve o governo subordinar-se a esse improvisado governador?

Se a pronuncia de frei Vital não é remedio aos males contra os quaes se tem reclamado, o que ficão sendo leis e poderes publicos?

Espera-se que o povo demitta os governadores?

Isto será de consequencias funestissimas; mas afinal se realizará infallivelmente.

A paciencia publica está esgotada.

A affronta ás leis cada vez mais se ostenta. Segundo as noticias recebidas da Bahia, foi frei Vital ahi victoriado pelos collegas e partidarios e acjntosamente aos poderes do Estado.

Diz o *Diario da Bahia*:

« Hontem amanheceu em' nosso porto a corveta de guerra *Recife*, que traz a seu bordo o Sr. ` D. Vital. Acompanha ao Sr. bispo, além do seu secretario, o general Hygino José Coelho, sob cuja guarda vem.

« Pelas 11 horas da manhã S. Ex. o Sr. conde de S. Salvador, bem como differentes membros da associação catholica se dirigirão n'um vapor com o fim de cumprimentar o prelado olindense; mas apenas foi permittido o ingresso a S. Ex. o Sr. arcebispo, a seu secretario e ao religioso franciscano Sr. fr. Raymundo; visto uma ordem terminante do governo vedando a admissão perante o Sr. D. Vital de quaesquer outras pessoas.

« Consta-nos ainda que de bordo do pequeno vapor forão levantados vivas ao Sr. D. Vital, o qual, chegando á amurada do *Recife*, lançou sua benção aos visitantes.

« Tambem nos consta que o Sr. arcebispo fez um processo contra o acto do governo e se dirigira ao Sr. presidente da provincia afim de obter a permissão de desembarque para o Sr. D. Vital, a cuja disposição punha o palacio archiepiscopal durante a demora do *Recife* neste porto, que será de quatro dias, até que chegue o transporte *Bonifacio* que deve conduzi-lo ao Rio de Janeiro ; mas que o Sr. presidente respondera não poder annuir ao pedido de S. Ex. Revma., visto as ordens que tinha recebido da côrte. »

Na Bahia se preparavão escandalosas ovações ao criminoso. Não era amor a frei Vital, era simplesmente affronta especialmente ao poder judiciario, que aliás tem cumprido o seu dever.

O arcebispo estava á testa do movimento e quiz que frei Vital desembarcasse, e fosse hospedado com ostentação no seu palacio !

O arcebispo da Bahia esquece a sua idade, o seu caracter, e abusa assim do respeito e veneração publica de que tem gosado.

Já tinha manifestado a sua revolta e a ostentou agora ?

Delle devia partir o exemplo de ordem e de acatamento ás leis do paiz, e é elle quem, por tal modo, concita a guerra religiosa de que está o Imperio ameaçado !

Até onde chegará a audacia dos padres de Roma ?

Todas as deferencias do governo para com o altanado clero ultramontano são baldadas. Consta-nos que com o dispendio de alguns contos de réis se preparou no arsenal de marinha um aposento para a hospedagem de frei Vital.

E, certamente, só com este preso se tem feito excepções ás regras geraes do nosso direito.

Entretanto o principio da igualdade da lei não póde ser preterido em favor de quem quer que seja.

Frei Vital deve ser tratado como outro qualquer criminoso, e a unica distincção que lhe podia o governo liberalisar era de prisão em estado maior, fortaleza ou praça de guerra.

Desengane-se o governo.

Nenhuma dessas considerações e obsequios illegaes e injustificaveis de que cerque esse criminoso lhe aproveitará.

Pio IX, em execução do *Syllabus*, e para manter a sua infallibilidade, não trepidará em amaldiçoar a tudo e a todos que não se curvem a seus caprichos.

Desengane-se o governo : a separação da Egreja do Estado é uma necessidade indeclinavel do paiz.

Por toda a parte o arbitrario, o ousado chefe romano pesa de modo descommunal, e todos os governos do mundo procurão libertar-se desse já insupportavel jugo.

Em uma correspondencia publicada no *Jornal do Commercio* se lê o seguinte judicioso escripto :

« Para induzir a convicção de que se erra ou incorre em peccado e se vai de encontro aos preceitos da Egreja é preciso hoje em dia prova-lo e demonstra-lo, e não simplesmente affirma-lo á guisa de dogma. O proselytismo das convicções só se attinge por intermedio da brandura e desses meios suaves e amaveis de que Jesus Christo deu sempre o exemplo.

. . . .

« Muito melhor caminho farião as suaves admoestações o incitamento dos nobres sentimentos de humanidade, as piedosas invocações e os conselhos religiosos. Observa-se, porém, que na realidade os recursos que adopta a curia romana são todos ao inverso destes. Em vez da sabedoria que convence emprega-se a vara verberante que corrige e maltrata. A doce persuasão, os sublimes argumentos, a divina brandura são elementos banidos da discussão. As razoaveis allegações que poderião fazer com que os adeptos deixassem a instituição maçonica são postas de parte.

« Não se apresenta attractivo algum que promova a submissão á Egreja, ou amoroso impulso que, enchendo os corações de mansidão, obrigue as ovelhas a prostrarem-se humildes aos pés do egregio pastor. Em lugar de tudo isto accumulão-se os interdictos, fulminão-se penas sobre penas e accumulão-se accusações sobre accusações. Reduzem-se a catalogo suppostos crimes e offensas, para expiação de cada um dos quaes se exigem além-tumulo infinitos e especiaes martyrios.

« Sua santidade, segundo tambem se adverte pelas palavras que tem por ultimo proferido, occupa-se exclusivamente com a Europa, e parece não comprehender o mundo senão pelo modelo do continente europeu, perdendo de vista neste sentido a posição peculiar e circumstancias particulares da America. Na politica do Vaticano confunde-se tudo debaixo do predominio da idéa de um mundo universal. »

Quer o governo ainda que com um poder que abertamente hostilisa o Estado se possa manter harmonia?

Afinal concordará comnosco.

Rio de Janeiro, 14 de Janeiro de 1874.

P. S. — Acha-se recolhido ao arsenal de marinha desta côrte frei Vital de Oliveira, conduzido de Pernambuco para aqui no vapor *Bonifacio*.

O processo a que elle responde tem de continuar

agora; e brevemente proferirá o supremo tribunal de justiça a sua sentença.

O povo recebeu a frei Vital com a mesma indifferença com que vê passar qualquer criminoso.

Mesmo que elle desembarcasse de mitra e baculo, como ridiculamente se entregou á prisão em Pernambuco, as cousas se passarião do mesmo modo.

O reinado da impostura passou.

No *Boletim* distribuido hoje, do *Jornal do Commercio*, lê-se o seguinte telegramma:

« Paris 29 de Dezembro, ás 11 horas e 35 minutos da tarde.— Foi bem succedido o barão de Penedo na sua missão em Roma. »

O que arranjaria o Sr. Penedo?

Pelo que já se publicou em folhas do norte, consiste o arranjo em prorogação de prazo para que a maçonaria se arrependa, e possa ser admittida ao gremio romano. Dizem que esse prazo é de quatro annos.

O que significa isso?

O Sr. presidente do conselho e seus collegas acceitão o presente?

A maçonaria certamente o repelle; ella não tem de que arrepender-se.

Firmou-se a doutrina do beneplacito?

Conseguio-se a revogação do *Syllabus* para o Brazil? Duvidamos.

Quanto custaria o pequeno favor, ou antes a concessão, feita á custa da infallibilidade?

Esperemos.

Illudirá Roma ainda desta vez ao governo imperial?

E os jesuitas?

Esperemos.

Mas fique o governo certo de que o negocio têm chegado a condições tão sérias e melindrosas, que qualquer mystificação não será tolerada.

Esperemos.

XII.

Os insultos da *União*, periodico episcopal de Pernambuco. — Acephalia da
diocese de Olinda. — Peças juridicas relativas á pronuncia
e prisão de D. Vital.

Será certo que Pio IX, para sustentar o seu poder no Imperio, apreciando devidamente os argumentos seductores que respeitosamente lhe forão offereci-
dos, em nome do nosso governo, pelo Sr. barão de
Penedo, reconsiderou a materia, e, segundo o estylo
romano, acceitou sob bases deslumbrantes o conchavo
que lhe fôra exigido?

Dizem algures que sua santidade, em vista do
que lhe foi apresentado, não duvidou proferir a sua
alta desapprovação ao procedimento dos bispos, ordenar a revogação dos interdictos, e fazer as pazes
com a maçonaria, deixando ao tempo o esquecimento
das desagradaveis occurrencias que se têm dado!

Será certo?

Não o sabemos ainda, mas ha quem o affirme
com razão.

O governo o sabe; e a despeito de estar con-
tentissimo (dizem os que gozão da confiança) com o
resultado da missão a Roma, nada tem publicado
até agora!

O governo guarda a sua boa nova para melhor
occasião.

Esperemos, pois, a palavra autorisada do governo;

e logo que conheçamos quanto se obteve de Pio IX, faremos as considerações que a materia gravissima, de que se trata, requer.

Emquanto, porém, não conhecemos officialmente o que fez o Sr. Penedo, nem as razões que deu a sua santidade, menos o modo porque o ex-rei de Roma recebeu e resolveu o negocio; occupemo-nos do que se passa aqui relativamente á especie que está na ordem do dia; isto é, frei Vital, a sua prisão, e as razões com que sustenta a sua causa, pela sua folha a *União*, periodico religioso, e que em virtude de sua alta missão nada diz, senão com *calma e imperturbabilidade evangelicas*.

A *União* (de frei Vital) narrando á seus leitores o que occorreu na sessão do supremo tribunal de justiça, em que se decretou a pronuncia, começa do seguinte e *religioso* modo:

« Ferem o pastor para dispersar o rebanho!

« Impellido pelo espirito diabolico, o governo arrasta o paiz á perdição.

« Aquelle espirito maligno sem deixar o ministerio maçon, passou a animar os sectarios do supremo architecto de justiça, e ahi dictou a sentença de 17 de Dezembro, vergonhoso padrão do estado de immoralidade e aviltamento a que tem chegado o paiz.

« Nesse dia verificou-se o julgamento da denuncia que o rancoroso e despeitado ministro do imperio mandou dar ao supremo tribunal contra o nosso amado diocesano.

« As circumstancias desse julgamento são referidas nos seguintes termos pelo nosso collega da côrte o *Apostolo:* »

Transcreve em seguida a *delicada e verdadeira historia* que aqui nos contou D. Lacerda no seu orgão.

Referindo-se á denuncia dada contra o bispo do

Pará, dirigio ao respeitavel Sr. procurador da coróa as seguintes amabilidades:

« Essa nova parvoiçada é inteiramente semelhante á primeira. No estupendo libello se repetem as mesmas palavras, a mesma idéa. Mas essa nova edição custou mais caro, pois o filho do Sr. procurador da coróa foi logo em cima das buchas despachado juiz de direito. Agua na vella Sr. D. Balthasar ! »

Ao venerando presidente do supremo tribunal de justiça, qualifica insolentemente nestes termos:

« Não era tudo que o grão-mestre honorario da seita cuja toga se orna com o triangulo, no proprio tribunal *sedente protribunali* visivelmente deixasse vêr que são mais fortes os laços que o prendem á seita do que os que o ligão á religião da justiça. »

A nós, que de todos os coripheus do romanismo tanto merecemos, dignou-se o *compassivo e caridoso* escriptor de frei Vital emprestar (que sacrilegio) magnificos attributos ecclesiasticos, taes como — *doloso, impio, atheu, infame*, ORDINARIO (até isso quando não somos nem bispo nem vigario geral) *sevandija*, e quanto mais lembrou á caridade dos *bons* padres da *União*.

Aos illustres redactores da *Nação* lançou-se o denodado orgão de frei Vital com unhas e dentes, e em chula phraseologia lhes dirigio as seguintes *delicadezas:*

« Para que a innocente victima da sanha maçonica fosse saturada de opprobios, como seu Divino Mestre no tribunal deicida, era ainda preciso que a folha do ministro Alfredo e a mercenaria penna do seu commensal cuspisse affrontas e opprobios na face do heroico bispo e na de todos os catholicos na pessoa delle.

« Na costumada nauseabunda perissologia ousa esse vilão chamar ao nosso bispo falso martyr, fallador frivolo e pendantesco, etc.

« Ainda mais ; ouza com a impavidez do impio scelerado escrever essas palavras : « Ainda que o « pulpito e o confessionario conspirassem n'um mons- « truoso accôrdo por provocar scenas de que pudesse « resultar derramamento de sangue, na grande maioria « da população de Pernambuco, na parte sensata, pa- « cifica, laboriosa e honesta dessa generosa e docilima « população, encontraria natural resistencia o tenebroso « e ousado plano. »

« O pulpito e o confessionario sustentando planos tenebrosos e ousados de derramamento de sangue !

« Vejão os catholicos de quanta protervia é capaz esse governo da seita excommungada ! »

Indubitavelmente, de todas as enfermidades que affligem o misero mortal, nenhuma ha mais fatal, e de peiores resultados, do que a hydrophobia sagrada.

Faz perder de todo a memoria, olvidar a historia, inventar, mentir, diffamar e calumniar ! E porque ?

Porque no desespero de não poderem responder vantajosamente a quanto se lhes oppõe, chamão em seu soccorro os arreeiros e garotos e os constituem seus orgãos.

E tão boas lições recebem que afinal se confundem com elles, por mais ampla que seja a sua humanidade.

Pobres padres !

Quanta raiva !

Deus lhes perdôe.

Se depois de tão grande alvoroço, de tão pronunciado empenho, tanta dedicação, tão grandes compromettimentos, tanto desinteresse, vem o proprio Pio IX, e os enxota do templo com o poderoso vergalho de sua apostolica reprovação, o que ficão sendo frei Vital, e seus sachristães, D. Lacerda e os seus notabilissimos sermões ?

Se depois de tanta coragem perdida, de tanta insolencia mallograda, diz-lhes Pio IX ao ouvido: « compuz-me com o Penedo, a maçonaria não é má: componde-vos lá com ella? »

— Soccorrei-me, santo padre, bradará frei Vital; e Pio IX responderá — *non possumus!*

« E o breve de 29 de Maio? dirá ainda o preso no arsenal de marinha ao prisioneiro do Vaticano;

« Nada vale carissimo e dilecto filho meu, responderá sua santidade: o Penedo apresentou-me taes e tão *persuasivos* argumentos que não pude deixar de fazer uma excepção, para o muito meu querido Brazil, da minha inquebrantavel infallibilidade. »

Tudo isto póde bem ser que aconteça, a regularmo-nos pelo que temos ouvido sobre a *felicidade* da missão a Roma.

E desde que isto succeda... uma gargalhada homerica resoará em todo o orbe catholico!

E Pio IX firmará o seu conceito.

Emquanto, porém, não se verifica *officialmente* tudo isso, voltemos ao assumpto do irregular e criminoso actual governo do bispado de Pernambuco.

A illustrada redacção da *Provincia*, cujo accôrdo com a nossa opinião muito nos lisongêa, aprecia o facto do seguinte modo:

« ACEPHALIA DA DIOCESE. »

« O facto da pronuncia do Sr. D. Vital, e sua prisão, hontem verificada, deixárão a diocese acephala.

« Nem o vigario geral, como noticia o *Jornal do Recife*, póde ficar governando a diocese, nem a commissão dos tres padres, ultimamente nomeada por S. Ex. o Sr. bispo D. Vital.

« Não póde governar o vigario geral, pelas seguintes razões :

« O vigario geral do bispo, que tambem se chama official, no exercicio da sua jurisdicção, constitue com o bispo uma e a mesma pessoa, um e o mesmo é o tribunal de ambos ; donde resulta que não se póde appellar do vigario geral para o bispo, porque, como diz Benedicto XIV, fôra appellar-se do bispo para o mesmo bispo: appella-se sim para o metropolitano ou sua curia.

« Deste principio canonico — que o bispo faz a mesma pessoa ou tribunal com os seus vigarios — segue-se necessariamente que, morto o bispo, ou embaraçada de qualquer modo a sua jurisdicção, por exemplo: por uma excommunhão, suspensão, etc., cessa a jurisdicção dos seus vigarios; porque a auctoridade destes vem da pessoa que os nomeou (ab homine) e não do cargo ou da lei (à jure), isto é, de uma auctoridade delegada e não ordinaria.

« É doutrina corrente de todos os canonistas, dos quaes basta citar o Sr. conde de Irajá nos seus elementos de direito ecclesiatico Liv. 1.º Secç. 2.ª Tit. 4. Cap. 13. Scholio ao § 388.

« Não póde governar a commissão dos tres padres nomeados, porque: se foi feita depois da intimação da pronuncia e prisão, achava-se suspensa a jurisdicção do Sr. bispo, e, portanto, este não podia mais transmittir a dita jurisdicção; se a nomeação foi ante-datada, constituindo a dita commissão, como notamos a respeito do vigario geral, a mesma pessoa e tribunal com o bispo, cessando ou interrompendo-se a jurisdicção deste, cessa igualmente a da commissão.

« O cabido deve reunir-se e providenciar, por ser a unica auctoridade competente. Naturalmente o terror que incutio-lhe o Sr. D. Vital. impedirá de reunir-se. Convém que o governo faça-o cumprir seus deveres. »

O que dissémos no artigo anterior é assim perfeitamente demonstrado.

Fique, pois, consignado que frei Vital, o destemido, legou mais esse escanda-lo á sua diocese.

As consequencias da illegitimidade dos actos dos criminosos propostos do bispo suspenso, ou melhor, e simplesmente, de frei Vital, se sentiráō no futuro.

Quantos casamentos poderão ser annullados?

Quantos filhos que se reputem legitimos, ficaráō reduzidos a simplesmente naturaes, e, por falta de formalidades, que a boa fé repute desnecessarias, privados das heranças de seus pais?

O que fará o governo em presença de tão grave occurrencia?

Como é que o presidente de Pernambuco deixou immediatamente de suspender e mandar processar aos executores das ordens illegaes de frei Vital?

Como não ordenou ao cabido de Olinda que cumprisse os seus deveres?

Para pôr termo a taes desmandos, é. mister que o governo energicamente proceda.

***

Temos registrado nestes artigos as peças officiaes mais importantes relativas á questão de que nos occupamos.

Hoje offerecemos aos leitores a pronuncia proferido contra frei Vital, o mandado de prisão, e o auto de execução desse mandado, que extractamos do *Jornal do Recife.*

Tinhamos, por engano, dito que a pronuncia se referia ao art. 86 do codigo criminal quando, conforme agora se vê, a mesma pronuncia considera o crime na hypothese prevista no art. 96 do mesmo codigo.

PRONUNCIA.

N. 163.—Vistos o relatados estes autos, posta em decisão a materia, depois do sorteio : considerando que o Revm. bispo de Olinda declarou formal e obstinadamente que não cumpria a ordem do governo imperial dando provimento ao recurso á coróa interposto pela confraria do Santissimo Sacramento da matriz de Santo Antonio da cidade do Recife ; assim como a observancia da dita ordem, além de ser um peccado gravissimo e crime enorme aos olhos do incorruptivel juiz de nosoas almas, seria uma vergonhosa traição ao sagrado juramento que prestárão os vigarios e uma verdadeira apostasia da religião de Jesus Christo, e que pelo contrario os que a não observassem que longe de commetterem um crime, serião heróes credores da admiração do orbe catholico e dignos das bençãos do seu pastor ; considerando, finalmente, que com seu exemplo pela posição elevada em que se acha e com a faculdade de suspender em *ex-informata consientia,* que póz em pratica contra um dos vigarios, que se mostrou hesitante, influio poderosamente para que não produzisse o devido effeito a ordem do poder executivo no exercicio de suas attribuições legaes, como tudo consta dos cocumentos a fls. 9, 27 30, 32 e 39, obrigão a prisão e livramento o Revm. bispo D. frei Vital Maria Gonçalves de Oliveira, como incurso na disposição do art. 96 do Codigo criminal, seja seu nome lançado no ról dos culpados, e se expeção as ordens precisas para ser cumprido este despacho.

Rio de Janeiro, 17 de Dezemboo de 1873.—*Brito,* presidente.—*Leão,* relator sem voto.—*Coito.*—*Mariani,* classifiquei o crime no art. 128 do Codigo penal.—*Pinto Chichorro,* votei pela pronuncia nos arts 142, 96 e 86 do Codigo criminal.

Secretaria do supremo tribunal de justiça, 22 de Dezembro de 1873. — Está conforme. — O secretario, *João Pedreira do Couto Ferraz.*

MANDADO.

Joaquim Marcellino de Brito, do conselho de Sua Magestade o Imperador, fidalgo cavalleiro da imperial casa, commendador das ordens de Christo e da Rosa, grã-cruz da ordem de Christo e presidente do supremo tribunal de justiça :

Tendo sido pronunciado pelo supremo tribunal de justiça, por denuncia do conselheiro promotor de justiça da côrte, á prisão e livramento, como incurso no art. 96 do Codigo criminal, o Revm. bispo de Olinda, D. frei Vital Maria Gonçalves de Oliveira, em execução desta sentença e da ordem do mesmo tribunal, mando que seja preso o referido bispo na fórma da lei e remettido para esta côrte opportuna e convenientemente para defender-se e assistir ao processo do julgamento ; o que cumpra-se.

Rio de Janeiro, 22 de Dezembro de 1873. — Eu, o secretario João Pedreira do Couto Ferraz, a escrevi. — *Joaquim Marcellino de Brito.*

AUTO DA PRISÃO.

Aos dous dias do mez de Janeiro do anno do nascimento de Nosso Senhor Jesus Christo de 1874, nesta cidade do Recife no paço da Soledade, residencia do Exm. e Revm. D. frei Vital Maria Gonçalves de Oliveira, bispo desta diocese de Olinda, em virtude do mandado expedido pelo Exm. conselheiro presidente do supremo taibunal de justiça, com a sua assignatura e presente o Dr. Quintino José de Miranda, juiz de direito da 1.ª vara civel nesta capital, o qual estava em cumprimento da portaria daquelle Exm. ministro, datado.de 22 de Dezembro ultimo findo, foi intimado o Exm. bispo diocesano D. frei Vital Maria Gonçalves de Oliveira, depois de se lhe ter dado a conhecer o conteúdo do mencionado mandado, a sua prisão por se achar pronunciado pelo supremo tribunal em sessão de 17 do declarado mez, como incurso nas penas do art. 96 do Codigo criminal, e que assim observasse, sendo nessa occasião contestado pelo mesmo Exm. prelado pronunciado, que não sahiria de sua residencia, a não ser pela força, significando violencia, por ser a sua posição sujeita ao santo padre e pontifice, de quem dependia na qualidade de bispo ; pelo que o juiz de direito executor do mandado do supremo tribunal requisitou incontinenti, do Exm. presidente da provincia, dous officiaes superiores, os quaes, comparecendo com o Dr. chefe de policia, e disto sciente o Exm. prelado pronunciado, logo se sujeitou á prisão, ficando em poder de - seu secretario o segundo mandado que lhe foi entregue lendo previamente o Exm. prelado preso um protesto contra o acto, e em seguida foi conduzido com as devidas attenções á sua jerarchia, para o arsenal de marinha, nas casas de aposentadoria do Illm. Sr. capitão de fragata, inspector do mesmo arsenal ; lugar destinado para a prisão do Exm. bispo, onde foi recolhido e preso ; do que dou fé, e para constar mandou o Dr. Quintino José de Miranda, juiz de direito da 1.ᵃ vara civel e executor do mandado, lavrar por mim, escrivão do jury e das execuções criminaes, o presente auto, que assigna.

Eu, Florencio Rodrigues de Miranda Franco, escrivão do jury, o escrevi e assigno.— *Quintino José de Miranda.— Florencio Rodrigues de Miranda Franco,* escrivão do jury.

Contra a evidencia dos factos, e contra a verdade do que em presença da população de Pernambuco,

se passou, as folhas ultramontanas continuárão a exa-
gerar *o grande pesar e agonia* do povo do Recife, e
a *multidão* que concorreu a *chorar* junto a frei Vital,
por occasião de ser elle preso!

A impostura, o aleive e a mentira são inseparaveis dos clericaes romanos!

A toda essa *farfalhada* dos santos padres, que se
constituirão os orgãos e defensores desse enfesado romano, responde perfeitamente o chistoso *folhetim da
Provincia*, do modo seguinte:

« A noticia da prisão do Sr. bispo atravessa os
campos e povoados do interior, sem outra manifestação
mais que algumas lagrimas escorridas de velhas e
beatas. É verdade que se tem feito espalhar que o
Sr. frei Vital representou o primeiro passo de Jesus
no Horto; que quando vio o juiz criminal lhe perguntou:

« *Quem quæritis?*

« A vós D. Vital.

« *Ego sum.*

« Aqui, em vez de cahirem fulminados os soldados, chorão as beatas e dizem: é chegado o fim
dos tempos!

« Não obstante, porém, todas passão sem novidade, vão comendo com appetite e tudo faz crêr que
a impressão passará sem desgosto para os visinhos e
conhecidos.

« Os padres passeião sem mostrarem semblante
pezaroso; e se a cara é o espelho do coração, o facto da
captura do pastor não lhes causou grande sentimento.

« Alguns se mostrão até risonhos e pedem aos
ventos o conduzão em paz. »

Como não podem viver senão da illusão de povo,
o aleive e a calumnia são as suas armas favoritas.

Uma unica verdade não sahe da penna dos taes
escriptores apostolicos!

10

Visgueiro, dizem elles, acha-se com *toda a liberdade*, e no pleno gozo de todos os obsequios, *alojado*
em uma sala no quartel de permanentes : e *o santo
bispo* atirado ao carcere *para onde foi arrastado*, e
em que está, e sem merecer nenhuma attenção !

E entretanto, a desigualdade se nota no seguinte :

Visgueiro come á sua custa, não veio em vapor
do Estado, não teve a honra de receber do governo
preparos de hospedagem e occupa uma prisão commum ; e frei Vital está hespedado no salão principal
da residencia do inspector do arsenal de marinha,
mobiliado á custa dos cofres publicos para o receber ;
e é sustentado com profusão e lautamente á custa
do thesouro !

Querião os reverendos censores que, assim como
o arcebispo da Bahia procurou levar *o santo* frei
Vital para seu palacio, o Imperador devia ir immediatamente a bordo á chegada delle, toma-lo em seu
carro, conduzi-lo a S. Christovão e ahi, recebendo a
sua benção, cobri-lo de obsequios !

Nem tão calva podia ser a subserviencia a
Roma.

E' exigir demais ; ou, antes, é exigir como padres
de Roma, sempre pedindo e não se saciando jamais.

E assim é tudo.

Quanto tempo durará o effeito das *razões* que
produzio o Sr. Penedo ante Pio IX ?

Digeridas taes razões, o appetite se desenvolverá
mais descommunalmente ; e então, o summo pontifice
que para bem do universo não deve succumbir de
inanição, atirará ainda sobre o Brazil o seus caçado-
res ; e assustando de novo a população, e fazendo
tremer o governo, colherá os bons *robalos* com que
em Roma fazem os seus jejuns os padres ultramontanos !

Os bispos do Brazil prestárão já o seu primeiro

serviço ; serão agora postos em reserva, e prepararão as cousas para novo assalto que não será em muito remoto futuro.·

Deus se amercie do Brazil.

Quando nos dará o governo noticia official e circumstanciada do *arranjo com Pio IX ?*

Venha isto e quanto antes.

Rio de Janeiro, 17 de Janeiro de 1874.

XIII.

Preparemo-nos para receber e apreciar o acto de Pio IX que nos vem felicitar !

A missão Penedo a Roma foi...... *extraordinaria-mente feliz, excendendo a toda a espectativa*, mesmo ao que, de não equivocos antecedentes, se podia e devia, logica e honestamente, concluir.

E' por isso que cumpre estar de animo prevenido para receber o benefício que a santa sé nos outorga fazendo preceder a sua acção á dos poderes publicos do Brazil, mantendo assim politicamente a sua auctoridade, e arrastando a soberania da nação, que para menter uma Egreja do Estado deve demittir de si todas as suas nobres faculdades !

Consideremos, antes de tudo, que o bom senso, a dignidade, a coherencia, a santidade da palavra, o respeito á immutavel vontade divina, nada disso serve de norma á Roma pontificia.

Consideremos que a verdade só conserva o seu merito enquanto o papa consente !

Consideremos que o crime só é hediondo quando não é praticado em serviço da Egreja !

A mentira é um peccado que degrada, e que Deus condemnou nos seus mandamentos.

Mas aquelle que póde desligar na terra, e que, com carta branca de Jesus Christo (tal é a protervia!) dispensa e perdôa a capricho, proclama a mentira como necessaria e santa, sempre que é empregada em favor da Egreja romana!

Matar é um crime, matar á traição é horroroso, trahir o hospede vencido e fugitivo é uma infamia; tudo isto, porém, se póde fazer em nome de Deos, e desde que é autorisado pelo seu preposto na terra!

E' certo que Deos tem gravado em nosso coração o principio, que nos guia a consciencia, de que — o mal jamais se tornará bem, e de que o bem nunca se converterá em mal. E isto é sanccionado por sua palavra eterna.

Mas tal principio é applicavel apenas ás pequenas causas mundanas! Quando se trata de interesses do céo, a cousa é diversa.

Para isso nos diz de continuo o santo padre, o regedor do céo e da terra, o arbitro supremo dos destinos humanos:

« Pobre creatura! O que é a tua razão?

« Silencio á razão.

« Só te concedo a fé; a fé cercada de uma aureola de fogo.

« Obedece cegamente a Deos! »

E Deos actualmente é Pio IX!

Preparemo-nos, pois, para receber a sua santa e *invariavel* palavra, a qual já foi transmittida pelo Sr. Penedo ao nosso governo, e chegará ao povo quando ao governo convier!

Roma autorisára os seus bispos a fazer quanto temos, com repugnancia e magua, observado.

Roma constituio os seus suissos na maior altivez e petulancia contra os poderes do Estado.

Ainda ha pouco nos chegou ás mãos um numero

da *Tribuna Catholica*, folha do bispo do Ceará, na qual se lê o seguinte:

« Desmoralisou-se:

« O governo quando mandou as irmandades entrarem no gozo de seus direitos espirituaes;

« O Sr. Rio-Branco quando o soberano pontifice declarou condemnada a sua *innocente* maçonaria brazileira;

« O Sr. João Alfredo quando cingio a mitra de Santo Agostinho citando-o de falso;

« O conselho d'Estado quando argumentou com leis derogadas, levantando falso até a S. Paulo;

« O Sr. D. Francisco quando não achou crime em Pontes Visgueiro, mas pedio 48 annos de prisão com trabalho para o bispo de Olinda no seu malfadado trabalho de *requisitar;*

« E finalmente o proprio monarcha quando uma desconceituada hoteleira cobra-lhe acintosamente uma miseravel quantia!...

« É o caso de dizer: — o feitiço cahio em cima do feiticeiro. —

« Quando o nosso governo achará bastante o ridiculo de que se tem coberto? »

Nem o Imperador lhes escapa!

O proprio *irresponsavel* é atado ao pelourinho ultramontano!

Tal é o estado a que as cousas da Egreja attingirão no Brazil, por determinação de Pio IX.

E porque?

. . . .

Preparemo-nos para receber a santa e *infallivel* palavra desse heroe!

Compulsemos a famosa *Encyclica* que se resume no *Syllabus*, e que fórma a bandeira hasteada no Vaticano, a qual servindo de norte aos bispos do

Brazil, lhes inspirou a ousadia e o crime em que elles se têm afoutamente distinguido.

Antes da *felicidade Penedo*, que hoje enthusiasma o nosso governo, Pio IX, o infallivel, proclamára como indeclinaveis, e, por bem da Egreja, absolutamente respeitaveis, alguns principios, unicos que formão a doutrina mandada observar, diz elle pelo proprio Christo.

Do alto de sua infallibilidade, Pio IX proclamou como unicas verdades catholicas, immutaveis e necessarias as seguintes:

« É blasphemia dizer que a razão humana é a base do conhecimento de Deos, e unica apreciadora do bem e do mal.

« É erro manifesto e condemnado affirmar que a philosophia não se submette a nenhuma auctoridade.

« É heresia dizer que os erros podem ser perdoados.

« Deve ser amaldiçoado o que disser que o homem póde livremente abraçar a religião que reputar verdadeira! »

É a condemnação da liberdade de consciencia, é a revogação do art. 5.º da constituição do Imperio!

« As sociedades secretas, as sociedades clerico-liberaes são invenções pestilenciaes e sempre condemnaveis, jámais admittidas, e sem interrupção punidas!! »

E o catholicismo liberal (sociedades clerico-liberaes) era o de Montalembert, de Falloux e outros devotados á Egreja e ao papa, e que apenas pedião um pouco de liberdade!

« Condemnação a quem ousar dizer que o poder ecclesiastico não exerce a sua auctoridade sem permissão e assentimento do governo civil. »

E assim foi revogado por Pio IX, e na força de sua infallibilidade, o direito do beneplacito!

« O que a Egreja impuzer como artigo de fé, deve ser observado sem contestação.

« Anathema aos que ousarem dizer que o papa excede os limites do seu poder, illimitado por direito divino; e aos que disserem que os direitos dos monarchas são usurpados pela santa sé, pois que esta tem poder sobre tudo e sobre todos.

« Anathema aos que negarem á Egreja o emprego da força, ou que não tem ella poder temporal.

« Maldição aos que pretenderem que o pontifice não governa temporalmente.

« Maldição aos que affirmarem que os bispos não podem publicar as letras apostolicos sem permissão do governo.

« Anathema aos que fazem depender do poder civil a impretação de graça do pontifice romano.

« As immunidades das pessoas ecclesiasticas não dependem de lei civil.

« As causas temporaes dos clerigos só podem ser julgadas no fôro ecclesiastico.

« Anathema aos que affirmarem que a soberania do povo é a principal séde do poder.

« Nem *exequatur*, nem appellação por abuso são permittidos pela Egreja.

« Anathema aos que negarem ao clero o direito exclusivo do ensino publico, aos que derem ao poder civil a faculdade de inspecção sobre elle.

« A Egreja não admitte, e sob pena de excommunhão, o direito de apresentação dos bispos.

« Anathema aos que derem ao governo o direito de prohibir a admissão de novos adeptos aos votos solemnes nas communidades religiosas.

« Anathema a quem disser que a Egreja deve ser separada do Estado.

« Anathema ao que disser que a sciencia das

cousas philosophicas e moraes não é subordinada á auctoridade ecclesiastica.

« Amaldiçoado seja o que pugne pelo casamento civil, ou que disser que o sacramento se póde ajuntar ao contracto civil, e o que affirmar que este contracto póde produzir o casamento legitimo.

« Anathema a quem pretender que o pontifice romano se póde harmonisar com o progresso, com o liberalismo e com a civilisação!! »

Sobre a maçonaria, e em relação a irmandades que contavão maçons em seu seio, Pio IX foi por demais explicito.

Depois que recebeu as informações que lhes forneceu directamente o bispo de Olinda, depois que teve conhecimento do procedimento do governo, acceitando o recurso á coróa, interposto pelas irmandades do Recife, e contra a interdicção que lhes fulminára esse bispo, expedio o celebre Breve de 29 de Maio (se é que é delle, como deve ser considerado, visto que o não repellira), no qual mantem (sem medo de errar, porque elle não erra) todas as doutrinas resumidas no *Syllabus*, elogia o procedimento do jesuita frei Vital e o incita a continuar com denodo, facultando-lhe até a dissolução das irmandades!

Pio IX foi mais longe ainda. Mostrando-se conhecedor de que o Sr. presidente do conselho de ministros era maçon, lhe fez, e aos seus companheiros de ministerio — ferinas allusões!

Esse Breve, entre outras considerações contém o seguinte:

Velha é tal peste (trata da maçonaria), e bem depressa que foi rebatida pela Egreja, e apontada, mas sem proveito, aos povos e seus governos postos em risco. Já desde o anno de 1738 Clemente XII, de veneranda memoria em suas letras encyclicas *In eminenti*, passadas a 28 de Abril, se lastimava, dizendo: « Ao longe e ao largo vão em progresso certas sociedades vulgarmente chamadas dos Francos Maçons, nas quaes homens de qualquer que seja a religião e a seita, contentando-se de uma certa affectada apparencia de honestidade, associão-se entre si em estreita e impervia alliança, e julgando necessaria a mais solicita vigilancia afim de que semelhante gente quaes ladrões não arrombem a casa, e á maneira de raposas não tentem demolir a vinha, proscrevia taes conventiculos qualquer que fosse o nome que tomassem, mandando a cada um dos fieis que delles devia totalmente abster-se sob pena de ipso facto, sem mais alguma declaração, incorrer em excommunhão, da qual sómente o romano pontifice poderia absolver, a não ser em artigo de morte. Essa constituição, Bento XIV, seu successor, inserio e explicou-a em suas letras encyclicas *Pervidas* no dia 18 de Maio de 1751, nas quaes confirmou os decretos e penas estatuidas por seu antecessor.

« Ainda assim a nefaria sociedade foi sempre crescendo occultamente, dividindo-se em varias seitas, distinguindo-se com varios nomes, unidas pórem em communhão e federaçaò de juizos e enormidades, até que latissimamente propagada e crescida em grandes forças, rompendo os seus antros, pôde mostrar-se e provar a todos os homens cordatos com quanta razão os atalaias de Israel havião-n'a condemnado. Bem patente, pois, ficou pelos seus catechismos, constituições, actas de suas lojas publicadas pela imprensa e ainda mais claramente pelas publicas machinações e feitos, que seu proposito é abolir a religião catholica e por isso arremetter contra a cathedra romana, centro da unidade, derribar qualquer legitima auctoridade humana, constituir o homem em autonomia inteiramente sem lei, desligado dos mesmos vinculos de sangue e dependente só de seus appetites.

« Este satanico espirito da seita foi sobretudo demonstrado em fins do seculo passado pelas truculentas vicissitudes da França que abalárão o mundo inteiro e fizerão saber que dever-se-ha contar com a total dissolução da humana sociedade, se não fossem prostradas as forças da sceleradissima seita. Pelo que Pio VII, de santa memoria, em suas letras encyclicas *Ecclesiam*, expedidas no dia 13 de Setembro do anno de 1821, não sómente pôz outra vez aos olhos de todos a indole, a malicia, o perigo de taes sociedades, mas tambem reiterou mais gravemente a condemnação e as penas espirituaes comminadas por seus predecessores contra os membros della, e isto tudo foi depois confirmado já por Leão XII, de veneranda memoria, em suas letras apostolicas *Que graviora* no dia 13 de Março do anno de 1826, já por nós mesmos nas letras encyclicas *Qui pluribus* no dia 9 de Novembro de 1846.

« Por conseguinte, depois dos preceitos da Egreja, tantas vezes repetidos, e munidos de gravissimas sancções, depois de divulgados os actos dessas impias sociedades, que bem patentes fizeram seus verdadeiros intentos, depois das perturbações, calamidades, innumeraveis carnificinas que promovêram em toda a parte e de que ellas mesmas não se envergonham de insolentemente vangloriar-se, por certo que nenhuma escusa pareceria aproveitar áquelles que nellas inscrevêram seus nomes. »

Já tinhamos dado conta aos nossos leitores de quanto agora e de novo relatamos.

A repetição é indispensavel, e como preparo para recebermos o *beneficio* de Roma.

É assim que Pio IX, firmando a sua infallibilidade, prefere Roma ao seculo, a sua Lgreja aos governos, um passado que elle não deseja renegar a um presente que o renega, males profundos e velhos remedios impotentes já, a civilisação adiantada, o romanismo ultramontano ao verdadeiro christianismo !

E collocado nessa posição, e dizendo-se infallivel, superior aos erros, como guiado sempre pelo Espirito-Santo, constituio-se na impossibilidade (pelo menos por honra do que elle chamava sua convicção) de perder o costume torpe em que se achava, antes de 1870, de fingir, arranjar, ceder, transigir e esquivar-se.

O que podia, pois, elle conceder ao Sr. Penedo, e que tanto tenha alegrado o nosso governo?

Dirá, talvez, para fazer concessões, que porventura lhe fossem reclamadas, que a maçonaria do Brazil nada tem de commum com a da Europa?

Será uma evasiva miseravel, porque a associação maçonica é uma só, e regida por uma lei commum de instituição e em todo o mundo.

Não é associação politica nem religiosa. Os seus principios geraes são os mesmos por toda a parte.

E se acaso Pio IX, depois de calumniar tão atrozmente como o tem feito a toda a Ordem maçonica, vê-se na necessidade, para transigir, de declarar a maçonaria do Brazil diversa essencialmente da das outras partes do mundo; além de mais ainda injuriar assim, arriscou-se ao que inevitavelmente terá de acontecer, isto é, a soffrer que essa associação e sem exceptuar sequer um maçon que se preze, repilla o favor que não pedio e nem acceita, porque para ella os favores, como as excommunhões de Pio IX são completamente indifferentes.

A maçonaria nada tem com o santo padre, e não precisa delle. Orgulhosa pelos principios santos que professa, nunca temeu perseguições, certa de que os seus algozes de hoje terão de envergonhar-se amanhã, e deixa-la que viva, e sempre em prosperidade.

A maçonaria não acceita, e repelle com dignidade, mesmo a suspensão temporaria de hostilidades, porque qualquer armisticio será improficuo, e sempre vergonhoso para quem o conceder ou o acceitar.

É palpitante contradicção.

Os maçons não têm de que arrepender-se. Só renega o infame que não tem consciencia do dever, o covarde estupido que se teme da punição eterna por falta que não commetteu, o sevandija que por sordido lucro se vende aos ultramontanos, dando-lhes como arrhas de sua futura devoção, qualquer promessa falsa de mudar de convicções.

Reprovará Pio IX o procedimento dos seus bispos, humilissimos servos e automaticos executores de suas ordens?

Mas elles não procedêrão *sponte sua*, e sim conforme o seu chefe infallivel lhes ordenou.

A reprovação será uma torpeza.

Reconhecerá o valor do beneplacito, a sua exequibilidade, e o direito de ser essa faculdade exercida pelo governo civil, como parte integrante da constituição politica do Estado?

Mas Pio IX declarou alto e bom som, e sob a sua auctoridade infallivel, que a doutrina do beneplacito era heretica e contra os principios reguladores da Egreja romana, porque o pontifice era o rei dos reis, e não estava nem devia estar subordinado a governo algum.

Revogará os interdictos lançados por frei Vital e por seus companheiros, e depois de consultado elle (Pio IX) e de louvar e acoroçoar os algozes da consciencia do Povo?

Os hereticos de hontem serão bons catholicos de hoje?

Isto pelo menos seria irrisorio.

O que, pois, conseguio o Sr. Penedo de Pio IX?

Porque se achará o nosso governo tão satisfeito?

O prazer que ao receber as communicações manifestou o Sr. presidente do conselho em que consistirá?

As hostilidades praticadas abertamente por Pio IX contra o governo do Brazil farião com que este acceitasse qualquer alvitre proposto por aquelle, repugnante aos principios proclamados pela santa sé, e com o fim de esmagar por uma vez, e para sempre, esse inimigo do Estado?

A missão Penedo foi para expôr Pio IX á execração do orbe catholico?

Mas se Pio IX cedeu a todas as exigencias, prevenindo em favor de seu poder vacillante, para habilitar-se a ordenar de preferencia aos poderes do Estado, se o beneplacito fica em effectividade no paiz, por autorisação da santa sé, se pela mesma autorisação se revogão os interdictos lançados ás irmandades, quando praticamente forão improficuos os provimentos em favor delles proferidos pelo poder civil competente, e se em taes condições o governo acceita tudo, e simplesmente para matar a questão, e libertar-se da difficuldade em que se acha, expediente aliás de uso inveterado entre nós, quem devia estar alegre por um tal desenlace?

Entendemos que Pio IX!

Mas o seu triumpho lhe será fatal, porque os velhos catholicos adquirirão com isso uma poderosissima arma para reduzir a fallada infallibilidade pontificia a completo aniquilamento.

Ha quem diga, comparando as datas, que esse Breve de 29 de Maio é apocrypho!

O internuncio apostolico affirma que não foi, como devèra ser, por seu intermedio, que esse acto official do pontificado chegou a seu destino.

De 29 de Maio á data da expedição do aviso de

12 de Junho, desta côrte para Pernambuco, é materialmente impossivel que aqui estivesse já esse Breve.

E elle devia ter sido daqui remettido a frei Vital, porque este, como se lembrarão os leitores, disse em acto official que « no mesmo dia, na mesma hora, e pelo mesmo portador, recebêra Breve e aviso. »

Como explicar isto?

O proprio frei Vitai repellirá o milagre, e sem milagre, como é que, de Roma ao Rio de Janeiro, e sem perder um minuto de tempo, sequer, veio um papel no prazo de 14 dias?

No dia em que daqui foi expedido o aviso pelo correio, não sahio para Pernambuco senão o vapor que o conduzio.

A negação do internuncio apostolico será para de antemão justificar-se de que esse Breve não foi aqui fabricado?

Quem foi o falsificador?

E mais embaraça ainda, a quem procura conhecer este negocio, a circumstancia de que o Breve de 29 de Maio responde ao aviso de 12 de Junho em todas as suas partes! O milagre, portanto, é mais notavel ainda. Mas, póde bem ser que Pio IX tivesse autorisado o internuncio apostolico a providenciar como fosse necessario, e de momento, auctorisando-o até a assignar por elle Pio IX.

Quem sabe?

Seria esse Breve a carta de empenho que o internuncio prometteu ao governo?

Mas o ultramontanismo representante de sua santidade nesta côrte não quer tomar a responsabilidade desse facto.

Podia, porém, fazê-lo, porque se Pio IX não escreveu nem assignou de seu punho esse curioso parto de sordida politica romana, já o conhece perfeitamente, e o perfilhou, desde que não o repellio, como devêra, senão fosse elle expedido por sua ordem anterior e conforme as instrucções dadas ao mesmo internuncio.

Deixemos, porém, aos leitores a apreciação de mais esta tranquibernia apostolica; e passemos a outro objecto.

Frei Vital, como já dissemos, deixou preposto seu na diocese, para continuação de seus desmandos!

O cabido, que deixou immediatamente de assumir o governo do bispado, como já dissemos, quiz depois amparar o acto illegal de frei Vital, e confirmou, por eleição, a esse mesmo preposto!

Não o podia fazer.

Na hypothese, o cabido assume o governo, mas não noméa governador.

Se o de Olinda nomeou agora, teve dous fins: lisongear frei Vital, e furtar-se á responsabilidade que lhe cabe.

Mas quem o livrará daquella em que incorreu?

E o instrumento de frei Vital lá está, furioso como elle, ou mais ainda, porque quer, quanto possivel, ser-lhe agradavel!

O vigario do Poço foi suspenso por ter encommendado e acompanhado o corpo de um membro de irmandade interdicta por frei Vital, e já desinterdicta pelo poder civil!

Consta-nos que outro vigario daquella diocese teve igual sorte, por não ter assignado um protesto!

Onde vamos parar com tanta anarchia, com tamanho arrojo das creaturas do *magnanimo* Pio IX, que acaba de *felicitar-nos*, fazendo mais feliz o Sr. barão do Penedo e felicissimo o Sr. presidente do conselho?

Até quando se abusará da paciencia do povo?

Espera o governo, para execução de suas anteriores ordens, pela autorisação de Pio IX?

Proh pudor!

Rio de Janeiro, 21 de Janeiro de 1874

XIV.

O desenvolvimento da questão. de que nos temos occupado, os factos que se succedem, o procedimento ordinariamente dubio do governo, os aìcinies do clero aos poderes do Estado, os medonhos arreganhos de ·Roma, e as suas concessões contradictorias e repugnantes com os principios que ella propria tem proclamado immutaveis e indestructiveis, tudo tem concorrido para justificar plenamente quanto com franqueza e lealdade temos escripto e sustentado.

A idéa de separação da Egreja do Estado, que, ao travar-se a magna peleja em que o Brazil se acha empenhado, parecia inacceitavel por perigosa e impraticavel, e que foi logo repellida pelo proprio governo, que della se servio como arma de guerra contra quem lhe dizia a verdade, sómente na intenção de bem servir ao paiz, tem tido o mais esplendido triumpho na opinião geral.

E nem podia deixar de assim acontecer.

A dolorosa experiencia pela qual estamos passando é por demais eloquente, e leva a convicção aos espiritos ainda os mais prevenidos.

A não ser algum enfesado fanatico e ignorante, desses que, sem distinguir religião de Egreja do Estado, suppõe que não ha salvação possivel sem esse

11

conjuncto deforme de cousas, que alliás se repellem na pratica, ninguem mais deixa de reclamar, como medida indispensavel de progresso, e até de segurança publica, a decretação do divorcio perpetuo de Roma ecclesiastica do Brazil politico.

Tinhamos convicção de que a verdade triumpha-ria a final. E a verdade teve a victoria no espirito do povo.

Cumpre que ella se traduza em lei do Estado.

Essa lei virá infallivelmente, porque, não só a moralidade publica a reclama, como que é essencial-mente necessaria para o desenvolvimento, progresso e riqueza do paiz.

A necessidade da immigração proveitosa falla muito alto. E a immigração sem esse primeiro in-centivo, o unico que estabelece a igualdade dos crentes, com a perfeita liberdade dos cultos, será manca e tardia.

A separação da Egreja do Estado acaba de re-ceber uma sancção moral, da maior força e impor-tancia.

Um acto praticado, talvez na intenção de es-treitar as nossas relações com a Egreja romana, constituio, na consciencia dos homens pensadores e que reclamão pela felicidade das gerações futuras, um formidavel apoio, e a mais firme convicção para remover do Brazil o mal que o afflige.

Esse acto produzio effeito negativo ante o bom senso e o patriotismo: e nos seus resultados illude apenas aos incautos e desprevenidos, que repulão be-neficio o que não passa de necessidade determinada por um calculo torpe, para manutenção de um poder insustentavel e repugnante.

Não foi sem razão sufficiente que nos pronun-ciámos contra o emprego de meios diplomaticos para com a curia romana, e com o fim de conseguir de

Pio IX alguns favores que elle do alto da sua omnipotencia nos quizesse conceder.

Considerámos esse passo um erro de gravissimas consequencias, e originario de males incalculaveis para o paiz.

Desde que o governo declarou que a legislação tinha o correctivo necessario contra os desmandos episcopaes; desde que tomou conhecimento dos recursos que para a coróa forão interpostos; desde que mandou instaurar processo contra os bispos rebeldes, e assim submetteu o negocio ao conhecimento e decisão dos poderes do Estado, dimittira-se da possibilidade do uso de meios diplomaticos para entrar em arranjos com a santa sé.

Não era licita uma concordata em materia que o proprio governo reputava prevista nas leis do paiz e quanto mais que é do systema politico, que rege o Imperio, que o governo recorra de preferencia, e unicamente, ao poder legislativo, quando necessite de providencias para as quaes se não repute armado, e segundo o reclamarem as necessidades publicas.

Os governos absolutos pódem, de accôrdo com a santa sé, estabelecer regras a observar.

Os governos constitucionaes representativos, porém, estão, pela indole do systema, impossibilitados de procurar em fonte estranha, e que não seja no corpo legislativo, qualquer medida de que necessitem para o exercicio livre de suas funcções.

Tomar conhecimento dos recursos interpostos de actos episcopaes; submetter os bispos a processo de responsabilidade, e ao mesmo tempo entrar em conchavo com a santa sé para estabelecer um regimen na mesma materia, é flagrante e imperdoavel contradicção.

Manifesta — falta de convicções politicas dos que governão, receio injustificavel do poder pontificio, impossibilidade de acção legitima dos poderes do Estado, incerteza e desmoralisação dos direitos da soberania nacional, subserviencia e humilhação a Roma, descalabro, emfim do systema politico que nos rege.

Por qualquer modo que a intervenção diplomatica fosse levada a effeito, ella nos seria nociva.

Quaesquer que fossem as sua consequencias, não podia essa intervenção attingir ao resultado desejado: jámais podia ser verdadeiramente proveitosa ao Brazil.

Ou o nosso diplomata teria de ser repellido pela infallibilidade pontificia, e então nos achariamos na triste situação de não ter nem quem nos desse sequer uma satisfação, porquanto constituirmo-nos em hostilidade ao ex-rei de Roma, cujas armas actualmente não vão além das excommunhões e indulgencias, seria o *summum* do ridiculo ; ou o pontifice nos obsequiaria com seus favores, em materia em que inconcussos direitos nos assistem, e isto seria altamente degradante.

Pedir quando se tem o direito de exigir, ninguem, com dignidade e visando o seu interesse real, o pratica.

A primeira hypothese, isto é, a de ser repellido o nossa agente diplomatico, não se realisou.

Poupou-nos isto a quixotada de atacarmos moinhos de vento, ou de brigarmos com fantasmas.

Realisou-se, porém, e conforme é voz publica, a segunda, isto é: Pio IX dignou-se conceder-nos alguma cousa que já tinhamos, e com faculdade de fazê-la respeitar quizesse ou não o denodado prisioneiro do Vaticano.

O governo, procedendo como procedeu, se mostrou alheio ao seu direito e se deixou, irreflectido, arrastar por uma falsa theoria, aliás contraria diametralmente á indole do systema representativo que nos rege.

Essa theoria é a que ultimamente está sendo sustentada calculadamente pelos jesuitas, como meio efficaz de conseguir a dominação do mundo, sujeitando por um modo indirecto, porém efficaz ante a ignorancia do povo, tudo e todos, mediata ou immediatamente, ao arbitrio do chefe romano.

Essa theoria, como todas as que o jesuitismo propaga, tem uma fórma que a torna em apparencia acceitavel pelos mesmos partidarios da soberania civil, que, inconsiderados, não sondarem o abysmo a que o geitoso ultramontano os conduz.

« O papa dizem elles, não tem um poder directo sobre o temporal: elle goza apenas do espiritual, e só indirectamente intervem na vida politica das nações! »

Basta enunciar essa theoria para que a fraude que a determinou se manifeste.

A theoria do poder indirecto pecca antes de tudo por falta de franqueza.

Ella reconhece hypocritamente a soberania temporal, quando em realidade a subordina ao poder espiritual.

Os jesuitas, no seu calculo sordido de auctoridade universal, promovêrão o estabelecimento de um perigosissimo attributo do pontificado — a infallibilidade.

Os jesuitas formárão assim a escola ultramontana, e o ultramontanismo domina absolutamente a Egreja de Roma.

Elle é o inimigo nato do Estado; e o Estado deve estar em guarda e sempre vigilante, sob pena de ser absorvido, e de prestar-se estupidamente, e como vil instrumento, aos calculos do poder clerical.

Lembremo-nos das doutrinas do cardeal jesuita Belarmino, as quaes Sixto V ainda não reputou muito orthodoxas.

Esse jesuita ensinava que o papa podia dispôr

dos reinos, depôr os reis, desligar os povos do seu juramento de fidelidade, regular todas as causas temporaes, inutilisar as leis civis, e avocar todos os processos a seu tribunal!

Esta perigosissima doutrina nós a vemos presentemente acceita pelo governo do Brazil!

Pio IX, por seus prepostos, transgredio a constituição e leis do Estado; e a causa que já tinha sido decidida pelo conselho de Estado e pelo governo imperial foi avocada pelo papa, e por elle decidida!

A tanto lhe deu faculdade a intervenção diplomatica!

O decreto civil que condemnou as interdicções das irmandades não teve effeito: o governo não teve força para fazer respeitar a lei! Recorreu a Roma, e Pio IX avocou a si a decisão, e dignou-se (dizem os confidentes) sanccionar para poder ser executado, o que estava já decretado por poder civil competente!

É a theoria ultramontana em acção.

A condição de exercicio desse poder exorbitante, é—que o espiritual e o interesse da religião o reclamão. Esta restricção, porém, é nulla, puramente nominal e illusoria.

O papa infallivel decide se o caso é ou não da salvação das almas, e sob o mais frivolo pretexto, usa do seu poder, e assim fica o temporal absorvido pelo espiritual, permanecendo o chefe da Egreja romana unico e despotico arbitro dos destinos das nações.

Foi assim, e mantido no seu poder espiritual, que Zacarias passou a corôa da França dos Clovis para os Pepinos, e pela razão de que tal o reclamavão os interesses religiosos.

A supposta violação dos privilegios de um mosteiro autorisou Gregorio a lançar excommunhões contra principes.

Os jesuitas, que não escolhem caminho na viagem ao porto de seu *desideratum*, muita vez, como agora mesmo se verifica, têm-se proclamado defensores da liberdade. A liberdade, porém, nada aproveitou ainda de suas victorias. Se elles proclamão o homem livre em presença de Deos, o submettem inteiramente á omnipotencia de um padre declarado infallivel!

E com taes doutrinas formão elles a sua alliança offensiva e defensiva com os reis, mas emquanto estes se prestão servilmente a servir-lhes de instrumento.

A Egreja romana ensina, como se vê na *Defensis fidei catholicæ*, de Soares, que desde que o pontifice excommunga um rei, perde este o throno, e póde ser morto impunemente por qualquer de seus subditos.

« *Rex talis post depositionem incipit esse tyrannus titulo quia non est legitimus rex nec justo titulo regnum possidet. Ergo tune poterit tanquam omnino tyrannus tractari, et consequenter a quocumque privato poterit interfice.* »

E o nosso governo, sem pensar, sem reflectir, sem estudo e sem consciencia, deixou-se arrastar pelo cantico da sereia ultramontana, reconhecendo, sem o poder fazer, um direito na santa sé, repugnante ás nossas leis, e especialmente á constituição politica do Imperio!

O governo mandando pelo seu enviado humilharnos ante Pio IX, procurando obter deste o que não quiz aqui receber do poder legislativo, que aliás lhe offereceu todas as faculdades que a desastrada situação da Egreja, promovida pela rebeldia episcopal, reclamava, illudio a delegação que tem do povo, e perturbou a marcha regular do systema.

Na faculdade que ao poder executivo é ourtorgada pelo art. 102, § 8.° da constituição politica, certamente não póde caber a da celebração de concordatas com a santa sé.

Se o que o Sr. barão de Penedo conseguio de Pio IX não importa uma concordata, qual o resultado de sua missão a Roma?

A simples expedição de algum Breve? Ordens para que os bispos obedeção ás leis do paiz? Effectividade do nosso direito do beneplacito?

Tudo isto, porém, não é só ridiculo, é escandalosamente aviltante.

Se para a nossa constituição politica não concorreu uma assembléa constituinte, visto como a convocada para isso foi atropelladamente dissolvida, nem assim podemos reconhecer em Pio IX direito de sancção em materia constitucional no Brazil.

Como consentir que esse chefe romano mande aqui cumprir sentenças já proferidas por poder competente?

Como consentir que o direito soberano de beneplacito seja exercido por seu mandado?

Quererá o governo curvar-se hoje ás theorias jesuiticas em pleno vigor no XVII seculo?

Para que?

Será pela impertinencia de querer sustentar uma Egreja do Estado, contra todos os interesses do paiz, contra a propria indole do nosso systema politico, contra o que por toda a parte se promove, e como medida da salvação geral?

Tanto respeito a Pio IX, e tão pouco a essa constituição que nos rege!

Quer o governo Egreja do Estado e com papa infallivel?

Se quer, diga-nos francamente que admitte, revogando, *ex propria auctoritate*, o que temos estabelecido politicamente, os seguintes salutares principios, com os quaes bem ficará, e solemnemente celebrado, o fatal consorcio de — throno e altar.

« O papa é interprete de Deos como Moysés, e

póde manter quanto queira declarar, mesmo que o mundo inteiro seja de accôrdo contrario!

« Nenhuma lei humana póde obrigar o papa, porquanto é elle superior a toda a lei e direito positivo?

« Deos e o papa não têm outra razão que não seja a sua vontade.

« O papa tem mais poder do que os apostolos, porque *Pedro* teve mais auctoridade do que *Paulo*.

« O papa é o Deos do mundo em lugar de Jesus Christo, tanto para as cousas temporaes, como para as espirituaes.

« Assim como a lua (ainda ha pouco lemos esta sublimidade jesuitica na defeza *sui generis* de frei Vital) recebe a sua claridade do sol, assim tambem o poder real recebe sua auctoridade do poder pontifical. »

« O papa é o senhor do Imperador e de todos os reis da terra! »

Não se diga que tão desbragadas proposições são inventadas por nós.

Se os reverendos de D. Lacerda quizerem verificar quanto transcrevêmos, recorrão ás *Theses historicos theologicæ de vita et doctrina S. Joanès de Capistrano, por Arnoldus Frederici.* (Leuven, 1691.)

A não serem adoptadas taes doutrinas, como harmonisar a Egreja romana com o Estado?

Professa-as o nosso governo?

Certamente que não.

Neste caso, o que procurou em Roma, preferindo as providencias do Santo Padre ás medidas que lhe offereceu o nosso poder legislativo?

O Sr. presidente do conselho terá sem duvida lido a confirmação desses excessos romanos na definição que o arcebispo de Westminster, ainda ha pouco, deu das pretensões da Egreja de Roma e da sua supremacia.

Disse elle :

« Egreja é unica suprema : .

« Um poder que é independente e póde por si só fixar o limite de sua propria jurisdicção, e, por consequencia, fixar os limites das outras jurisdicções, é, *ipso facto*, supremo. A Egreja de Christo, porém, na esphera da revelação da fé e da moral, é tudo isto ou não é nada, ou peior do que nada, — impostura e usurpação.

« Isto é o que o mundo chama ultramontanismo : mas o ultramontanismo é simplemente o christianismo ; e não é possivel a um homem de sã razão tirar outras conclusões dos principios elementares do christianismo.

« Nenhum christão de razão sã negará que os poderes civil e espiritual têm espheras distinctas. Qual é porém, o limite dessas espheras nas questões mixtas? Aqui tambem não póde haver difficuldade real. Ninguem póde decidir quaes são as questões simples ou quaes são as mixtas senão um juiz que possa definir os limites dos dous elementos contendores ; « e quem poderá dizer o que está fóra ou dentro da jurisdicção da Egreja em materia de fé ou de moral, senão um juiz que saiba o que a fé e a moral contêm e até onde se estendem? »

O Sr. presidente do conselho, illustrado como é, comprehenderá, em presença de tão exageradas pretensões, a presente attitude da Egreja romana, como a comprehendeu Sir Robert Peel, isto é, que ella renuncia a igualdade e exige a supremacia.

Pretenderá porventura subordinar as nossas instituições, os poderes do Estado, as leis brazileiras ao arbitrio romano?

Certo que não.

Sendo assim, o que devemos concluir, a não pretender que S. Ex. seja contradictorio e inconsequente?

Sem duvida que S. Ex. concorda comnosco na separação da Egreja do Estado.

A infallibilidade matou o catholicismo, e os velhos catholicos, se armados vigorosa e conscientemente se achavão para ataca-la de frente, mais ainda se devem considerar invenciveis, quando souberem que Pio IX, o infallivel, tendo ordenado aos bispos do Brazil que se rebellassem contra as leis e as auctoridades civis, chegou a accôrdo com o Sr. Penedo, em vista das razões que lhe forão offerecidas, e reprehendeu os mesmos bispos que lhe tinhão obedecido!

Como isto é edificante!

O resultado da missão Penedo trouxe, porém, um grande beneficio ao mundo christão; deu o *coup de grace* na tal extravagantissima infallibilidade.

Concluiremos este artigo com as seguintes palavras de Mauricio Lachatre, que bem definem a desastrosa situação da Egreja romana:

« *Finis ecclesiæ* : quéda do poder temporal; aniquilamento da Egreja militante, dominadora, intoleravel e perseguidora; extincção da Egreja do Estado, triumpho pleno da liberdade de consciencia, desapparecimento de carrascos e fogueiras para converter os refractarios; o cidadão escolha seu padre, sustente o seu culto.

Nem hypocresia nem perseguição.

Finis ecclesiæ!

Rio de Janeiro, 23 de Janeiro de 1874.

XV.

O povo necessita e quer saber o que fez o Sr. Penedo em Roma. E o governo guarda a maior reserva, e, officialmente, mantém inviolavel segredo sobre isso!

O povo do Brazil já devia estar habituado ao pouco caso, ao desdém com que de continuo é tratado.

A culpa é sua, que não se comprehende.

A culpa é sua que, prestando-se sempre humildemente a tudo quanto o capricho supremo lhe impõe, pretere a propria razão e consciencia, abdica a vontade, e segue os governos, por peiores que elles sejão, como um rebanho de estupidas ovelhas que acompanha instinctivamente o pastor.

O espirito publico necessita, para tranquillisar-se, conhecer o que fez o Sr. Penedo, para bem avaliar a dignidade com que procedeu o governo, e o beneficio que recebemos de Roma.

Parece, e é voz publica, que o Sr. Rio Branco nem se quer teve uma cópia fiel da carta — Breve — que Pio IX dirigio ao seu preposto!

Essa *peça de architectura romana* veio reservadamente dirigida ao internuncio, para que este a fizesse chegar a frei Vital.

Dizem que esse representante de Pio IX recusou-se, a principio, a entregar o famoso *prego* ao seu destinatario, e impôz *condições* para fazê-lo!

Ha quem assevere, e parece certo, que tal carta, a qual contém determinações de Pio IX, *directas* a frei Vital, deixou de ser apresentada ao governo imperial para o indispensavel beneplacito, e foi já, sem esta formalidade essencial, entregue, para ser cumprida!

E nesta carta parece que se resume tudo quanto de Roma alcançou o Sr. Penedo!

Della só sabemos o que a *Nação* e o *Jornal do Commercio* publicárão, e que se reduz ás palavras — *Gesta tua non laudantur.*

O que foi desapprovado, quaes os termos da desapprovação, quaes as condições exigidas pela curia; tudo é silencio!

A *alegria* do Sr. presidente do conselho provirá de ter sido S. Ex. o portador de uma confidencial ao prisioneiro do Arsenal?

Ou, depois de bem considerar o negocio, e de reflectir sobre o caso, o Sr. presidente do conselho perdeu essa alegria, e se possuio de pezar pelo resultado do acto, que elle alliás provocou?

Se estas conjecturas são erroneas, se estão longe da verdade, ao impertinente silencio do governo se devem.

Somos forçados a apreciar o que, a furto, e com inqualificavel receio, o governo tem indirecta e incompletamente auctorisado a publicar.

Não somos dos que esperaváo alguma cousa da santa sé. Tudo quanto a respeito temos escripto repelle vigorosamente essa esperança; e tanto quanto acreditavamos, como acreditamos, que nada absolutamente se conseguiria de Roma, a não ser qualquer promessa insidiosa, atirada, como esmola a este pobre Brazil.

E suppomos que não nos enganámos.

Qualquer que seja, pois, o conteúdo da carta — *gesta tua*, — não nos surprehenderá.

Pelo *conceito*, entretanto, que dessa *charada* nos tem dado o governo, procuraremos decifra-la, e no intuito de poupar aos leitores mais uma decepção e para que não sejão elles surprehendidos ao conhecer qual o parto da montanha, depois de tão prolongados *gemidos*.

Está publicado e com certo caracter official, (mesmo porque o jornal que fez a publicação não arrisca incertezas em materias graves, como esta), que — *O Sr. Penedo manobrou habilmente!*

A *habilidade*, entretanto, foi definida nas seguintes palavras:

« Não se envolveu em questões de principios, e de doutrinas cuja solução seria impossivel; limitando-se a pedir o restabelecimento das cousas ao estado em que tanto tempo vivemos tranquillos e descuidados. »

O Sr. Penedo, portanto, cumprindo as instrucções que teve, foi a Roma, não tratar de fazer effectivo o nosso direito constitucional e sim pedir ao Santo Padre que nos concedesse o grande beneficio de deixar-nos viver descuidados, isto é : soffrendo resignados os caprichos de Roma, sacrificando a nossa autonomia de nação independente, a nossa soberania, os direitos promettidos na carta politica que nos rege, á vontade absoluta de meia duzia de cardeaes especuladores ultramontanos, que abusão da senilidade que lhes serve de instrumento, e em quem encarnão, para aterrorisar aos imbecis, a inqualificavel infallibilidade pontificia, que é a arma que empregão para quanto desmando querem praticar, para quanta affronta querem fazer, para quanta extorsão impõem a todas as nações que se sujeitão a manter e alimentar a celeberrima Egreja de Roma como do Estado.

O que mandou o governo fazer? o que fez o Sr. Penedo?

Gesta tua non laudantur!

Não se tratava, nem se trata de negocios simplesmente de maçonaria.

A questão agitada pelos bispos era e é a do beneplacito imperial aos decretos, bullas e letras apostolicas.

O atropello praticado contra os maçons fundára-se em se terem posto em execução no Brazil bullas não sanccionadas e nem permittidas pelo poder civil.

E o direito de beneplacito foi o que o governo se propoz sustentar, que mandou discutir na imprensa, como o fez com grande proficiencia o Sr. marquez de S. Vicente.

Foi por infracção do preceito constitucional que as interdicções das irmandades do Recife e do Pará derão lugar ao recurso á corôa.

Foi por ter sido o art. 102 § 14 da constituição desacatado pelos bispos, que o governo, mesmo procrastinando, como escandalosamente procrastinou o negocio, afinal se resolveu a impôr ao episcopado a obediencia á nossa lei.

E quando o governo mandou instaurar processo de responsabilidade ao energumeno frei Vital, teve especialmente attenção ao que esse perturbador do socego publico formalmente declarára — *de sua subserviencia a Roma de preferencia ás leis e aos poderes do Estado!*

Levada a questão a esta altura, e mandando-se uma missão a Roma para harmonisar a Egreja com o Estado, só um ponto era essencial de ser alli tratado e discutido, e esse ponto devia ser proposto no seguinte dilemma:

« Ou reconhecimento da doutrina do beneplacito no Brazil, ou rompimento com a Egreja romana, e revogação do seu direito de ser considerada do Estado !»

Em vez disso, porém, o que foi fazer a Roma o Sr. Penedo?

Pedir sómente que nos deixasse viver descuidados, embora invilecidos e degradados da dignidade, que jámais deve abandonar uma nação?

Gesta tua non laudantur!

Quer o governo manter a Egreja do Estado, respeitando a ousada pretensão, e insolita rebeldia que contém' esses breves, bullas, encyclicas, letras apostolicas, pastoraes, que por ahi correm, proclamando heretica a doutrina constitucional do beneplacito, e as nossas leis que estabelecem o direito de padroado, e de recurso á coróa dos actos dos prelados, e chefes ecclesiasticos?

Se nas instrucções que forão dadas ao Sr. Penedo se lhe recommendou que — não se involvesse elle em questões de principios e doutrinas, e que se limitasse a pedir que os bispos não ostentassem o seu poder, e que proseguissem occulta, sibylina e hypocritamente, emquanto nos conservassemos descuidados ; o povo brazileiro póde dizer ao governo :

Gesta tua non laudantur!

Se essas instrucções forão amplas para fazer respeitar os direitos constitucionaes da nação, e o Sr. Penedo se limitou a *pedir* que o santo padre recommendasse aos bispos que sem ostentação fossem seu caminho, e de accôrdo com o *Syllabus*, mesmo empregando sómente os meios brandos e persuasivos do pulpito e do confessionario, para a sua propaganda ultramontana, neste caso pode o governo por sua vez dizer ao Sr. Penedo :

Gesta tua non laudantur!

Quanto foi feliz o cardeal Antonelli, impingindo ao Sr. Penedo o tal Breve *gesta tua*, que póde ser applicado aos bispos, ao governo, ao proprio Sr. Penedo, e até ao povo brazileiro, se albardar mais

esta nova insidia da *curia* romana e da *incuria*
imperial !

Por ora os bispos só não podem empregar os
meios violentos, para a propaganda ultramontana.
Para tudo porém, lhes ficão livres pulpito e confessionario !

Do pulpito, portanto, se póde pregar contra a
constituição politica, e contra os que professarem a
liberdade de consciencia, contra a doutrina do casamento e registro civil, contra a soberania do povo
e contra a independencia do Estado !

No confessionario póde o clero romano plantar
a discordia nas familias, aconselhar o desrespeito dos
filhos aos pais, da mulher ao marido, e sublevar a
sociedade, tudo por bem da enfezada Egreja que
elle pretende que domine o mundo.

E se do pulpito fossem corridos, como devem
ser, os bispos estupidos e impertinentes?

Se dos confessionarios forem corridos os padres
insolentes que, por esse meio perigoso, pretenderem
aniquilar a soberania do povo, e a liberdade já en-
raizada no coração dos brazileiros?

Se assim acontecer, qual o unico e verdadeiro
culpado de todas as desordens que se derem? .

Agora mesmo, esse celebre breve — *Gesta Penedo*
foi ter ás mãos de frei Vital, para ser executado, e
sem ter sido antes segundo somos informados, apresentado ao governo, e sujeito ao beneplacito !

Se alguma cousa faltava ainda á questão, quanto
ás intenções do governo, isto bastaria para desillusão
do povo.

Os poderes do Estado subordinão-se a Roma —
mesmo preterida a doutrina do beneplacito.

Roma altera o direito constituicional do Brazil !

Roma abate ante o seu poder as nossas leis e
auctoridades !

Roma é a senhora e o Brazil seu escravo! .

Quo o governo do Estado não cumprisse o seu dever, emquanto o clero geitoso nos dominava *descuidados*, concebe-se; mas que, acordada a nação, como ella se acha, reclamando afflicta pela effectividade de seus direitos, conhecendo já o terreno frouxo em que os descuidos ou calculos governativos a collocárão, protestando com vigor contra a situação desastrada a que se vê reduzida, o governo mande pedir a Roma uma esmola de esquecimento, e obrigue o Sr. Penedo a lançar-se aos pés de Pio IX, e mendigar de Antonelli uma simples tregua aos males que da curia provem, é cousa incomprehensivel e perigosissima!

O — *Gesta tua* — é o mais categorico annuncio de futuros desastres.

O breve *Gesta tua non laudantur*, considerado em relação ao nosso governo, é uma covardia, e, em relação ao pontificado infallivel, é o parto do mais improbo trama para firmar no futuro a theocracia no Brazil.

Com a sua expedição a curia romana teve em vista :

Manter as cousas no *statu quo*, mas sem ostentação (por ora!);

Matar a lei politica do Brazil para substitui-la pelo *Syllabus*;

Illudir o espirito publico e adiar indefinidamente as magnas questões de separação de Egreja, de casamento civil, de plena liberdade de cultos, etc.

Para conseguir isto apparenta ella uma singularissima reprovação a actos do episcopado, aliás conformes ás ordens de Pio IX; e obriga os bispos a, hypocritamente, conviverem com os excommungados maçons por algum tempo ainda, para, adquirindo a força que ora nos falta, aniquila-los !

A fraude em tudo isso é manifesta, e a insidia da politica em Roma fica mais do que provada.

Pio IX declarou categoricamente que, não de hoje, mas de ha muito, a maçonaria é uma seita (o que entenderá elle por seita?) condemnada pela santa madre Egreja romana!

Pio IX declarou positivamente que os governos têm sido invadidos por maçons, e que, hereticos, guerreião a religião catholica!

Pio IX declarou solemnemente quo seguia, nesse negocio, as doutrinas estabelecidas pelos seus *santos* antecessores, as quaes não podião, nem devião ser alteradas.

Vai a Roma, agora, o Sr. Penedo, delegado e representante de um ministerio *maçon, heretico, immoral e perseguidor da Egreja*, e Pio IX o recebe e reprehende os bispos por terem observado ao pé da lettra os seus breves anteriores?

E' que a infallibilidade tem as suas intermittencias, conforme os interesses clericaes.

E' que a infallibilidade é arma de dous gumes, e que fere á direita ou á esquerda, ao pró e ao contra, ao negativo ou ao positivo, ora uma ora outra, n'um ou em diverso sentido, conforme o interesse politico do Vaticano.

Quem, pois, confiará mais em uma Egreja que assim se contradiz e se derroca, e que, esquecida de sua indole religiosa, se transforma em arma de sordida politica, em procura do poder, de qualquer modo, e por quaesquer meios?

Bem se vê que o Sr. Rio Branco, com o seu procedimento, voluntaria ou involuntariamente, amparou a auctoridade de Pio IX politico!

Mas com que fim?

Não nos atrevemos a aventurar cousa alguma sobre as intenções de S. Ex.

Se a alegria é sua ou alheia, se o que elle faz é livre ou coagido, se mandando processar os bispos, e ao mesmo tempo pedindo favores a Roma, não foi guiado por vontade superior, não o sabemos, e nem o podemos affirmar.

O que é verdade, porém, é que S. Ex., fazendo uma revolução maçonica e collocando-se administrativamente á testa de um grupo divergente para manter a divisão, e agora, contentando-se com o triste resultado da missão a Roma sem firmar sequer a doutrina do beneplacito, e expondo assim a maçonaria em geral a novos e repetidos insultos, e logo que os bispos, por ordem de Roma, tornem a dar execução ás famosas bullas de excommunhão, denuncia-se com intenções que não podemos comprehender.

Esta questão tem sido conduzida pelo governo por modo tão incomprehensivel, com tanta contradicção administrativa, e com tão insondaveis reservas que, longe de esclarecer-se e de chegar a uma franca solução, cada vez mais se complica e difficulta.

O poder politico tinha affinal tomado ao sério fazer vigorar as leis do Estado.

Para isso conseguio levar um bispo aos tribunaes, provocando a mais alta magistratura do Imperio a pronunciar-se como devera, condemnando o procedimento desse revoltoso jesuita.

Tudo isto se fazia sob uma base, que era a effectividade do direito de beneplacito, cuja offensa devia ser punida.

As cousas achavão-se, pois, em caminho de dar o ultimo xeque á rebeldia episcopal.

E' o que o povo aguardava desde que vio recolhido á prisão o energumeno frei Vital.

Quando, porém, todo o paiz se tranquillisava, esperando as naturaes consequencias de tão nobre procedimento, é sorprehendido pela noticia do resultado da missão a Roma e quando o governo revela:

« Que não procurára entrar com o Santo Padre em questões de doutrina, e sim sómente se contentára em ter obtido que elle dissesse aos seus bispos — *Gesta tua non laudantur*, sem que isto alcance a reprovação das perigosas doutrinas da actual Egreja de Roma, e que se contém no *Syllabus*!

Para onde vamos?

Nem se quer nos podemos illudir com o indefinido!

Roma, de accôrdo com o nosso governo, nos determina a ler claro no horisonte — perenne subserviencia ao Vaticano, progresso e victoria do ultramontanismo, inversão do nosso systema politico para a retrogradação!

Estaremos enganados?

Ainda ha pouco o liberrimo prisioneiro do Vaticano, dirigindo-se aos cardeaes nomeados, disse que: — A Egreja atacada por todos os lados por lobos e monstros hade afinal triumphar e mostrar-se mais explendente!

E a Egreja, actualmente, é synonimo de poder politico, de ultramontanismo! E a constituição politica da Egreja é o *Syllabus*! E o *Syllabus* é a condemnação do beneplacito, da liberdade de consciencia, da liberdade de cultos, do casamento e do registro civil!

A queda das magnas idéas, que constituem a mais alta conveniencia social, será o triumpho aspirado pela curia romana, e que acaba de ser prophetisado pelo seu instrumento — Pio IX.

Poderá o governo do Brazil, em tão graves circumstancias, conservar as cousas no *statu quo*?

Será justificavel não entrar com a santa sé em questão de firmar as nossas doutrinas constitucionaes?

Para sustentar uma escandalosa, e já indecente

Egreja do Estado, deverá preterir o que temos de mais nobre na nossa legislação?

Preterirá tambem as reformas reclamadas?

Estará disposto, confiando estultamente na perfidia do Vaticano, a deixar correr as cousas no Brazil á revelia do bom senso, da previdencia e da dignidade nacional, para que, quando menos pensarmos, nos vejamos atados irremissivelmente ao cavallete e á fogueira?

Quanto mal nos faz uma politica de evasivas, de simples expediente, de contemporisação, de perennes procrastinações dos negocios, de incerteza e dubiedade de acção.

Contará o governo com a fallibilidade do infallivel Pio IX?

E Antonelli, e os demais pontifices de facto?

É verdade que — ordenar que os bispos considerem os maçons como boas creaturas durante um anno, ou mais, e que com elles convivão sem escrupulos, depois do que se disse no breve de 29 de Maio de 1873, dá algumas esperanças de qualquer arranjo!

É verdade que quem declarou em 1868 nullas e irritas as leis constitucionaes austriacas, referentes á concordata com a santa sé, censurando-as como abominaveis, erroneas, e sujeitando a severas penas espirituaes os que as executassem, consentio em 1873, para agradar ao ministro Strossmeyer, que os jesuitas assignassem um compromisso formal de obediencia a essas mesmas leis!

Mas quem não vê em tudo isto o plano tenebroso de Roma, para envolver-se no governo das nações?

Confiar, pois, em que póde a infallibilidade fazer excepções, dadas certas condições, e mediante certas razões de Estado, é confiar imbecilmente.

Estaremos em erro, no que temos exposto?

Serão infundados os nossos receios? Faremos injustiça ao nosso governo?

E facil de corrigir tudo isso.

Seja o governo franco e explicito, não se contente em fazer transcrever nos jornaes alguns trechos de cartas particulares, publique os actos officiaes que se trocárão em Roma entre os Srs. Penedo e Antonelli, publique o breve que veio directamente a frei Vital, se é que delle teve cópia, diga-nos quaes as condições que em Roma foram trocadas.

Só assim se poderá formar exactamente a opinião publica, e se fará plena justiça a quem a merecer.

Rio de Janeiro, 28 de Janeiro de 1874.

P. S.— Ao nosso muito *particular, distincto e illustradissimo amigo cordeal*, o nobre Sr. vigario Penido, dámos sinceros pezames pela derrota, em Minas, da *chapa ecclesiastica* para senadores.

Comprehendemos a magoa que um tal acontecimento terá causado a este nosso *distincto e perspicaz admirador!*

Infeliz provincia! Que cheiro nauseabundo de enxofre está ella exhalando!

O nosso *amigo* estará sem duvida asphyxiado!

Confie, porém, no nosso poderoso e infallivel Pio IX. Elle não deixará que fique impune tamanho attentado!

Quem sabe se o Sr. Penedo voltará a Roma, para dar a devida satisfação a sua santidade.

XVI.

Continuação de mesmo assumpto.

*Et puis que nous commençons
à marcher.... aidons loyalement
et courageusement à la marche.*
JACOLLIOT.

A fórma monarchica, que rege o paiz, está adstricta a certas e determinadas condições, preteridas as quaes o systema se aniquila por perder a razão de ser constitucional.

O Imperador não é, nem póde ser arbitrario; não tem vontade isolada; não domina. Tem uma esphera de acção, fóra da qual é entidade nulla, porque não é entidade legal.

Subordinado, mais do que outro qualquer cidadão, aos deveres que lhe são formalmente prescriptos, entre elles o de respeitar os preceitos constituicionaes, desnaturalisa-se, se delles se aparta, como qualquer brazileiro que, abstrahindo de sua nacionalidade, protege outra ou se subordina a auctoridade estrangeira.

Sem que ponhamos em duvida o patriotismo do cidadão que occupa esse primeiro posto no Imperio; sem que nem de leve suspeitemos de seu amor á patria, cumpre-nos fazer estas considerações, como indispensaveis, na emergencia melindrosa em que nos achamos, das relações do Estado com a Egreja romana.

O chefe dessa Egreja, e que se pretende infallivel, e, por tal arte, senhor universal e absoluto dos povos, se manifesta ostentosamente o que é, não deixa em duvida o que quer, é explicito, não illude, e falla claro!

E' o despotismo que elle almeja ;. é só aos despotas que elle protege, e só elles lhe merecem a sua santissima benção apostolica !.

Carlos de Hespanha é seu dilecto filho!

Ha alguns mezes apenas, dirigio-se Pio IX ao presidente da federação dos catholicos na Belgica, e nos termos os mais positivos, para dictar-lhe o seu infallivel pensamento.

Depois das mais lisongeiras palavras de agradecimento pela subserviencia que lhe vota essa boa creatura, lhe diz sua santidade :

« O que mais elogiamos nessa empreza piedosa é a vossa aversão aos principios catholicos liberaes, que tratais de apagar da intelligencia do povo o quanto está em vossa possibilidade.

« Os que seguem esses principios fazem, é verdede, profissão de amor e de respeito á Egreja, e apparentão consagrar á sua defesa seus talentos e seus trabalhos ; pórem, sem embargo, se esforção por perverter a sua doutrina e seu espirito, prestando-se ao serviço de Cesar e dos que reivindicão direitos em favor de uma falsa liberdade.

« Dizem que é indispensavel seguir esses principios para não autorisar motivos de discussão, conciliar com o Evangelho o progresso da sociedade actual, e restabelecer a ordem e a tranquillidade; como se a luz (que é elle seguramente!) pudesse existir com as trévas (são as idéas liberaes, e a civilisação moderna!) . . . .

. . . .

« Esse erro (a liberdade), cercada de illusões, ·

é mais perigoso do que uma guerra aberta, porque
se occulta sob a apparencia da caridade e do céo....

« Sem duvida não necessitaes de advertencias,
porque adheris, com absoluta decisão, a todos os
mandados da sé apostolica, a qual condemna e con-
demnará os principios liberaes, etc. »

Estas palavras não necessitão commentarios!

Guiando-nos por ellas, diremos:

A questão chamada religiosa, mas que não passa
de questão de Egreja, questão clerical, questão romana, assumio o caracter grave de questão politica!

E' força confessa-lo.

Os padres de Roma forão os primeiros a constituir-se em campo franco de batalha ; manobrão já;
e sem disfarce, as armas politicas. A eleição para
senador, e que acaba de ser feita na provincia de
Minas, prova-o a toda a luz, como prova tambem
a independencia e dignidade daquelle nobre povo,
que repellio a ousadia ultramontana.

Neste pleito politico, dous partidos se distinguem.

Não se confundiráõ jámais, permaneceráõ sempre
na sua autonomia.

No descalabro em que se acha a politica geral
do Imperio, se reduziráõ, actualmente, os partidos,
queirão ou não os chamados homens de Estado, ao
dos liberaes de consciencia, que admittem os estrangeiros em igualdade de direitos civis, quaesquer
que sejão as suas crenças religiosas, partido essencialmente brazileiro, de progresso e de futuro nacional ; e ao dos subordinados a Roma material, á
Roma infallivel, á auctoridade de um homem de ra-
chitica convenção, e já impossivel de sustentar ante
a razão, ante a sciencia, ante os interesses nacionaes, e ante a dignidade humana.

E quem confirmou, nos fóros politicos, a presente questão de autonomia nacional, entre principios

diametralmente oppostos, que se não casão de modo algum, que se não pódem harmonisar em quaesquer circumstancias, e que dividem radicalmente o Brazil, foi o actual governo, com a sua ultima missão a Roma, tendo de antemão preparado os espiritos com a mais notavel procrastinação de medidas, e ultimamente com a fatal contradição de responsabilidade dos bispos, e de subserviencia ao *mandante*, a cujas ordens elles se curvárão de preferencia á legislação do Estado !

Mais a proposito não podia vir o que hoje, em relação a esta materia, publicou o *Diario Official*.

Referimo-nos á transcripção de um artigo da *Gazeta geral da Allemanha do Norte*, e que o governo julgou tão acertado, com tanto criterio e conhecimentos escripto, que autorisou officialmente a transcripção.

Nesse artigo se lê :

« O simples facto desta missão hade ser encarado pela santa sé como um acto de extorquida condescendencia, equivalente á contricta exclamação de — *Papa, Peccavi* !

« Confiamos, porém, em que não será isto na realidade assim, e não descortinamos neste incidente senão mais um elemento demonstrativo da esclarecida deliberação tomada pelo imperador D. Pedro II, etc. »

E a missão a Roma parece dar ganho de causa, no momento, á rebeldia episcopal !

Assim, e no seu calculo, o proclamão os padres de Roma !

Lêa o governo as palavras que arrogantemente lhe dirige o bispo do Rio de Janeiro, pela sua folha, a proposito dessa infeliz missão.

Attenda o governo :

« Acredite o primeiro ministro do Imperador e da maçonaria que o episcopado está com a victoria, qualquer que seja a deliberação da santa sé.

« Os bispos derão o nobre e grande exemplo de obediencia ao chefe supremo da Egreja, mas tambem gozaráõ com os catholicos da gloria de ter obrigado o governo do Imperador a pedir o auxilio do soberano pontifice, ao qual o conselho de Estado e o proprio governo não querião que os bispos obedecessem.

« A soberania da Egreja ficará salva.

« Para o episcopado o triumpho é completo. »

Jacta est alea!

Arregimentem-se, pois, os partidos.

No partido dos liberaes sinceros e de convicções, os que professão a liberdade de consciencia em toda a sua plenitude, os do casamento civil, os da nacionalisação do estrangeiro, e sem reservas, cabem sem escrupulo na união — « actuaes liberaes e conservadores, monarchistas e republicanos »

Liberaes e conservadores (egoistas), monarchistas e republicanos (disfarçados) podem formar o outro partido. Os padres romanos já o disserão.

Esses partidos se dominaráõ, natural e francamente — BRAZILEIRO E ROMANO !

Aquelle mantem a nossa lei, e este a ella prefere o *Syllabus!*

Seremos do partido nacional de plena liberdade de consciencia; e os outros serão os partidarios de Pio IX.

O primeiro tratará de aperfeiçoar as garantias que podem fazer do brazileiro um homem livre.

O outro empregará os meios de retrogradar, e se porá á disposição de Roma e para seus caprichos.

O Imperador, que noméa *livremente* os ministros manifestará, por seu procedimento, as suas intenções na politica que agora se manifesta, que começa, e que perdurará até que tenha conseguido o seu *desideratum.*

Fiquem, portanto, bem distinctos desde já esses partidos.

A escolha é livre!

Liberdade ou fogueira.

Constituição politica ou *Syllabus*.

Liberdade de consciencia e de cultos, ou Egreja privilegiada, audaz, caprichosa e intolerante.

Chefe nacional, ou Pio IX.

Liberal, ou ultramontano!

Mas, por Deos, ninguem illuda o povo dizendo-se liberal e romano ao mesmo tempo.

Acabemos com os mistificações, mostremo-nos ao Brazil taes quaes somos, com o nosso pensamento franco e lealmente descoberto.

E' exigir, na verdade muito, de ultramontanos e jesuitas, mas é exigir com direito.

Digão os homens da imprensa como pensão; abatão ante a sua dignidade as tristes personalidades, que tanto aviltão os partidos!

Nada de contemplação; e cada um se arregimente no campo onde com sinceridade tem de combater por suas idéas.

E os dous partidos que se crião pódem militar sob a mesma legislação que temos.

Ambos são de reformas.

Emquanto o verdadeiramente liberal avançar no progresso, o outro retrogadará para o despotismo.

Brazil, ou Roma.

Estado religioso sem Egreja do Estado, ou nação fanatica com a Egreja de Roma.

Chefe delegado do povo, ou rei subserviente ao pontifice romano.

Deos e Cesar nos seus limites, ou altar e throno, casados para escravisar-nos.

Depois do *Syllabus*, depois da infallibilidade, não ha meio termo.

Ou liberdade, ou escravidão; ou Brazil, ou Roma.

Escolhemos o Brazil livre por bandeira, sob a qual nos abrigaremos como obscuro soldado.

Nós ficaremos com o symbolo da religião em que nascemos, que é a cruz de Jesus Christo.

Os nossos adversarios se distinguiráõ com a cruz de tres braços, que é a do papa.

Seremos livres e christãos — e serão os outros — escravos e papistas.

A philosophia, e o obscurantismo.

Continuaremos na religião de nossos pais, e os outros serão os sectarios da nova seita que o Vaticano proclamou em 1870 com o *Syllabus* e com a *infallibilidade*.

O *justo meio*, essa capa de velhacos e traidores não póde ser tolerado. na situação melindrosa em que nos achamos.

Quem não fôr por nós é contra nós!

No perigo da patria a indifferença é um crime.

Tenhão todos a coragem da dignidade; diga cada um o seu pensamento.

Delegado da nação, ou nomeado pelo Vaticano.

Christo ou Borgia,

Virtude ou crime.

Patriotismo ou prostituição.

Liberdade ou aviltamento.

Não ha justo meio entre principios heterogeneos.

Nem mais se ouse illudir o povo, sob a capa fallaz de catholicismo, para formar o partido politico do papa.

Diga-se a verdade tal qual é!

Nada de embustes: mascaras a baixo!

Diga-se a verdade sem temor de ser apedrejado pelos ultramontanos.

Diga-se a verdade sem temor de quantas asquerosidades as indecentes folhas episcopaes estão recheadas.

Diga-se a verdade ao clero brazileiro, onde muita honra e muita illustração existem, e que prefere a sua autonomia, formando uma verdadeira Egreja no Brazil, a ser escravisado como se acha, aos caprichos de energumenos como frei Vital e seus companheiros ostentosamente romanos.

Examinemos ainda uma vez o que seja o catholicismo de Roma, com o qual se illude o povo para conserva-lo escravo.

Se attentamente examinarmos o que se passa na direcção da Egreja romana, teremos de registrar amargas verdades que se oppõem incontestavelmente á sua pretendida universalidade.

Todas as paixões, que se agitão nos governos dos diversos paizes, tem alli igual desenvolvimento e imitação.

A tendencia que se observa nas nações, de se confundirem com os seus governos, se dá nos negocios da Egreja do papa. Confundil-a com o seu chefe é o maior empenho do ultramontanismo, e desse empenho veio o descalabro dessa Egreja.

Com o progresso e desenvolvimento dos conhecimentos humanos e da civilisação, as nações têm conseguido affastarem-se de tão ferrenha doutrina, definirem-se por suas diversas autonomias, e restabelecerem as cousas no seu estado normal.

Se a Egreja de Roma procurasse manter-se no catholicismo, ella abandonaria a perniciosa pratica de confundir-se com o seu chefe, encarnando o christianismo em immundas e repugnantes individualidades, como a de Alexandre VI, Julio II, Leão X e de tantos outros scelerados que têm occupado a cadeira de S. Pedro.

Trataria de restabelecer a sua normalidade, fazendo-se sempre representante dos apostolos e de Jesus Christo, mantendo as sãs doutrinas que por elles forão ensinadas.

O estado normal da Egreja, e que, por preceitos geralmente adoptados, concorreu para a existencia do catholicismo, a constituio em pura democracia onde os costumes, desinteressados e fraternaes, união os christãos, sobretudo, pela noção que o Evangelho dava da auctoridade religiosa.

Em todos os seculos os doutores da Egreja, os de maior credito e ainda os de principios monarchicos mais pronunciados, denominárão a Egreja — uma republica espiritual.

Até o IX seculo os papas só exercião auctoridade pelos concilios, e conforme os canones. E por que os concilios se compunhão não só dos bispos, mas tambem do clero e em geral dos fieis, a Egreja se governava por si mesma.

Nicoláo I, pondo em pratica as decretaes de Izidoro, foi quem transformou o papado em auctoridade despotica, e assim mudou a constituição primitiva da Egreja!

Essa auctoridade, como era consequencia, se confuudio depois com o homem que a exerce!

Essa confusão, porém, de papa com Egreja, deu em resultado anomalias notabilissimas, que provárão desde logo contra ella.

Se papa fosse Egreja teriamos que esta deveria desapparecer durante os diversos interregnos que se derão no pontificado. E este desapparecimento seria um absurdo.

Celestino V foi eleito depois de dous annos de vaga Gregorio X depois de tres annos; Nicoláo IV depois de um anno; Benedicto XI depois de dous annos e onze mezes; Clemente V depois de dous annos e quatro mezes, etc.

Desappareceu, porventura, a Egreja durante essas vagas? Não.

Se não desappareceu é porque ella existe independente do papa.

Ora, Egreja é a reunião dos fieis, e desde que a sua existencia não depende. dos pontifices, o poder de ligar e desligar é della e não deste.

Temos disto já uma prova pratica e contra a qual nem é decente argumentar.

O concilio 2.º, de Constantinopla, convocado por Justiniano (seculo VI) constituio-se contra a vontade do papa Vigilio, e deliberou independente delle, e nem por isso deixou de ser considerado como ecumenico (5.º).

Os papas, entretanto, se arrogavão esse poder, extorquindo-o da assembléa dos fieis; e, portanto, quebrando a união, forão os primeiros a offender o catholicismo.

Quem der á Egreja a sua verdadeira definição — *ubi tres, Ecclesia est*, quem, segundo S. Thomaz de Aquino nos diz: *Ecclesia similatur congregatione politicæ, quia ipse populus Ecclesiæ dicitur*, chegará infallivelmente á consequencia de que a Egreja póde existir independente de papa.

E de se arrogarem os papas o poder de que elles hoje dispõem, veio o poder que os bispos procurárão exercer, chegando a estabelecer lutas terriveis entre si, nas quaes se manifestou sómente capricho e jámais convicção dos contendores.

É que nenhum delles tinha o direito que se arrogava !

A permanencia e a universalidade da doutrina são os elementos indispensaveis da existencia do catholicismo.

Em 1870, Roma, soberba e sempre politica, elevou a dogma o que os bispos e doutores da Egreja qualificavão, ainda em 1869, doutrinas gangrenadas !

Roma apartou-se, pois, do catholicismo.

Nos primeiros seculos, as Egrejas erão nacionaes autónomas, o que as não impedia de serem umas catholicas, pela communhão da fé, de culto, de caridade e de graça.

Estes principios, porém, erão um grande embaraço á satisfação das ambições do pontificado, e este constituio-se o primeiro, e sem iguaes, e assim se isolou do catholicismo.

A actual Egreja de Pio IX só reconhece a nacionalidade romana, os usos romanos, o rito romano, a disciplina romana, a vida romana, a auctoridade romana, a fé romana!

E estes principios levarião as nações ao triste papel de Coryntho e de Epheso no tempo da decadencia pagã.

« Tal Egreja, como bem diz Micheau, é uma lyra, que se diz harmonica, mas que tem apenas uma corda, que é o papa. »

E é com a denominação — catholica — que os ultramontanos illudem os povos, incutindo-lhes o temor de exclusão do catholicismo, se ousarem não obedecer cegamente a Roma!

Sempre o embuste!

« Ou catholico, ou excluido da Egreja christã, e a Egreja catholica é a de Roma! »

« Fóra da Egreja não ha salvação possivel, e, portanto, ou romano, ou condemnado ao inferno. »

É assim que argumentão os embusteiros, é assim que os suissos de Pio IX querem arrastar o povo ao abysmo do governo theocratico.

É um inimigo ousado, porque mente, vitupera e calumnia, porque renega o seu proprio passado, desnatura a historia e falsifica, quando lhe apraz, os proprios livros sagrados.

É um inimigo com o qual toda a contemplação, todas as conveniencias, toda a moderação, são prejudiciaes.

É um inimigo ao qual cumpre atacar de frente, sem reservas, sem consideração, e sem piedade mesmo.

O liberal é acommettido com insidia, com perversidade, com hypocrisia por essa horda de escravos, que querem ser senhores.

Se os poupar morre-lhes nas mãos.

« Ce n'est plus le fanatisme du moyen âge, car la foi est morte ; c'est l'hypocrisie qui va remuer les arsenaux du passé pour y trouver des armes qui puissent encore faire peur aux peuples, et les courber à deux genoux dans la poussière des tènebres et del'oubli. »

É assim que o illustrado Jacolliot descreve o plano actual da Egreja de Roma.

« Roma, diz elle, ainda se prepara para supplantar as conquistas do espirito moderno, o livre arbitrio, a liberdade de consciencia, a independencia dos poderes civis. »

O clero romano, partido já organisado entre nós, e pela desidia dos nossos governos, pela covardia com a qual ainda agora se pede a Pio IX por favor aquillo que as nossas leis nos outorgão; o clero romano, o partido do obscurantismo, cujas armas são a astucia e a perversidade disfarçada, deve ser considerado em todo o rigor politico do paiz.

Os liberaes devem, pois, condemnando por uma vez as malditas conveniencias que os impossibilitão de acção, tomar no presente a attitude que lhes convém, aquella que a dignidade, os principios e o patriotismo lhes prescrevem.

Risquem de suas fileiras os ultramontanos que os illudem, apartem de si esses inimigos disfarçados que lhes cavão a mais desastrosa derrota futura.

Christo ou Borgia!

Brazil ou Vaticano!

Constituição politica ou *Syllabus*.

Rio de Janeiro, 31 de Janeiro de 1874.

XVII.

Contiuuação do mesmo assumpto.

Proh pudor!

E o beneplacito? E o recurso á corôa?

Perguntou, com degradante receio o Sr. Penedo a Antonelli, e este, em nome de sua santidade, lhe respondeu altivo e desdenhoso:

Quod scripsi, scripsi!

Assim o communicou o nosso plenipotenciario ao Sr. presidente do conselho!

E o Sr. presidente do conselho manifestou por isso o *maior contentamento,* como geralmente se diz!

« A missão Penedo foi felicissima! »

O Sr. barão foi a Roma simplesmente beijar o pé a Pio IX, e ouvir a sua santa e infallivel palavra!

E — *Quand Rome à parle la cause est finie!*

Para cumprimento severo de altos deveres, é indispensavel a coragem, o desinteresse, a consciencia, e a boa fé.

Sobre tudo é mister, para isso, um desapêgo nobre de altas posições, e a ausencia absoluta de calculo sordido do poder para o poder.

Desde que o bispo do Rio de Janeiro, a furto, e o de Pernambuco, com arrojo, francamente se atirárão na carreira dos desmandos, affrontárão leis e auctoridades, e se constituirão Estados no Estado, o nosso governo, considerando-se em serios embaraços, procurou evitar a luta por qualquer meio, ainda o da procrastinação, para, com o esquecimento, conseguir o socego que lhe era indispensavel para continuar a viver!

A offensa ao povo, porém, foi grave ; e os *descuidados*, sondando o abysmo a cujas bordas se achavão, tornárão-se *vigilantes*.

Com magoa, e maior receio ainda, observou o governo que a opinião publica se formava, e que, inexoravel, exigia a punição dos rebeldes, e o acatamento á lei do paiz.

Flagellado o heroico povo de Pernambuco, privado de direitos inconcussos, e vendo postergadas as garantias que a constituição politica lhe outorga, bradou bem alto por justiça dos poderes do Estado, e exigio com energia a restituição desses direitos. Mas, acautellado contra os males consequentes de anarchia, conservou-se paciente, na crença de que o poder executivo, cujo chefe é o Imperador, viría em seu soccorro.

Esperou debalde !

Os outros bispos, que attentos observavão o procedimento do governo, e que o virão fraco, e pusilanime, acompanhárão afoutos a rebeldia respeitada, e cada um foi dando, por sua conta e risco, cumprimento ás ordens de Roma !

As violencias surgirão, a desordem administrativa se tornou geral. O brado de indignação, os reclamos por justiça que faltava, os pedidos de ordem, paz e segurança se generalisárão.

E o brado repercutio em todo o Imperio.

O governo comprehendeu então que o plano de silencio, de singularissima paciencia, e de confiança no tempo para o esquecimento, lhe falhára.

Deu então cópia de si, e, por sua vez, tambem pretendeu parecer arrogante e severo !

Procurou amparo no conselho de Estado, e a maioria do conselho de Estado estranhou o receio injustificavel de que se achava o mesmo governo possuido, e lhe apontou os seus deveres, convencendo-o da necessidade absoluta de os cumprir.

Surgio então o celebre aviso de 12 de Junho, e com elle teve o Sr. presidente do conselho esperança de que tudo voltaria ao antigo *descuido*.

As camaras legislativas, comprehendendo a gravidade da situação, lhe offerecerão amplas e energicas medidas. Mas o governo, que não se achava com força do emprego de providencias, que não podião deixar de ser radicaes para extirpação completa do cancro chamado Egreja do Estado, apressou-se em declarar que de nada carecia, porquanto se considerava armado até aos dentes para conter a rebeldia episcopal !

Calculou que esse seu aviso de 12 de Junho, adubado da maior cortezia e de protestos de amisade e consideração ao bispo de Pernambuco, o acalmaria !

O jesuita enfesado, porém, desdenhou da ordem e da cortezia, e, ovante, se precipitou em maiores commettimentos.

O governo, sempre paciente, e contando sempre com o esquecimento, contemporisou ainda !

Entretanto o povo continuou a soffrer, e manifestou-se impaciente :

E nem por ser espaldeirado como foi em Pernambuco, perdeu o alento.

A dignidade publica estava compromettida. E da dignidade publica menoscabada á justiça pelas proprias mãos dos offendidos, o espaço é breve.

O governo em tal collisão, estando mais longe do papa do que do povo e tendo consciencia de que

as excommunhões de Roma são menos nocivas do
que as excommunhões do povo, determinou ao supremo tribunal de justiça que responsabilisasse, d'entre
todos os rebeldes, um que o mesmo governo escolheu,
o bispo de Olinda !

O supremo tribunal não vacilou no cumprimento do seu dever, e deu lição ao governo do zelo
que guarda pela sua independencia.

Emquanto, porém, no paiz, o governo apparentava toda essa coragem, mandava a Roma pedir soccorro ao mandante de todos os attentados de que o povo
era victima !

E foi esta a missão Penedo !

Ao constar tão infeliz deliberação, todos disserão,
e nós o affirmamos com vigor, esse passo arriscadis-
simo, além de ser um erro imperdoavel, além de
manifestar uma contradicção flagrante com os actos
anteriores, e especialmente com a arrogante rejeição
das medidas que o corpo legislativo offerecêra, seria
infallivelmente improficuo e prejudicial.

Lá foi, a despeito de tudo, o Sr. barão de Penedo a Roma !

E o que conseguio ?

Pobre Brazil !

Depois de um impertinente silencio, depois de
algumas incompletas noticias, dadas a furto, veio á
luz no *Diario Official* do 1.º deste mez, a tristissima
historia desta misera tentativa diplomatica da nossa
côrte á ex-côrte de Roma !

Em nome do Imperador do Brazil se depositou
aos pés de Pio IX um pedido submisso ; porque elle,
que nem chefe do catholicismo póde já ser considerado,
é temido pelo nosso governo como o infallivel e despotico dominador de uma Egreja, que o Sr. presidente
do conselho quer por força, e contra a propria dignidade
da nação que continue a ser considerada do Estado !

Proh pudor!

O poder executivo no Brazil, e cujo chefe é o Imperador, não póde ante Pio IX manter o indeclinavel direito constitucioual de beneplacito !

E esse mesmo poder, que tem por chefe o inviolavel e sagrado da constituição, presenciou automaticamente que um breve, carta, ou rescripto romano endereçado a frei Vital viesse lacrado ao agente de Pio IX e fosse por este entregue, independente de beneplacito !

Proh pudor !

Vejamos o que publicou o *Diario Official* dessa lamentavel historia.

Os leitores o apreciem, e a dignidade do Imperio o avalie.

Se não fosse o dever de acautelar o espirito publico contra os males que dessa missão a Roma podem resultar, não nos animariamos a registrar um facto, que melhor fôra se riscasse da nossa historia ; tão descommunal o reputamos nas actuaes circumstancias.

Tem-se espalhado que o Sr. presidente do conselho de ministros e todo o governo recebêrão com indizivel satisfação a noticia que lhes transmitio o Sr. Penedo dos seus serviços em Roma.

Em vista do que foi publicado no *Diario Official*, não o acreditamos.

Não supporemos sequer, nos cavalheiros que compõem o ministerio, uma tão grande.... infelicidade.

Não se diga que exegeramos. Daremos conta aos nossos leitores do triste resultado dessa missão, começando pelo fim, isto é, pela ultima nota do cardeal Antonelli, que se diz—secretario de Estado—como se Pio IX fosse ainda chefe de algum Estado.

O secretario particular do bispo de Roma é

entidade sufficiente para tratar com o representante do Imperador do Brazil!

Até nisso se descobre a infelicidade da missão!

Eis a *nota do secretario de Estado, do ex-rei de Roma*

« *Nos apartamentos do Vaticano.*

« O abaixo assignado, cardeal secretario de Estado de sua santidade, recebeu o *Memorandum* que lhe foi remettido por V. Ex. com a sua presada nota de 29 de Outubro proximo passado; e, depois de ter examinado com madura attenção o conteúdo de tal documento, cumprio o dever de levar promptamente ao conhecimento do santo padre uma relação circumstanciada.

« Sua santidade, deplorando vivamente o grave conflicto originado no Brazil entre os dous poderes, ecclesiastico e civil, as causas e as circumstancias que o provocárão e as infaustas consequencias que delle nascêrão e poderáõ resultar, vio com satisfação que o governo imperial, em deferencia ao supremo chefe da igreja e em prova de adhesão á religião catholica, se dirigio á santa sé, invocando a sua auctoridade para fazer cessar o lamentado conflicto, e declarando ao mesmo tempo que quer manter entre os dous poderes a boa harmonia, tão necessaria para a prosperidade da Egreja e do Estado.

« Por isso é que o santo padre, apreciando justamente o passo dado junto da santa sé pelo governo imperial, como igualmente os sentimentos por elle expressados, e sendo presente a resposta dada por sua santidade, em 29 de Maio, a monsenhor o bispo de Olinda e Pernambuco, está disposto a adoptar aquelles meios que, na sua alta sabedoria e na sua paternal benevolencia para com os catholicos brazileiros, julgar opportunos, com o fim de pôr termo ao deplorado conflicto. Espera, porém, que o governo imperial concorrerá pela sua parte a remover todos os obstaculos que puderem entorpecer o prompto restabelecimento da desejada concordia e coadjuvará deste modo as benignas disposições da santa sé.

« O cardeal abaixo assignado, levando ao conhecimento de V. Ex. o exposto, julga superfluo fazer observações sobre quanto se disse no mencionado *Memorandum* a respeito do beneplacito a que submettem alguns governos os decretos dos concilios, as cartas apostolicas e toda outra constituição ecclesias-tica, como igualmente a respeito do recurso á coróa, sendo bem conhecidos os principios que professa a santa sé, tanto sobre um, como sobre o outro particular.

« O cardeal abaixo assignado aproveita, pois, esta opportunidade para reiterar a V. Ex. as seguranças da sua distincta consideração.

« Ao Sr. barão de Penedo, enviado extraordinario e ministro plenipotenciario do Brazil, em missão especial junto da santa sé. — *Antonelli.* »

Empenhou-se o Sr. Penedo com Antonelli para dispôr o coração paternal de Pio IX em favor de uma decisão desejavel, em questão tão grave quanto inquietadora! (Textual!)

Procurou o Sr. Penedo a Antonelli para obter, por bons modos, uma excepção á infallibilidade!

E Antonelli lhe respondeu com a nota notabillissima que acima transcrevemos, e na qual, do primeiro exame, se conhece:

A altivez de Roma;

O abatimento do governo imperial;

A dubiedade calculada de expressão;

A insidia da santa sé;

O mesnospreço pela constituição politica do Imperio;

A pertinacia de manter um dominio, aliás desprestigiado já, desnaturado e sem força moral!

Attendão os leitores ás premeditadas expressões, que contém essa celeberrima nota do astucioso Antonelli, cujos decretos são impostos á senilidade, e que passando por um tal cadinho tomão o caracter de infalliveis para obrigarem a christandade a seus desmandos !.

« Sua santidade, diz o ministro de estado do ex-rei de Roma, vio com satisfação que o governo imperial, dirigindo-se á santa sé, invocou a sua auctoridade para fazer cessar o conflicto, e declarou que quer manter a harmonia necessaria á Egreja e ao Estado! »

Traduz-se o pensamento que dictou essas altivas e insultuosas expressões do seguinte modo:

O governo imperial, tendo por si mesmo tomado medidas para conter a rebeldia dos bispos, não teve força bastante para fazer respeitar a sua deliberação e mandou, pressuroso, a Roma declarar a Pio IX (como bem disse a *Gazeta da Allemanha*) — *papa, peccavi!* — Perdão e coadjuvação! Não posso viver sem o vosso amparo! No Brazil só a vossa voz será obedecida, e não a do governo imperial de que os bispos não fazem caso !

Como se não tivessemos na nossa legislação os meios para conter os criminosos e para puni-los!

Como se necessitassemos de auctoridade estranha, para fazer respeitar a lei suprema do Imperio !

E a acção, a coragem, a energia do governo dependem do bafejo de Pio IX e das boas graças de Antonelli.

O governo com a sua missão a Roma manifestou a incerteza de animo em que estava de ser obedecido; praticou um acto de fraqueza compromettedor de sua propria dignidade, e da dignidade do imperio !

E assim se malbarateia o deposito de honra nacional que lhe está confiado com a alta gerencia dos negocios do Estado !

Antonelli levou a sua altivez, rebaixando o governo imperial, á exageração !

« Por isso é que o santo padre, diz elle nessa nota, apreciando justamente o passo dado junto á santa sé pelo governo imperial, está disposto a adoptar os meios que na sua alta sabedoria julgar opportunos ! »

O santo padre não acceita nenhum alvitre proposto, e só concede o que em sua sabedoria julgar conveniente !

Tratando com um representante do Imperador do Brazil, é, na verdade, tanta falta de conveniencia, tanta descortezia, tão pouco caso, que, certamente, não se acreditaria se não se visse escripto nessa nota, que o Sr. Penedo remetteu, e que o Sr. presidente do conselho recebeu com tão descommunal contentamento !

O breve de 29 de Maio, que Antonelli dá como verdadeiro, não foi revogado !

Ao contrario, é confirmado, e como resposta ao que, então, o bispo de Olinda solicitou do conselho e autorisação da santa sé !

Nella se recommendou moderação, e a moderação, attenta a letra dessa insolente carta apostolica, não deixou de ser executada por frei Vital, porquanto, combinados os termos desse breve, a moderação consistia apenas em não combater em campo raso com as armas na mão ; moderação que a prudencia pontificia e o conhecimento que esse jesuita já tinha do caracter nobre do povo pernambucano, lhe aconselhavão para não serem para sempre aniquilados.

Nem sequer declarou Antonelli quaes os meios de que se lembrou a alta sabedoria de Pio IX para pôr termo á discordia !

Todavia, nessa nota se exige como compensação da paternal bondade do santo padre que o governo imperial concorra pela sua parte a remover todos os obstaculos que puderem entorpecer a desejada concordia!

O governo tem sido o mais benigno que é possivel para não desharmonisar-se com a Egreja romana.

Forçado pela opinião publica, que sobre elle actuava já extraordinariamente, mandou responsabilisar um bispo, o qual se acha pronunciado e tem de ser julgado.

Será a exigida coadjuvação rasgar o processo instaurado, apagar assim as provas authenticas que existem contra frei Vital, ou impôr ao supremo tribunal de justiça uma absolvição escandalosa e esmagadora da doutrina constitucional atacada abertamente por esse soldado da curia?

Mas esse conspicuo tribunal se comprehende, e repellirá a audaciosa tentativa e com dignidade, mantendo a sua independencia, applicará severamente a lei ao facto.

Exigiria a santa sé o compromisso do poder moderador perdoar sem perda de tempo a frei Vital, caso o supremo tribunal, como é de esperar, condemne esse criminoso?

A santa sé na sua arrogancia o podia exigir; mas o Sr. Penedo o não podia prometter, porque certamente o Imperador não o encarregou de dispôr de sua mais alta e melindrosa attribuição.

Qual será, pois, o concurso do governo?

E Antonelli diz que com esse concurso o governo coadjuvará a santa sé!

Coadjuva-se a quem tem a acção; e, pois, é a santa sé quem determina, e o governo será neste caso o simples sachristão do santo padre!

Como tudo isto é edificante!

Vamos, porém, ao ponto culminante da questão, ao objecto mais melindroso dessa infeliz missão a Roma.

É doutrina constitucional, e que não admitte duvidas, que — nenhuma bulla, breve, rescripto, decreto ou letra apostolica, tenha execução no Imperio sem que primeiro seja sujeita á apreciação do poder executivo, cujo chefe é o Imperador, e delle obtenha o indispensavel beneplacito, o qual, nos casos de disposições geraes só poderá ser concedido pela assembléa geral legislativa.

A questão agitada no Imperio e que deu lugar á descommunal rebeldia dos bispos é, não a maçonaria, e sim a negação, por elles, deste direito constitucional.

As bullas de excommunhão da maçonaria não estavam revestidas dessa impreterivel solemnidade.

E porque os bispos as executaram independente disso, deu-se a desharmonia e petulancia do episcopado.

Se, pois, alguma cousa se devesse fazer em Roma, era exigir da santa sé e impôr-lhe o reconhecimento deste direito politico brazileiro.

Em outro artigo nos occuparemos das instrucções que teve o Sr. Penedo, e da *fidelidade* com que foram ellas executadas, ou do *acerto* com que foram expedidas.

Por ora nos referiremos sómente á *nota do secretario* de Estado do ex-rei de Roma.

Sobre este ponto cardeal e sobre o direito de recurso á corôa, unicos objectos de que se devia occupar o Sr. Penedo, lhe diz Antonelli, e com o maior desdem e altivez :

« Julgo superfluo fazer observações sobre elles, por serem bem conhecidos já os principios que professa a santa sé. »

Quaes são esses principios ?

As bullas e breves de Pio IX o dizem claramente e o *Syllabus* os contém.

São elles :

« É um erro, é uma heresia dizer que ao poder civil compete o direito que se chama *exequatur* e o de appellação. »

Dizendo Antonelli que é superfluo tratar dessa materia, por estarem já sobre ella assentados os principios admittidos pela santa sé, importa a mais solemne repulsa a admittir o preceito constitucional do Imperio.

A santa sé não admitte, portanto, o exercicio desse direito constitucional do poder executivo do Brazil !

Mas não admira que Antonelli o dissesse ; maravilha sim, que o enviado extraordinario do Imperador affirmasse na sua parte official ao governo, que :

« Não admittio questão sobre isso, porque seria impossivel que a santa sé reconhecesse um direito que ella condemna ! »

« E, diz elle mais, *são principios irreconciliaveis.* »

Como foi facil o Sr. Penedo em abstrahir do que nos é peculiar, e daquillo que, sendo preceito constitucional, lhe devia merecer todo o respeito !

O Sr. Penedo manifestou-se incapaz da missão que lhe foi confiada ! E, mesmo que tivesse instrucções secretas para tanto, à sua propria dignidade, devia repellir o aviltante papel a que o sujeitavam.

S. Ex. não tem desculpa !

E a Egreja que assim condemna um preceito da constituição que nos rege, e que perturba por tal modo a marcha dos negocios publicos do Imperio, é a mesma a quem o Sr. presidente do conselho de ministros protesta o maior acatamento e respeito.

E essa Egreja com que S. Ex. se diz perfeitamente harmonisado, e que, conforme a sua opinião, deve continuar a ser mantida como do Estado, gozando de todos os favores, com lugar no nosso orçamento, custando-nos dispendio de dinheiros publicos.

O estado que se rege por uma constituição politica está harmonisado com uma Egreja que lhe nega os direitos consagrados nessa mesma constituição!

O Imperador, chefe do poder executivo, que exerce o poder moderador, chave de toda a organisação politica (art. 98 da constituição), e que nomeia livremente os ministros, prestou o solemne juramento de — observar e fazer observar a constituição politica da nação brazileira; se bem que tambem jurasse manter a religião catholica apostolica romana póde e deve consentir que a Egreja romana quebre acintosamente um preceito da constituição?

Se o direito de beneplacito está em contradicção com o *Syllabus* e bullas romanas, por qual dos dous principios optará o Imperador?

Não é licito duvidar que, na collisão, preferirá a execução da lei constitucional; e se assim a prefere, é claro que não póde sustentar a Egreja romana, como do Estado, porque ella se tem constituido em antagonismo com elle.

A Egreja romana actual não equivale á religião auctorisada, e a constituição não empregou debalde a palavra *religião* em lugar de *Egreja*.

Da missão a Roma nem sequer póde resultar a restituição das cousas ao antigo estado, ou mais expressivamente *ao statu quo ante bellum*.

Antes da rebeldia dos bispos o direito de beneplacito no Brazil era exercido sem contestação. As cousas mudárão; o Vaticano depois de 1870 armou-se contra esse direito; expressa e fulminantemente o condemnou. Agora mesmo vemos que Antonelli nem sequer entra em convenção ou concordata sobre elle. As cousas portanto mudárão radicalmente. O estado *ante bellum* tornou-se impossivel.

E para mais convencer de que Roma quer a todo o transe matar o direito de beneplacito no Brazil, offendendo acintosamenie a constituição, um facto, o ultimo, é por demais eloquente.

O que aprouve a sua santidade fazer, por sua alta sabedoria, em recompensa á subserviencia que se lhe tributou, foi reduzido a uma carta ou breve apostolico ao bispo de Olinda.

Essa carta não foi confiada ao plenipotenciario do Imperador e nem remettida ao governo. Foi mandada directamente a esse bispo por intermedio do internuncio do papa e terá execução sem beneplacito !

Como receberá o Imperador mais esta desfeita?

O que fez, pois, o Sr. Penedo em Roma?

Quanto é differente tratar com Rottschild ou com Antonelli !

Em Londres ha muita lealdade, e ahi o Sr. Carvalho Moreira foi sempre feliz.

Em Roma, onde a ultima *transacção* teve lugar, a cousa é diversa. O jesuita impera ahi, e o jesuita é a astucia, a artimanha, a fraude, o engano, a seducção, a perversidade, e em Roma o Sr. barão de Penedo naufragou !

Antonelli o mystificou, vendeu-lhe gato por lebre, e com tanto talento e habilidade procedeu, que o logrado voltou contente e risonho, e pôde passar a sua alegria ao Sr. presidente do conselho !

Mas... quem será o verdadeiramente mystificado?

Acautele-se o povo. Contra elle é que os negociadores se colligão.

Alerta !

Rio de Janeiro, 4 de Fevereiro de 1874.

P. S. —Consta que o internuncio apostolico não só não entregou a frei Vital a celebre carta de que

trata o *Diario Official* e de que o Sr. barão de Penedo
vio alguns trechos, como nem se prestou a dar cópia
della ao governo a despeito do mais instante pedido!

Dizem mais que o Sr. visconde do Rio Branco
ameaçára o internuncio, em razão de tal recusa, com
a entrega de passaportes, e que este respondeu-lhe
com uma gargalhada!

A Egreja está perfeitamente harmonisada com o
Estado, isto é, Antonelli com o actual ministerio.

E o Imperador?

XVIII.

Le premier qui les vit de rire s'éclata,
Quelle farce, dit il, vont jouer ces gens la?
LA FONTAINE.

A luta provocada pelos bispos tinha por base a sustentação das doutrinas resumidas no *Syllabus*.

Taes doutrinas forão *impostas* ao orbe catholico pela santa sé.

Com o caracter de materia de fé, e partindo do pontificado, tinhão por tal arte o cunho de infalliveis e como taes irrevogaveis.

Assim se devia considerar attenta a impertinencia de Roma e os interesses ultramontanos.

As doutrinas consagradas na constituição politica do Imperio, diametralmente oppostas áquellas, não podião tambem ser revogadas, nem preteridas se quer, pelo poder executivo.

Papa e governo brazileiro se achavão, pois, e se achão, em campos contrarios, e em impossivel confraternisação ou harmonia.

Se Pio IX mandasse pedir ao nosso governo que cedesse da constituição politica, teria de ser repellido simplesmente com um *non possumus*.

Se o governo mandasse a Roma rogar ao papa

que cedesse do *Syllabus*, seria por sua vez repellido com as mesmas palavras — *non possumus.*

A considerar ambos, sisudos, graves, e cada um no terreno da dignidade, não era logico, não era decente mesmo, que qualquer delles concebesse sincera esperança de converter o outro.

A despeito de tudo, porém, lembrou-se o Sr. presidente do conselho de ministros de mandar a Roma o Sr. Penedo !

Para que ?

Para subornar a Pio IX, autorisado pelos innumeros precedentes da santa sé ?

Mas os padres de Roma não se vendem definitivamente, apenas se alugão ; e teriamos assim trabalho, dignidade e dinheiro compromettidos, sem ao menos obter-se uma paz estavel com essa Egreja de Roma.

Para empregar os meios suasorios e arrastar a curia a estabelecer uma excepção em prol da nossa lei constituicional, e arranjar para o Brazil uma infallibilidade especial ?

Seria uma insensatez.

Para prometter a Pio IX que o governo do Brazil, em respeito e acatamento ao chefe romano, faltaria á sua honra e consciencia, e deixaria, astuta e cavilosamente, de cumprir os preceitos constitucionaes que nos regem ?

Nem é possivel pensar nisso.

O que foi, pois, o Sr. Penedo fazer a Roma?

Por mais tratos que o povo desse á imaginação não podia penetrar o pensamento serio que aconselhara ao governo um passo assim injustificavel.

Combinados, porém, todo o procedimento do governo, a falta de energia e coragem de seus actos, e as declarações que involuntarias lhe escapavão, comprehenderão todos, que apenas se queria apparentar alguma cousa, para fingir um accôrdo e harmonia aliás impossiveis !

Preparava-se, pois, uma mystificação.

E o povo brazileiro seria a victima desse plano !

Ninguem, porém, se deixou enganar.

Mais uma farça tinha de ser levada ao nosso theatro politico ; e a farça foi representada !

O que, porém, a tornou mais ridicula, ao mesmo tempo que, mais degradante para o Imperio, foi que ao Imperador, mandado representar pelo Sr. Penedo, se desse o papel de amante de entremez, quasi sempre logrado em seus amores, na ultima scena.

Como enviado extraordinario e ministro plenipotenciario do Imperador do Brazil foi o Sr. Penedo a Roma !

Para que ?

Para simplesmente tratar com Antonelli, que apenas na actualidade, póde ser considerado secretario intimo do bispo de Roma ?

Primeiro ridiculo !

Para ser desconsiderado como foi pelo mesmo Antonelli, que até faltou ás conveniencias, deixando de communicar-lhe officialmente quaes as providencias admittidas e expedidas pelo papa ?

Maior ridiculo ainda !

« Para dar por finda a sua missão, sem protestar sequer contra a celebre *nota* de Antonelli, e conforme a praxe diplomatica, acceitando a sua doutrina e curvando-se á audaciosa jactancia desse ultramontano ? »

Mais do que ridiculo !

« Para dizer depois que não se envolvêra na alta e unica questão do beneplacito. porque sabia que a santa sé repellia essa doutrina ? »

Degradação !

Para affirmar que fôra *felicissimo* em sua missão,

dizendo ao governo que tinha *obtido tudo*, e ao mesmo tempo affirmando que os principios consagrados pela lei fundamental do Imperio são irreconsiliaveis com os adoptados pela santa sé, e que portanto nada havia a fazer sobre isso?

Não podemos qualificar !

E assim ludibriado o Imperador, menosprezada a soberania nacional, e aviltado o Brazil ante o ex-rei de Roma, nos diz o nosso governo, pelo *Diario Official*:

« A missão a Roma teve o mais lisongeiro resultado !

« O Sr. Penedo satisfez plena e galhardamente a commissão de que foi encarregado ! »

Quelle farce vont jouer ces gens la ?

O governo publicou as instrucções que, diz elle, transmittira ao Sr. Penedo para serem observadas na missão especial de que fôra encarregado.

O Sr. Penedo não se cingio a taes instrucções !

O governo dá-se por satisfeito, e se alegra com o que lhe diz o seu diplomata !

Como entender tudo isto, como conciliar tanto disparate ?

O que ha de real?

Só o sabe o Sr. visconde do Rio Branco, e o Sr. visconde é homem de segredo !

Conhecerá o Imperador o enredo dessa farça detestavel ?

E as prerogativas da coroa? E as attribuições do poder de que elle é chefe? E o ludibrio, e a irrisão a que ficão, em todo o mundo, expostos o primeiro magistrado do Imperio, o governo imperial, e o povo brazileiro?

Não. O Imperador e o povo são as duas victimas immoladas a Roma pela missão Penedo.

E um tal sacrificio foi imposto ao Sr. visconde do Rio Branco pelas malditas conveniencias em que elle faz consistir a politica, e pelo injustificavel temor de dizer sinceramente a verdade.

Entendeu S. Ex.; que, para manter-se no poder lhe era indispensavel aparentar a já impossivel alliança da Egreja de Roma com o Estado.

Suppôz que mandando a Roma mais firmaria essa apparencia.

E, mallograda na realidade essa fatal tentativa, não se confessou vencido ainda, e quiz illudir a nação dizendo-lhe — que o Sr. Penede fôra felicissimo no que emprehendêra ante o santo padre !

Porque se teme o governo de dizer a verdade ao paiz ?

Não seria mais nobre canfessar o erro e pedir indemnidade ?

Isso, infelizmente, não é para os nossos governos, e dahi vem que o povo é sempre por elles illudido.

Deixemos, porém, estas considerações, que aliás occorrem a quantos com sisudez contemplão o doloroso espectaculo que presenciamos ; examinemos essas instrucções publicadas, e investiguemos de que parte está a inepcia, senão o crime de leza—nação.

Diz o Sr. visconde do Rio Branco que o governo imperial ordenou ao Sr. Penedo, segundo se lê no *Diario Official*, o seguinte :

« Exponha V. Ex. ao cardeal secretario, e mui particularmente a sua santidade, tudo quanto aqui tem occorrido, aponte os males que hão de resultar da continuação de actos tão irregulares e illegaes. e procure obter que o papa deixe de animar os bispos na sua desobediencia e, ao contrario, lhes aconselhe toda a conformidade com os preceitos da constituição e das leis e com as regras que tem sido sempre attendidas desde os tempos mais remotos nas relações da Egreja com o Estado. Não se trata de uma questão individual ou de corporações, mas de uma questão de principios ! »

O governo, portanto, mandou que se tratasse da questão de principios.

Indicando que obtivesse de Pio IX que deixasse de animar os bispos na sua desobediencia, confessou, explicitamente, o que já tinha negado nas camaras, que de Pio IX vinha directamente todo o mal que actualmente flagella o Imperio!

O governo, portanto, não póde dizer que o papa ignorava o que acontecia no Brazil, e nem mais lhe é decente asseverar que a missão a Roma teve por principal objecto informar a sua santidade do occorrido.

E depois da *catilinaria de* 29 *de Maio*, seria petulancia querer persuadir o povo da ignorancia do papa.

Indicando que obtivesse de Pio IX o seu *conselho* para que os bispos se conformassem com os preceitos cõnstitucionaes e com as leis do paiz, ordenou positivamente que o Sr. Penedo tratasse exclusivamente da questão de beneplacito e do recurso á coróa.

E para que a santa sé não se chamssse á ignorancia, ácerca do procedimento ordenado contra o bispo de Pernambuco, as instrucções mencionárão o facto, para que o Sr. Penedo o expuzesse com franqueza.

Indicando que usasse de uma linguagem moderada, porém firme, não autorisou de modo algum a que cedesse o Sr. Penedo a quaesquer impertinencias de Antonelli.

Taes são as instrucções que o governo dirigira ao Sr. Penedo, e que publicadas, como se achão, dão lugar a rigorosa analyse e parallelo do resultado da missão com a— *muita satisfação* com que foi recebida pelo governo a desastrada communicação que lhe fez o representante do Imperador que foi negociar com Antonelli.

« O governo imperial não pede favor, reclama o que é justo, e não entra em transacção ! »

Assim resumio o governo as instrucções que forão publicadas no *Diario Official*, e ás quaes devia o Sr. Penedo subordinar a missão que lhe foi commettida.

Taes instrucções, porém, não são as que forão observadas.

O Sr. Penedo, procedeu ao contrario de tudo quanto ellas contém. Diz elle, dando conta da sua *ardua tarefa*:

« A solução final da questão que me trouxe a Roma é a mais completa e satisfactoria ! »

E o completo e satisfactorio, por elle alcançados, se resumem na nota que já publicamos, e que lhe dirigio Antonelli !

Antonelli lhe mostrou uma carta official que derigia a frei Vital : della não lhe deu cópia !

Lembra-se o Sr. Penedo apenas de alguns trechos. Diz elle, que logo no exordio traz a seguinte phrase :

« *Gesta tua*, etc., *non laudantur.* »

Depois da generalidade, *gesta tua*, o etc. é na verdade de sorprehendente effeito.

Nada póde encobrir, e póde occultar muito.

Ao vê-lo empregado, *tão azadamente* nessa carta do Sr. Penedo, lembrou-nos a feliz idéa dos pintores e estatuarios, que por decencia, encobrem as partes pudendas das figuras, que elles querem representar. núas, com uma folha ordinariamente de parreira.

Esse — etc. — encobre, sem duvida, alguma miseria, além das que já são conhecidas e que contém a arrogante nota de Antonelli.

O — etc. —, pois, é a *folha da parreira* com que o Sr. Penedo encobre a parte menos decorósa da sua obra.

O Sr. Penedo não se contentou em acceitar essa

nota e dar por finda a sua missão; o seu respeito a Antonielli foi além!

Devia ter exigido a entrega da carta dirigida a frei Vital, para que, submettida ao governo, podesse com o devido *placet* ser executada, se o merecesse. Lônge disto.

Não só não se animou a fazer tal exigencia, como até humilhando-se, pedio a Antonelli que a mandasse directamente ao internuncio com instrucção de a fazer chegar a seu destino! Facilitou ao tal secretario de estado o que elle premeditava!

Assim, diz o Sr. Penedo, o pedi ao cardeal, e S. Ex. m'o prometteu?

Santa ingenuidade!

« Use, dissera-lhe o governo, de linguagem moderada, mas firme. »

Como entendeu o Sr. Penedo essa parte das instrucções?

Quando se tratava de uma questão de principios, em que se devia exigir e nada rogar, o Sr. Penedo reverente supplica a Antonelli que:

« Disponha o coração paternal do santo padre em favor de uma decisão, em questão tão grave quanto inquietadora! »

Em uma questão de principios o Sr. Penedo solicitava uma decisão, não por justiça e por direito, mas por grande favor, e da extrema bondade do coração paternal de Pio IX!

> « Oh! que não sei de nojo como o conte
> « Que crendo ter nos braços quem amava
> « Abraçado me achei com um duro monte
> « De aspero mato e de espessura brava;
> « Estando com um PENEDO fronte a fronte,
> « Que eu pelo rosto angelico apertava
> « Não fiquei homem não, mas mudo e quedo
> « E junto de um PENEDO outro PENEDO. »

Assim preparado o caminho servil e humilhante

do enviado do Imperador ante Antonelli, e para poder merecer as contemporisações de Pio IX, apresentou o seu celeberrimo *Memorandum*.

Começa essa inqualificavel petição de graça por narrar as occurrencias provocadas pelo bispo de Olinda e chega até ao acto de provimento ao recurso interposto pelas irmandades do Recife.

« Diz que o bispo desobedeceu formalmente ao Imperador, negando a legitimidade do beneplacito e recurso á coroa.

« Diz que esse bispo começou a sua obra de restauração religiosa (restauração religiosa! Como avalia bem o Sr. Penedo a questão!) pela condemnação da maçonaria.

« Que sem entrar no exame dessa instituição condemnada pela Egreja, deve affirmar que não é ella tão má como se pensa, visto que nunca foi hostil á religião. »

Todas essas banalidades manifestão apenas ignorancia dos factos, e maior ignorancia ainda do direito que os regula.

Devia dizer que a maçonaria em geral é uma associação civil, fóra da alçada dos bispos, e que vive independente delles, e que sobre ella não pesa a ominosa jurisdicção ecclesiastica.

Esqueceu que a maçonaria do Brazil não está, nesta sua séde, subordinada a bullas inexequiveis por falta de beneplacito, e que assim a não podia qualificar de condemnada pela Egreja, visto que esta condemnação só vigoraria entre nós, se os breves ou as bullas que a contém, se achassem em vigor por decreto civil, que as autorisassem.

O Sr. Penedo, que, com visivel receio de uma excommunhão, cousa que o não devia amedrontar, desde que levava comsigo o antidoto (boas libras sterlinas), fallou na linguagem romana, para mais tocar o *coração paternal* de sua santidade!

Deixemos, porém, esses dislates desacreditadores da diplomacia do enviado do Imperador, e vamos a uma coarctada indesculpavel e até affrontosa ás instituições politicas do Imperio.

Diz elle com uma imperturbabilidade admiravel :

« Prescindindo do abuso de proteger o beneplacito imperial podia-se tolerar que os bispos exortassem os seus diocesanos no sentido da execução das bullas, limitando-se para isso ás censuras ecclesiasticas, cominando-as, etc. »

Antes de alguma palavra de Antonelli, o Sr. Penedo encarregou-se logo, e pugnando pelos interesses politicos do Imperio, que tinha a seu cargo manter, de mostrar como se podia e devia no Brazil illudir o preceito constitucional do beneplacito!

E passa S. Ex. por um habil diplomata!

As censuras ecclesiasticas de que se trata são autorisadas por bullas que não obtiverão o beneplacito, e as bullas, portanto, conforme o nosso direito constitucional, não têm vigor no Brazil, mas... diz o Sr. Penedo : os bispos as podem cumprir sem ostentação, isto é, sem effeitos externos !

Certamente que o ultramontano o mais trapaceiro não se lembrou ainda de uma tal sahida.

Estava reservada a invenção ao ministro plenipotenciario do Imperador junto a Antonelli.

Depois de uma prelecção sobre o recurso á coróa, e de procurar incutir no animo do astuto Antonelli as vantagens desse recurso, dizendo que por elle a Egreja e o Estado se garantem mutuamente, quiz ainda seduzir o secretario de Estado do ex-rei de Roma, exagerando-lhe as vantagens que o *famoso* (textual) decreto de 28 de Março de 1857 estabelece em favor da Egreja, e sem correctivo para os bispos que abusarem do fatalissimo *ex informata conscientia!*

Para melhor ainda captar as graças da santa sé,

o Sr. Penedo encarregou-se de fazer o panegyrico do atrevido breve de 29 de Maio, no qual só vio moderação e clemencia na applicação das censuras, e jámais autorisação para dissolver ou crear irmandades !

O Sr. Penedo fallou nesse breve sem ter delle conhecimento. Não é possivel crer que assim se expressasse, se o tivesse lido.

Nesse monumental atrevimento de Roma se condemna expressamente o direito de beneplacito, como heretico e de horrorosas consequencias; se ludibria o governo, dizendo que se compõe elle de maçons que galgárão a suprema administração do Estado para poderem aniquilar a religião catholica !

Nesse breve é expressamente condemnada a liberdade de consciencia. Nelle explicitamente se dá aos bispós a faculdade de crear e de supprimir irmandades, etc.

Depois dessa falsa apreciação de tal breve, depois de assim lisongear a Pio IX, conclue o Sr. Penedo, pondo á disposição da santa sé os esforços do governo imperial para evitar as dissensões que hoje em outros paizes dividem o gremio dos fieis !

Felizmente não disse de que natureza, e qual o modo pratico desses sonhados meios.

A despeito da recommendação, que nas instrucções é expressa, de communicar a Antonelli que o bispo de Olinda estava sendo responsabilisado, nisso nem de leve tocou o. Sr. Penedo!

A tal *Memorandum* respondeu Antonelli, com a maior arrogancia, segundo os leitores já conhecem, com a insultuosa nota, em que diz que : « *visto que o governo imperial se curvou, o papa fará o que lhe parecer, e que a santa sé não admitte o direito de beneplacito, e nem quer discussão sobre elle.* »

E o Sr. Penedo não protestou contra tanto arrojo, contra tão grande insulto !

A falta de protesto indica a acceitação das doutrinas da nota !

E se o Sr. Penedo assim a acceitou, e deu por finda a sua extraordinaria missão, só conseguio de Roma, e com tanto esforço, a revogação da constituição politica do Imperio, em tudo quanto diz respeito a beneplacito, liberdade de consciencia e mais garantias referentes.

Examinemos agora o effeito, ante o governo, dessa grande victoria diplomatica obtida em Roma pelo Sr. Penedo.

Disse o enviado exiraordinario do Imperador ao governo que :

« Obteve a mais completa e satisfactoria solução do negocio que o levou a Roma, tanto mais quanto não admittio discussão sobre o *placet* e sobre o recurso á corôa !

E a questão versava sobre esses principios !

Quando em presença das instrucções, que o governo affirma expedira ao enviado a Roma, o Sr. Penedo faltou completa e impudentemente ao mandato que com ellas recebêra ; quando por isso devia encontrar no governo a mais severa desapprovação, manifestada antes de tudo pela exoneração do cargo e immediata responsabilidade, lemos com pasmo no *Diario Official* do 1.° deste mez a declaração solemne do Sr. presidente do conselho de que — o governo recebeu quanto lhe disse o Sr. Penedo com muita satisfação !

Por Deus ! Tudo isto é uma mystificação intoleleravel.

Se as instrucções publicadas na folha official são as que forão enviadas ao Sr. Penedo, este faltou a seus deveres, e trahio o paiz.

Mas se o governo, como acabamos de mostrar, affirma que o mesmo Sr. Penedo o satisfez plenamente, é força confessar que outras, que não aquellas, forão as instrucções a que esse senhor se devia subordinar, e que executou.

Se assim foi, o povo brazileiro está grosseiramente mystificado.

Governo e Penedo representaram uma farça ridicula e os ludibriados nessa farça são: o Imperador, cujo representante em Roma foi o Sr. Penedo, e o Brazil inteiro, que por tal arte vê rebaixada a sua soberania e a sua honra, e abalada a sua segurança!

Não ha fugir, Sr. presidente do conselho, ou reprovação aos actos do Sr. Penedo ou criminosa connivencia com elle.

Ou as instrucções publicadas são as verdadeiras e o Sr. Penedo faltou injustificavelmente a seus deveres; ou teve outras e secretas, e o governo quiz mystificar o paiz, commettendo assim um crime de lesa-nação.

Das duas victimas de toda essa farça repugnante, uma se salvará por força, porque não morre — é o povo; a outra, se não protestar em tempo e conforme os meios ao alcance de suas prerogativas, será de uma vez perdida.

Tal é a verdade que devemos ao paiz, a quem franca e sinceramente diremos sem temor quanto sentimos nesta situação dolorosa e difficil que atravessamos.

Desengane-se o governo: desengane-se o Imperador. Convença-se o povo.

Roma-egreja e Brazil-estado são absolutamente incompativeis já. Se antes da infallibilidade se toleravam, depois desse dogma barbaro de obscurantismo e escravidão ficaram de tão impossivel alliança, quanto a liberdade e o despotismo se repellem.

Agora mesmo acaba o paiz de presenciar um

facto contristador, ainda em relação a essa desgraçada missão a Roma.

Corre sem contestação que :

« O internuncio resolvera não entregar a tal fallada carta a D. Vital. »

O governo tinha compromettido uma imprudente asseveração de que tal carta já havia sido entregue.

A folha episcopal disse-lhe : É mentira!

E o Sr. presidente do conselho (é o que se affirma) lá foi ao poderoso internuncio solicitar aquella entrega.

Até onde se aviltará o Estado para manter como official a detestada egreja de Roma.

Proh pudor! ...

Rio de Janeiro, 7 de Fevereiro de 1874.

XIX.

Entre os que, expressa ou tacitamente, condemnam a missão Penedo, e que, reconhecendo a verdade
prestam a esta a devida homenagem, temos o prazer
de contar os illustrados redactores do *Nação.*

E não era de esperar outra cousa de tão conspicuos e dignos cavalheiros. Sustentadores francos e
sinceros do governo, não sanccionam entretanto, com
o seu voto *expresso* os erros e os crimes commettidos e menos as offensas aos brios, á dignidade, e á
honra nacional.

A missão Penedo está, pois, definitivamente condemnada.

Defendê-la seria até indecente, quanto mais que
é impossivel.

Os illustres redactores da *Nação* a abandonaram
á sua sorte.

Demonstrámos a toda a luz que, ou o Sr. Penedo
tinha sido infiel ao governo, deixando de observar
as instrucções que agora foram publicadas no *Diario
Official,* ou recebêra outras e secretas, e se prestára
humilde a desempenha-las, com grave damno do
Imperio e serio compromettimento dos creditos da
pessoa por elle representada.

A argumentação cerrada que produzimos e que

15

irremissivelmente leva á condemnação dessa desgraçada tentativa diplomatica. foi respeitada pela *Nação*, que apenas nos oppôz algumas considerações sobre pequenas minudencias.

E porque ellas se referem simplesmente a defeitos nossos, nada influem sobre o ponto capital da questão, que é a vantagem resultante dos esforços do Sr. Penedo junto a Antonelli.

Pela nossa parte diremos o que nos cumpre ; quanto ao mais, nos congratulamos com a *Nação* por vê-la nobremente abandonar a causa inexplicavel dessa missão.

Tudo quanto o Sr. Penedo conseguio de sua dispendiosa viagem a Roma foi uma carta de Antonelli ao bispo de Olinda, sem caracter obrigativo, e que, não sendo da ordem dos documentos que devem ser placitados, não póde ser incorporada á legislação civil para produzir effeitos externos como lei.

É assim que essa illustrada redacção, fazendo reparo sobre o que tinhamos dito, da necessidade da entrega dessa carta ao enviado do Imperador, para ser primeiro presente ao governo, nos contesta, accrescentando que a diplomacia não é nossa especialidade.

Quanto á carta, não é para admirar que nós, profanos, considerando-a com algum prestimo e para produzir effeito official e obrigativo, a reputassemos nas condições de ser sujeita ao governo, para ter auctoridade, porquanto nem Pio IX e menos o seu secretario podem dar leis nesta terra.

O governo guardou segredo inviolavel sobre ella e suppomos que — imposto pela ignorancia absoluta dessa monumental ninharia — Antonelli-Penedo.

Ficamos agora sabendo que tal carta não é *breve*, nem *letra*, nem *rescripto*, nem simples documento digno de menção, não é acto official de effeito no

Imperio; é apenas simples papel de embrulho em o qual o astuto cardeal envolveu Penedo e governo, como curiosidade, para divertimento do seu dignissimo discipulo, e subdito submisso, o famoso frei Vital !

Agradecemos, portanto, á *Nação* o serviço que assim presta ao paiz, pondo em relevo a nullidade dessa inqualificavel missão.

Que não somos especialistas de diplomacia, os nossos escriptos o provão exuberantemente.

A verdade sem atavios, a rudeza de expressão exprimindo convicções sinceras, a franqueza e a ausencia absoluta do receio de compromettimentos, repellem a docilidade estudada para obter as boas graças, a amabilidade a proposito, o emprego de palavras que nada signifiquem, a astucia emfim.

E bem se vê que quem não professa a arte não lhe conhece as regras.

Se tivessemos sido enviados a Roma (e seria curioso ver *Ganganelli* em pratica de amabilidades com Pio IX !) e alli para nossa vergonha, fizessemos o que fez o Sr. Penedo, teriamos dito ao governo cousa bem differente do que elle affirmou.

Dando conta do resultado, tal qual o obteve esse *distinctissimo* diplomata, teriamos affirmado francamente ao Imperador que nada se conseguira, que Antonelli, o insidioso cardeal, abusára da inepcia do representante do governo imperial, e que apenas uma carta amistosa, particular, secreta e sem valor official, seria dirigida a frei Vital, o qual faria della o uso que lhe conviesse!

O governo se irritaria, nos demittiria infallivelmente; e irado, nos atiraria para uma celebre disponibilidade inactiva. E se isto não aconteceu ao Sr. Penedo foi porque.... elle, sabendo com quem lida, teve talento bastante para transformar a affronta em perfeita satisfação, e com tanta arte diplomatica, que a incutio no animo do muito atilado Sr. presidente do conselho, pratico aliás em diplomacia, e que, certamente, não commette, como nós, o erro imperdoavel de confundir uma carta *amorosa* de Antonelli com um breve de sua santidade.

A *Nação* veio em nosso soccorro na demonstração em que nos empenhámos de que a missão Penedo nada produzio, e que, longe de melhorar a situação em que se acha o paiz para com os seus *amaveis* bispos, a peiorou.

Depois de tanto sacrificio, o que nos trouxe de Roma o Sr. Penedo, a não ser que occultamente fosse portador de alguma reliquia ou rosario, presente para *ministerio maçon* afim de liberta-lo das penas do inferno?

Só trouxe a noticia de que uma carta seria dirigida a frei Vital, e da qual elle apenas conhecia o caracteristico — ETC. — collocado cuidadosamente entre — *o gesta tua* e o *non laudantur!*

A importancia dessa carta, a *Nação*, franca e lealmente, a define, quando affirma que esse documento não goza do caracter indispensavel para produzir effeitos civis no Brazil, por ser apenas de Antonelli e não do Pio IX!

Os males que nos flagellão serão remediados com um papel sem effeito, sem vigor, sem possibilidade de execução!

E o Sr. Penedo se contentou com isso! E o Sr. presidente do conselho se alegrou extraordinariamente com o resultado da missão!

Se não obtivemos de Pio IX revogação de suas ordens anteriores, como senhor desta terra, permanecerão as cousas no mesmo estado, a não ser que o governo abdique a criminosa indifferença em que se tem conservado, e a ponto de consentir que do arsenal de marinha, e por um bispo suspenso do exercicio por força da lei, seja a diocese de Pernambuco governada e com o mais inaudito capricho, e arbitrariedade, continuando-se a liberalisar suspensões contra todo o sacerdote brazileiro, que com dignidade mantem a autonomia politica e civil de sua patria.

Fomos acremente censurados por termos qualificado de detestada a Egreja romana!

Não nos retractaremos, por quanto tal é a verdade que nos inspira a consciencia, tal a consequencia inevital do procedimento dessa Egreja.

Expliquemo-nos:

Dizemos Egreja romana — *a commandita infernal e traiçoeira* que legisla no Vaticano; dizemos a curia romana, dizemos o quartel-general do ultramontanismo, dizemos a associação perigosa que se acolhe sob uma irrisoria infallibilidade para fabricar reliquias, indulgencias e absolvições de peccados, etc., e pô-las em almoeda entre os catholicos.

Dizemos Egreja romana aquella que proclama como sua doutrina e impõe sob malignas censuras, os principios mais oppostos á razão e mais repugnantes á dignidade humana.

Dizemos Egreja romana a que amaldiçôa e repelle de seu seio a todos quantos professão:

A liberdade de consciencia;

A liberdade de cultos;

A tolerancia religiosa;

O amor ás sciencias humanas;

A superioridade de Deos sobre qualquer homem, e que não conspurcão o altissimo conceito da divindade roubando-lhe attributos, aliás inseparaveis de sua natureza, para empresta-los a um Pio IX, ou a outro qualquer;

O casamento civil;

A soberania do povo;

A autonomia das nações;

A liberdade de ensino;

A negação absoluta do poder temporal do papa;

A separação da Egreja do Estado;

O progresso da sociedade e a vantagem da civilisação moderna.

Dizemos Egreja romana a que impõe com o martyrio e fogueira os principios ominosos que ella propaga no seu plano politico.

Dizemos Egreja romana a que despoticamente nos diz — crê ou morre, — a que condemna a razão e a logica; a que nos illude desvirtuando a historia, ou falsificando as sagradas paginas.

Esse grupo que se chama Egreja romana não póde, portanto, deixar de ser detestado: a nação o detestará sem duvida, nós o acreditamos.

O que tem victoriosamente passado incolume e respeitado nos 18 seculos que lá vão, não é certamente a sociedade profana, que fardada com roupeta circula a cadeira pontificia e a domina; não são os proprios pontifices e padres de Roma.

Todos estes têm tido suas phases desastradas, todos elles se têm mutuamente hostilisado, e conquistado assim, não o respeito permanente dos fieis, mas quasi sempre a condemnação, ante a consciencia dos povos cultos.

O protestantismo veio de Roma.

As atrocidades, a immoderação, a intolerancia, o crime, a devassidão, as torpezas de Roma creárão os Lutheros, os Calvinos e tantos illustres membros da Egreja romana, que desgostosos e revoltados abandonarão o seu gremio e constituirão seitas á parte.

O que tem victoriosamente atravessado sobranceiro os tempos, e que, a despeito das perseguições e da immoderação romana, tem triumphado sempre, é a verdadeira doutrina christã, é a Egreja que se compõe dos sinceros christãos, e que existe onde pelo menos tres delles se ajuntão.

A essa doutrina santa nos curvamos, emquanto, por isso mesmo detestamos a actual Egreja romana.

Cidadão brazileiro, professando as idéas liberaes, desejando, pelo menos, que as consagradas na constituição politica sejão praticamente realizadas, não podemos, não nos é licito curvarmo-nos a imposições dessa Egreja que destroem, que matão as garantias de que gozamos.

Verdade, ou mentira.

Liberdade, ou roma.

Civilisação, ou obscurantismo.

Christo, ou Borgia.

Somos pelos primeiros: detestamos os ultimos.

Tivessemos nós essa apregoada habilidade diplomatica para dizer o contrario do que pensamos, e illudiriamos o povo, aconselhando-o que se curvasse á Egreja de Roma, porque só assim nos salvariamos.

E o que conseguiriamos com isso?

O povo afinal conheceria a realidade das cousas, e nos apontaria com mofa e com solemne desprezo como um mentiroso diplomata!

Condemnem-nos os intolerantes, condemnem-nos os ultramontanos, a cujos planos tenebrosos temos opposto vigorosa barreira; mas não nos condemne o povo, não nos excommungue o patriotismo e a sinceridade da nação.

Com Christo affrontamos a Pio IX.

Verdade e sempre a verdade, e « que l'oreille des rois s'accoutume à l'entendre! »

Depois da missão Penedo, e visto o procedimento inexplicavel do governo, qual o caracter que tem tomado e vai tomar a questão episcopal no Brazil?

Digamos ao Imperador o pensamento do povo e

esbocemos o quadro tenebroso da aviltante e arriscada situação do paiz.

Achão-se submettidos a processo dous bispos, os quaes brevemente serão julgados pelo supremo tribunal de justiça.

O crime que elles commettêrão está sendo reproduzido e por sua ordem.

Pernambuco continúa a gemer sob o mais ferrenho despotismo ecclesiastico.

No Pará até a vida de muitos cidadãos e estrangeiros estão em imminente perigo.

O restante do episcopado, salvas as dioceses do Maranhão e Cuyabá, acha-se obsecado, do mesmo modo, de odio e de ultramontanismo.

Cada um dos bispos arvorou um poste na imprensa, onde Imperador, ministros e quantos não acompanhão as torpezas romanas são flagellados sem piedade e sem consciencia, infame e indignamente.

Sociedades chamadas catholicas se formão e trabalhão para desvirtuar o espirito do povo contra a constituição, contra as leis, e contra, até, a propria segurança publica.

O confessionario trabalha incessantemente na perturbação da paz das familias.

Do pulpito se atirão á população asquerosos insultos. A cadeira sagrada está convertida em esquina onde cada garôto ultramontano póde affixar o seu pasquim.

As communicações para Roma formigão, as ordens secretas se augmentão. A audacia episcopal cada vez mais se ostenta.

Os tribunaes, que são os competentes, por força do nosso direito, são desacatados; os bispos os não reconhecem.

Preso, como está, o jesuita frei Vital no arsenal de marinha, dahi mesmo dirige a diocese de Olinda e manda suspender sacerdotes dignos.

Padres energumenos estão. no interior do paiz de posse das freguezias, que de *encommenda* lhes tem sido entregues, e ahi commettem quanta sorte de desatino é imaginavel, como os jornaes quotidiana-mente denuncião.

O levantamento dos interdictos das irmandades, decretado solemne e legalmente pelo poder competente, ficou sem effeito pela tenaz e criminosa resistencia do episcopado.

Esses mesmos interdictos, assim conservados, a despeito da resolução do conselho de Estado, serão, a capricho dos bispos e no plano de Roma, levan-tados por auctoridade unica dos mesmos bispos, que, de accôrdo com Antonelli, conseguiráõ fazer acreditar ao povo que só elles têm poder e que só delles podem vir os remedios aos males por elles mesmos feitos !

O Brazil attinge ao descalabro inevitavel de suas instituições, para que o *Syllabus* substitua a consti-tuição pela qual se diz que elle é regido.

A politica do Vaticano trabalha por toda a parte, e em todos os paizes, para estabelecer o seu poder theocratico e subjugar o mundo. E sobre o Brazil estão lançadas as vistas de Roma !

E no meio dessa terrivel anarchia, qual o papel que representa o governo?

Com dôr exporemos o nosso pensamento, ou antes ó pensamento geral, e o que está assentado na con-sciencia publica.

Serêmos francos embora desagrademos.

A verdade. antes de tudo.

Ao começar a luta por uma solemne desfeita do bispo do Rio de Janeiro ao Sr. presidente do conselho de ministros, e para offuscar o brilhantismo da festa maçonica que, por occasião da promulgação da lei de emancipação dos escravos, o Oriente do Lavradio offerecêra ao seu grão-mestre, o governo se acanhou demasiadamente, e consentio que o capellão-mór do Imperio satisfizesse impunemente e sem reparo as instrucções vindas de Roma.

O bispo de Pernambuco respondeu de lá, com força e audazmente, á acção ultramontana, que aqui principiara a ser effectiva.

O governo desdenhou, não reflectio, não estudou o negocio, não medio as consequencias, e conservou-se inactivo!

A inacção do governo acoroçoou os outros bispos.

O do Pará, que na audacia não é excedido, não se fez esperar; e os outros o seguirão.

As pastoraes contra o direito de beneplacito imperial aos decretos de Roma formigárão em todo o Imperio.

A população se vio desamparada e sem protecção!

E o governo conservou a sua inercia!

De todas as partes surgirão queixas; as reclamações da imprensa, as representações escriptas, os recursos dos offendidos apparecêrão.

E os bispos, impavidos e destemidos, ião por diante, e o governo o consentia!

E o governo perdia passo a passo a força moral, á proporção que o episcopado se distinguia, imperturbavel, na contravenção ás leis do Estado!

Já sem força, mas coagido pela opinião publica, que exigente se levantava, o governo foi galvanisado, e deu os primeiros passos, dando andamento aos recursos das irmandades.

Na situação critica em que se achava já, procurou no conselho de Estado a protecção de que necessitava, o conselho de Estado não lhe faltou, e energico condemnou o procedimento acintoso dos bispos.

As gazetas episcopaes despejárão os maiores improperios, as injurias as mais asquerosas contra o conselho de Estado e contra o governo!

Ao Sr. presidente do conselho forão atirados os maiores baldões na imprensa ultramontana e pelos bispos!

O governo acobardou-se mais ainda!

A tentativa de destruir artigo constitucional foi praticada; as pastoraes subversivas tiverão execução!

A maçonaria foi declarada excluida da Egreja por força de bullas sem beneplacito!

E o governo continuou impassivel!

A sua força moral se esvahia!

Afinal quiz tentar um esforço. Em vez de deportar os bispos rebeldes e restabelecer a segurança no aprisco christão, o governo proferio, a medo sem duvida, mandar processar a um só dos bispos!

O supremo tribunal de justiça cumprio severamente o seu dever; o bispo de Pernambuco foi pronunciado e preso, e aqui se acha.

Mas, para ainda affrontar o governo, e em menoscabo das leis do paiz, elle, depois de suspenso nomeou governador do bispado, ou antes secretario do estado episcopal, conservando elle bispo a jurisdicção!

E o governo não teve força para conter a rebeldia dos padres sachristães de frei Vital!

E como se ainda tudo isto não bastasse para desmoralisa-lo, lembrou-se o Sr. presidente do conselho de mandar a Roma o Sr. Penedo, e na qualidade de enviado do Imperador, para supplicar a Pio IX o remedio palliativo do mal, e quando o mesmo governo o tinha em suas mãos mais energico e efficaz!

Por mais que se lhe bradasse contra uma tal imprudencia nada aproveitou.

E para que?

O tristisimo resultado da missão Penedo e o arrastamento do nome Imperador do Brazil em Roma e ante Antonelli, vierão completar a obra da desmoralisação!

E no meio de todo este contristador espectaculo um nome se profere já sem reserva, e é o do Imperador!

O caminhar vacillante do ministerio nesta questão e a sua conservação no poder, a magnitude do objecto, e as fataes consequencias a que o Brazil está exposto, tudo autorisa a perguntarem-se todos mutuamente:

E o Imperador?

É porque nesta difficil emergencia todos procurão decifrar o enigma do medo, da indecisão, e da procrastinação e da falta de energia do minisierio, e todos fazem lembrar a attribuição, aliás tão zelada, da livre nomeação de ministros, e é por isso que todos continuão a perguntar-se mutuamente:

E o Imperador?

Será elle uma das victimas desta inexplicavel situação?

Como responde a tudo isto o Sr. visconde do Rio Branco?

Manifestando inequivoca satisfação, por ter o Sr. Penedo em Roma obtido apenas que se mandasse a frei Vital uma carta fechada, e que, no judicioso conceito da *Nação*, não tem merito, não póde ter effeito, não póde ser sujeita a beneplacito. porque não é documento sufficiente para isso!

Nós o acreditamos, e assim rectificamos o conceito em que tinhamos esse papel ou antes essa nova astucia de Roma.

Infeliz Brazil!

Bem podiamos dizer como Jacintho Loyson, concluindo uma das suas conferencias em Genebra e dirigindo-se á França:

«Arrache-toi aux deux mensonges qui te tuent, viens à la verité, au christianisme vivant, au catholicisme évangelique et national! Arrache-toi aux em-

brassements de tes deux cadavres, ó France, et lève-
toi !

« O' âme vivante, separe-toi de ce qui est mort ! »

Rio de Janeiro, 11 de Fevereiro de 1871.

P. S.—A censura que nos dirigio a *Nação* relativamente ao breve de 29 de Maio é bem cabida.
O modo por que nos exprimimos a respeito della,
que aliás muita vez temos lido e comparado com outras, induz a crêr que nos referiamos á letra, quando tivemos o sentido indeclinavel, comparado esse
breve, que approva o procedimento do bispo de Pernanbuco, com a pastoral de 2 de Fevereiro e com
as declarações authenticas de Pio IX.

E' da combinação que resulta a comdemnação do
beneplacito, é a desautoração do nosso governo.

. . . .

O artigo publicado neste *Jornal* e que nos foi
dirigido pelo douto, muito decente e delicado Sr. vigario Penido, manifesta a *grave enfermidade* que o
afflige.

Sentimos, profundamente, os padecimentos de S.
Revma, e pedimos a Deos que lhe restabeleça com
a saude a *tranquillidade* que lhe falta.

Não perca a Egreja romana uma columna tão
poderosa, e o ultramontanismo mais este defensor.

XX.

Suppunhamos mais habil, mais sisudo, o jesuita enfesado a quem está confiada a diocese de Pernambuco.

A sua resposta, porém, ao libello accusatorio do procurador da corôa, ante o supremo tribuual de justiça, definio perfeitamente o homem.

Ninguem se illudirá mais com elle.

Se um novo *Elixir* se escrevesse, o *Elixir de Roma,* a frei Vital caberia incontestavelmente o papel de *Dulcamara.*

Com que *graça,* com que *seriedade,* e com quanta *sagaz eloquencia* apregoaria elle os seus *especificos espirituaes !*

Para dar mais valor ás *suas drogas,* não esqueceria o conhecido—*di Roma venuto.* E para melhor acreditar-se, diria, como agora,—IO SONO JESUS !

E quando alguem o chamasse a contas para que provasse a efficacia das santas especiarias que com tanto esforço procurava impingir ao povo ignorante, elle exclamaria, receioso, como agora :

Silenzio supra tutto !

Como a Egreja romana educa bem, e melhor prepara um charlatão *!*

Frei Vital, chamado ao tribunal supremo, devia

perante elle defender a sua independencia. Devia exhibir provas da incompetencia do poder civil para julga-lo.

Devia, na tribuna judiciaria, convencer o Brazil e a magistatura brazileira do *martyrio* que elle soffre pela falta de fundamento da accusação, e pela impossibilidade juridica em que devão ser considerados os juizes ante quem vai responder.

Seria, porém, tentar o impossivel; e, portanto: *Silenzio supra tutto*.

E neste caso o expediente seria o de procurar nas paginas sagradas algum versiculo que illudisse a multidão, emquanto elle nada dissesse em prol de sua pretendida immunidade!

Folheou o Evangelho de S. Matheus, e, sem mais estudo, sem reflexão, sem applicação, e estultamente escreveu nos autos : — JESUS AUTEM TACEBAT !

E aqui o temos *trajado á Jesus!*

Bem podêmos applicar a esse farcista o verso de *Boileau:* — *Apollon travesti devint un tabarin.*

E está o Martyr do Golgotha reproduzido na pessoa de frei Vital, que se considera na altura do Divino Mestre, e delle furta palavras, que só a este cabião, e que só nas condições em que elle se achou forão opportunas e apropriadas.

« Decididamente, diz com acerto a *Noção*, frei Vital está zombando dos seus juizes e do publico! »

E nem sequer soube esse jesuita altivo escolher o mais apropriado á sua posição!

Com essas palavras respondeu Jesus á pergunta sobre o que tinhão deposto testemunhas.

Mas quando o principe dos sacerdotes, interrogando-o, lhe disse: « *Eu te conjuro por Deos vivo para que digas se és o Christo filho de Deos* » Jesus não se calou e lhe respondeu :

Tu dixisti . Verumtamen dico vobis, amodo videbitis filium hominis sedentem in dextra virtutis Dci et venientem in nubibus cælo. » (*S. Matheus* 26, 64.)

Frei Vital, portanto, não soube o que copiou.

Sem dúvida o *tacebat* lhe agradou mais, porque lhe era mais commodo.

Esse jesuita põe em sua boca as palavras de Jesus Christo! Reputa-se, como elle, nas mesmas condições e seu igual !

Felizmente para a humanidade, quando o impostor se excede, manifesta se, e não engana mais.

Os que applicão em altas dóses o seu veneno não mais illudem o povo.

Frei Vital acaba de firmar o seu credito e será conhecido na historia.

O nome *Jesus*, ou antes esse *Jesus de contrabando*, bem podia escolher por *seu Pedro* a D. Lacerda, o qual, pouco avesado a valentias, até o *negaria mais de tres vezes* e depois mesmo que *cantasse o gallo*.

Mas em toda essa farça ridicula, se conhece o plano, a perfidia, a hypocrisia, o desfaçamento dos suissos de Pio IX.

O procedimento de frei Vital tem um alcance ao qual elle positivamente quiz attingir.

E' menoscabar, desrespeitar, e levar bem longe a affronta não só ao governo, como principalmente ao supremo tribunal de justiça !

O *tacebat* de D. Vital quer dizer : — Não dou satisfação dos meus actos ; não faço caso desse tribunal, e delle desdenho solemnemente !

Frei Vital sabe em que penas está incurso, e considera-se perdido.

Disfarça-se comicamente, illude para affrontar, e se persuade de que o povo já o considera *crucificado* e no meio de seus dous insignes companheiros Macedo e Lacerda.

O espectaculo das tres cruzes, que por occasião da morte do Redemptor forão plantadas no Calvario, não se dará.

O supremo tribunal de justiça poderá remettê-lo para alguma officina de encadernador, ou outra das que se achão em effectividade nas casas onde o crime se expia, e então não lhe valerá a omnipotencia, a santidade de Pio IX, mas sómente o poder moderador, o qual, a despeito de ser por esse criminoso desdenhado, lhe dará uma carta de alforria do captiveiro criminal, mas com a notabilissima circumstancia de ser referendada por um maçon, como é o Sr. conselheiro Duarte de Azevedo, actual ministro da justiça.

Esse poder se vingará tambem por sua vez.

E assim passão as glorias deste mundo!

Como tudo isto autorisa a continuação do ajuntamento da Egreja com o Estado!

Se as provas praticas são as mais fortes para determinarem uma reforma, a dolorosa experiencia, pela qual está passando o paiz, induz, em absoluto, a separação, pela qual conscienciosamente pugnamos.

A estudada inercia do governo, o seu palpitante receio, a arrogancia do episcopado, a necessidade de submetter bispos a processo criminal, a insubordinação destes ás leis e ás auctoridades constituidas, a ameaça permanente ás instituições, a immoderação de Roma, que cresce á medida que lhe vai escapando o poder, a falta de segurança civil do cidadão, e até as suspeitas que tudo isso vai gerando no espirito do povo contra o chefe do Imperio, demonstrão a necessidade indeclinavel, e determinão a adopção da medida salvadora de libertar-nos de Roma com a separação da Egreja.

E nem obsta o argumento que algures temos visto produzido, com a base de que — a grande maioria da nação é catholica.

16

Quid inde?

Cahirá o catholicismo no Brazil por motivo dessa separação?

Engano manifesto.

Muito ao contrario. Continue Roma a dominar despoticamente entre nós, e veremos que o numero dos catholicos diminuirá sensivelmente.

Emquanto o Estado alimentar a Egreja, o povo não se empenhará por ella.

Emquanto a religião que temos fôr imposta, não passará de uma ficção official.

Libertem-se os espiritos, perca-se o temor das privações que a propria lei civil impõe aos que não são catholicos, e a sinceridade nas crenças aparecerá.

A religião de nossos pais tem feito progressos mais reaes nos paizes de plena liberdade de cultos, e que não têm Egreja do Estado, como praticamente se vê nos Estados-Unidos da America do Norte.

Aqui a classe mais ignorante tem fanatismo, não tem religião, e as classes illustradas olhão com indifferença para esta materia, visto que o governo acha-se encarregado da *alimentação* da Egreja.

Tal é a verdade!

Dada a liberdade, desapparecendo o monopolio de Roma, a emulação entre os crentes das diversas seitas apparecerá.

Cada um trabalhará pela glorificação da sua crença, e a religião que tiver em seu favor maior somma de verdades, e a que melhor incitar o legitimo interesse do sectario, será ella por força a mais concorrida, será a victoriosa.

O tempo resolverá esta magna questão, que só agora começa a ser melhor esclarecida no paiz.

O tempo, que já desthronisou os papas do poder temporal, os reduzirá á sua verdadeira posição de — simples bispos de Roma.

O tempo, portanto, arrastará ao caminho da liberdade religiosa a quantos, emperrados, têm assentado seus calculos na fingida obediencia a Roma.

A futura geração, no Brazil, ouvirá os nomes de Pio IX e de Antonelli com indifferença completa; e quando na historia tiver noticia das farças que a Egreja romana como o Estado tem constantemente representado; quando lêr a comedia que um enviado do Imperio acaba de representar em Roma, se rirá da inepcia, e, quem sabe, supporá que tudo não passou de uma ficção, e que o Sr. Penedo contou um conto que o governo applaudio.

Não é de agora que data a luta do paiz com a santa sé.

Quando mais se devia o Brazil julgar subordinado á curia romana, a dignidade, a independencia do paiz erão melhor sustentados do que hoje.

Nos negocios governativos o Brazil parece que tem seguido em progressiva degeneração!

A situação do paiz em 1835, e aliás materialmente mais atrasada, era, nas relações com Roma, muito mais nobre do que actualmente.

Emquanto vemos com desgosto que, agitada, como já se achava, a questão episcopal, e tendo o Imperador de fallar ás camaras, no encerramento dos ultimos trabalhos legislativos, guardara calculadamente silencio sobre ella (!), em 1836, a falla do throno continha as seguintes memoraveis palavras :

« Não posso, comtudo, occultar-vos que sua santidade, depois de dous annos de reciprocas explicações, resolveu não acceitar a apresentação imperial do bispo eleito desta diocese. . . . .

« Depois dessa decisão julgou-se o governo desonerado de ter condescendencias com a santa sé. . .

. . . .

« Em vossas mãos está livrar o catholico brazi-

leiro da difficuldade, e muitas vezes impossibilidade
de mendigar tão longe recursos que lhe não devem ser
negados dentro do Imperio. É tão santa a nossa religião,
tão bem calculado o systema do governo ecclesiastico
que, sendo compativel com toda a casta de governo
civil, póde sua disciplina ser modificada pelo interesse do Estado, sem jámais comprometter o essencial
da mesma religião. »

Quantum matatus ab illo!

Ha 38 annos fallava o governo imperial ao povo
com essa franqueza, com essa lealdade.

E·o Imperador era menor ainda, — mas guiado
pelo patriotismo, pela sinceridade, pela honra de um
Feijó.

Nesse tempo, Roma não lançou interdictos ao
Brazil, não veio com os seus bispos arcar contra a
constituição do Estado, e contra as auctoridades constituidas.

Havia maçonaria no Brazil, e *maçonaria politica*,
da qual fazião parte os mais proeminentes cidadãos.
Roma não se atreveu a fazer reviver contra ella o
seu desacreditado e obsoleto anathema, não affrontou
com epithetos deshonrosos aos que compunhão o governo. Roma tinha diante de si o patriotismo brazileiro, e com este não se animára nunca a luctar.

Hoje o Imperador é maior.

Ha 34 annos dirige os negocios publicos na
sua qualidade de chefe do poder executivo, e do
poder moderador. E, salvos pequenos intervallos, o
que temos visto?

Roma jesuitica immigra para o Brazil onde quer
firmar o seu dominio.

A educação do povo tem sido entregue desacau-
teladamente a esses roupetas desnaturados.

E não são sómente esses algozes das liberdades
do Brazil que formigão por toda a parte: elles são

acompanhados de um cortejo immenso de mulheres, que com elles immigrão tambem para aqui, e a quem se entregão, sem consciencia, sem patriotismo, sem amor a esta terra, as administrações dos hospitaes, asylos, e o que mais é, a educação de nossas futuras mães de familia.

O porvir desta terra será medonho se as cousas continuão como vão.

As demasiadas condescendencias com Roma nos levaráõ ao abysmo.

Essa santa sé altiva, arrogante, e exigente, ante os governos fracos, aproveita-se disso para estabelecer com elles o poder absoluto.

Depois, especialmente, da inconscienciosa nomeação dos bispos, e que a jesuitas conhecidos forão sendo entregues as dioceses, vemos quanto vai occorrendo.

Roma excommunga governo e povo, pondo em vigor seus decretos independente de beneplacito!

Os bispos se declarão independentes do Estado, e se constituem governo, e com acção que alcança até a vida civil!

Os bispos desobedecem aos poderes constituidos, e declarão, fundados em palavras do papa, heretica a constituição!

E, prevalecendo-se dessa mesma constituição, anathematisada por elle, dizam para autorisar os seus abusos, que devem ser respeitados, pois que elles são ministros da Egreja do Estado!

Com os casamentos, com o registro civil, com o confessionario e com os pulpitos elles se firmão e vão chamando proselytos para sua futura dominação.

E o que tcm feito o governo para libertar-nos de tal flagello?

Sustentemos, diz elle, a todo o transe a hibrida união da Egreja de Roma com o Estado!

E para isso temos chegado até ao sacrificio da dignidade nacional!

Emquanto Feijó, ainda em 1835 dizia ao parlamento, e no discurso da coróa (fallava em nome do Imperador):

«Não mais condescendencias com a santa sé;»— hoje se manda a Roma o Sr. Penedo, que aos pés de Antonelli arrasta o nome do Imperador, para que implore do santo padre um conselho aos seus bispos, e para que estes sejão menos imprudentes!

Quantum mutatus ab illo!

E por que registrará a nossa historia uma phase tão vergonhosa?

Faltão-nos padres Feijós, falta-nos quem não sacrifique a conveniencias transitorias o bem estar e a prosperidade da patria, falta-nos quem, sem temer sacrificios pessoaes, —*sem receio de desagradar*, siga os dictames da consciencia e cumpra severamente o seu dever.

Tanto temor, presentemente, e tanta coragem patriotica naquella epoca memoravel! Como 1874 dista de 1835!

E custa a crêr que, politicamente, no sentido de moralidade, nas idéas liberaes e no zelo pelas prerogativas do Estado, 1835 seja *maior* do que 1874.

Em 1874 o enviado do Imperador vai a Roma, acobarda-se ante Antonelli e diz ao governo:—«Não entrei em questão relativa ao beneplacito porque é isto um principio condemnado pela santa sé!»—E o governo diz ao paiz que a missão a Roma foi de satisfactorio resultado!

Em 1835, chegando ao conhecimento do governo que Roma, caprichosa e insolente, impuzera a um sacerdote respeitavel uma retractação vergonhosa, o mesmo governo o anima contra a petulancia da curia, e o encoraja a manter a sua dignidade.

Tinha o Rev. Dr. Antonio Maria de Moura apresentado á camara dos deputados um projecto com referencia ao celibato dos padres.

Eleito depois bispo do Rio de Janeiro, a santa sé fez depender a sua approvação de uma retractação dos principios consagrados nesse projecto.

O governo imperial, sabendo disso lhe dirigio o seguite aviso :

« Exm. e Revm. Sr. — Constando ao governo imperial que ao encarregado de negocios de sua santidade nesta córte, viera ordem para exigir de V. Ex. uma resposta relativa a alguns pontos de doutrina ecclesiastica, que se achão em alguns projectos da camara dos Srs. deputados, por V. Ex. assignados, resposta que claramente importa uma retractação, e que se impõe como uma condição indispensavel para a confirmação de V. Ex. no bispado para que fôra nomeado : manda a regencia, em nome do Imperador, declarar a V. Ex. que lhe será muito desagradavel se V. Ex. annuir a semelhante exigencia, pois que, além de ser contra a sua propria dignidade, e da camara a que pertence, e que fizera seus, taes projectos, seria esse facto um ataque directo ao governo e independencia nacional e á constituição do Imperio, por todas as nações e pela mesma córte de Roma reconhecida.

« Deus guarde a V. Ex.

« Paço, em 10 de Junho de 1835.—*Manoel Alves Branco.*—Sr. bispo eleito do Rio de Janeiro. »

A esse aviso respondeu o Dr. Moura com a maior dignidade.

Elle tinha diante de si um bispado. Isto, porém, não perturbou o seu patriotismo : preferio ser cidadão brazileiro a indigno subdito da curia romana.

Sem renegar um só dos principios santos da religião, soube nobremente desdenhar da prepotencia de Roma.

Depois de recapitular quanto contém aquelle aviso, disse elle o seguinte:

« Respondendo a este officio tenho de declarar, para que chegue ao conhecimenta da regencia em nome do Imperador o Sr. D. Pedro II, que o encarregado de negocios de sua santidade nesta côrte, até hoje ainda não me procurou para semelhante fim; mas quando o fizcsse, inutil seria uma tal tentativa; pois que se como filho da religião catholica apostolica romana, e seu ministro sei o que devo a ella, e ao supremo chefe visivel da Egreja, a quem tributo a consideração e obediencia que lhe são devidas, tambem sei que como cidadão interessado pela honra de meu paiz, devo respeitar a sua independencia, constituição e governo e por isso jámais daria um passo tão indiscreto, que cobrindo-me de ridiculo aos olhos de meus concidadãos, offendesse directamente estes objectos, que me merecem tanto acatamento. Embora conste, como V. Ex. me diz, que tal declaração se pretende exigir como condição indispensavel para minha confirmação no bispado, pois que se este negocio fosse meu, e não do governo, a quem exclusivamente pertence, eu sustentando a minha honra, só teria a declarar que não quero dignidades e empregos á custa de indignidades e baixezas.

« Uma retractação, Exm. Sr., suppõe erros em ponto de fé, ou disciplina geralmente recebida, e como estou intimamente convencido de que os não commetti nos projectos que assignei, e que a camara dos deputados fez seus, não tenho de que retractar-me, ficando muito tranquillo com o testemunho de minha consciencia, que me não accusa de me ter deslisado dos principios orthodoxos, que constantemente tenho seguido.

« Deus guarde a V. Ex.

« Rio de Janeiro, 11 de Junho de 1835. — Illm.

e Exm. Sr. Manoel Alves Branco. — *Antonio Maria de Moura.* »

Assim procede o homem de honra.

Ninguem ha que se anime a desacatar a dignidade.

O pontifice, longe de excommungar o Dr. Moura, nomeou-o seu *prelado domestico.*

E' assaz significativo esse facto.

Roma só é arrogante para com a baixeza.

Se todos os padres brazileiros procedessem tão nobremente, outra seria a sorte da Egreja e do Estado.

Mas, o que vemos hoje?

Quantos preferem ser romanos a cumprir os deveres de cidadão?

Quantos endeosão Pio IX á custa da constituição politica do Imperio?

Quanta differença de 1835 para 1874!

De então para cá temos visto que Roma se eleva á proporção que o Brazil se abaixa!

Depois de Feijó, Pedro de Araujo Lima (marquez de Olinda) occupou a regencia.

Com idéas ultramontanas, apagou a pagina magnifica de nossa historia das relações com o pontificado, e satisfez a quanto de Roma lhe foi exigido!

A retrogradação das idéas liberaes se fez sentir e o Brazil caminhou até ás bordas do abismo em que se acha!

Chegamos á actual desastrada situação!

E' verdade que em 1835 a constituição, mais nova ainda, tinha mais força e era mais respeitada.

Hoje, esta pobre Carta, já caduca, serve de espantalho apenas; e nas mãos dos que governão não passa de um ridiculo manequim!

Pobre velha decrepita! Para que serves?

Para apadrinhar os crimes politicos que se praticão?

Para escarneo de Pio IX e do episcopado rebelde?

Para seres esbofeteada por um jesuita que responde altanado e insolente ao primeiro e mais alto tribunal de tua creação : *Jesus autem tacebat?*

Até um charlatão te injuria!...

Rio de Janeiro, 14 de Fevereiro de 1874.

XXI.

A primeira sessão do supremo tribunal de justiça, para julgamento de frei Vital de Oliveira, realizou-se hoje.

Compareceu o réo, acompanhado do bispo capellão-mór do Imperador, e tiverão assento dentro das cancellas; notando-se logo que os Srs. senadores conselheiro Zacarias de Góes e Vasconcellos e Dr. Candido Mendes de Almeida tomárão assento espontaneamente e independente de convite do tribunal ou do réo, ao lado deste, como seus *advogados!*

Ao começar os trabalhos, o digno Sr. procurador da coróa lembrou ao Sr. conselheiro Figueira de Mello que, *tendo elle manifestado previamente, o seu voto em favor do réo, fazendo-o solemnemente no senado, na imprensa e mesmo ante o tribunal,* devia considerar-se suspeito, na fórma da lei, *e que confiado na dignidade de S. Ex., esperava que assim se declarasse.*

O Sr. Figueira de Mello, *visivelmente contrariado,* declarou que não queria perder a sua qualidade de juiz da causa; que não se daria por suspeito, e que se reputava nas condições de imparcialidade!

O nobre procurador da coróa, assim coagido, cumprio o seu dever, e recusou o Sr. Figueira de Mello, o qual, só assim obrigado, deixou de ser juiz da causa da sua predilecção !

Em seguida levantou-se o Sr. Candido Mendes, e declarando *que não era advogado convidado pelo réo, e nem nomeado para a defesa,* todavia se considerava na possibilidade de defender o mesmo réo, não *porque para isso fosse por elle autorisado,* mas como defensor *espontaneo e livre* de uma causa que a todos interessava !

Quanta manha jesuitica !

Considerou em frei Vital a sociedade inteira, e portanto, podendo cada um fallar por sua conta e risco, á sua vontade e discrição, elle se defenderia a si proprio, defendendo tambem a frei Vital !

É doutrina nova e anarchisadora do processo, mas de que S. Ex. quer prevalecer-se nesta occasião, por convir aos planos dos bispos desobedientes e rebeldes.

Nessa estupenda jurisprudencia foi acompanhado pelo Sr. conselheiro Zacarias !

Custa a crêr.

E ha quem diga que a nossa sociedade civil se acha em estado normal !

A trica é na verdade digna do frade réo.

Emquanto frei Vital se contenta em escrever, em menoscabo do tribunal o — *Jesus autem tacebat* —, vem os Srs. Zacarias e Candido Mendes despejar toda a bilis de que os ultramontanos se achão repletos, e apparentar uma defeza, ou melhor, desabafar contra juizes e povo que os não apoião !

O Sr. Candido Mendes, abusando da bondade do venerando presidente do tribunal, se arrojou a declarar suspeito o Sr. conselheiro Valdetaro !

Em que qualidade, porém, fallava S. Ex. ?

Essa audacia foi repellida nobremente por esse digno magistrado, o qual disse que, achando-se presente o réo, só deixaria a sua posição de juiz, se o mesmo réo o recusasse, na fórma claramente estabelecido pela lei.

Nesta occasião elle voltou-se para frei Vital, e aguardou a sua palavra. Esta não foi proferida: não se dava, portanto, a suspeição desejada pelos Srs. Candido Mendes e Zacarias, e o tribunal decidio com dignidade que o mesmo Sr. Valdetaro não se achava impedido, e que podia funccionar.

O publico, que conhece o caracter distincto desse sempre honrado magistrado, não póde deixar de applaudir o acto por elle praticado.

Frei Vital não autorisou de modo algum a espontaneidade de dous associados catholicos, seus advogados por simples devoção.

Mas o silencio desse jesuita tanto serve para desrespeitar o tribunal, como para acoroçoar os seus partidarios!

Esse barbadinho não se descuida, e vai seu caminho de Roma.

A elle e a seus gratuitos endeosadores apenas diremos:

Miserias deste mundo!

Factos anteriores a essa solemne sessão e que demonstrárão a inquietação de um dos juizes que tem assento nesse venerando tribunal, autorisárão o procedimento que teve o Sr. procurador da coróa para com o Sr. Figueira de Mello.

Quando a paixão domina o homem, por tal modo o abate, que o faz perder os dotes da intelligencia, e parecer ignorante, embora seja elle reconhecidamente illustrado.

A paixão cega por tal modo a fragil creatura, que a obriga a ser exigente com impertinencia, a negar a verdade conhecida, e até a esquecer deveres, que jámais devião ser olvidados.

Disto infelizmente é victima o Sr. conselheiro Figueira de Mello, o que lamentamos.

Desde que se agitou a questão episcopal, S. Ex. se manifestou em extremo apaixonado.

No senado foi um dos destemidos athletas sustentadores do *Syllabus* e fez prodigios de erudição e de eloquencia em prol dos bispos. criminosos!

S. Ex. escreveu um folheto, que por ahi corre, onde procurou sustentar com S. Anselmo, que o beneplacito só é necessario quando a Egraja necessita do braço temporal!

Ainda mais, quiz sustentar que a constituição não podia obrigar a santa sé (*poder independente*) a solicital-o!

Affirmou que a palavra do pai commum, Pio IX, não podia estar sujeita á humilhante e profana inspecção do poder civil!

Disse que supervanco, inutil, ridiculo, impotente seria *todo* o esforço do poder para impedir o dogma da infallibilidade, e outros quejandos!

Procurou provar que as bullas não placitadas estavão em vigor entre nós, porque.... tacitamente já erão consentidas!

Affirmou que os bispos, expulsando os maçons das irmandades, não usurpárão poder temporal, porque o governo tambem não tinha esse poder!

Sustentou que os bispos podião impugnar o recurso á coróa porque—são cidadãos!

E desta força aventurou inumeras proposições!

Parece que S. Ex. não dá valor ás bases constituintes da nação, e nem professa a theoria da soberania do povo e de sua delegação aos poderes.

Só assim podia S. Ex. tomar predilecção e empenho pela causa que tão ardentemente defende.

Lamentamos isto, e especialmente por partir de

um magistrado velho e encanecido no estudo da sciencia do direito.

Entre os interpretes da nossa constituição politica S. Ex. conta S. Anselmo (!), cuja opinião invoca contra o beneplacito estabelecido nossa lei fundamental do Estado !

Ainda de outras opiniões se prevaleceu o Sr. conselheiro.

Invocou D. Sebastião (!), o concilio de Trento (!), os antigos canonistas e theologos (!), para regular as relações da Egreja com o Estado, aliás estabelecidas novamente pela Carta de 1824 !

Admiramos a subtileza da argumentação de S. Ex. ; e, confundidos por tantos recursos intellectuaes, offuscados pela luz que o seu folheto diffundio sobre a questão, não nos animamos a fazer por nossa conta nenhuma consideração sobre o procedimento de S. Ex. ante o supremo tribunal de que é membro, e onde foi mais longe do que se podia suppôr.

Mostrou-se interessado pelo réo D. Vital, e quiz que o respeitavel presidente desse tribunal désse de antemão advogado a esse *pobre miseravel, desprotegido, sem meios de defesa*, e antes mesmo que elle o pedisse !

Quanta previdencia do Sr. Figueira de Mello !

Soccorremo-nos portanto do que a este respeito disse a *Nação*, referindo-se a S. Ex.

Attendão os leitores :

« Reunio-se o supremo tribunal de justiça (refere-se á sessão anterior em que se determinou dia de julgamento) sob a presidencia do Sr. conselheiro Marcellino de Brito.   •

« Eis o despacho interlocutorio que acaba de ser lançado nos autos crimes do bispo de Olinda :

« Expeça-se ordem para que o réo seja conduzido ao tribunal na sessão de 18 do corrente mez, afim de se dar principio ao julgamento, sendo intimado o conselheiro promotor de justiça para estar presente. Rio, 14 de Fevereiro de 1874.—*Leão.* »

« O Sr. conselheiro Figueira de Mello pedio que o presidente do tribunal nomeasse de antemão um advogado para defender o réo e ter tempo de estudar o processo.

« O honrado presidente, com razão e justiça, negou-se a isso, dizendo que o requerimento era ex-temporaneo e inadmissivel, porque não constou que o réo não tivesse defensor, e que em tempo seria nomeado.

« O Sr. conselheiro Figueira de Mello, replicando com energia protestou contra a decisão do Sr, presidente, e exigio que tanto o seu requerimento como o protesto que fazia fossem inseridos na acta.

« O Sr. presidente insistio em não fazer inserir na acta senão a declaração de ser inadmissivel o requerimento do Sr. Figueira de Mello.

« Nenhum outro ministro do supremo tribunal acompanhou o illustre protestante. »

A *Nação* não fez largos commentarios ao procedimento do Sr. conselheiro Figueira de Mello; expoz o facto e deixou que a discrição dos leitores o avaliasse.

E fez bem.

Ha cousas que basta narra-las para que sejão devidamente apreciadas.

Frei Vital não quer defensor. O seu pragramma é — silencio!

Levantou a questão, dirigio os passos incertos da cohorte ultramontana, e quando chegou a sua vez de fallar, disse:

Jesus autem tacebat!

Resistio aos conselhos que lhe deu o nobre presidente dos catholicos para que se defendesse. E o vice-presidente dessa nova seita se incommodou tanto com o — *tacebat* —, que requereu gratuitamente ao tribunal um defensor prévio, que perturbasse esse desgraçado silencio do seu idolo !

O venerando Sr. conselheiro Marcellino de Brito, sempre calmo e circumspecto, não esteve nem pelo pedido e menos pela arrogancia com que este foi feito. E, cumprindo o seu dever, disse ao Sr. Figueira de Mello que se calasse, e S. Ex. não proseguio porque :

Jesus autem tacebat.

E para que o estupendo protesto, que chamaremos — novidade — não passasse aos vindouros, mandou o respeitavel presidente do tribunal que não fosse mencionado na acta o asserto do Sr. Figueira de Mello.

Damos os parabens a S. Ex. que assim se livrou de futuros commentarios.

Ha factos cujo esquecimento é do maior proveito a quem os pratica,

Se *Timon* não registrasse o que se passou em Pernambuco na occasião do reconhecimento do cadaver do sempre chorado patriota, o desinteressado, o digno, o distinctissimo Joaquim Nunes Machado, certamente estaria esquecido um acontecimento aviltante da politica desta terra,

O silencio santo e expressivo guardado por Jesus Christo, quando se pretendeu delle uma contradicta ás testemunhas que contra elle depuzerão, silencio, de que profana e sacrilegamente se prevalece agora o réo frei Vital de Oliveira, para não responder pelos crimes que commetteu, serve de thema a novos insultos ao supremo tribunal de justiça !

D. Lacerda mandou affixar na *estatua mutilada* de sua predilecção, mais os seguintes arrojos dos seus Pasquinos :

17

« *Jesus autem tacebat!*...

« Eis a unica, a nobre, a eloquente resposta que julgou dever dar o grande Athanasio brazileiro ao inqualificavel libello accusatorio que lhe mandou apresentar o supremo tribunal de justiça,

« Aquellas tres eloquentissimas palavras levárão o espanto e o assombro ao meio daquelle colendissimo tribunal que, devendo ser o baluarte da justiça, o palladio inexpugnavel do direito, se converteu, para não incorrer no desagrado de Cesar, em palacio de Herodes, em atrio de Caiphaz e em pretorio de Pilatos !

« Tão magnifica e sublime resposta encheu de temor os membros daquelle supremo tribunal, a cuja barra vai ser arrastado, pelo direito da força contra a força do direito, o inclyto e denodado bispo de Olinda !

« Aquellas tres palavras, tão laconicas e expressivas, lêrão-nas os juizes que de antemão assentárão já a condemnação da illustre victima, entregue ao seu poder e á sua vingança pelo furor e odio de uma seita mil vezes fulminada pela santa Egreja do Filho de Deus !

« Sim! Elles a lêrão... e um tremor convulso lhes percorreu e agitou os membros !... e ficárão fulminados como de um estupôr extatico, e olhárão uns para os outros cheios de espanto e de assombro !...

« Aquelle silencio eloquente da victima de sua prepotencia ainda uma vez os havia subjugado !... »

O Imperador é quem determina a condemnação desse réo confesso, e os membros do supremo tribunal são os seus instrumentos !

Os decanos da magistratura brazileira, os cidadãos respeitaveis por sua idade, por seu saber, e pelo venerando caracter que sua dignidade sabe

manter, — são esses vis instrumentos de odio alheio !
Procederáõ machinalmente !

Quanta insolencia desses suissos de Roma !

Comprehendem que, ante o direito, e não podendo ser negado o crime commettido, a condemnação
virá como consequencia inevitavel.

Assentárão o plano de desvirtuar o effeito moral
da decisão judiciaria, e procurão incutir no espirito
do povo, que sentimentos menos nobres, que uma
subserviencia degradante, que um estupendo aviltamento
da alta magistratura do Brazil dará em resultado a
temida condemnação !

Como são grosseiros os homens sem consciencia,
de que o episcopado se serve para supplantar, pelo
terror do descredito, leis e poderes do Estado !

A acção do supremo tribunal é absolutamente
independente.

Ante os provectos e sisudos juizes que o com-
póem não prevalece o odio nem a affeição.

Elles dão o valor devido á sentença de d'Aguesseau
expressada nas seguintes palavras :

« O magistrado, que não é um heróe, não póde
ser um homem de bem. »

O tribunal tem em sua presença um réo, que,
não podendo sequer defender-se, obstinadamente cala-
se dizendo-se imitador do Christo, a quem esse réo,
mais do que ninguem, desrespeita, com a vã pretensão de confundir-se com elle !

O silencio de frei Vital é, sem duvida, eloquente, porém — como a mais solemne confissão do crime
que elle ousada e atrevidamente commetteu.

Não se trata de materia espiritual ; a questão
não póde ser arrastada a essa subtileza romana.

Frei Vital offendeu a lei positiva da nação.

Frei Vital cidadão, e empregado publico, faltou
a seus deveres.

O recurso á coróa é direito constituido.

De actos de frei Vital se interpóz tal recurso: e este teve o devido provimento.

Frei Vital não só não cumprio a ordem do tribunal civil, como (e até o presente!) obstou o effeito desse provimento.

Não podia ser frei Vital juiz para avaliar essa decisão de competente auctoridade, como é o poder executivo.

Em nenhum desses factos se dá a condição de — simplesmente espiritual — pretendida pelos padres de Roma.

Frei Vital, portanto, não foi só desobediente, incorreu na sancção penal estabelecida no art. 96 em que já se acha pronunciado.

As provas que servirão, e perfeitamente, para a pronuucia são sufficientes para a condemnação, e pois, ante o direito que regula a materia, essa condemnação deve ser inevitavel.

Se o supremo tribunal de justiça a proferir, cumprirá, é nossa humilde opinião, severo, lealmente e com plena independencia, o seu dever.

Onde, pois, a indignidade, a subserviencia, se tal condemnação fór decretada?

E póde o governo imperial influir de algum modo no julgamento?

O que póde elle dar ainda a magistrados que chegárão já á maior altura de sua classe, que nada mais têm a desejar, e que, no ultimo quartel da vida, não têm outro interesse a zelar que não seja o de legar a suas familias e ao paiz nomes puros, e que fação a honra de sua ordem?

A que vem *Cesar* nesta questão?

Quanta perfidia! quanta insolencia!

Se o supremo tribunal se deixasse arrastar pela vontade do governo, quem sabe se não seria levado a uma vergonhosa absolvição?

Figuramos apenas a hypothese; não a admittimos.

O Sr. Penedo tomou em Roma um compromisso em nome do governo: o de concorrer este para restabelecer a harmonia com o episcopado, e a harmonia não se conseguirá com uma condemnação.

O desespero se apossou já desses padres desnaturados, que só procurão na diffamação, na calumnia na injuria vil as armas com que combatem.

E tão faceis são no que escrevem, que nem sequer se lembrão do ridiculo a que se expõem!

Na verdade que o tremor de que os membros do supremo tribunal forão acommettidos lendo as taes palavras — *Jesus autem tacebat*, é para rir!

Dizer que taes palavras proferidas por frei Vital manifestão desmedida coragem, quando está ao alcance geral que não forão ellas empregadas senão como um miseravel subterfugio, é, sem duvida, abusar do bom senso do povo.

Os pelotiqueiros de Roma não sabem argumentar de outro modo.

Para commover o povo elles não esquecem nem as lagrimas que Pio IX ha de verter, sabendo que em uma terra catholica ha dignidade bastante para punir um réo confesso!

Frei Vital é denominado, pelos seus acrobatas sacerdotaes, divino accusado!

Como lhes convém confundir Christo com frei Vital, o Redemptor do mundo com o jesuita, a paciencia e a humildade com a arrogancia e a soberba, Deos com o homem, a virtude com o vicio, a firmesa divina com a fragilidade do rapaz impertinente e sem criterio!

O poder de Roma está, na sua enganadora filagrana espiritual, com tanto elasterio na applicação, que até faz do chamado successor de S. Pedro um rei temporal!

O tal espiritual é invocado para estabelecer e manter o poder theocratico. E' com essa mesma ficção que os padres têm estabelecido a sua competencia para condemnar a torturas e á morte!

E quando, como agora, o homem que commetteu crime é conduzido ao tribunal competente, onde nem sequer se póde defender, e se espera da honra e da dignidade dos juizes a sua condemnação, gritão desesperados os suissos de Pio IX: infamia, venalidade, subserviencia, corrupção!

E pensão que assim conseguiráõ um crime dos julgadores!

Manejo grosseiro e indigno; manejo vil!

Ou a diffamação ou a mentira, e não ha tira-los desse caminho.

Ninguem ha que, pugnando pela verdadeira doutrina politica constitucional; ninguem ha que, não fazendo uma excepção brutal em favor da chamada santa sé, não seja, vilipendiado, não tenha de se vêr exposto aos mais nojentos apódos.

O Sr. marquez de S. Vicente publicou um bem elaborado opusculo, no qual sustentou victoriosamente o direito do beneplacito.

Não o puderão combater com vantagem, e bastou isso para lhe dirigirem mil asquerosidades, dessas que tão familiares são á insolencia clerical de Roma.

Ainda ha pouco lêmos que, como resposta a esse opusculo, e procurando-se, nos ditos dos santos padres e nas disposições dos concilios, a revogação dos preceitos de nossa constituição politica, innumeras injurias lhe forão atiradas, começando por dizer que S. Ex. é um cégo que não se conhece!

« Não basta, diz o escriptor ultramontano com referencia a S. Ex. não basta que um se chame conselheiro de Estado, ha mister que o possa e saiba ser. »

E' sempre a mesma cousa!

E' sempre a impostura e a falsidade!

Roma com a sua magica espiritualidade tem as mais exageradas pretensões de dominio, e nós não lhe podiamos escapar.

Bem dizia o senador Costa Ferreira, referindo-se ao papa:— « Esse pé decripto, porém audaz, que outr'ora calcava o collo dos imperantes, ainda se lembra hoje de pisar o manto imperial do Brazil. »

E no tempo em que esse digno brazileiro assim se expresava, os nossos enviados a Roma erão respeitados pela curia.

O que diria elle hoje, se a morte não o tivesse libertado da vergonha por que actualmente passamos, sobre a missão Penedo?

Demos, ao concluir este artigo, um *specimen* da lealdade e da sinceridade dos padres de Roma.

O povo tem assistido ás arengas sagradas de D. Lacerda, e tem visto quanto elle se empenha por obter esmolas para o *pobrezinho captivo* do Vaticano.

O bispo do Rio de Janeiro tem levado as suas rogativas e insinuações para isso até á immoralidade.

Parece, pois, que Pio IX, cercado de privaçõcs, está no caso de estender a mão supplicante á christandade, para que não morra de fome e de miseria.

Veja agora o povo para quem é que se pede do pulpito até o *vintem do pobre pretinho captivo*, a quem se aconselha que *arranje* o seu obolo, e que Deos lhe perdoará.

O pobrezinho do Vaticano acha-se nas seguintes *miscras condições*:

« A CÔRTE DO PAPA.— Referindo-se a informação official, publica o *Annuario do Vaticano* de 1874 o estado actual da côrte ao serviço de Pio IX, que é o seguinte:

« 20 mordomos, mestres de camara, 187 prelados domesticos, 164 camareiros secretos chamados de capa e espada, 30 officiaes de estado-maior da guarda nobre, 60 guardas simples, 130 camareiros, 200 camareiros de honra dos vestidos de côr de violeta, 70 camareiros de honra extra-urbanos, 70 camareiros de honra do capa e espada, 14 officiaes da guarda suissa e da guarda platina, 56 capellães secretos e de honra, 7 capellães de honra extraordinarios e supranumerarios, 10 intendentes e trinchantes, 50 bedeis effectivos e supranumerarios! Ao todo 1,160 pessoas de serviço, além do sacro collegio e os *monsignori* da curia em grande numero! »

Ahi tem o povo a *mendicidade* de Pio IX e que tanto tem sido exagerada.

O nababo de Roma vem ao Brazil pedir uma esmola, e extorque até o *vintem* do misero escravo, o qual, se para obtê-lo fôr *mister roubar*, nem por isso será a *dadiva menos acceitavel* pelo representante infallivel de Jesus Christo na terra, o qual em seu proveito tudo absolve.

Quanta immoralidade!

Quanto egoismo!

E é essa a Egreja que devemos manter como do Estado, devendo para isso soffrer todos os vexames, todos os insultos!

Deos se compadeça do Brazil, e o livre para sempre de seus algozes romanos.

Rio de Janeiro, 18 de Fevereiro de 1874.

XXII.

Continuação do mesmo assumpto.

Realizou-se hoje a 2.ª sessão do supremo tribunal de justiça para o julgamento de frei Vital.

O tribunal satisfez a todas as exigencias ainda as mais impertinentes.

Os dous advogados espontaneos forão, a despeito do preceito legal, admittidos a fallar pelo réo, que os não constituira.

O venerando presidente do tribunal foi benigno além mesmo de suas faculdades.

Frei Vital defendeu-se por intermedio desses seus advogados, emquanto guardava silencio absoluto para não contradizer-se com o seu — *tacebat!*

A lei, entretanto, foi cumprida.

O bispo rebelde, o infractor da constituição politica do Imperio, o audaz jesuita que affrontou os poderes do Estado, foi competentemente condemnado a 4 annos de prisão com trabalho!

Triumphou o direito brazileiro e Roma foi vencida.

Honra ao supremo tribunal de justiça!

Estão salvos os principios constitucionaes, conspurcados pelos bispos imprudentes.

O direito de beneplacito, o recurso á coróa, a subordinação dos bispos ás leis e aos poderes do Estado, forão mantidos por esse egregio tribunal.

Os venerandos magistrados, que compõem a mais elevada jerarchia do nosso poder judiciario, forão surdos aos empenhos, desprezárão a affronta que as folhas episcopaes lhes prodigalisárão, e tiverão diante dos olhos sómente a lei.

E comprehendendo a dignidade do paiz, a sua propria honra, e o legitimo interesse do povo brazileiro, proferirão a mais alta, a mais difficil, a unica condemnação, de que o Brazil tem noticia, em relação ao objecto..

A mais elevada magistratura brazileira, os anciãos encanecidos na pratica da applicação da lei aos factos, aquelles que, despidos já de quaesquer interesses communs, só têm por norma o severo cumprimento do dever, acabão de estabelecer com o mais notavel aresto do nosso fôro civil, a jurisprudencia constitucional, que nos deve regular.

O nosso poder judiciario, com essa magna decisão, firmou para sempre a seguinte doutrina :

« Que a religião catholica apostolica romana, que na primeira parte do art. 5.° da constituição politica continuou a ser considerada do Estado, deve quanto á Egreja romana e seus chefes estar subordinada a outros preceitos, certamente concommittantes desse ponto de nossa legislação, preceitos que a não serem harmonisados com aquelle se nullificarião.

« A necessidade de beneplacito imperial aos decretos, sem excepção, da santa sé e Egreja de Roma ficou pelo supremo tribunal firmada ! »

O bispo de Olinda, prevalecendo-se de bullas não autorisadas pelo poder civil brazileiro, decretou contra irmandades do Recife perigosissimas e illegaes interdicções.

As irmandades offendidas usárão do recurso á corôa.

O recurso teve o competente provimento.

O bispo de Olinda permaneceu na sua obstinação contra o preceito constitucional, desobedeceu formalmente á ordem de levantamento dessas interdicções!

O povo, offendido, reclamou energico contra isso,
a opinião publica se pronunciou, e exigio que, pelos
meios ao alcance dos poderes do Estado, fosse esse
bispo corrigido.

O governo, não podendo recuar, pois que cada
vez mais fortes e energicas lhe erão dirigidas reclamações nesse sentido, ordenou a responsabilidade
desse bispo.

O supremo tribunal de justiça, tomando conhecimento dos factos, ouvindo o mesmo bispo, entendeu
em sua sabedoria, e entendeu com acerto, que elle
era criminoso ante a nossa lei. Pronunciou-o.

Preso e levado á presença do tribunal, commetteu mais ainda a desattenção de não proferir palavra em sua defesa, levando a affronta aos seus juizes
a ponto de nem sequer allegar perante elle, a incompetencia em que se baseava para tirar ao mesmo
tribunal a faculdade, aliás incontestavel de julga-lo.

O venerando tribunal, porém, sem perder a
calma e a reflexão indispensaveis ao julgador, apreciou
as peças comprobatorias do delicto, e condemnou o
criminoso.

O bispo de Olinda, na pessoa de frei Vital de
Oliveira, é réo convencido por sentença de haver
transgredido leis do paiz.

Tudo, pois, conduz, considerando como deve ser
considerado o negocio pelo seu principio, a podermos
affirmar que o triumpho proporcionado pela sentença
do supremo tribunal é da doutrina consagrada no
art. 102 § 24 da constituição politica do Imperio,
isto é, que:

« Nenhum decreto, letra apostolica, ou constituições ecclesiasticas, podem ter força no Imperio, e ser executadas se não forem previamente sujeitas ao conhecimento do poder executivo ou da assembléa geral legislativa, e se não obtiverem destes poderes o necessario beneplacito. »

Na sustentação franca desta doutrina se traduz a sentença proferida contra frei Vital de Oliveira.

Honra, pois, ao supremo tribunal!

Calem-se, nesta solemne e melindrosa situação, os interesses encontrados dos partidos que se disputão o poder, ou que trabalhão por obte-lo.

O interesse do paiz, legitimo como é, reclama, sobretudo, que a soberania da nação, mal ou bem expressada na constituição pela qual elle se rege, seja acatada especialmente quando se trata de um poder estranho, e que, se é tolerado pela existencia de uma Egreja do Estado, não póde jámais ser exercido de modo a offender as leis do paiz.

O chefe da Egreja romana reunia os dous poderes temporal e espiritual, quando declarado o Brazi independente e com governo constitucional representativo, por tal e nessas condições o reconheceu, e como legitima potencia, e distincta nacionalidade.

O chefe da Egreja, portanto, está na estricta obrigação de manter-se para com o Brazil nos limites dessa constituição que elle reconheceu.

A Egreja do Estado continuou, com as condições que se estabelecêrão na mesma constituição.

Em taes condições póde ser admittido o poder natural da Egreja. Exorbitando, porém, e por sua unica vontade e arbitrio, torna-se, em tudo quanto for excesso, poder estranho, e não merecedor de respeito, ou antes no caso de ser com dignidade repellido.

Os bispos brazileiros e que acceitárão os cargos sob o actual regimen do Imperio, ou prestárão o de-

vido juramento de obediencia ás leis do Estado, e no
caso dado com o bispo de Olinda, commetteu o crime
de perjurio; ou jurárão incompletamente, com restricções mentaes, não autorisadas por lei alguma, e
nesta hypothese deixárão de prestar o juramento exigido pelo nosso direito, e então não só não funccionão
legalmente, com ainda mais se achão incursos na disposição penal estabelecida no art. 198 do codigo criminal.

Como, pois, dizer-se que frei Vital, pronunciado e
condemnado, é victima da prepotencia, martyr por
cumprir os seus deveres?

Como dizer-se que o procedimento desse homem,
offendendo as nossas leis, subordinando-se a um
poder que é estranho, por offensivo da constituição
do Imperio, é um heróe, merece todos os respeitos e
deve no seu crime ser venerado?

Ubi tens sumus!

Para que levar o capricho politico a negar verdades incontestaveis?

A materia interessará mais a conservadores, a
liberaes ou a republicanos?

Certo que não.

Roma, como ella quer e se esforça incançavel-
mente por ser, matará a todos tres.

Pio IX é franco e explicito enunciando o seu
pensamento; a guerra de Roma é, em geral, á
liberdade: ella quer reis instrumentos, e dominar
o mundo com a sua sonhada alliança de throno e
altar.

Frei Vital, portanto, não passa de um criminoso
vulgar, ainda que audaz e arrojado.

Heróe seria elle, se, tendo acceitado um bispado
brazileiro, e como cidadão brazileiro tivesse a coragem
de dizer a Pio IX: Vossas ordens para aqui, e no
que são offensivas das leis do Estado, não pódem,
nem devem ser executadas.

Educado, porém, na seita jesuitica e ultramontana, elle sacrifica a sua patria aos caprichos da curia
romana, e quando mais se empenha em desprestigiar
as leis e os poderes constituidos, até aquelle mesmo
que imprudentemente o nomeou bispo, se diz:

É um heróe!

Com effeito.

Já a falta de patriotismo, a offensa positiva do
direito, e quando menos, o fanatismo disfarçado são
elevados á — heroicidade!

Agora attendão os leitores ao que ha dias escreveu o bispo do Rio de Janeiro, calculando amedrontar, para obter uma absolvição impossivel.

Elle comprehendeu que, ante o dever e a dignidade
judiciaria era impossivel a absolvição de frei Vital.

Incitado pelos padres que o cercão, e que o têm
arrastado a todos os desmandos, D. Lacerda dirigio-se
furioso, directamente ao Imperador, e pedio, ameaçou,
trovejou vinganças, prometteu o desmoronamento desta
terra, e affirmou que depois della.... o diluvio!

Principiou dizendo que o Imperador, por ser seu
diocesano, está commettido á sua solicitude pastoral,
isto é — que o chefe do Estado é o primeiro subordinado ao bispo D. Lacerda.

Exige que o Imperador lhe garanta a sua liberdade de consciencia, e a dos outros rebeldes; e a
liberdade de consciencia de D. Lacerda consiste em
ter força para supplantar com o *Syllabus* a liberdade
de consciencia de todos os brazileiros!

D. Lacerda sempre *eloquente*, como todos o conhecem, diz que — nos horizontes da Egreja e do
Estado agglomerão-se, cada mez mais, nuvens sobre nuvens, e nuvens negras, carregadas de tufões,
aguaceiros e raios, que entenebrecidos estão os ares,
e que pavorosa incerteza convulsa os corações dentro
do peito!

Vê-se perfeitamente que o nosso *amado* diocesano, tendo arranjado, com essas palavras tenebrosas e assustadoras, um trecho dos sermões que tem de prégar, durante a presente quaresma, no Castello, julgou a proposito, para amedrontar o Imperador, encartar esses rasgos de entenebrecida eloquencia na sua — sublime ameaçadora — representação.

Junto a frei Vital o destemido, o timido D. Lacerda faz praça de coragem, ainda mesmo que em seguida trema de sua propria valentia.

Em occasiões como esta D. Lacerda horrorisa-se de sua propria sombra.

A maçonaria é o seu duende, é della que elle suppõe vir todo o mal ao seu episcopado; e na falta de armas commette o nosso pastor um peccado contra o 8.º preceito do Decalogo.

D. Lacerda levanta contra a maçonaria os seguintes falsos testemunhos:

« Que agrilhôa as consciencias;

« Que repelle e ultraja os dogmas da Trindade, da divindade de Jesus Christo e da Conceição. »

Será ignorancia ou má fé, que o arrasta a dislates como esses?

A maçonaria tem sua constituição ao alcauce de todos que a querem lêr; D. Lacerda a tem lido, e não é possivel que a não tenha entendido, a não ser que elle leia com tanto criterio quanto emprega nos seus despachos para casamentos.

Depois de pedir ao Imperador que mate a maçonaria (traducção livre), mostra-lhe para quanto presta, chama-o a contas, castiga-o com ameaças, até de ser abandonado pelo clero (e deve ser horrivel um tal abandono!) e só por isso, perder a corôa!

Diz mais o bispo ao seu diocesano:

« Faça já o que fez seu avô, que aniquillou essa seita malvada !

« Veja que a maçonaria vai de triumpho em triumpho, e que a religião é victima de seu odio.

« Se tiver o arrojo de não amparar o prestigio da auctoridade ecclesiastica, no dia da revolução ficará desamparado do apoio do baculo.

« Veja bem que se não fosse um bispo, ninguem poderia dar uma cova ao cadaver do presidente do Pará.

« Attenda que foi a maçonaria que agarrou um bispo, o heroe de Olinda, metteu-o a bordo de um navio de guerra, accusou-o de rebelde á constituição, e o levou á barra de um tribunal secular, cousa que nunca se vio.

« Não consinta n'isso, ouça a voz dos bispos, e do papa que é o mesmo que ouvir a de Jesus Christo.

« Deixe que o insigne frei Vital vá para a sua residencia episcopal para alegrar com sua presença ás suas ovelhas, que o chamão com balidos suavissimos.

« Veja bem que Christo fundou sua Egreja sobre Pedro e não sobre Cesar, e portanto não é crime executar o *Syllabus* dogmatico do summo pontifice.

« Inglez, da Inglaterra protestante, só seja aqui bem recebido se fôr catholico.

« Repare que fomos nós que arrancámos Pernambuco das garras dos hollandezes, que libertámos a nossa formosa bahia do Rio de Janeiro dos hugnotes, e que fizemos a separação abençoada da nossa terra da de Portugal.

« Sou bispo e não quero ser herege. »

E depois de todos esses dislates, dirige ainda a seguinte memoravel tirada, directamente ao Imperador:

« Se não temermos a Deus, menos a qualquer homem na terra ;

« Se não formos leaes á nossa fé, menos á nossa bandeira ;

« Se não bradarmos — viva Christo ! — não poderemos bradar — viva o Sr. D. Pedro II ! »

D. Lacerda vai seu caminho de throno e altar.

Não contente com todos os improperios que tem lançado á maçonaria, D. Lacerda toma ares serios, e em tom de auctoridade brada como um possesso :

« Condemno a maçonaria ainda quando nenhum crime tivesse senão o de desobedecer ao vigario de Christo ; reputo excommungados todos os maçons e os que lhe prestão favor qualquer que seja.

« Sem apostatar não posso menosprezar nenhum ponto dos que forão definidos no concilio ecumenico do Vaticano, e nenhum artigo do *Syllabus* dogmatico de Pio IX. »

Na verdade, se o Sr. Penedo foi a Roma buscar toda a moderação, prudencia e criterio, assim esbanjados por D. Lacerda, não é sem razão que o Sr. presidente do conselho se alegrou com o resultado da missão áquelle enviado do Imperador encarregada, e com instrucções que seguramente não são as que lhe deu o Sr. conselheiro Carneiro de Campos, ministro de estrangeiros.

Depois de tudo quanto temos relatado da representação de D. Lacerda, acaba elle :

« Sou com o mais rendido acatamento e respeito, senhor ; de V. M. Imperial subdito humilde e obediente.— ! (*O nosso homem !*) »

Em vesperas do julgamento de frei Vital, assim se dirigira D. Lacerda ao Imperador. Era na convicção desse bispo um meio de conseguir a desejada absolvição do seu collega !

Vê o paiz, que para libertar frei Vital, da acção da justiça, nada foi poupado.

Nem o empenho, nem a ameaça, nem o elogio, nem a injustiça !

Tempo perdido, vãos esforços !

O supremo tribunal de justiça, na altura de sua missão, cumprio o seu dever, salvou o principio constitucional.

Honra aos velhos magistrados ; parabens ao Brazil !

Rio de Janeiro, 21 de Fevereiro de 1874.

XXIII.

Continuação do mesmo assumpto.

Publicada a douta sentença proferida pelo supremo tribunal de justiça contra frei Vital de Oliveira, podiamos dar hoje por concluida a ardua tarefa em que nos empenhámos.

Essa decisão, do mais alto e respeitavel corpo judiciario, é, de quanto temos sustentado, o mais solemne triumpho.

No campo das idéas, combatendo pelos bons principios, sustentando as doutrinas, unicas e lealmente acceitaveis, de jurisprudencia civil e politica, que o nosso direito autorisa, qualificámos, desde o primeiro dos nossos artigos, de criminoso o procedimento do episcopado que se revoltára contra a constituição e leis do Imperio.

Dissemos, e sem contestação plausivel, que o chefe da Egreja romana não era auctoridade independente e illimitada no Brazil:

Dissemos que os decretos pontificios, quaesquer que fossem, não podião, nem pódem ter execução entre nós, abstrahindo de beneplacito do poder civil.

Dissemos, com o Sr. marquez de S. Vicente, que « a approvação ou beneplacito é attribuição inauferivel do poder politico, de sua inspecção e responsabilidade, pela ordem e bem ser social, pela defesa de seus direitos, e pela prevenção do que lhe possa ser nocivo; e que convém estar alerta para que o poder ecclesiastico não invada, não usurpe os direitos da soberania nacional, e nem perturbe a paz publica.»

Dissemos que o episcopado devia ser subordinado ás leis do paiz, e que os bispos não podião constituir Estados no Estado :

Sustentámos a necessidade e legitimidade do recurso á corôa como correctivo dos actos ecclesiasticos, e, por conseguinte, como indispensavel garantia dos direitos soberanos do povo, e do preceito constitucional que autorisa o beneplacito :

Dissemos que a celebre pastoral de 2 de Fevereiro de 1873 publicada pelo bispo de Olinda, (e na qual dizia esse anarchisador, que a doutrina do *placet* é heretica), continha uma offensa criminosa á constituição, e á soberania nacional :

Dissemos que Pio IX, declarando, no consistorio de 3 de Novembro de 1855, que a doutrina do beneplacito era falsa, perversa e funestissima, e que a condemnava (*damnamus ac reprobamus*) se constituira em hostilidade aberta com o Brazil constitucional :

Dissemos que esse mesmo bispo de Olinda, deixando de cumprir o provimento dado pela corôa, com audiencia do conselho de Estado, aos recursos das irmandades do Recife, incorrêra em sancção penal, e que devia por isso ser responsabilisado e condemnado :

Censurámos o governo por ter dirigido a esse bispo palavras benevolentes e amistosas, quando o devêra tratar, como geralmente devem ser tratados todos os criminosos, e sem distincção, pois que a lei é igual para todos :

Dissemos que o governo perdia a sua complacencia com os ' energumenos de Pio IX, que aqui queriào firmar o poder theocratico, supplantando todas as liberdades publicas, todas as garantias sociaes:

Provámos a toda a evidencia que os bispos, que procedião como esse de Olinda, se, achavão, *ipso facto*, (e conforme a insuspeita auctoridade de Vasconcellos, Honorio Hermeto e outros) desnaturalisados, e que o mais prompto e efficaz remedio era, declarando-os taes, deporta-los, e livrar assim, sem perda de tempo, e com vantagem da ordem publica, o povo de um tal flagello.

Ao governo faltou para isso a coragem necessaria, o governo contemporisou, fugindo da responsabilidade—que só a elle cabe e que sempre lhe pesára; e depois de inconvenientissima demora submetteu a apreciação dos factos occorridos ao poder judiciario.

O supremo tribunal de justiça, em taes condições, não trepidou no cumprimento de seus deveres, e assim provocado, disse ao paiz a verdade da nossa lei.

Frei Vital de Oliveira foi pronunciado em crime inafiançavel; foi preso e trazido para esta côrte, foi levado á presença de seus competentes juizes, e, conservando-se mudo, mas fallando pelos seus prepostos, dizendo *Jesus autem tacebat*, emquanto deixava que os seus dous orgãos esgotassem em favor do *bello martyr* todos os recursos do sophisma, e até da aleivosia contra os poderes publicos, foi solemne e competentemente condemnado a quatro annos de prisão com trabalho, pena média das estabelecidas no art. 96 do codigo criminal.

O supremo tribunal manifestou o seu imparcialissimo pensamento nos seguintes termos:

« Feito o relatorio deste processo crime, na fórma da lei e observadas as suas disposições:

« Attendendo que as irmandades são instituições de natureza mixta, para cuja existencia concorrem o

poder temporal e espiritual, sendo os respectivos
compromissos organisados pelos fundadores, approva-
dos pelos prelados na parte espiritual e confirmados
pelo governo ou pelas assembléas provinciaes (lei de
22 de Setembro de 1828, art. 2.º § 11) e assim são
sujeitos á jurisdicção ecclesiastica na parte espiritual
e á civil ou temporal em todas as mais disposições;

« Attendendo que os requisitos que devem ter
as pessoas para poderem pertencer a taes associações
não fazem objecto de natureza espiritual;

« Attendendo que, sendo indispensavel, além da
vontade dos fundadores, o concurso dos dous poderes para a decretação da lei que tem de regular taes
instituições e marcar os direitos e obrigações de seus
membros, não póde ser alterada ou reformada por
um dos dous poderes sem o concurso do outro e
intervenção da irmandade (Resolução de consulta de
15 de Janeiro de 1867);

« Attendendo que a declaração da incapacidade
de certa classe ou individuos em pertencer a taes
associações por motivos não declarados nos respectivos compromissos importa reforma ou alteração delles;

« Attendendo que o accusado ordenou á mesa
da irmandade do Santissimo Sacramento da egreja de
Santo Antonio, que expellisse do seu gremio um certo
e determinado individuo por pertencer á sociedade
maçonica permittida pelas leis do Imperio e bem assim
todos os mais irmãos que estivessem no mesmo caso;

« Attendendo que, recusando-se a irmandade a
cumprir tal ordem por contraria ao compromisso, o
accusado fulminou contra a mesma a pena de interdicto sem proceder a quaesquer informações e nem
mesmo a ouvir os interessados;

« Attendendo que, assim procedendo, o accusado
arrogou jurisdicção e poder temporal e mais usou de
notoria violencia no exercicio do poder espiritual,

postergando na imposição da gravissima pena de interdicção o direito natural e os canones recebidos na Egreja brazileira, que não consentem que alguem seja condemnado sem ser ouvido, observados os termos da defesa;

« Attendendo que, interposto o recurso á corôa, autorisado pelo decreto n. 1911 de 28 de Março de 1857, de conformidade com a legislação anterior, o accusado recusou responder a elle, desconhecendo sua legalidade, e decidido o mesmo recurso, sendo-lhe transmittida a resolução imperial para cumpri-la, não só deixou de o fazer, como tambem incitou os vigarios a que igualmente deixassem de cumpri-la, amedrontando-os com a pena de suspensão *ex informata conscientia*, de que fôra victima um que se mostrou hesitante;

« Attendendo que, o accusado como empregado publico (acto addicional á constituição, art. 10 § 7.°) em sua elevada posição devêra ser prompto e solicito em cumprir e fazer cumprir pelos seus subordinados as leis do paiz, mais grave se tornou a sua recusa e obstinação á ordem legal, chegando até a considerar como heretica a materia do recurso á corôa e ao *placet* (officio de 6 de Julho de 1873);

« Attendendo finalmente que, pelas razões expostas, a presente causa é da alçada do tribunal, e que o accusado com o seu procedimento impedio e obstou os effeitos da determinação do poder executivo, contidos naquella resolução, como se acha plenamente provado dos autos:

« Julgão ter o Rev. D. frei Vital Maria Gonçalves de Oliveira incorrido na pena do art. 96 do Codigo criminal, e o condemnão a quatro annos de prisão com trabalho e nas custas.

« Rio de Janeiro, 21 de Fevereiro de 1874—*Brito*, presidente. — *Leão*, relator sem voto.— *Veiga*.— *Barão*

de Montserrat. — *Simões da Silva.* — *Villares.* — *Valdetaro.* — *Costa Pinto,* e por outros fundamentos expostos na discussão. — *Alburqueque,* julguei o réo
incurso na pena do art. 128 do Codigo criminal pela
desobediencia ou por ter deixado de cumprir a decisão
do recurso, materia principal do aviso, que determinou a denuncia. — *Barão de Pirapama,* julguei
nullo o processo, não só pela incompetencia do tribunal para julgar causas puramente espirituaes, como é
expresso na lei de 18 de Agosto de 1851, como tambem por não se achar prescripta e regulada a forma
do processo para o julgamento dos bispos. Mas, como
isto se não venceu, absolvo o accusado, por não
haver lei alguma penal applicavel á especie em questão.»

Gloria á justiça publica !

Gloria á soberania nacional !

O triumpho é esplendido, mas não pertence á
nossa obscura individualidade.

Soldados sinceros da democracia, como ella deve
ser comprehendida e propagada, cumprimos apenas o
nosso dever ; e aquelle que o satisfaz contenta-se com
a tranquillidade de sua consciencia.

O triumpho é dos bons principios ; é dos principios soberanos pelos quaes um povo digno se deve
reger, e unicos com os quaes se faz respeitar.

O triumpho é do Brazil contra a degradada
Roma.

O triumpho é da liberdade de consciencia, que
nesta sua primeira batalha campal, no Imperio, obteve
uma magnifica victoria.

Se para esse triumpho a maçonaria concorreu
efficazmente, mas só com dignos esforços de intelligencia e de desinteressada e nobre dedicação, della
não foi esse triumpho, porque ella não trabalha para
si, mas só se esforça pelo beneficio da sociedade em
geral.

A maçonaria quer apenas e ha de obter para
os brazileiros e estrangeiros, de que aqui se compõe,
as garantias que as nossos leis outorgão a todos os
habitantes do Imperio.

Não sendo uma sociedade politica, quer, todavia,
viver, e ha de viver com plena liberdade de pensamento e com a consciencia livre, acatando os preceitos da moral universal.

A maçonaria não se ufana [ante o espectaculo da
simples condemnação de frei Vital; contempla-o como
a qualquer vulgar criminoso, não lhe vota odio, la-
menta-o, vendo-o escravo de poder estranho, em detrimento da patria que elle renega.

A maçonaria se regozija sim, contemplando a
severidade de um tribunal de justiça que, corajoso e
digno, deu nesta terra execução ao principio cardeal
de ordem e de segurança publica, o da igualdade
perante a lei.

A maçonaria não teme a Pio IX nem a seus sequazes, ri-se das extravagantes excommunhões com
que a curia romana, ainda agora, e em falta de outras armas, ameaça a tudo e a todos.

A maçonaria, que é absolutamente estranha ás lutas
religiosas, como é ás que se referem a fórmas de governo,
procura, como garantia essencial de seus direitos e dos
direitos dos povos, manter a liberdade plena de consciencia, e ha de mante-la, especialmente se todos os poderes publicos procederem sempre com tanta imparcialidade, com tanta sciencia e consciencia, com tanta honra e
desinteresse individual, como acaba de proceder o venerando supremo tribunal de justiça, cujo distincto
comportamento faz honra ao Brazil, e deve, com louvor
e enthusiasmo, echoar em todos os paizes cultos.

O prazer porém, de que nos achamos possuidos
por vermos triumphar os sãos principios politicos e
sociaes, não nos illude, e nem nos priva de contem-

plar com criterio o que se passa no Brazil em relação á materia, e o que vai occorrendo depois desse honroso julgamento.

Se todos os bispos, se o clero que os rodeia, e que, sob a permanente ameaça do fatal— *ex-informata conscientia*, a elles se subordina sem discrição e sem dignidade, fossem amigos do paiz, fossem sinceramente brazileiros, prezassem os legitimos interesses da patria, e soubessem cumprir os seus deveres de cidadãos, o julgamento, tão nobremente proferido pelo primeiro tribunal judiciario, produziria o effeito de se subordinarem elles, e voluntariamente, ás leis civis.

Assim cumpririão um essencial preceito da doutrina ensinada por Jesus Christo.

Mas... Longe disto!

O que vêmos?

A horda ultramontana que pretende atrophiar com o *Syllabus* as liberdades publicas, horda que, em parte é estrangeira de nascimento, e de cidade, e em parte estrangeira na propria patria, oppõe a mais tenaz resistencia a todos os decretos politicos, a todos os actos tendentes á manutenção dos direitos de soberania do povo e de liberdade de consciencia.

Pelo que se lê nas folhas subvencionadas á custa dos bispos, pelo que se ouve, aqui mesmo na côrte, e em face do governo, do pulpito donde, por exemplo, D. Lacerda invoca Pedro contra Pedro, appellida de Nero o imperante, e, com banalidades e excessos inauditos, estygmatisa a todos quantos não repetem os paradoxos que os *illustres* defensores gratuitos de D. Vital propalão, comprehende-se perfeitamente que uma medonha revolução se prepara!

Os petroleiros de roupeta organisão o seu exercito.

Fazem do confessionario o ponto de partida de suas ordens; dahi intrigão a familia, e ahi distribuem o punhal e o veneno, seus mais poderosos argumentos, em todos os tempos!

Para gloria do deus de Roma, e poder do chefe ultramontano o assassinio é virtude!

Para a revolução, anti-social, repugnante e mesquinha, tudo serve aos ultramontanos!

Diga-se que frei Vital é um santo martyr, que o supremo tribunal é o de Pilatos, que a condemnação desse energumeno é um crime ante Deos, que a religião christã é guerreada · pelo governo, e é o que querem esses nocivos parasitas do Estado!

Republicanos, liberaes, conservadores ou absolutistas, que desleaes a seus principios, com elles fizerem côro, tudo lhes serve.

Abaixo as *testas coroadas*, como já o têm proclamado!

E viva o *Syllabus!*

Abaixo tambem as republicas sinceramente liberaes!

Vivão os republicanos que se subordinarem a Roma!

Vivão os Reis subservientes á curia.

Abaixo o beneplacito, e viva a theocracia!

Todos os elementos lhes servem. Esse medonho amalgama convem aos ultramontanos! E é sobre elle que pretendem edificar o seu poder futuro!

E o homem pensador, que contempla todas estas mizerias, ao passo que lamenta tanta degradação, ri-se, observando que o republicano de todos os meios quer cavalgar o padre para fazer a sua jornada mais ligeira; que o liberal sem consciencia procura no padre um apoio, emquanto galga o poder; que o conservador egoista tambem procura no padre um instrumento; que o absolutista toma o padre para muleta a ver se consegue chegar a seu *desideratum*, e que, entretanto, o padre, por sua vez, quer cavalgar a todos elles ao mesmo tempo, para, abysmando-os juntamente, com mais brevidade chegar a Roma, e arvorar sobre os destroços de todas as crenças o seu estandarte de morte a todas as liberdades, a todas as garantias, a soberania de todos os povos, e assim fazer triumphar o *Syllabus*, e com elle o poder universal de Pio IX e de seus successores!

Em tal situação, e quando os partidos politicos; *e por acção suprema* se achão prostituidos e todos obcecados pelo desejo de subir ao poder, ou de nelle conservarem-se, os homens que reflectem, e que com patriotismo verdadeiro almejão a prosperidade da patria, devem acautelar-se.

A situação é mais grave presentemente do que foi ao começar a luta.

Os ultramontanos estão actualmente mais arrogantes.

O insulto, a calumnia, o desprezo ostentado, a insolencia, tudo é, ás mãos cheias, atirado ás faces do governo, aos poderes publicos, e a todos os cidadãos que não se prestão subservientes a Roma.

— *Audaces fortuna juvat.*

E' o caracteristico principal dos ultramontanos.

Na fraqueza dos governos assentão elles os seus planos.

Em tal emergencia, pois, toda a cautela é pouca.

Se desde o primeiro dos nossos artigos temos sempre escripto como epigraphe o *Caveant Consules*, agora mais do que nunca tem isto applicação.

Caveant Consules ne quid detrimenti republica capiat.

Estará o governo álerta!

Cumprirá os seus deveres?

Temos séria duvida sobre isso, ou, mais francamente, negamos.

O ministerio (é forçoso confessor, e nem mais é

licito negar, pois que muitos dos ministros o dizem a quem quer óuvi-lo), acha-se em profunda divergencia sobre esta materia.

Alguns delles são até supersticiosos!

D'ahi vem a procrastinação de todas as medidas, aliás urgentemente reclamadas pelo paiz; d'ahi os males cujo desenvolvimento lamentamos, e que bem podião ter sido reparados apenas forão conhecidos.

O governo conservou-se pacifico e simples observador, por longos mezes, do que se passava, por exemplo, em Pernambuco. Entendeu que uma offensa formal á constituição do Estado podia e devia ser tolerada e esquecida!—Não reflectio que desse modo caminhava para o abysmo!

O povo esperava a acção do governo, e a acceitava, por mais energica que fosse: a superstição era quasi nulla, porque o confessionario e o pulpito ainda não tinhão começado seu trabalho de organisação para a guerra.

Entretanto o governo perdeu as melhores opportunidades e hoje tem de despender não só inauditos esforços, como até sacrificios extremos para restabelecer a força da auctoridade publica, já tão ludibriada como está.

A fraqueza do governo animou o partido ultramontano, o qual não se contenta com pedir, exige com arrogancia, e extorque com ameaça!

Examinando quanto vai occorrendo, não podemos deixar sem reparo um facto que depõe até contra a lealdade da administração publica.

Frei Vital, já suspenso do exercicio do episcopado, por quanto, no effeito da pronuncia em crime de responsabilidade não se distingue nenhuma funcção, nomeou criminosamente um seu preposto, e que sob sua direcção governasse o bispado!

E isto foi tolerado!

Frei Vital foi processado, e está condemnado por não ter levantado o interdicto que lançára a diversas irmandades e egrejas. E as irmandades e as egrejas continuão interdictas, e o preposto de frei Vital premanece em funcções que um pronunciado lhe conferio !

E o governo ainda o não suspendeu, nem determinou que fosse processado !

O poder judiciario firmou, por seu decreto, a doutrina a seguir nesta materia ; e o poder executivo se conserva impassivel, consentindo de um modo criminoso que esse decreto seja desrespeitado, e, ao contrario, deixa que vigore o capricho ultramontano !

A effectividade do preceito constitucional do beneplacito deu fundamento á sentença que condemnou a frei Vital. E os outros bispos, salvos os do Maranhão e de Cuiabá, publicão e dão execussão ás determinações do pontificado, independente de beneplacito, atropellão com os tyrannicos e repngnantes breves de Roma a seus diocesanos, e são conservados impunes e livres, na carreira dos desatinos e na offensa accintosa á constituição do Imperio !

Reina, portanto, a anarchia, e o governo vive no meio della, e sem que de qualquer modo a contenha ! Parece que vive bem e socegado, sendo mero espectador da desordem !

Emquanto o governo, assim indolente, deixa que o *Syllabus* vá sendo observado, os bispos ultramontanos tambem não primão pela coherencia e harmonia de procedimento.

Os bispos do Pará e de Pernambuco suspendem irmandades e interdizem egrejas para privar os maçons de praticas religiosas. Os outros publicão pastoraes em que se declarão solidarios com aquelles contra a *heretica* disposição constitucional do beneplacito !

Entretanto, aqui na côrte, e onde o bispo D. Lacerda declara do pulpito excommungados os maçons e os maltrata, sem consciencia, com epithetos grosseiros, todas as irmandades, ordens terceiras e confrarias são, em sua grande maioria, compostas de maçons, e continuão a exercer suas funcções, nem são dellas destitituidos, e nem as egrejas em que funccionão são declaradas interdictas!

Ainda mais: D. Lacerda concorre, com o grão-mestre do Lavradio, o Sr. presidente do conselho, a actos religiosos, coresponde-se com o ministerio, que é composto de maçons, que até hoje não renegarão, e não tem escrupulo de o fazer!

Quando é que o bispo do Rio de Janeiro falta a seus deveres e se degrada, — quando do pulpito e nas palestras particulares maldiz da maçonaria e dos maçons, — ou quando na pratica convive com elles e consente que tenhão exercicio nos templos?

Falta-lhe coragum para lançar aqui interdictos á Vital de Oliveira?

Se não tem coragem, tenha ao menos coherencia. Cale-se no pulpito, e não exija, irreflectido, que nos novos compromissos de irmandades se insira uma insidiosa disposição, para que sejão excluidos os maçons.

Chamamos a attenção do bispo D. Lacerda para a irmandade do Sacramento de Santa Rita, como para todas as outras confrarias que funccionão nas egrejas desta côrte. Lance interdictos a essas egrejas, prive os maçons de enterramento nos cemiterios sagrados, negue-lhes pão e agua!

E' capaz de o fazer?

Faça-o e liquidemos isto quanto antes.

Prive os ministros de Estado dos soccorros espirituaes, declare interdicta a *irmandade administrativa do Imperio*, e o Sr. presidente do conselho fóra do gremio da Egreja romana, e *ordene a Cesar* que demitta o ministerio maçon.

Tem coragem para fazê-lo?

Porque não o faz?

O que lhe falta é coragem ou consciencia?

É covarde ou impostor?

Responda com o seu procedimento.

Se, porém, se conserva silencioso e sem acção, porque respeita a decisão judiciaria, e obediente não deseja ser tambem condemnado a prisão com trabalho, tenha a franqueza de declarar ao povo; — que até o presente esteve em erro, — que se corrige delle, — arrepende-se e pede perdão a Deus e ao paiz.

E ainda é tempo de salvar-se!

Reflicta o povo que, — se todo o episcopado ultramontano se esforça em prégar as mesmas idéas, os bispos, na pratica, se contradizem e se desharmonisão : cada um procede a seu modo. Emquanto uns perseguem outros se abstêm, sendo que todos dizem que conservão suas virtudes romanas e igual respeito ás bullas pontificias.

E o que significa tudo isto?

Impostura e mentira — politica mesquinha — ausencia de verdadeiros principios religiosos, — hypocrisia e fallacia.

Rio de Janeiro, 4 de Março de 1874.

XXIV.

Continuação do mesmo assumpto.

Muito se tem dito sobre a nova missão a Roma, commettida ao Sr. padre Pinto de Campos.

Depois de commissionado o Sr. Penedo, para tratar alli do negocio episcopal, a que foi aquelle senhor?

Se a missão Penedo satisfez completamente ao Sr. presidente do conselho, embora desagradasse totalmente ao Sr. ministro de estrangeiros, como mandar outro enviado, logo após a brilhatura do plenipotenciario do Imperador?

Quem autorisou o Sr. Pinto de Campos a fazer destes negocios em Roma?

Com que credenciaes se apresentou?

Parece que o Sr. presidente do conselho, unico que tem a chave de todos estes segredos, tambem mandou o seu enviado particular! E o Sr. Pinto de Campos, já prelado domestico de sua santidade, foi julgado apto para isso.

Junto a Antonelli o Sr. Pinto de Campos.

É o que faltava á celeberrima missão a Roma!

Foi pequena a vergonha a que a *prudencia* do governo e a *habilidade* do Sr. Penedo nos expuzerão.

O Sr. presidente do conselho não estava ainda satisfeito!

19

Era mister á farça Penedo a presonça de um *compadre*.

E, *si véra est fama*, lá foi o Sr. Pinto de Campos!

Até onde chegaremos?

O que fez o Sr. padre?

Diz D. Lacerda na sua folha:

« *A' ultima hora.*— Acabamos de ver uma carta de Roma, de 17 de Janeiro, chegada hontem, e escripta por pessoa maior de toda excepção, confirmando plenamente as noticias que acima transcrevemos da *União* de Pernambuco.

« A nova missão diplomatica do governo imperial foi um fiasco mais estrondoso ainda do que a primeira!

« Fez-se a luz sobre a missão Penedo.

« O santo padre louva e approva os actos e a energia do Sr. D. frei Vital! »

A degradação a que tem sido o Brazil exposto em Roma deve pesar sobre alguma cabeça.

Qual é ella?

O tempo mostrará o culpado de tanta abjecção.

Affirma-se mais que Pio IX dirigira directamente ao Imperador uma carta, estranhando-lhe o seu procedimento, e intrigando-o com os liberaes do Brazil.

Não sabemos se o Imperador a recebeu, entretanto já foi ella publicada em um jornal ultramontano, e hoje a vimos transcripta no *Diario do Rio de Janeiro*.

É a seguinte:

« Magestade!

« Um dia havemos de comparecer perante o tribunal de Deos. Vós sereis precedidos de nós, e este simples pensamento nos faz tremer; o que nos dá algum vigor é a idéa do dever cumprido e a da infinita misericordia do Senhor. Haveis de permittir-nos que vos recorde este supremo pensamento, antes do vos exprimir a profunda dôr por nós experimentada ao saber da encarceração do nossso reverendo irmão monsenhor bispo de Pernambuco.

« Vossa Magestade, inspirando-se nos exemplos de um estado da Europa central, desvairado pelas perfidias suggestões da franco-maçonaria, descarregou o primeiro golpe na Egreja, sem pensar que elle abala ao mesmo tempo os alicerces do seu throno.

« Mas a Egreja ha de sahir triumphante desta guerra impia, porque Jesus Christo acha-se ao seu lado, e está escripto que as portas do inferno não prevalecerão contra ella.

« Ainda esperamos que Vossa Magestade revogará o impio decreto que sujeita os bispos ao poder civil e levanta estorvos á sua missão apostolica, e nesta esperança vos damos a nossa benção apostolica — PAPA PIO IX.—Dado no Vaticano, sob o annel do pescador e do nosso pontificado, anno 27.° »

Será verdadeira ou apocripha? Em todo o caso ella exprime a vontade de Roma e o seu arrojo para com os governos que reputa fracos.

Nenhum brazileiro soffrerá resignado uma tal affronta.

A proposito offerecemos aos leitores o seguinte trecho historico.

« .... José II ordenou que nenhum breve seria publicado sem o seu consentimento. Elle abolio os recursos a Roma, e autorisou os bispos a dispensarem em todos os gráos de parentesco.

« Quiz ter para a Lombardia o direito de nomear os prelados, e notificou o respectivo governador de que elle imperador julgava-se autorisado a dispôr de todos os beneficios ecclesiasticos.

« Nomeou o arcebispo de Milão, sem informar disto nem o corpo municipal nem o papa; e o pontifice, tendo-lhe dirigido suas queixas a semelhante respeito, José II devolveu o breve, por não o achar concebido em termos convenientes. » (Cantu, *Hist. Uuiv.*, tom. 9, pag. 376.)

— « O mesmo papa concedeu depois ao mesmo imperador o direito de nomear bispos para todos os seus estados da Italia, direito que José II já se tinha arrogado. » (Ibid., 378.)

A santa sé só tem coragem, só se mostra altiva emquanto se lhe não oppõe a dignidade e a firmeza.

O que, porém, se vai passando entre nós é contristador,

A repulsa da segunda missão depois do desprezo com que foi tratado o primeiro enviado, e se é verdadeira essa carta de Pio IX, póde bem resolver o governo imperial a algum acto digno e energico.

Tantas invectivas e tão poucas resoluções!

O que haverá?

Talvez o esquecimento!

Emquanto, porém, nos achamos na incerteza desses acontecimentos, volvamos ao que é publico e notorio, e examinemos o que já não póde ser negado.

Confrontemos a decisão do supremo tribunal de justiça com as defesas de D. Vital, proferidas por seus prepostos e emquanto elle guardava o seu *tacebat*.

Essa farça, de fallar calado, deu a conhecer a heroicidade desse novo S. Vital, digno, como o affirma um dos seus procuradores officiosos, de estar nos altares e entre os que, já beatificados, estão expostos á veneração do povo.

Dous *voluntarios* de Roma, dous advogados *espontaneos*, forão ao supremo tribunal de justiça quebrar o silencio que frei Vital se impuzera, certamente porque contava que *alguem fallasse por elle!*

Emquanto Vital — *autem tacebat* —, os seus amigos de accordo com elle, e *com sua inequivoca annuencia*, o defendião!

O *silencio* foi, pois, uma dessas farças ridiculas,

que de ha muito são, com escandalo, representadas na Egreja.

E nem ao menos teve frei Vital o privilegio da invenção.

Antes delle outro se tinha revestido das vestes pontificaes para entregar-se á prisão, bem como tambem outro nada quiz responder ás accusações que lhe forão feitas.

Benedicto VIII quiz ser preso revestido pontificalmente; — e o patriarcha Phocio se calou quando interpellado no concilio de Constantinopla.

Entre este e frei Vital, porém, uma notavel differença se observa, e é que o outro, se não fallou, não permittio que alguem fallasse por elle. Nesse tempo ainda não se tinha desenvolvido a mania de ser procurador sem constituinte.

Esforçou-se o primeiro dos expontaneos defensores em provar que não era intruso, porque, apezar de não ser chamado por ninguem, nem mesmo pelo accusado, tinha sido consentido!

Entrou porque achou a porta aberta, e tomou lugar na defesa porque não foi expellido ; e portanto não é intruso!

Não lhe levamos a mal a argumentação, mesmo porque em toda a defesa foi sempre da mesma força.

Uma de suas armas oratorias, para excitar a compaixão pela sua victima, pelo santo martyr, pelo bemaventurado frei Vital, foi descrever com negras côres todos os horrores, porque o fizerão passar esses *judeos,* que se achão no governo!

« Preso frei Vital, disse o illustre 1.° *voluntario,* em Pernambuco, foi transportado para aqui em um pequeno vapor e sem o necessario commodo. Aqui chegado, foi mettido em uma prisão immunda, como é a em que se acha no arsenal de marinha, respirando as emanações mephiticas da *City Improvements.* »

Todos sabem que frei Vital veio até á Bahia no vapor de guerra *Recife*, e que dalli foi para cá transportado em outro vapor, tambem de guerra, o *Bonifacio*.

Ambos têm amplas accommodações para passageiros, e em ambos foi frei Vital tratado com as maiores attenções, e profusamente alimentado.

A prisão no arsenal de marinha, que lhe foi destinada, é a casa em que por muitos annos, e até muito depois de funccionar o esgoto construido pela companhia *City Improvements*, residio o Sr. barão da Laguna e sua illustre familia.

É publico e notorio que nessa casa, e, digamos, contra a lei, tem-lhe sido a alto preço fornecida, á custa do estado, uma lauta e luxuosa mesa.

É publico e notorio que frei Vital recebe visitas, e até daquellas que o procurão sómente para admirar a belleza do gentil mancebo, a quem uma farda militar diria muito melhor do que o habito de barbadinho que o adorna.

Ainda mais ao preso são fornecidos, tambem á custa do Estado, até objectos de *toilette*, com que elle sabe aformosear-se, para offerecer-se á admiração dos que vão contemplar apenas o seu bello physico.

Ninguem ignora que alguns contos de réis forão dispendidos (dos *cofres publicos!*) para preparos, mobilia, etc., do aposento que elle actualmente occupa.

E está frei Vital maltratado, em uma prisão immunda, e cercado de privações!

Com effeito! o governo lhe tem fornecido tudo quanto se póde desejar, e que lhe póde ser commodo e agradavel, sendo que mais não lhe era possivel, nem permittido.

Para escandalo bastão as despezas illegaes que com esse preso se têm feito, neste paiz, onde a lei deve ser igual para todos.

Emquanto se dá a frei Vital colchões macios, optimos commodos, e variado alimento, sem que seja elle considerado preso pobre, — aos outros miseros, como elle sujeitos á acção da justiça, se dá uma tarimba immunda por cama, má carne secca, e pessimo feijão por alimento !

Entre a prisão que os *judéos* desta terra destinárão ao criminoso frei Vital, e aquella em que os *santos padres* sepultavão as victimas de seus caprichos, é conveniente que o povo conheça a differença.

Exhibamos, entre muitos um facto notavel dessa ordem, e em relação a um illustre e digno cavalheiro.

Hippolyto José da Costa Pereira Furtado de Mendonça, natural da colonia do Sacramento, foi preso e processado em Lisboa pelo *horrivel* crime de ser pedreiro livre !

Limitamo-nos hoje a transcrever apenas um trecho do que elle proprio refere na *Narrativa da perseguição* publicada em Londres :

« ...... Conduzio-me depois a um carcere, que era um pequeno quarto de 12 pés por 8, com uma porta para o corredor, e nesta porta duas grades de ferro distante uma da outra a grossura da parede, que é de quatro palmos, e por fóra destas grades ha uma porta de taboa ; no cimo desta porta de taboa fica uma bandeira ou fresta por onde entra no carcere a claridade reflexa que lhe póde vir da luz do corredor, a qual o corredor de fóra recebe das janellas que tem para os saguões. Neste pequeno quarto havia um estrado de taboa com um enxergão, que me servia de cama, uma bilha com agua e um vaso para as necessidades da natureza, que se despejava de oito em oito dias, emquanto eu ia á missa. Este carcere é de abobada por cima e por baixo, e o pavimento de tijolo, e como as paredes são de pedra e mui grossas, é o aposento no inverno, sobre mui [frio, tão humido, que as paredes e grades muitas vezes via cobertas de gottas d'agua, como de grosso orvalho; a minha roupa, durante o inverno, estava continuamente molhada. Tal foi o meu aposento pelo espaço de mais de dous annos e meio. »

Diga-nos o illustrado *voluntario de Roma* e *espontaneo* advogado de frei Vital, como qualifica o procedimento dos beatissimos padres que fazem a *flôr* do seu velho partido ultramontano?

Compare agora o comportamento do seu S. Vital com o de Furtado de Mendonça, e diga-nos qual delles merecia a punição legal?

Frei Vital transgredio arrogantemente as leis do Estado e se constituio criminoso por mais de um crime, embora só fosse condemnado por um.

Furtado de Mendonça não affrontou nenhuma lei do seu paiz. Era maçon em Londres, mas em Lisboa não se tinha filado a loja nenhuma. Era um cidadão respeitador das leis do Estado e de reputação illibada.

Aquelle, convencido de crime se acha rodeado de attenções, tendo á sua disposição até cosmeticos e *brilhantina*, com que dá *aspecto profano* á sua bella barba de monge; é banqueteado diariamente á custa do Estado, e recebe livremente as visitas até do bello sexo que o vai admirar.

Furtado de Mendonça, sem crime algum e apenas perseguido pela politica ultramontana, é redusido a não ter nem sequer um banho, nem alimento necessario, nem roupa, e em um apertado carcere humido e empestado!

E são os ultramontanos que vêm aleivosamente pintar com côres infernaes a *horrosa prisão* do seu *santo martyr*, desse martyr que, escrevendo a um seu amigo diz — estar enfeitado para o sacrificio!

Que qualquer jesuita commum, e desses enfesados que por ahi vagueião acoroçoando a intriga nas familias, e até o assassinato, dissesse o que o illustre *patrono espontaneo* affirmou, nada tinhamos que reparar ; mas este não podia, nem devia empenhar-se, até esse ponto, por um energumeno, que só lhe merece presentemente attenção para lhe servir de arma politica contra os seus adversarios.

Dê-nos Deos vida, para podermos ainda apreciar a justiça que o illustre advogado fará, não muito longe, ao seu mundo constituinte de hoje.

Continuando na defesa, e bem póde ser que para justificar o conselho que no senado dera ao governo, pouco faltou para confessar que o *santo mudo* era réo confesso de desobediencia !

Ao menos isto, e já não é pouco.

Disse, porém, que não se deu effectividade na desobediencia, e que o réo não se oppóz formalmente ao levantamento dos interdictos pelo juiz de direito (!), e accrescenta que este nada conseguio e que disse ao governo:— Nós ficamos mal !

Entretanto frei Vital, armado do *ex-informata conscientia*, privou todos os templos de sacerdotes, para que a decisão da coróa não fosse effectiva !

E não obstou, diz a defeza, ao livre exercicio de actos dos poderes constituidos !

E como sahio o illustre *voluntario de Roma* do embaraço em que elle mesmo se collocou?

Dizendo que a materia é puramente espiritual !

Quanto elasterio a essa arma bruta com a qual a curia romana pretende subjugar o mundo !

Reduza-se o poder da Egreja romana sómente ao espiritual, como deve ser, e, certamente, não será elle pesado á sociedade civil, por quanto não ha assim o poder effectivo e que tenha a acção coercitiva externa contra ninguem. A liberdade de consciencia não acharia tropeços na Egreja, — a liberdade dos cultos appareceria sem inconveniente,— cada um se subordinarià como quizesse ao effeito simplesmente espiritual.

Não é isto, porém, o que querem os ultramontanos actualmente.

O que o illustre *voluntario de Roma* sustentou, para innocentar o seu *santo mudo*, vai até a admittir que: « A Egreja é o unico verdadeiro poder, sendo que o poder civil é assim qualificado impropriamente. »

E tal é a theoria ultramontana fundada no argumento — « *Não ha dous poderes no mundo*: e porque o espiritual alcança o homem, a moral, a familia, e as leis, nada deixa ao poder civil. »

O illustrado *voluntario de Roma* parece que professa tal doutrina, entendendo que o Imperio está para a Egreja, como o homem está para Deos, — e assim identificada a Egreja com Deos não resta ao Estado senão prostrar-se humilde aos pés dos ultramontanos !

Se isto não é um sacrilegio, pelo menos é uma insolencia.

A soberania do povo se abaterá ante a fallada soberania da Egreja! Todas as constituições politicas se nullificaráö, sobre todas as nações, no temporal assim escravisadas pelo espiritual, dominará a infallibilidade despotica de Pio IX e de seus successores.

No seculo actual uma tal pretensão toca ao ridiculo, e nenhum homem que aspire ós fóros de estadista póde sustentar blasphemias dessa ordem.

Em toda a defeza de que ora nos occupamos, apenas achamos procedente a parte em que qualifica de ridicula a posição do governo, considerando-o sem força e sem acção para fazer respeitar a constituição e as leis do Estado.

É na verdade ridiculo conservar nas mãos dos

bispos a arma traiçoeira das suspensões *ex informata consoientia.*

E' ridiculo não fazer processar e punir os padres que, sem respeito á sua qualidade de cidadãos, se prestão cegos e subservientes aos caprichos dos bispos.

E' ridiculo na situação presente ouvir no parlamento a um ministro de Estado dizer que prefere *ter a mão cortada* a assignar um projecto de casamento civil!

E' ridiculo soffrer que o famoso capellão-mór diga improperios do pulpito, pregue a revolta contra as leis do Estado, e que official e directamente se dirija ao Imperador ameaçando-o priva-lo da protecção do seu poderoso baculo, e outros quejandos despropositos.

E' ridiculo, comprehendendo a situação da Egreja romana, e conhecendo que sem o *Syllabus* não ha alliança possivel com ella, mandar sustentar na imprensa que não convém a separação da Egreja do Estado!

Tivesse o governo a necessaria energia; cumprisse rigorosamente o seu dever, e desappareceria o ridiculo que o illustre advogado lhe atira, e, sem dúvida alguma, conseguiria fazer dos bispos e do clero cidadãos brazileiros.

O que quer fazer de frei Vital?

O espirito publico está ancioso por saber.

E D. Lacerda?

Quando quer lançar interdictos ás egrejas em que ha irmandades de maçons?

Venha isto e quanto antes.

Entretanto parece-nos que falta-lhe coragem.

Na verdade — quatro annos de prisão com trabalho contemplão a D. Lacerda, — e isto não é cousa com que se brinque.

O medo tambem faz milagres!

Rio de Janeiro, 7 de Março de 1874.

XXV.

As intrigas politicas. — A procrastinação das medidas governativas.

Nunquid Deus indiget   mendacia   vestra?

« Admitte a infallibilidade de um homem, e prepara-te parà seres subjugado pela tyrannia de um padre. »

Assim dizia um respeitavel sacerdote, dos que, com dignidade, e por interesse da propria religião, e do catholicismo, abandonárão o concilio do qual Pio IX extorquio o celebre dogma que o equiparou á divindade!

Roma perversa! Só tu podias, em teu vil interesse, criar o paradoxo, — *peccado infallivel*, — só tu podias, assim preterir a verdade, porque tu és o refalsamento e a mentira.

Emquanto a Deos não agrada a mentira, esta, na propaganda ultramontana, necessita do nome de Deos para impor-se.

Roma é a hypocrisia, e a hypocrisia abomina a intelligencia esclarecida, porque só na ignorancia assenta o seu poder!

Desde que a instrucção do povo se deixa aos cuidados do jesuita e do ultramontano, se chegará, com a deficiencia do ensino primario, ao erro, que é peior do que a ignorancia ; e á perversão do ensino secundario, com as idéas falsas, que calculadamente são incutidas no espirito da mocidade.

O ultramontanismo só reina com a deturpação da historia, e para isso procura occultar o que ella ensina.

E quando a historia é inflexivel, esse inimigo da civilisação trata com affinco de corromper a todo o custo a consciencia.

« Ah ! (diz com razão o padre Jacintho), plutot tous les malheurs, toutes les invasions, la guerre civile elle même, que l'ordre et la paix par le mensonge !

Attenda-se ao que ora se passa entre nós.

Aquelles que tiverem acompanhado esta gravissima questão, lido com criterio quanto nas folhas subvencionadas pelo episcopado rebelde se tem escripto, e observado a variedade no attaque, e as contradicções manifestas, que abundão nesses orgãos do romanismo, se convencerão de que temos feito a mais severa justiça ao caracter insidioso da horda infernal que aqui advoga os intereses do Vaticano.

Sem duvida se recordarão os leitores do que escrevião os ultramontanos quando, ao começar a luta episcopal, apparecemos na imprensa.

Adestrados na intriga, sua unica e mais formidavel alavanca, procurárão neutralisar os nossos esforços, soccorendo-se dos principios politicos que professamos, para assim nos tornarem suspeitos.

Então, abraçados com o Imperador, a quem tributavão desde o elogio pomposo até a mais rasteira bajulação, dizião elles : « Acautelai-vos contra o republicano que se prevalece desta luta para solapar as instituições. »

O ardil, porém, era por demais grosseiro. Rimo-nos da astucia fradesca, e continuamos sem receio, mantendo a neutralidade em que nos temos conservado.

Correu a questão seus termos, o governo foi forçado a cumprir seu dever e nós guardamos sempre a mesma posição, as mesmas crenças e à mesma attitude!

E o que vêmos?

O que esperavamos da *lealdade* ultramontana!

Attacão de frente o Imperador. E nós que *sola-pavamos as instituições*, acoroçoamos a Cesar, dizem elles agora, para tornar mais formidavel o seu poder!

Os ultramontanos do Brazil perdèrão o salto e se tornárão republicanos do *Syllabus*.

Que impagaveis creaturas!

Sempre os mesmos! Sempre a mentira!

E' admiravel o esforço inaudito empregado em todas as folhas episcopaes do Brazil, para incutir no espirito publico notaveis erros, blasphemias repugnan-tes, insultos á razão e á sciencia, mentira desfaçada, doutrinas as mais repugnantes ao bom senso e á dignidade humana!

E neste descalabro social, o governo dorme, e os ultramontanos caminhão!

Mas caminharáõ debalde, porque o povo attenta-mente os contempla,

A' força do gritar descompassado, á custa da mais hedionda hypocrisia, e expondo-se como martyres e perseguidos, elles, desvirtuando a opinião, procurão proselytos até nos campos inimigos!

Considerão-se perdidos, e querem persuadir que não é incompativel a democracia com o *Syllabus!*

E para cumulo de audacia se esforção, traiçoeiros, por incutir no espirito do povo que aquelles que franca e lealmente os combatem são outros tantos servos de Cesar!

E mais dizem esses charlatães que, os que com coragem attacão a astucia e perversidade romana, pretendem fazer do chefe do Estado o summo sacer-dote da Egreja tornando-o omnipotente!

E' tão ridicula a tactica que apenas provoca o riso.

Pobres de espirito que nem alcanção o valor do disparate !

Utopistas ou desleaes politicos de occasião ou parvos, só esses podem conciliar o despotismo do *Syllabus* com qualquer idéa liberal.

Seja qual fôr o chefe do Estado, Imperador ou presidente, elle se libertará de Roma se quizer governar com a liberdade e manter os direitos soberanos do povo.

Conhecemos republicas clericaes, como absolutismos liberaes, mas qualquer delles necessita que nas escolas se ensine o dogma da infallibilidade, e sobretudo lhes é indispensavel que se governe sob os principios do *grande e arrojado Syllabus*, conforme a qualificação do ministro M. Ernoul, notavel ultramontano.

De taes republicas, como de taes monarchias, livre-nos a Providencia Divina !

Com o *Syllabus*, só a impostura, a astucia e o crime; com os reis, sujeitos *ao papa infallivel*, só o despotismo hediondo, a infernal theocracia, disfarcem-se elles ou não sob as fórmas representativas.

« Perseguição por perseguição, antes a franca e descoberta do que a surda, abritraria e hypocrita da burocracia ! » diz o padre Jacintho.

A desvirtuação de todos os principios a que a insidia romana quer levar o povo, merece a mais séria attenção.

A mentira procura triumpho, e já vêmos, entre alguns que se dizem republicanos, que um plano se urde sob os fallazes principios pregados por Veuillot e que conduz á realização da santa (infernal lhe chamamos nós) democracia romana !

E esse plano, perverso em sua concepção, deve ser cuidadosamente estudado pelo povo, que afinal será victima delle, se não se conservar álerta por seus inauferiveis direitos assim ameaçados de serem infalli-yelmente sacrificados.

Quando o paiz deve ser com lealdade esclarecido, para que possa libertar-se do mais horrivel dos jugos, encaminha-lo para o dominio clerical, dizendo-se-lhe que só assim se libertará de um despota, é illudi-lo vilmente, por quanto para despotismo mais sordido o encaminhão por tal modo.

Argumentar com o art. 5.º da constituição do Estado isolando-o das demais concomitlantes disposi-ções, para provar que emquanto tivermos Egreja do Estado, nos devemos subordinar ao *Syllabus*, e soffrer-mos resignados o refalsamento da curia, é mentir até á propria consciencia.

Condemnar o supremo tribunal de justiça e a decisão dos recursos que forão dirigidos á corôa, iso-lando ainda esse art. 5.º, é, ou ignorar crassamente os principios cardeaes do systema, ou ostentar a mais insolita má fé, para derribar governos, sem proveito aliás, sem consequencias favoraveis aos interesses publicos.

A mentira nesse genero tem sido levada, além do que com pasmo se ouvio na tribuna do senado, a pretenderem os politicos clericaes, como pretendeu o citado Ernoul, *que o Syllabus mantem todas as virtudes sociaes, porque proscreve todo o erro contrario.*

A mentira pretende que só com o *Syllabus* se póde ser catholico sincero !

E o *Syllabus* é a arma de guerra mais poderosa contra o catholicismo, e tanto que só elle o póde dividir, como infelizmente se acha.

Temos vistos propagar a grande idéa da separa-ção da Egreja sustentando ao mesmo tempo, e repug-nantemente, que a constituição, por isso mesmo que estabeleceu uma Egreja do Estado, deve estar subordi-nada á acção politica do pontifice romano !

O direito constituido, apezar de imperfeito, não diz isto.

Assim se mente ao povo porque, sob a illusão do respeito devido a essa Egreja, se aconselha que emquanto o actual estado de cousas permanecer, deve elle resignar-se a não exercer a sua soberania !

Diga-se que Roma é hostil ao nosso direito.

Diga-se que não ha liberdade pratica com o compendio dos despotismos do *Syllabus*.

Diga-se que não ha plena liberdade de cultos com uma Egreja privilegiada.

Diga-se que com o elastico poder espiritual romano não ha direito politico, em cuja pratica se não possa ser perturbado.

Diga-se que, nem com os salutares correctivos que a constituição politica do Imperio estabelece, e que limitão o poder da Egreja romana, se obtem nem se poderá jámais obter paz e harmonia com a avidez pontificia.

Diga-se, portanto, que com a Egreja do Estado nenhum paiz póde ser perfeitamente livre; e se chegará sinceramente á solução natural, inevitavel da magna these que seriamente nos occupa.

Para firmarmo-nos no terreno liberal devemos começar por libertar completa e nobremente a consciencia.

Democracia romana !

Pio IX, o aristocrata, Pio IX, o impio blasphemador, que se equipára á divindade, Pio IX, o antipoda da civilisação moderna e a idéa democratica, são cousas tão repugnantes, e que por tal modo se repellem, que só descobre possibilidade de harmonisa-las ou o estupido ou o perverso.

Com o direito que temos, e emquanto não fôr, como deve ser, reformado, podemos, nas forças da nossa lei, compellir o episcopado a obedecer á legislação civil.

Com a constituição, mesmo imperfeita, que rege
o Imperio, podemos compellir o chefe da Egreja a
acatar a soberania do povo e as suas legitimas de-
legações. Exerçamos o nosso direito, e Pio IX abre-
viará a separação.

Não condemnemos, porém, a quem, executando
sinceramente as leis do paiz cumprio o seu dever,
decretando a punição do bispo rebelde!

Emquanto não temos a separação da Egreja, não
a deixemos dominar o Estado.

O republicano, como nós o comprehendemos, é
nobre, é leal, é perseverante, é consciencioso, tem
a franqueza de suas opiniões e segue caminho recto,
limpo de immoralidades e de vicios, para chegar altivo e dignamente ao fim de suas aspirações. Não
illude; não mente; procura associar-se aos que pensão sinceramente como elle; ataca uma instituição
sem offensa a quem pessoalmente a constitue, porque o principio é a sua religião, e pelo principio
póde convencer e fazer proselyto seu até o proprio
rei, que, sendo patriota, preferirá a nobre posição
de cidadão de um paiz livre, ás fallazes lentejoulas
com que o refalsamento o adorna.

O republicano convence com a verdade, com a
historia; não se prevalece de subterfugios, nem vai
collocar-se sob a égide repugnante de qualquer despotismo, por mais *sagrado* que se apregôe.

O republicano caminha desembaraçado, e, para
chegar ao seu *desideratum*, não se vai esconder nas
dobras da batina do padre romano, nem sob a roupeta immunda do jesuita, e menos ainda sob a degradante apparencia de ultramontano. Não se subordina a Pio IX por calculo.

O republicano que ama o seu paiz, e que uão
faz politica com a mira no proveito individual, que

de sua profissão lhe póde vir, argumenta, propaga, convence, e espera.

E porque a sua lealdade assenta sobretudo no governo das maiorias, aguarda que a nação falle por sua legitima assembléa constituinte e se subordina á decisão.

É assim que comprehendemos a republica, no Brazil especialmente.

É por isso que combatemos, denodados, o clero ultramontano, a infallibilidade do papa e o *Syllabus*, e jámais promoveremos e menos acoroçoaremos a rebellião dos padres contra as instituições que temos, e nem admittiremos que o povo brazileiro, emquanto não tem lei politica melhor, se escravise, por qualquer modo a Roma, porque assim, longe de darmos um passo de progresso, armaremos o despotismo, do qual queremos fugir.

Não se avança retrocedendo.

Abraçar-se com o inimigo jurado da civilisação moderna, fazendo persuadir que só assim se firmará melhor a liberdade, não é só um erro imperdoavel e grosseiro, é um insulto, uma affronta audaciosa ao bom senso publico.

Sempre coherente com os nossos principios, sustentamos ainda, e sustentaremos sempre, a opinião que manifestámos, desde o primeiro artigo que escrevemos sobre a materia.

Venha o ultramontanismo, o *Syllabus*, a sonhada soberania da Egreja de Roma, sob qualquer fórma, seja ella monarchica, liberal ou republicana, e nós a combaterêmos de frente e lealmente, porque só coherentes, sinceros e honradamente podemos bem servir ao paiz, e esse é o nosso unico empenho.

Qualifiquem-nos os padres de Roma, mesmo os que se ostentão contra a realeza e pela republica, ccmo lhes aprouver e melhor convenha a seus planos, neguem-nos tudo, ataquem-nos moral ou *physicamente*, mordão-nos a seu gosto, e nada nos demoverá.

Rimo-nos de sua raiva, e, calmos, proseguiremos na idéa de libertar a patria do maior dos flagellos que a opprimem.

Mesmo com o actual systema de governo se póde alcançar a libertação do Estado do nefando jugo de Roma.

Feito isto, terá o paiz dado um passo real para a liberdade a que elle aspira, e que opportuna e pacificamente se realizará.

Detestamos as republicas ultramontanas, como detestamos os reis que se abração com o altar para, insidiosos, se manterem no poder. Republicas e reis dessa ordem baquearão infallivelmente, porque exprimem despotismo aviltante, negação de liberdade, e cynico egoismo.

O mundo caminha. E embora encontre em seu trajecto os mais perigosos obstaculos, todos serão superados, porque a idéa, guiada pela lealdade e pela honra, vence todas as difficuldades: nada lhe resiste.

⁕

Quanta demora, quanta procrastinação nos actos que devem emanar da auctoridade para corrigir os desmandos do episcopado!

Pernambuco continúa sob o peso das interdicções, que alli forão criminosamente decretadas pelo réo convicto frei Vital de Oliveira!

Que providencias têm sido tomadas?

Até hoje..... nenhumas!

Proh pudor!

Por Deus, Sr. presidente do conselho!—attenda

ao que se passa, até em relação aos proprios ministros seus companheiros!

A influencia do barbadinho tem penetrado no lar domestico!

Alguns dentre elles vivem em verdadeiro martyrio.

O frade póde mentir dentro da propria habitação dos ministros de Estado!

O nome de Deos é torpemente invocado para incutir a mais negra superstição no espirito fraco de dignas consortes.

A morte de filhos e parentes, aliás operada por factos naturaes e tão constantemente observados em todos os tempos, e em relação a todos os crêntes, porque a natureza não altera suas regras em nenhuma condição, é figurada, por esses impostores *sagrados*, como castigo de Deos áquelles que aliás têm cumprido seus deveres!

Esses blasphemos, esses perversos, que assim vilipendião a Divindade, e por tal modo arrastão o nome de Deos, fazem o seu caminho pela astucia.

Assim incutem o medo á população, para conduzirem o povo a subordinar-se ao poder hediondo de Roma.

A mentira e sempre a mentira!

Para que jesuitas entre nós?

Não temos lei tão clara, e capaz de execução, que os expelle do territorio brazileiro?

Porque não tem o governo a coragem nobre do dever?

A opinião publica não lhe falta: abrace-se com ella e marche.

Faltão-nos, por ventura, sacerdotes verdadeiramente brazileiros?

Assevera-lo seria irrogar uma injuria revoltante ao nosso clero.

Liberte-o o governo, revogando o imprudente decreto de *ex-informata conscientia*, de que esses bispos romanos tanto têm abusado, e terá para o serviço do culto os mais honrados, os mais illustrados sacerdotes.

Mande cassar essas insidiosas pastoraes, que por ahi correm dando cxecução a bullas não placitadas.

Faça responsabilisar os padres subservientes á rebeldia episcopal.

Mantenha a·lei do Estado.

Não mande elogiar sua *prudencia*, porque, nas circumstancias em que se acha o paiz, essa *prudencia* é um crime.

· Prive da faculdade, até agora indevidamente concedida a irmãs de caridade, do ensino da mocidade.

Expulse-as dos hospitaes, onde ellas servem apenas para enriquecerem-se e executarem as ordens dos jesuitas de todas as especies.

Mande desde já fechar os collegios dirigidos por jesuitas. Ataque de frente esses ultramontanos, enviados de Roma para a propaganda do *Syllabus*

Faça prover (e tem indisputavel poder para isso) as freguezias do Imperio por parochos collados, obrigando os bispos a cumprirem o seu dever. Assim arrancará das parochias os ganhadores de roupeta que têm sido mandados a levantar o fanatismo contra as leis e poderes do Estado.

O abysmo, a que Roma nos quer levar vai-se tornando mais insondavel, cada dia que se passa sem providencias.

Basta de rir; — venha o serio; venha a circumspecção;— venha o amor do paiz.

Sobre a cabeça do Sr. presidente do conselho pesa uma gravissima responsabilidade.

Crêa S. Ex. que tem diante de si—ou a gloria, ou a execração publica.

O dia do desengano não está longe, — cumpra cada um o seu dever.

Não diga o governo — NÃO CUIDEI !

As posições estão definidas.

Depois da condemnação de frei Vital, recuar é um crime, a cobardia uma infamia.

A libertação do povo, ou a morte moral!

Salus populi, suprema lex.

Quando deste magno e extremo preceito o governo não sabe usar, ou delle usa mal, — o povo o exerce por si para garantir-se: a sua salvação é a sua excelsa lei.

E nas occasiões extremas o povo jámais deixou de ter coragem.

Rio de Janeiro, 11 de Março de 1874.

P. S.— A illustrada redacção da *Nação* nos assegura que o Sr. Pinto de Campos, prelado domestico de sua santidade, não teve autorisação do governo para nenhuma negociação em Roma. Ficamos tranquillos. E' menos uma vergonha para o Imperio. Damos os parabens ao governo.

Rimo-nos da descripção que fez D. Lacerda, em sua folha, da coragem com que elle se prepara para acommetter-nos!

O capellão-mór do imperador até faz chorar as crianças com a sua presença! Outro tanto não acontece a frei Vital: tão sympathico, tão attractivo, tão carinhoso! E' pena que não queira ser bispo brazileiro.

Devemos ao orgão de D. Lacerda o seguinte:

« FUTURO CALENDARIO CHISTOSO.— *A Tribuna Catholica* depois de mostrar a leviandade do *Cearense* incluindo no calendario santos como stes— *Annos dae*

Imperatriz, annos do Conde d'Eu, e outros, accrescenta com muito chiste:

« Talvez em 1875 entre outros santos novos nos dê a lêr o seguinte:

« *Domingo.*—S. Pedro, pontifice do Brazil, duplex de 1.ª classe, ornamento branco.

(Refere-se ao Imperador.)

« *Segunda-feira.*—S. José do Rio Branco, christão perfeito, abbade do Lavradio, duplex maior, ornamento verde.

Terça-feira.—S. João Alfredo, conego regrante de Santo Agostinho, duplex, ornamento verde.

Quarta-feira.—S. Duarte de Azevedo, da Companhia de Jesus, doutor, semi-duplex, ornamento verde.

Quinta-feira.—S. Pimenta Bueno, areopagita de S. Vicente, simples, ornamento azul.

Sexta-feira.—Santa Lucena, virgem e martyr, duplex, ornamento encarnado.

Sabbado.—Santa Corrêa do ministerio, viuva dos estrangeiros, simples, ornamento róxo.

« *Domingo.*—Commemoração de S. Francisco Balthazar, eremita das Arabias, simples, ornamento preto.

« *Segunda-feira.*—Os SS. Sapucahy, Bom-Retiro, e Souza Franco, monges da Thebaida, simi-duplex, ornamento róxo.

« *Terça-feira.*—SS. Mariani, Couto e Chichorro, infantes da fornalha de Babylonia, duplex, ornamento rosa-céo.

« *Quarta-feira.*—S. Messias de Leão, confessor do Estado, duplex 2.ª classe, ornamento amarello.

« *Quinta-feira.*—S. Nabuco, bispo *in partibus infidelium*—ornamento de qualquer côr.

« *Sexta-feira.*—(Jejum) S. Joaquim de Ganganelli, abbade dos Benedictinos, duplex privilegiado, ornamento tricolor.

« *Sabbado.* — (Dia santo.) Todos os maçons, martyres do *tronco,* duplex de 1.ª classe, privilegiado com oitava, ornamento furta-côres. »

Assim ridicularisão os bispos romanos as cousas mais sagradas da religião !

Tudo lhes serve.

E somos nós os profanadores, os blasphemos !

D. Lacerda podia corrigir a edição que fez do seu calendario, accrescentando — que cada santo tem um diabo aos pés.

Podia, sem medo de errar, dizer que, por exemplo, S. Pedro subjuga o anjo máo figurado em um bispo rebelde. Então se acharia o capellão-mór no seu verdadeiro papel.

XXVI.

A clemencia do poder moderador em relação a frei Vital.— Despezas illegaes
com este bispo — A deportação dos bispos era preferivel ao processo.
— D. Vital comparado ao Senhor dos Passos.— A linguagem da
imprensa ultramontana.

S. PEDRO, *pontifice do inferno* (calendario Lacer-
diano), a despeito das reiteradas offensas, e dos insultos, a medo, que tem recebido do anjo máo que,
enraivecido, jaz, murmurando, a seus pés, compade-
ceu-se do barbadinho frei Vital de Oliveira, e liber-
tou-o de trabalho forçado, de ter a barba rapada, e
de trocar o habito de frade pela roupa bicolor, imprescindiveis na penitenciaria, por força do regulamento que nella vigora.

O poder moderador, por decreto de ante-hontem
(12), referendado pelo maçon Manoel Antonio Duarte
de Azevedo, actual ministro da justiça, houve por
bem, usando da attribuição que lhe confere a constituição do Imperio, commutar na pena de prisão
simples por 4 annos, e que será cumprida na fortaleza
de Santa Cruz, a de 4 annos de prisão com trabalho,
que a frei Vital de Oliveira fôra muito justa e imparcialmente imposta pelo supremo tribunal de justiça.

Nero, o despota, o malvado, o desmoralisado,
na phrase *amena da União*, folha episcopal de Pernambuco, e publicada sob os auspicios do mesmo
frei Vital, foi benigno !

A *heretica* constituição do Imperio bem servio desta vez a esse criminoso convencido!

O *pedreiro livre*, o *excommungado*, o *herege*, o *ladrão*, o *desmoralisador*, não duvidou referendar com o seu nome o acto official, pelo qual o chefe do Estado se compadeceu desse jesuita!

Considerando este acto do poder (*chave do systema*) como solemne confirmação de que o procedimento desse bispo é criminoso e punivel, e sem entrar em pormenores, sendo que em alguns pontos nos achamos em profundo desaccordo, como seja quanto á pena em si, quanto ao lugar da execução, e mesmo no que concerne á espontaneidade do acto, não é menos verdade que essa commutação envolve a idéa da existencia do crime, e de que está elle provado.

Para o paiz é o essencial.

Está, portanto, proferida a ultima palavra dos poderes publicos, reprovando o comportamento irregular e criminoso do bispo de Olinda, e pronunciando-se contra a infrene rebeldia desse audacioso preposto de Pio IX.

Os bispos são empregados publicos, e podem legalmente ser responsabilisados e punidos pela auctoridade civil.

A Egreja do Estado é subordinada ao beneplacito, e ás demais disposições relativas, e os prelados, e geralmente o clero que não os respeitarem, devem ser considerados infractores da lei, e sujeitos á penalidade estabelecida.

Taes principios têm sido desde o começo desta discussão sustentados por nós.

Com o reconhecimento do direito, pelo poder moderador, esses principios obtiverão o mais completo triumpho; e ao supremo tribunal de justiça se deve a victoria da lei.

Estamos satisfeitos.

A nossa satisfação, porém, não é porque fosse frei Vital condemnado. Não lhe temos odio. Ao contrario, e attendendo ao tristissimo papel que representou com o charlatanismo do *tacebat fallado*, lamentamos que um pastor da Egreja assim obrigasse os poderes do Estado a por tal modo se pronunciarem.

Alegramo-nos sómente pela manutenção brilhante dos principios.

O governo tem procedido com tal benevolencia, para com esse rebelde infractor da constituição e das leis, que merece severa censura.

Tem ultrapassado as raias de suas attribuições, até fazendo despezas illegaes, e tudo para que se não diga que deixou de tratar com toda a consideração a um bispo; como se o bispo brazileiro não estivesse nivelado, na fórma da constituição, a outro qualquer cidadão, ou pudesse ser exceptuado da regra da igualdade da lei para com todos e indistinctamente.

O governo tem despendido dos cofres publicos, e sem faculdade, o seguinte:

Com a passagem e comedorias de D. Vital a bordo de vapores de guerra brazileiros e que forão expressamente encarregados de transporta-lo de Pernambuco para esta côrte, calculando pelo minimo	4:000$000
Com a compra de mobilia para o aposento de frei Vital no arsenal de marinha.	2:000$000
Comedorias de 15 a 17 de Janeiro (tres dias)	180$000
Idem de 17 a 31 do mesmo mez . .	420$000
Idem no mez de Fevereiro.	840$000
Idem de 1 a 11 de Março	360$000
Sommando tudo até essa ultima data .	7:800$000

E ha apenas 57 dias que frei Vital se acha preso. E, portanto, a continuarem as cousas deste modo, ainda calculando apenas com o dispendido para alimentação, teremos que durante a execução da sentença terá o Estado de despender com o *illustre sentenciado*, pelo menos, 10:800$000 em cada anno!

Ainda quando se calcule pelo maximo a despeza do Estado com cada preso pobre, deverá ella não exceder annualmente a 400$000! e sendo assim teremos que frei Vital figurará no orçamento da despeza, sob a verba sustento de presos pobres, pelo menos por 27 homens, isto é — na proporção de 10:800$000 para 400$000!

Não mencionamos isto com outro fim senão o de mostrar, que o governo, sem o poder fazer, tem-se esmerado em obsequia-lo. O nosso intento principal é convencer de falsas as proposições, quer das folhas episcopaes, quer dos dous *voluntarios* de Roma, insignes orgãos do *tacebat*, os quaes, esquecendo as suas proprias posições sociaes, ousárão pintar feiamente o *pessimo tratamento* dado ao seu beatissimo martyr!

A verdade, porém, e que cumpre não esquecer, é que a rebeldia dos bispos não occasiona sómente o mal moral da desordem e da anarchia publica; é mais prejudicial aos interesses do Estado, constrangendo-o a despezas não orçadas, não decretadas, e immoraes, pela illegalidade com que são feitas.

E frei Vital, que ostenta a maior independencia do Estado; que se quer collocar mais alto do que o proprio chefe da nação; que desdenha dos poderes civis, tem por esse modo e indecentemente se utilisado dos dinheiro publicos, e fruido os favores do governo!

E quando tanta ousadia, tanto orgulho, e tanta audacia manifesta esse réo, come, e... *tacet!*

Achará no Evangelho algum texto que o autorise

tambem a locupletar-se, por favor do governo, com os dinheiros publicos?

E assim são os padres de Roma.

O governo é excommungado, e do excommungado abusa-se para ser profusamente alimentado!

E não admira o que ora se passa, quando se sabe que, na sua viagem para Pernambuco, a tomar conta do bispado, exigio do governo, até com impertinencia, 20:000$000, dizendo que dessa importancia necessitava ˙para fazer uma entrada brilhante em sua diocese!

O de S. Paulo tambem exigio, segundo é voz publica, que se lhe pagassem as congruas relativas ao tempo anterior á sua posse!

E assim são todás essas beatissimas creaturas, esses *desinteressados* filhos de Pio IX, esses energumenos que á custa do Estado querem absorver o Estado!

O povo afinal se desenganará, e avaliando devidamente esses impostores, lhes dará o devido apreço.

E tudo quanto ora se passa entre nós define Roma e o pontificado, define o jesuita e o ultramontano, define o egoismo e a hypocrisia, define a fraude e a mentira emfim.

O que presentemente occorre serve ainda, e perfeitamente, para justificar-nos do que requeriamos com relação aos ˛bispos rebeldes.

Dissemos, ao manifestar-se a rebeldia episcopal, que a deportação desses desnaturalisados era a unica efficaz medida a tomar.

E cada vez mais nos convencemos disto.

Na verdade, o tempo e a dolorosa experiencia por que estamos passando nos indicão que, contra os bispos que se desnaturalisem e se constituão rebeldes ás leis do paiz, o correctivo mais nobre, mais efficaz, menos dispendioso, mais prompto, é a deportação.

Digão-nos os que nos estigmatisárão por aconse-
lharmos essa medida ao governo, o que será mais
nobre para o Estado e de menos prejuizo moral para
a Egreja : deportar um bispo rebelde sem mais delon-
gas, ou arrasta-lo aos tribunaes, e vê-lo condemnado
a prisão com trabalho, commutar-lhe a pena em
prisão simples, manda-lo para uma fortaleza, excitando
assim o fanatismo estupido que, avaliando materialmente as occurrencias, póde attingir a consequencias
desastradas em protecção estupida aos padres de
Roma, os açuladores audazes do povo contra as
instituições, e contra os poderes constituidos?

Ou Roma se acobarda, renega para o Brazil a
famosa infallibilidade do papa, e altera o *Syllabus* no
sentido da nossa constituição politica, ou o governo
será forçado a usar da deportação, como medida
indispensavel de salvação publica. Lá chegaremos.

Deus não permitta que Pio IX procure insidiosamente illudir-nos com alguma de suas concordatas.
Seria aniquilar-nos no futuro ; seria perturbar a marcha
que o paiz tem encetado para o verdadeiro progresso.

As cousas seguem seu curso natural : a impertinencia de Roma será benefica em seus resultados
para o Brazil.

Tudo vai bem.

O episcopado brazileiro precipita os acontecimentos.

O povo dormia tranquillo, na idéa de ter direitos civis garantidos, e Egreja official de quem jámais
pudesse soffrer o minimo insulto. Acordou, porém,
em sobresalto, e quasi estrangulado pelo mais audaz
e traiçoeiro dos inimigos — o soldado de Roma, o
suisso de Pio IX!

Mas acordou em tempo. Comprehendeu o perigo,
e procurou acautelar-se.

Avalia os males do hybrido consorcio da Egreja

de Roma com o Estado, e procura libertar-se do mais horrivel dos jugos.

Vê claro que o periodo do obscurantismo se acaba, e que uma nova era se levanta.

Revolta-se contra o regimen da estricta alliança entre a Egreja e o Estado, que caracterisou a idade médida.

Entra em uma nova phase, cujo ideal, cuja norma é a nullificação desta alliança.

Comprehende que, revolução desta importancia não é obra de um dia, mas está tambem compenetrado de que, mais cedo ou mais tarde, será dado este grande passo de progresso.

Tudo conduz a uma profunda e radical modificação das relações do espiritual com o temporal.

Tudo convence de que não é mais possivel, por immoral, por inconveniente, e por perigosisma, uma Egreja do Estado, especialmente quando, representada esta por prepostos de um poder estranho, se declara em guerra indecente e caprichosa contra as leis e instituições do paiz.

Esta verdade, conhecida já por todos os habitantes do Brazil, por tal modo convence de sua procedencia, e da indeclinavel necessidade de ser posta em acção, que de todas as partes se pronuncia a opinião em favor; opinião que se fórma sobre indestructiveis bases, e que nasce da convicção profunda que a experiencia tem creado.

A provincia de S. Paulo, sempre uma das primeiras na adopção das idéas generosas e de progresso, já proferio a sua autorisada palavra.

As outras não tardaráõ, e o corpo legislativo terá de resolver a questão, fundado no pedido da maior parte da população do Imperio.

O povo brazileiro não retrocede na marcha de sua plena libertação.

Na historia elle aprende que a China, como diz
Noblat, é o passado antes de Constantino; que a
Hespanha, ha pouco tempo ainda, era o passado
depois dos imperadores christãos; que Pariz é à pas-
sagem do estado antigo para o novo estado, e que
Nova-York é o futuro — e para elle marcha.

E a revolução se consummará, porque Roma a
precipita.

Por toda a parte o ultramontanismo, que domina
o papado, se apresenta descoberto, e manifesta as
suas sinistras intenções. Os povos, comprehendendo o
perigo, atirão-se com denodo, em campo franco, contra o inimigo audaz que os acommette.

No Brazil essa revolução não póde mais ser
evitada. Ninguem se illuda já; a verdade está conhecida, e apenas resta leva-la a effeito.

E os que mais concorrem para desvendar o
povo, os que mais desacreditão o ominoso poder de
Roma, e desfazem as illusões que, sob apparencia
religiosa, se mantinhão, são os proprios suissos de
Pio IX, os bispos romanos, os jusuitas, os ultramontanos, e especialmente na sua desbragada imprensa, onde a mentira, o aleive, a calumnia e a
torpeza se ostentão, e onde nem as cousas mais sagradas da propria religião são respeitadas.

Para endeosar os seus mais atrevidos *espoletas,*
não trepidão em equipara-los a Deos, e exigem que
sejão venerados como o proprio Christo !

Querem os leitores um exemplo, que plenamente
os convença?

O bispo do Rio de Janeiro publicou em sua folha,
relativamente á procissão de Passos, e para elogiar
o réo frei Vital, o seguinte :

« Povo catholico ! mas vós não tendes necessidade de transportar-vos em espirito aos tempos do
Messias, á Jerusalém deicida, para comprehenderdes

a significação mystica da devota procissão de Passos. . . .
Não!

« Lá está no arsenal de marinha, preso e condemnado a quatro annos de prisão com trabalho, um
pontifice do céo, um bispo da santa madre Egreja
catholica romana, D. frei Vital, emfim, que é uma
cópia do Senhor dos Passos, que é o esposo divino
da santa Egreja! »

Digão os leitores: ha blasphemia mais insolente,
ha heresia mais escandalosa, ha audacia e jactancia
mais insupportaveis?

E é isso autorisado por um bispo, a quem chamaremos impio.

É autorisado por D. Lacerda, o chefe dos catholicos de nova especie, o *destemido medroso*, que
acoroçôa frei Vital, anima-o no crime, e se esconde!

Uma folha que se diz consagrada á religião e
que é redigida por *sacerdotes* (romanos), usa referindo-se a dignos cavalheiros, que certamente estão
fóra do alcance de seus botes, as seguintes *evangelicas e dulcissimas* expressões:

« Se não trajassemos batina, dariamos aos pas-
quineiros da *Nação* a unica resposta que merecem:
seria esfregar-lhes o seu papel nas ventas, a bem da
moralidade publica! . . .

« E isto não deixaria de ser uma usança parla-
mentar. »

Comprehendem os leitores o alcance da insinuação que essas ultimas palavras contêm.

Como o odio se manifesta!

O que dirá o povo de uma Egreja, cujos sacerdotes com tanta *cordura e moderação* se exprimem?

E nunca a Egreja de Roma foi mais lealmente
representada. E' ella a digna mãe de taes *apostolos*; e
o povo que não conhece nem quer outros que não
sejão os legitimos de Christo, detesta os de Pio IX,

que são antes de Satanaz, e a quem o povo dirá sempre: *Vade retro* !

E pensão os leitores que é só no Brazil que as folhas clericaes de Roma estão assim desnaturadas, virulentas, audaciosas e infamantes?

Não! não é só no Brazil: o plano é geral; o desespero se apossou dos padres de Roma, a hydrophobia os acommetteu, e por toda a parte blasphemão, injurião, mordem e se aviltão!

Attendão ao que, sobre isso, disse o illustrado Reinkens no discurso que proferio no congresso dos velhos catholicos em Colonia (1872):

a Que imprensa é esta tão louvada pelo papa e tão câlorosamente favorecida pelos bispos?

« E' uma imprensa, cuja existencia e força uniea resume-se em uma triplice mentira sobre os escriptos e discursos dos velhos catholicos, em disformes e odiosas insinuações sobre sua vida privada.

« Foi um nobre defensor da confissão evangelica na França, M. Pressensé, tão distincto por seu saber como pela honradez de seu caracter, quem chamou a Luiz Veuillot, redactor em chefe do *Universo*, *o maior calumniador de toda a imprensa contemporanea.*

« Poderiamos accrescentar que muitos jornaes da imprensa catholica em nada cedem, na mesma relação, ao grande calumniador Luiz Veuillot.

« E quem é que marcha á testa dessa imprensa?

« Sómente o papa!

« Inutilise-se as suas bullas, os seus breves e as suas allocuções, e jámais um papa insultará a humanidade inteira, como o faz Pio IX, atirando maldições e ultrages a milhões de seus contemporaneos, sómente porque têm pensar diverso do seu!

« O ultramontanismo sempre viveu de calumnias.

« Quando Bossuet, cuja grandeza d'alma transparece na historia, esforçava-se por salvaguardar os restos mesquinhos da independencia dos bispos francezes pelas liberdades chamadas gallicanas, e que os ultramontanos não podião resistir a seu saber, começárão então a ultrajar sua vida privada, com insinuações as mais malignas, e com invenções calumniosas.

« Nunca, porém, este fructo venenoso do ultramontanismo revelou-se tão violento e tão mortal como em nossos dias.

« Esta imprensa tomou uma linguagem que até então não tinha sido ouvida no mundo civilisado.

« Devo abertamente confessar que antes desta imprensa eu não sabia quantas palavras injuriosas possue á lingua allemã, e de quantos neologismos é ella capaz nesse sentido. »

E ahi temos descriptas com verdadeiras côres as folhas subvencionadas pelos bispos, e que se dizem orgãos da religião no Brazil !

São os mesmos por toda parte !

Os bispos ultramontanos creárão folhas episcopaes, que advogão os interesses politicos de Roma, e que se atirárão raivosas contra os que lhes fazem opposição.

Concorrerão para taes pasquins com o dinheiro das mitras, escrevêrão circulares pedindo assignaturas, recommendárão aos vigarios que as fizessem circular, e, para mais acredita-las, mandárão escrever nos frontespicios : *sob os auspicios do Exm. e Revm. Sr. bispo diocesano !*

Desacreditados esses orgãos da mentira e da depravação religiosa, os seus principaes autores fogem agora da responsabilidade, calculando que, mais livres ainda, os seus testas de ferro melhor servirão aos seus planos !

O bispo do Ceará declarou que *descia do alto da*

Tribuna Catholica, e o do Rio de Janeiro acaba de o imitar, fingindo que *desce do alto do seu Apostolo!*

Ainda manha jesuitica!

E em D. Lacerda ha nisso sua dóse de *coragem*, a mesma com que elle sabe combater o grão-mestre do Lavradio, desertando da procissão de Passos.

Elle não é homem para coragem sem premeditação: é por isso que as irmandades e confrarias desta côrte, e que todas são em grande parte compostas de maçons, ainda não forão interdictas.

Vinga-se nos sermões que préga aos pobres fieis, que são condemnados a ouvi-lo, e contenta-se com isso.

Desce do frontespicio do *Apostolo!*

Foge das procissões!

Foge das festas a que vae o Sr. presidente do conselho!

Guarda os interdictos para melhor occasião!

E em seguida manda-nos dizer que a diocese ha de cheirar a homem!

Que coragem, D. Lacerda!

Deus se compadeça desse desertor do verdadeiro christianismo!

Tu es Petrus, et super hanc PETRAM. . . . . . .

A fallar a verdade, ninguem sabe o que ha de edificar !

Rio de Janeiro, 14 de Março de 1874.

XXVII.

A proclamação do arcebispo da Bahia.

A decrepitude lançou o seu cartel de desafio ao Brazil, ao seculo!

A's armas! bradou o arcebispo da Bahia.

Considera bem organisado já o exercito ultramontano, e o concita ao desejado S. Bartholomeu!

« Exponhamos sem trepidar (diz esse chefe ecclesiastico, principal preposto da curia romana, e servo de Pio IX), se necessario fôr até á effusão de sangue, porque está na nossa consciencia toda a base de nossa gloria: — *obedire oportrt Deo magis quam hominibus!* »

A audacia tocou á loucura!

Os bispos ultramontanos benzem os punhaes para a lucta!

O seu *espiritual* é de sangue!

A matança lhes convém, já que pela razão, pela justiça e pelo direito nada podem obter!

Acautele-se o povo!

O arcebispo aconselha que — basta de prudencia, porque ella degenera já em fraqueza!

Acoroçôa o crime, dizendo que os padres e fanaticos só serão julgados por Deos!

Benze cacetes de nova especie; Roldão de baculo em punho, dispõe-se a arrazar a *cafila audaz* que segue o desenvolvimento da civilisação!

O metropolitano proclama e ordena resistencia ás leis e ás auctoridades brazileiras!

A Egreja de Roma, diz elle, é estacionaria; não só não segue, como reprova as novidades que o seculo denomina progesso!

Quer que entre nós vigorem a *infallibilidade* e o *Syllabus,* e para sustenta-los atêa a fogueira da guerra civil a mais medonha, a guerra religiosa!

O metropolitano se ostenta o *irmão terrivel* da perfida *Catholica ultramontana!*

E necessitando justificar tão notavel desmando, querendo encobrir a sua audacia sob um motivo plausivel, e com o fim malevolo de illudir o povo, desce á calumnia, á falsidade, ao aleive e á cobarde injuria!

Abyssus, abyssum invocat!

Diz esse *conselheiro de sangue* que a maçonaria foi quem lançou a luva de repto aos catholicos, provocando, açulando, animando e protegendo os inimigos da Egreja de Deos! (Textual).

Mentira! Desfaçamento!

A maçonaria no Brazil conservava-se fóra de todas as luctas politicas e religiosas; a maçonaria exercia a caridade; os maçons convivião em paz, e em paz completa e sincera se achavão quer com o Estado, quer com a Egreja.

Composta a maçonaria do Brazil, quasi unanimimente, de catholicos, erão os maçons que mais concorrião para o exercicio e explendor do culto divino.

Neste estado se achava ella tranquilla, e jámais poderia persuadir-se de que, algum dia, fosse assaltada traiçoeiramente pelos padres de Roma.

Observava, com pezar, que a immigração ultramontana de jesuitas e irmãs de caridade affluia a nossas plagas.

Descançava, porém, na acção do governo, que afinal se desenganaria do mal que praticava, consentindo que no Brazil viessem refugiar-se esses bandidos expulsos de todos os paizes adiantados.

Não appareceu um acto sequer de hostilidade, dessa associação respeitavel, ao governo ou á religião.

Dormia tranquilla quando foi brutalmente despertada pelo bispo do Rio de Janeiro, primeiro que, executando as instrucções de Pio IX, suspendeu a um sacerdote conhecido, e geralmente appreciado, director de um notavel collegio de educação nesta côrte, e sómente pelo motivo de ter dirigido ao Sr. presidente do conselho, por occasião de uma festa maçonica, em commemoração da lei da emancipação do ventre escravo, palavras de applauso e regosijo, por um acto tão philantropico, e tão conforme aos preceitos do Divino Mestre.

Indagada a razão de tal censura, soube-se logo que o episcopado, com instrucções insidiosas da curia romana, pretendia dar execução no Brazil a antigas e caducas bullas contra a maçonaria, e independente de beneplacito imperial!

Era uma experiencia!

A maçonaria, assim traiçoeiramente acommettida, pôz-se em guarda, e invocando a protecção da constituição e das leis do paiz, pedio justiça contra a perfidia de Roma.

Atacada sem piedade, como sem probidade, por seus inimigos, até então encobertos, tem no terreno franco da logica, da historia e do direito, defendido palmo a palmo o seu credito, descommunalmente malbaratado, e a posse em que, desde a independencia do Imperio, se achava, de sociedade licita e tolerada.

Ao insolito procedimento do bispo do Rio de Janeiro seguio-se o dos demais bispos; e cada um por sua vez, salvo dous sómente, tratou de proclamar e de determinar, em mal alinhavadas pastoraes, a execução do *Syllabus*, e a condemnação da constituição e leis do Imperio!

A maçonaria era simplesmente o pretexto!

O direito de beneplacito era a unica mira dos ultramontanos, e foi brutalmente atacado.

Pio. IX queria dominar o Brazil, e aquelle salutar preceito constitucional era, e é, nas mãos de qualquer governo digno, insuperavel barreira a seus intentos sinistros.

Desde logo a luta se travou, e seriamente, não entre a maçonaria e o episcopado, mas sim entre os poderes do Estado e as pretensões deshonestas e immoraes da curia romana.

Dizer, pois, que a maçonaria foi quem lançou a luva de repto, é mentir á historia do que se passa presentemente, á vista e á face não só do Brazil como do mundo inteiro.

O metropolitano foi, pois, infelicissimo nessa sua aventurosa proposição.

Propala, e não com ignorancia, mas com calculada má fé, que frei Vital está condemnado á *calceta!*

« Um successor dos apostolos, diz o arcebispo, condemnado á calceta, de igual para igual, entre os mais ignobeis facinoras do paiz. Pois que! Um bispo de calceta por desempenhar seus sagrados deveres?! O ungido de Deos!... Onde a moralidade publica? Onde a religião e o seu culto?! E' triste, e bem triste, é consternador, é degradante, desce até á ultima escala da abjecção um procedimento de tão degenerada natureza. »

Quanta lealdade!

O *Diario da Bahia* aprecia do seguinte modo o exaltamento archiepiscopal.

« Estas palavras dispensão de commentarios; são por si bastante significativas.

« Quem as escreveu está disposto á luta sem tregoas.

« Temos pois a guerra, a guerra religiosa, a guerra tremenda. »

Diz ainda o energumeno chefe ecclesiastico, que a maçonaria affirma « que ella é juiz e parte; que empalma em sua dextra os mais conspicuos tribunaes, que dirige os destinos da sociedade; que ao seu mais leve aceno curvão-se subservientes as auctoridades; que, a Egreja nada póde, e nada vale, e que o Christo do Calvario já cedeu o passo ao Deos do Triangulo!»

Quanto disparate!

Ah! Hospicio de Pedro II, quantos infelizes por este Imperio vaguêão, que neccessitão da tua caridade e beneficencia!

Quando, em que jornal, folheto ou publicação qualquer, a maçonaria disse ou mandou dizer o que o metropolitano com tanta má fé lhe attribue?

Quanta facilidade na mentira!

Entre todos esses vituperios, uma verdade escapou ao metropolitano, é esta:

« Que a sotaina coberta de lodo acha-se completamente lacerada. »

E será de todo desfeita, para que appareção á luz as asquerosidades que encobre.

O metropolitano devia, como nós, referir-se aos andrajos immoraes em que se escondem os jesuitas torpes, os ultramontanos sem consciencia e perversos.

O arcebispo, no seu plano de sangue, emprega palavras de effeito, e dá ao quadro, de sua unica creação, as côres mais adequadas ao seu fim, e para melhor resultado em Roma.

Diz elle:

« Já se ouve o rungido dos gonzos das ferrolhadas portas dos infectos ergastulos, em cujos antros tenebrosos serão arremessados os.... »

O arcebispo suppõe que se trata de prisões da sua desejada inquisição. .

E' idiotismo!

A comparação dos taes *infectos ergastulos* com a boa sala, e excellente tratamento dado a frei Vital provoca a mais estrondosa gargalhada.

« Qual arrebentado açude, diz elle ainda, a anarchia religiosa vai inundando, e destruindo tudo que encontra. »

Bem nos parece que o *açude* que arrebentou foi o que mantinha o episcopado no terreno legal, moderado, leal e digno: foi o que oppunha diques a despropositos e falsidades. A probidade ecclesiastica, a mansidão do pastor christão, a cordura dos homens do Evangelho e a dignidade dos chefes da Egreja, forão arrebatados, pela inundação dos vicios ultramontanos, e nessa enxurrada immunda perdêrão-se, talvez, para sempre!

Notamos em toda a pastoral do metropolitano um tal desvio de prudencia e de razão que, a não suppormos a revolta armada do clero contra o Estado inevitavel e em acção, faz-nos desconfiar do Estado de suas faculdades intellectuaes.

O arcebispo da Bahia, se nunca primou por illustrado, adquirira todavia fama de mansidão e de respeitoso ás instituições, e isto lhe angariou consideração, especialmente na provincia em que exerce as suas funcções.

A quanto, porém, os ultramontanos, abusando de sua condescendencia culposa, o arrastárão!

Como de um homem, que parecia de paz, puderão esses Torquemadas fazer um scelerado, um revolucionario repleto de odios, sedente do sangue, anarchisador do paiz e destruidor das instituições?

Poder de Roma!

Roma maldita, que para avassallar o mundo

avilta todos os caracteres, aniquila todas as reputações, e abysma toda a probidade.

Pobre velho!

· *Quæ te dementia cepit?*

Quando faltou o metropolitano a seus deveres? Quando, com essas mesmas bullas, de que agora se serve, convivia em paz com maçons, ou agora que os afasta de si, calumniando-os?

Se hoje é seu dever amaldiçoar a maçonaria, é força confessar que longos annos viveu esse pastor em peccado mortal!

A quantos maçons apertou elle a mão, a quantos abraçou cordialmente e sem repugnancia?

Quando procedia com acerto? em quanto na força de sua razão, — ou no presente visivel aniquilamento de suas faculdades?

O governo deve comprehender o plano que os ultramontanos adoptárão para, a todo o custo, arrastarem o paiz á sujeição de Roma.

Attenda o governo que o clero se levanta audaz e brada — A' guerra! e guerra em campo material, guerra de sangue!

O arcebispo da Bahia, o chefe dos ultramontanos no Brazil, o mais cego dos sargentos do Pio IX, quer sangue, se sangue fôr necessario para subjugar o Estado!

E quando as cousas têm attingido tão grave situação, é para receiar do futuro, observando-se a indifferença, a inacção, a imperturbabilidade e, digamo-lo francamente, a desidia do governo!

Um bispo condemnado governa o bispado, e é isso consentido pelo governo!

Dous bispos processados, e poupados outros tão criminosos como elles!

As bullas não placitadas, e que são o fundamento

da presente luta ecclesiastica, em execução em quasi todo o Imperio e sem correctivo!

Condemnações sem effeito para a moralidade administrativa!

A faculdade de suspensões *ex informata conscientia* em vigor ainda!

As parochias providas a capricho episcopal, e sem concurso, e as respectivas congruas pagas a despeito de tão criminosa irregularidade!

Roma acatada pelo governo, o qual ao mesmo tempo que submette bispos a julgamento, manda um emissario beijar o pé do papa!

. E' uma farça o que se passa no paiz?

Apparenta-se força de vontade e execução de lei para um fim diverso daquelle a que o povo caminha com tanta lealdade e nobreza?

Lembrar-se-hão os leitores que, ao começar a luta, os homens do governo erão accordes com os ultramontanos em attribuir aos livres pensadores um desejo sinistro de derribar instituições.

Será quanto se observa de inexplicavel e contradictorio um plano insidioso, para em tempo abysmar o Estado e consorciarem-se mais fortemente o throno e o altar?

O povo quer luz. O povo não admitte governos equivocos. O povo tem no S. Bartholomou uma lição terrivel, e que o determina a acautelar-se contra os tramas do poder.

Na historia desse lugubre acontecimento elle lê o seguinte:

« Para justificar a furia dos assassinos, e diminuir o horror da matança, lançárão, desde o principio, a calumnia banal invariavelmente empregada em todos os tempos contra os proscriptos. Os huguenotes conspirão! é preciso aniquila-los para salvar a religião e o rei!...

« Além de não haver nenhum documento, nenhum indicio que pudesse dar apparencia de realidade a este romance, a maior parte dos pretendidos conspiradores forão sorprendidos em seus leitos; — e ainda que se sentissem cercados de traições, contavão de tal modo sobre a fé real, que não combinárão nenhum plano de defesa; precaução esta que certamente não foi esquecida pelos verdadeiros conspiradores

« La Rochefoucauld, amigo intimo do rei, e que na vespera devertira-se com elle até meia noute, vio de repente entrar em sua casa seis homens mascarados, entre os quaes lhe pareceu achar-se um dos familiares de Carlos IX, o qual, em seus extravagantes divertimentos, muitas vezes surprendia os homens e mulheres da côrte. O desgraçado ria-se e os assassinos o immolavão!

« Esses mascaras sinistros erão creaturas do duque d'Anjou. »

Não é porque receiemos que o mesmo se realize entre nós, que referimos esse facto da historia, e sim sómente para convencermos de que o povo experimentado deve comprehender a diversidade de phases a que esta questão está sujeita.

E ainda mais, cumpre que nos acautelemos, quando a opinião póde disvirtuar-se, porquanto os padres trabalhão secretamente; e com o confessionario, de que abusão, vão conseguindo armar o fanatismo contra as leis, contra as auctoridades e contra a ordem e liberdade do paiz.

Liberaes conhecidos, e que gozão de influencia na população, proclamão-se ultramontanos; condemnão o beneplacito, são sectarios do *Syllabus*, e prégão contra a legalidade da condemnação dos bispos e até contra a constituição do Estado!

Taes liberaes, que chamaremos homens absurdos, cégos de fanatismo, ou ávidos do poder, tratão de desvairar o povo, e, com mais ou menos esforço, com o sophisma, com o aleive, e sempre em nome de Deos, procurão solapar o que temos de mais liberal em nossa lei.

Em nome da liberdade querem arrastar o paiz ao jugo theocratico dos padres de Roma!

Com a maior insidia se prevalecem do sagrado principio de liberdade de consciencia, para defender a rebeldia dos bispos!

A maçonaria deve ser condemnada — por bem da liberdade de consciencia!

Os bispos podem transgredir as leis do Estado, porque só assim exercem essa liberdade!

O governo devia consentir que o paiz fosse anarchisado pelos jesuitas e ultramontanos, respeitando-lhes a liberdade de consciencia!

O supremo tribunal de justiça, applicando o direito positivo a factos provados até por confissão ostentada dos transgressores da lei, atacou a liberdade de consciencia! .

E porque a *Reforma*, orgão liberal, cumprindo a sua missão na imprensa, não se constituio instrumento dos padres, e não aconselhou ao povo a resistencia a actos legaes como o do supremo tribunal de justiça, dizem os homens absurdos — que esse orgão lançou feia pecha sobre o tumulo de tantos martyres da liberdade que no Brazil têm morrido com as armas nas mãos, sustentando o direito de resistencia armada!

Aconselhão assim a resistencia armada á constituição, ás leis e aos poderes do Estado, para manter a força despotica de Roma, contra todos os principios, os mais bem assentados no partido liberal!

Aconselhão ao povo que vá até ao sangue, para supplantar a todos quantos não pensão como elles, e tudo — em bem da liberdade de consciencia!

Não adoptar o *Syllabus*, não subordinar a soberania do povo á sonhada soberania da Egreja romana é prejudicar as idéas democraticas!

Os homens absurdos querem ainda que na bandeira politica de um partido se ache consagrado o dever de sustentar uma determinada religião, e tudo —por bem da liberdade de consciencia!

Quem os poderá comprehender?

O que entenderão por liberdade de consciencia, elles que professão o *Syllabus*, onde essa liberdade é condemnada?

A sua liberdade de consciencia se resume em cega obediencia ao santo padre e a seus sachristães!

Crêr por ordem, affirmar por obediencia, sujeitar-se á razão estranha, tal é a grande liberdade de consciencia dos ultramontanos.

A' cata de argumentos que os apadrinhem, tudo serve, tudo inventão e desvirtuão!

Por motivos todos economicos, como é geralmente sabido, o orgão republicano nesta côrte suspendeu a sua publicação.

Os homens absurdos, dando um caracter diverso e repugnante a esse facto, aliás natural, de todos os tempos, e pendente quaesquer discussões, o attribuem a ter-se a folha republicana envolvido na questão episcopal e condemnado as exageradas pretensões de Roma!

E mais, dizem ainda, que a massa popular republicana obrigou esse orgão a calar-se por ter atacado a religião!

Risum teneatis?

E assim se escreve a historia! E assim se calumnião liberaes e republicanos, e mais se desnatura o que constitue essencialmente o principio democratico!

Liberaes e republicanos do *Syllabus* representão

a mais flagrante contradicção, como a mais notavel
deslealdade aos principios.

Só adopta e proclama a *sublimidade* de tal contradicção, ou o politico que, ávido de poder, não escolhe
armas nobres para combater os adversarios, ou o
que, dominado pelo fanatismo, tem de todo abafado
em seu espirito a livre apreciação das cousas e a faculdade de raciocinar.

No exercicio de sagrados direitos politicos, o atropello o mais escandaloso, como se tem dado, não
provocou nunca os homens absurdos á proclamação
de resistencia armada!

Homens de ordem, liberaes moderados e pruden-
tes preferiráõ sujeitar-se a todos os vexames, ás tropelias as mais escandalosas e indecentes, e á falseação
do systema, antes do que excitarem o *povo miudo*
(não é nossa a phrase) á resistencia!

Mas a resistencia, e até armada (!) deve vir, é
licita e muito liberal, desde que um bispo desnaturalisado e rebelde é condemnado, ainda quando convencido de manifesta infracção das leis do Estado!

Não sabemos o que seja *povo miudo*.

Nós, que conhecemos no povo a principal vontade de uma nação, o unico que é soberano, o unico
que póde na sociedade moderna e nos paizes livres
querer e determinar, não o amesquinharemos jámais.

Em vez de *miudo* que, segundo os conhecedores
da lingua, equivale a *canalha*, nós diremos sempre—o
povo soberano—, o verdadeiro rei na sociedade adiantada.

E o povo do Brazil não é, nem póde ser qualificado de *miudo*, porque não é ultramontano, não
póde ser escravo, não cede, nem cederá de sua soberania, para subordinar-se a qualquer tyranno, brazileiro ou romano.

Não se engane o povo com os falsos *apostolos* que

22

o illudem, para convertê-lo em cego instrumento clerical.

Não ha felicidade politica sem ampla liberdade religiosa: é isto que devemos dizer ao grande povo brazileiro.

A liberdade religiosa, synonimo] de liberdade de consciencia, é o direito de procurar a verdadeira religião; direito que pertence a toda a creatura humana que comprehende o que a liga ao Creador.

Exprime a independencia politica das communhões religiosas, a separação da Egreja do Estado.

« Não é na qualidade de cidadão, diz Laboulaye, mas na nossa qualidade de homens, seres intelligentes e moraes, que temos relações com Deos. Nascemos para procurar a verdade e a verdade não está subordinada a nenhum poder, e nem é a lei que a póde estabelecer. »

Os ultramontauos se empenhão por dirigir o povo, e nisto consiste o ponto mais importante e mais calculado de seu plano de dominio universal.

« Nada, entretanto, ha mais fatal, diz ainda Laboulaye, do que diminuir no homem o sentimento da sua força e responsabilidade. O povo que se deixa dirigir por vontade estranha escravisa-se e aniquila-se. »

Em vez de illudirmos o povo com exagerações religiosas, em vez de o conservarmos ignorante para melhor o manter fanatico, em vez de proclamar uma falsa liberdade de consciencia para melhor subjugar a consciencia, em vez de hypocrisia e da impostura, é melhor ser franco e leal, e dizer a verdade tal qual ella é.

Egreja e Estado unidos, mutuamente se prejudicão.

O principio religioso de cada um deve estar fóra do alcance do Estado, porque pertence só á consciencia.

O homem simples póde pertencer a uma Egreja, o cidadão, porém, só pode pertencer ao seu paiz. Nisso consiste a differença de Egreja e Estado, e isso determina irremissivelmente a separação, pela qual pugnaremos sempre.

Concluiremos o presente artigo perguntando:

Porque não foi já remettido a seu destino o condemnado frei Vital de Oliveira?

Ainda ha poucos dias, conforme dignos officiaes de marinha presenceárão, passando o Imperador pelo arsenal, para embarcar, foi saudado, das janellas do *ergastulo immundo* em que se acha esse jesuita, com a mais ruidosa gargalhada!

Como são sisudos e circumspectos os barbadinhos, especialmente quando aos 29 annos chegão a ser bispos!

Mas frei Vital tem licença para tudo.

Novo *Senhor dos Passos*, martyr glorioso, santo venerado até pelos *voluntarios de Roma*, humanisa-se algumas vezes, brinca e ri-se, como qualquer peccador.

Os homens do paço sentirão no cortejo de 14 deste mez a falta de D. Lacerda e dos barbadinhos! Não são para graças; estão mal com o rei!

Rio de Janeiro, 18 de Março de 1874.

P. S. — Offerecemos á consideração do governo o artigo da *Provincia*, que em seguida transcrevemos.

Trata do actual governo do bispado de Pernambuco:

«Em nosso entender, a mais robusta prova de falta de energia do governo actual, na questão religiosa, está no facto de ser ainda a diocese de Pernambuco governada em nome de D. Vital.

«Sabem todos que a pronuncia, em crimes como

o de D: Vital, suspende o exercicio de direitos politicos, e inhabilita para o exercicio de cargos publicos.

«Ora, D. Vital está condemnado, e continúa em em seu cargo de bispo; isto é, nós cidadãos brazileiros, que não somos padres, estamos em muitos actos da vida civil subordinados ao querer de um condemnado.

« O absurdo disto resalta a todos os olhos.

« Todas as materias mixtas, tudo aquillo em que cabe o recurso á corôa, continúa subordinado ao bispo D. Vital.

«Amanhã, pois, póde dar-se a seguinte enormidade : um individuo ou corporação póde recorrer ao governo do paiz..... de quem? do bispo D. Vital, que está preso e condemnado.

«Póde-se crêr isto, cm um paiz, onde a omnipotencia do governo é patente?

«O que póde explicar semelhante covardia da parte do omnipotente governo do Sr. D. Pedro II?

«A não ser, como se diz, que o throno vive sempre cuidando que sem altar baquêa, nada póde explicar um semelhante facto.

« O gabinete Rio Branco não sabe cumprir as leis do paiz — elle que faz camaras e faz tudo ; o gabinete Rio Branco declara-se impotente perante o jesuitismo de Roma, representado por meia duzia de bispos e padres imprudentes.

« E' uma mizeria sem nome.

« O Sr. Lucena não responde ao officio de participação do governador nomeado por D. Vital ; e esse governador, ás barbas do Sr. Lucena, continúa pondo e dispondo.

« O Sr. Lucena não responde a esse officio, e diz implicitamente que não reconhece esse governador ; mas não dá um passo para trazer ao estado regular o governo do bispado.

« O Sr. Lucena, fazendo o que fez, sem duvida deu parte ao governo; e o governo até hoje deixou o Sr. Lucena em pessima posição.

« Se o Sr. Lucena não fez bem, cumpria ao governo ordenar-lhe que abrisse communicação com o governador nomeado por D. Vital.

« Se o Sr. Lucena fez bem, nada explica que as cousas continuassem na mesma até hoje.

« E' uma miseria sem nome !

« Temos um presidente que não reconhece um governador do bispado ; e temos um governador do bispado que não faz caso disso, e vai seu caminho.

« Em conclusão, a diocese tem e não tem governo.

« Se olhamos para o Sr. Lucena, a diocese não tem governo, pois não se comprehende auctoridade não reconhecida como tal pelo presidente da provincia.

« Se olhamos para o governador do bispado a diocese tem governo, pois não se comprehende que, á face do presidente da provincia, uma auctoridade intrusa se ostente, desassombrada e tranquilla, no exercicio de usurpadas funcções.

« E' miseria sem nome !

« Deus ajude o *Apostolo* da córte para zurzir o gabinete, e a *União* daqui para zurzir o Sr. Lucena.

« A' vista destas anomalias podemos concluir :

« — Para o jesuita no Brazil não ha governo geral nem provincial.

« E' miseria sem nome !

XXVIII.

É no confessionario que os jesuitas e ultramontanos encontrão o principal elemento do seu poder — a mulher!

E' a primeira e principal victima desse artificio fraudulento.

Mães de familia, senhoras honestas, filhas innocentes e puras, acautelai-vos todas contra os lobos de sotaina, conta os roupetas immoraes e sedentos de ouro e de poder, que de vós pretendem fazer o seu mais vigoroso instrumento, para a realisação de seus planos tenebrosos!

Elles vos acaricião, e, traiçoeiros, vos fallão em nome de Deos para melhor illudir-vos!

Elles vos aterrorisão com a ameaça de horriveis penas eternas, para conseguir de vós o que não deveis, o que não podeis fazer.

Esses abutres da consciencia têm estudado a indole da mulher, comprehendem quanto poder ella tem no seio da familia, e abusando do caracter sagrado que sem cessar malbaratão, empenhão-se em illudi-la, promettendo-lhe o reino do céo em premio de sua perdição, acenando-lhe com o inferno se ousar permanecer digna e fiel e resistir ao sophisma torpe, com que pretendem arrasta-la a seus fins.

A mulher, essencial e naturalmente religiosa, sem a educação sufficiente para discernir o verdadeiro do falso, acredita facilmente no padre, em quem de boa fé confia, suppondo-lhe virtudes e sentimentos condignos do seu estado.

Nisso está o principal erro do sexo bondoso e fragil, que, considerando o confessionario lugar só de verdade, e da palavra de Deos, deixa-se seduzir pela mentira, e pelo erro, que, em seu espirito desprevenido incutem esses soldados de Roma.

O confessionario é o maior perigo para as mães de familia, para as senhoras que se prezão, para as filhas honestas, e, em uma palavra, para a mulher digna.

E' ahi que ellas adquirem gravissimas suspeitas contra os maridos, contra os irmãos, contra os filhos, contra os parentes, e contra os amigos.

E' ahi que a intriga a mais vil se urde, porque os jesuitas não descanção na sua obra — a perturbação da familia, — para conseguirem a peturbação social, da qual necessitão afim de chegarem ao seu negro *desideratum*.

E' mister desvirtuar tudo; e elles comprehendem a vantagem de começar pela desvirtuação da mulher.

A assiduidade de um barbadinho, de um jesuita no seio de uma familia, é o prenuncio fatal de tremenda luta domestica.

Attendão as senhoras ao que tem vindo da egreja do morro do Castello, quartel-general do fanatismo!

Estudem reflectidamente as doutrinas que alli se ensinão, os conselhos malevolos que alli se dão; avaliem as consequencias a que necessariamente chega quem se deixa illudir por essas sereias barbaras, — e abandonarão toda a phalange de Roma, que com tanta *devoção* trabalha na obra maldita do obscurantismo.

O frade romano, o jesuita, o ultramontano crião beatas, fazem da mulher uma nullidade social, ou, fanatisando-a, constituem-a o flagello da familia.

Quantas por ahi jazem perdidas pelo confessionario, quantas peturbadas por esses padres perversos, tornão-se apenas objecto da publica commiseração?

Os exemplos formigão.

Entre outros veja-se o que recentemente nos réfere uma acreditada folha de Minas Geraes:

« Uma infeliz senhora que ha quasi anno e meio sahio do confessionario com as faculdades intellectuaes perturbadas, anda actualmente de porta em porta nas ruas desta cidade, pedindo a quem encontra o favor de rezar um Padre Nosso a Nossa Senhora da Appárecida para a salvação de sua alma.

« Além desta mais tres senhoras deixárão os *santos* missionarios loucas, havendo fallecido duas.

« A imprensa fanatica nunca registrou este *proteníóso* milagre dos celebres jesuitas, que estão fazendo da provincia de Minas um aldeamento de bugres; é visto que batem palmas quando têm occasião de tratar de uma coincidencia a que attribuem a intervenção de Deos ou o poder milagroso dos taes missionarios, devêm tambem explicar o facto que assignalamos, e que é fructo dos jesuitas missionarios que aqui estiverão. »

E não é agora que o confessionario se avantaja na infamia e na immoralidade.

Percorrão-se as paginas da historia, e ahi se achará a mais clara e evidente demonstração do que dizemos.

Quantas miseras senhoras, que contrictas expuzerão suas faltas ao confessor, contando com o promettido sigillo, ficão expostas á execração ou ao escarneo, divulgadas as suas ingenuas confissões?

Quantas se têm levantado do confessionario, indignadas ao ouvirem propostas e declarações infames?

Quantas virgens têm aprendido no confessionario aquillo que ignoravão e devião ignorar?

A quantas, e é geral nesta miseravel situação, perguntão os confessores, por exemplo, se seus maridos, pais, irmãos, filhos são maçons, aconselhando-as que os destestem sob pena de serem condemnadas ao fogo eterno?

A influeneia dos confessores sobre a mulher, quanto aos resultados dessa intimidade tão contraria aos nossos costumes, como ás leis geraes do decoro, é bem descripta por Paulo Luiz Courier, nos seguintes termos:

« Que vida, que condição a dos nossos padres!

« Prohibem-lhes o amor, o casamento, e entregão-lhes as mulheres!

« Prohibem-lhes ter uma esposa, consentindo-lhes viverem familiarmente com todas.

« E é pouco ainda.

« A confidencia, a intimidade, o segredo de suas acções, de seus pensamentos os mais reconditos, tudo ellas lhe devem communicar!

« A innocente moça, por influencia de sua mãe, confessa-se ao padre, ao padre só; instruida — casa-se; e casada, — torna a confessar-se, — e ei-la governada!

« E em suas affeições as mais puras, o confessor as perturba!

« O que a noiva não ousa confessar a sua mãe, nem ao seu noivo, o padre deve saber: pergunta-lhe, e sabe de tudo!

« Confessar uma moça! Imaginai o que é! Escuta-la ao ouvido, baixinho, no fundo de uma egreja, em uma especie de santuario juxtaposto á paréde; ouvir suas faltas, suas paixões, seus desejos, suas fraquezas; recolher um a um todos os seus suspiros, sem se sentir abalado!...

« Só um santo podia ser confessor!

« Não podendo fugir, geme apparentemente, suspira e recommenda-se a Deos.

« O confessor, porém, é homem: treme, deseja, e, a seu pezar talvez, espere....

« E ella vem. Ajoelha-se diante delle, — e confessor e peccadora sentem conjunctamente seus corações pulsarem precipites!

« A sós, não tendo por testemunhas senão muros e abobadas, conversão. Sobre o que? Sobre tudo que não é innocente!

« Fallão e murmurão em voz baixa.

« E tudo isto dura uma hora e mais, e renova-se por muitas vezes. »

Nos primeiros seculos da Egreja, a confissão era puramente facultativa, e não havia senão a confissão publica.

Os christãos mais fervorosos confessavão suas faltas aos seus irmãos, e esta confissão, exigida sómente aos não-conversos, não era cousa extraordinaria, pois que já existia entre os pagãos.

A confissão auricular foi pouco a pouco introduzida na religião christã, dando causa a muitos protestos.

Pelo fim do seculo VI, S. Goar reprehendeu ao bispo de Trèves por ter-se lançado a seus pés para confessar-lhe uma fraqueza sua, em vez de confessar-se sómente a Deos!

S. Gilles perdoava os peccados de todos que se arrependião; independentemente de confissão.

S. João Chrysostomo recommendava que se confessassem a Deos e não aos homens!

Desde que a confissão foi imposta aos crentes, a intensão sinistra dos padres de Roma foi conhecida.

No confessionario se preparou a extorsão, o roubo e o descalabro das fortunas particulares.

Nos primeiros seculos do christianismo o penitente era obrigado a dar uma moeda ao confessor.

No correr dos tempos os padres creárão a obrigação de consciencia de deixarem uma parte de seus bens á Egreja, e áquelles que não cumprião esse dever se recusava até a sepultura!

Desde logo a posição do confessor se tornou extremamente importante e lucrativa, o que deu lugar á mais encarniçada lucta entre o clero secular e o regular para a direcção da consciencia!

O frade aconselhava na confissão que os bens do confessado fossem dados aos seus conventos, e os curas os querião para suas egrejas! A avidez era tanto maior, a mendicidade tanto mais importuna, quanto não pedião para si pessoalmente.

Os governos civis providenciárão, como puderão, contra taes abusos, e desde logo o confessor variou de acção, procurou outras vantagens, e as conseguio introduzindo-se no segredo das familias!

Por este meio astucioso chegou a envolver-se nos negocios mais importantes, como conselheiro e confidente, e assim adquirio influencia e poder!

O ciume, que entre os confessores, quando apenas erão os directores das consciencias do povo, se manifestava descommunalmente, pois que cada um queria para si só o que podia extorquir da ignorancia, subio de ponto logo que alcançárão approximar-se dos grandes, dos principes e dos soberanos!

Ante os reis devotos elles valêrão mais do que o primeiro ministro, e dahi nascêrão as lutas, as rivalidades, as intrigas torpes que miseravelmente tiverão lugar entre as diversas ordens religiosas, disputando-se a importancia, sem igual, de ser confessor do rei.

Os jesuitas, mais calculados, mais insidiosos, mais audazes sempre do que todos, conquistárão essa desejada posição, na qual mais facilmente podião dominar os povos, como o conseguirão!

Lachaise, confessor de Luiz XIV, sentindo-se alquebrado pelos annos, o aconselhou que tomasse outro, mas que não deixasse de o escolher entre os padres da Companhia de Jesus, á qual elle pertencia; e as razões que dera, e para conseguir do rei a continuação da influencia jesuitica, consistião em que convinha approximar-se dessa companhia, que extensa já e poderosa, devia ser lisonjeada, para que não se lhe declarasse em hostilidade!

Taes erão, porém, as perfidias desses regios confessores, que um padre consciencioso, e que occupava esse cargo junto a Victor Amadêo, rei da Sardenha, achando-se proximo a entregar a alma ao Creador, o chamou e lhe disse: « Senhor, a vós que me tendes tanto beneficiado e distinguido, não faltarei com o maior reconhecimento e gratidão. Neste momento, o mais solemne da vida, e quando a mentira é um impossivel, vos peço que não tomeis por confessor nenhum jesuita. Não me questioneis sobre isso, porque não vos posso responder. »

O padre Cotton foi quem estabeleceu o reinado dos jesuitas no confessionario dos reis de França. Sendo um dos mais destros na astucia, apparentava não envolver-se nos negocios publicos; apezar, porém, de toda a sua habilidade, não escapárão suas intenções á penetração de Henrique IV, que dizia: « *jai du* coton *plein les oreilles.* »

A astucia jesuitica, porém, caminhava, e com tanto geito, com tanto disfarce, e manha tão estudada, que no reinado de Luiz XIV pôde ser ostentada a preponderancia do confessor do rei, personagem desde então importantissima da côrte, e como tal mencionada nos annuarios.

Em 1712 o jesuita Miguel Le Tellier percebia dos cofres publicos cerca de 7,000 libras, por anno, além de mesa esplendida, sempre que se achava na côrte!

A influencia do confessor foi em todos os tempos por demais nociva, quer á moral, quer aos bons costumes dos povos, quer aos mais altos interesses do Estado.

A Hespanha, esse paiz essencialmente catholico, esteve sempre sob a influencia dos confessores do rei.

Os mais celebres forão os padres Nithard e de Aubenton.

O primeiro de tal modo abusou de sua influencia sobre a rainha, que a indignação publica forçou-o a deixar a Hespanha e a retirar-se para Roma!

O padre d'Aubenton foi enviado por Luiz XIV para servir de confessor a Philippe V, e não foi sem muito trabalho que obteve este cargo, até então privilegio exclusivo dos dominicanos!

A prinseza de Ursini, por seu valimento, obrigou-o a retirar-se.

Entretanto, depois da quéda dessa intrigante, foi elle chamado, e confessou o rei até sua morte.

Sua influencia, como a de todos os jesuitas, foi fatal á Hespanha e á França, e todos os seus esforços tendêrão sempre a assegurar e augmentar os interesses da sua Companhia.

Lonville embaixador de Luiz XIV, em Madrid, narra uma conversação que teve com d'Aubenion, mostrando mais uma vez com que curiosidade indiscreta e indecente a maior parte dos padres desacreditão o confessionario. A conversação é por tal modo immoral e indigna, que nos abstemos de a transcrever.

Os reis de Hespanha tiverão muitos outros confessores ambiciosos e aduladores.

Um dos descendentes de Philippe V só ia á casa de sua amante, que era religiosa, acompanhado de seu medico e de seu confessor, que o esperavão á porta para cuidar-lhe do corpo e da alma á sua sahida!

O ultimo confessor official na Hespanha foi o padre Claret, que muito contribuio para a quéda de Isabel II. Este padre Claret foi militar e fez carreira do modo seguinte :

Em 1824 fazia parte da banda de Cabrera, que em um bello dia, batida por todos os lados, julgou-se inteiramente perdida. Claret fez então voto de abraçar o sacerdocio, se a Providencia o livrasse de tal perigo. Escapou, e cumprio sua palavra. Ordenado, obteve a nomeação de bispo de Cuba, e a de esmoller da rainha que elle acompanhou até vê-la fugida de Hespanha em 1868.

É á direcção dos jesuitas que se deve a revolução que em 1688 expulsou Jaques II do throno de Inglaterra.

Henriqueta Carraciolo, que foi religiosa 30 annos, e que em 1864 publicou os *Mysterios dos conventos de Napoles*, livro que produzio grande sensação, exprime-se do seguinte modo sobre a importancia do confessionario nos conventos :

« Supponde que um concilio supprima nos conventos de mulheres a felicidade suprema do confessionario, e o Estado poderia dispensar-se de fazer leis sobre o futuro do monachismo, porque os conventos de mulheres fechar-se-hião por si mesmo, no fim de algumas semanas. »

E diz mais :

« Ha religiosas que não ousão, nem ao menos fazer seu rol de roupa sem a intervenção de seu confessor ! Uma conheci eu que via seu confessor tres vezes por dia: — de manhã levava-lhe provisões para o jantar; mais tarde, quando vinha da missa, servia-lhe biscoutos e café; e depois do jantar ficava com elle longas horas para fazer, dizia ella, a conta do que tinha despendido pela manhã ! Não contente ainda com tão numerosas entrevistas, escrevia-lhe duas vezes no intervallo das visitas. »

E tal é o beneficio das confissões, e tal o resultado desta industria que os calculados padres de Roma puserão em acção no mundo catholico, e com a qual obtém desde os bens materiaes dos fieis até a subserviencia dos que acreditão nelles.

Ainda uma consideração sobre esta materia.

Da confissão primitiva, quando a sociedade christã era pouco numerosa, formando uma sorte de pequeno cenaculo, velando activamente sobre o comportamento de seus membros, como o fazem ainda hoje certas seitas americanas, á confissão auricular, como a decretárão os concilios de S. João de Latrão, e de Trento, e como é praticada na Egreja romana ha muitos seculos, ha um abysmo profundo.

O padre tem direito de absolver o assassino, o labrão, o adultero, mas não póde perdoar a quem ousou levantar mãos sacrilegas contra um clerigo, embora provocado por elle !

É uma theoria esta que foi sempre da Egreja, que tem como menos culpado o ladrão e o assassino do que quem attenta contra o menor de seus direitos.

O recurso dos casos reservados ao papa, teve por fim impellir os peregrinos a Roma, ondeião buscar o perdão de seus peccados, deixando, entretanto, alli as suas riquezas !

Desde, pois, a simples moeda que se pagava ao confessor, logo que foi inventada a confissão pela Egreja romana, até as grossas sommas com que o papa absolve os peccados reservados não ha, ante o imparcial e o que com calma e reflectidamente estuda a historia, outra cousa que não seja a ganancia vil, o lucro sordido, o negocio immundo dos padres de Roma.

A confissão, como elles hoje a querem, como a ensinão, por muito repugnante á rasão e á dignidade humana, não podia ser sustentada só com a auctoridade de Roma.

Era mister dar-lhe um caracter divino, e as santas escripturas forão invocadas, suas letras forão torcidas e ageitadas de modo a darem á tal confissão, e com o maior sacrilegio, a auctoridade da palavra de Deus !

Charlatães ! Arrastão o Ente Supremo até torna-lo instrumento da mais torpe agiotagem das consciencias !

E para tudo achão elles um *texto!*

Ainda ha dias lêmos na folha do *corajoso* D. Lacerda, que o Evangelho autorisa e aconselha a— *esfrégar jornaes nas caras de seus redactores, e a zurzi-los com um vergalho!*

Que muito é que a confissão, como hoje a querem, seja baseada nas letras sagradas?

A consciencia dos padres de Roma é sempre a mesma.

E aquelles que os seguem, e que presentemente se dizem do povo, para melhor servirem aos seus interesses, e preparar clientela para futuros massacres eleitoraes, estão viciados como elles.

Aventurão proposições extravagantes e incompativeis com os principios que ostentão, e logo que se lhes apontão as contradicções, incommodão-se e bradão: —não é exacto! não somos o que suppondes, se bem que philosophicamente reputemos compativeis todas as incoherencias !

Elogião os bispos, que se rebellão contra o Estado, applaudem até as promessas de effusão de sangue e de resistencia armada, e quando se lhes aponta o disparate, corridos de vergonha, insultão e vilipendião !

Se lhes é provado até á evidencia, que tratão, sem consciencia, de perturbar as cousas para estabelecer, sobre suas ruinas, o mais nefando dominio, esbravejão e attribuem ao adversario o máo desejo de turvar as aguas para...... o que nem elles mesmos sabem definir !

E quando, combatidos com vantagem, e já esgotados os argumentos irrespondiveis e incontestaveis, e todas as mais amplas demonstrações das theses que têm sido trazidas ao publico, se considerão vencidos, — ei-los que surgem com vestes que lhes não pertencem, provocando polemica de que não entendem, e pedem novamente discussão, gritando que ninguem os vencerá !

Tudo isto, que mais provoca o riso do que molesta nada vale ante quem, dizendo a verdade ao povo, este nobre e principal elemento do poder legitimo, não procura fazer delle um instrumento, e menos pretende armar a uma popularidade artificial e sem merito.

Concluiremos este artigo transcrevendo o seguinte:

> S'ils montrent de la piété,
> Las! c'est que la simplicité
> Du même peuple s'y arrête;
> E par ce signe trop charmant
> Ils trompent malheureusement
> L'âme qui pour les croire est prête.

Rio de Janeiro, 21 de Março de 1874.

XXIX.

Continuação do mesmo assumpto.

Non obstante periculo pollutionis, licet audire confessiones mulierum, ac legere tractatus de turpibus !

Theologia moral de LIGUORI.

Ainda o confessionario!

Examinemos a materia em relação ao celibato dos padres.

Comecemos por mostrar quanto é este incompativel com o confessionario :

« Para formar uma alliança entre pessoas pias (dizia Sertorio Caputo, padre da Egreja romana) o demonio se prevalece da apparencia da virtude.

« Formada a alliança, faz com que o amor da virtude se converta em amor pessoal.

« Os que disso são victimas não se apercebem da transicção, porquanto esta não se opéra ostensiva e abertamente, e sim por imperceptiveis, mas proficuas tendencias do coração.

« Desde então o tracto angelico é supplantado por convivencia humana.

« Quasi involuntariamente se muda de vistas, proferem-se palavras lisongeiras, que penetrando até a alma, inda parecem da primeira devoção; e

« *Spiritualis devotio convertitur in carnalem !* »

« Quantos sacerdotes virtuosos, victimas de affeições começadas pela piedade, perdem Deos e piedade ! »

Assim se exprime o padre Gaume no seu *Ma-
nual dos Confessores.*

A Egreja romana, pois, reconhece o perigo, mas,
em vez de acautelar, o provoca, obrigando á confissão !

Cedamos a palavra ao illustrado Jacobus:

« Egreja romana, que se esforça por convencer
por seus cathecismos que—Deos permitte ao demonio
fazer-nos uma guerra incessante; ella, que ensina que
Lucifer faz acompanhar cada homem de um máo anjo
(Theologia de Wertzboug) e que a tentação nos per-
segue, como o leão ageita a sua presa para devora-la
—*circuit quærens quem devoret,*—obriga os padres ao
celibato e os colloca em relações intimas com as mulheres !

« E os proprios que cordialmente devotados a
Deos, não queirão cahir no abysmo, dirão atterrori-
sados, como S. Cypriano—*Longe de nós essa peste*
(mulheres) *que é visco envenenado de que se serve o
diabo para prender nossas almas.* »

A Egreja romana, porém, fez do confessionario
obrigado o lugar mais commodo ao diabo para exercer o seu encargo !

Jesus Christo disse:

« Quem se expõe ao perigo nelle perecerá. »

E os chamados sacerdotes de Christo fizerão do
perigo instituição permanente !

É um peccado mortal procurar occasião e lugar
de peccar (ensina tambem a Egreja); entretanto obriga
a uma misera penitente a não poder ser absolvida, e
expõe o padre ao maior perigo !

« Figurai, diz mais o citado Jacobus, um padre
na idade em que ainda o amor seja para elle uma
lei imperiosa, naturalmente bondadoso, grave como o

dever, santo como a familia. Este homem, nessa idade
é constrangido pela Egreja romana a um voto, renuncia o amor, e, por juramento, transforma em crime
as leis da humanidade!

« Mas o que póde o juramento contra as forças da
natureza?

« Longo e terrivel combate se trava!

« E como é elle preparado para a luta?

« Apenas jura, é a sua imaginação escandecida
pelo estudo das questões as mais impudicas! A theologia não omitte nenhum *detalhe*, não esquece nenhuma
circumstancia que possa excita-lo! »

Nessa parte esse estudo ecclesiastico de Roma
pretere absolutamente todas as conveniencias, toda a
decencia, e tanto que não nos animamos a dar conhecimento delle aos leitores.

De um tal estudo vem infallivelmente o crime!

Em presença da deshonra, visões de infamia se
lhe antolhão. Maldiz em vez de amar, substitue pelo
odio o remorso, e dahi a regra jesuitica de que:

« Um padre póde matar a mulher que elle tem
profanado e que ameaça perde-lo. »

O padre Andrews, em 1853, espancou cruelmente
a uma penitente que lhe resistio; o mesmo fizerão
outros na Saboia em 1854.

Um feroz jornalista ultramontano, na Suissa, matou dous filhos que tivera de sua cozinheira.

Mãe e filhos têm sido assassinados para encobrir
as faltas de padres perversos.

Os nomes de Cecilia, Cambelles, Listade, Main-
grat, e outros não serão jámais esquecidos.

« Se tendes uma filha, dizia Courier, entregai-a
antes a quem a possa desposar, do que ao homem
que tem feito voto de castidade »

A confissão, como Roma a creou, nem origem
tem nas escripturas sagradas.

O que nestas ha de positivo não autorisa essa obra nefanda da politica pontificia.

Ve-se em S. *Paulo aos Romanos* XIV, 12, que a confissão deve ser feita a Deos.

Ve-se em S. Marcos II, 7, que só Deos póde perdoar.

Ve-se no Psalmo XXXI, 5 e XXIX, 3, Isaias XLIII, 25, que o preceito divino jámais foi o de confessar peccados a outro homem.

Onde, nas escripturas, uma phrase sequer que autorise a confissão auricular aos padres, ou uma só prova de ter algum dos apostolos assumido a auctoridade de perdoar peccados?

O sentido elevado a Deos, e a contricção, é quanto Deos quer, e quanto as escripturas recommendão.

Cor contrictun et humiliatum, Deus non dispicies.

O publicano confessou-se dizendo — meu Deos, sê propicio a mim peccador.

Na oração dominical nós confessamo-nos diariamente ao Pai nosso que está nos céos, dizendo — Perdôa-nos, Senhor, as nossas dividas.

(Psal XXXI, 5, Job XL, 9, Isaias LIX, 12, 13; Dan. IX, 9, 18).

O abbade Longuern estando um dia em sua abbadia do Jard, seus religiosos perguntárão-lhe quem era o seu confessor. « Quando me disserdes quem era o de Santo Agostinho, eu vos direi qual é o meu », foi a sua resposta. E cabe dizermos que o grande santo auctor das *Confissões* não diz quem era o seu confessor. Parece que fazendo as suas confissões publicas, dirigia-se a Deos positivamente, e conforme o Evangelho.

Em que se fundou, pois, o Vaticano, para extorquir dos concilios de Latrão e de Trento, a regra obrigatoria da confissão auricular?

Com que fim se arrogou a Egreja de Roma uma tal instituição, sujeitando assim todos os fieis ao arbitrio miseravel dos padres romanos e do seu chefe?

Examinemos.

Diz Daniel Rammée, na sua excellente obra — *Action de Jésus sur le monde:*

« Para chegar á pratica do seu systema de dominio universal, Innocencio III, entendeu não dever confiar sómente nos seus soldados.

« Recorreu a outra milicia, numerosa, hierarchisada, e absolutamente devotada.

« Recorreu aos monges.

« Até então os benedictinos tinhão bem merecido do christianismo, usando da prédica.

« Não apoiavão, porém, as aspirações despoticas da santa sé, tinhão-se constituido uma especie de intermediarios entre o mundo leigo e o clero, e não reconhecião outro chefe directo que não fosse o abbade, livremente eleito por elles. »

O papado, portanto, necessitava de religiosos de diversa organisação, e que fossem submettidos a uma obediencia absoluta, e calculadamente recomendados, como medicantes, á caridade dos fieis.

Esses religiosos devião renunciar a todas as vantagens particulares de corporação independente, para melhor guiar o povo nos projectos da Egreja romana por meio da confissão e da prédica!

De calculos politicos nascêrão as ordens mendicantes dos dominicanos e irmãos prégadores (jacobinos), celebres desde sua origem pelo concurso que prestárão aos assassinatos, ás matanças e ás fogueiras accendidas pela inquisição! .

Os franciscanos, os carmelitas, os servitas, os capuchinhos e os agostinhos vierão tambem quasi que ao mesmo tempo.

Onde está, em todo este conjuncto de creações, o menor vestigio das doutrinas prégadas por Jesus?

E' preciso uma complacencia incommensuravel para descobrir uma só idéa moral nessa pretensão da Egreja romana. Praticas automaticas, instituições cujo fim se occulta em véo mysterioso, destinadas a sujeitar os homens, o mundo leigo, ás paixões, e aos appetites de uma casta excepcional, será tudo menos uma religião.

A doutrina da confissão por muito tempo foi duvidosa.

Até ao seculo IX a Egreja não se lembrára de ordenar, que todo o christão confessasse seus peccados a um padre.

Pelas decretaes de Graciano, vê-se que, nos seculos seguintes, ainda não se admittira, em geral, a confissão a padre.

Foi no 4.º concilio de Latrão, em 1215, que Innocencio III instituio a confissão auricular obrigatoria.

E a partir desta época a confissão começou a ser considerada como o unico meio de obter a remissão dos peccados mortaes, concedida pelo padre, que se dizia unico representante de Deos na terra!

Por esta confissão, Innocencio pôde apoderar-se de todos os segredos dos corações e das familias e foi assim que se fez senhor do pensamento de todo o mundo christão!

Innocencio III, com a instituição da confissão auricular, foi o causador de escandalos inauditos, que humilhão a Egreja.

A elle toda a culpa.

O confessor, dirigindo o espirito do seu penitente, toma o maior ascendente sobre elle, e o aproveita opportunamente.

Espreita o momento mais favoravel, a hora da

morte, por exemplo, para dar-lhe golpes decisivos, obrigando-o a instituir herdeiros a pessoas com elle mancommunadas, indicando-lhe a quem deve fazer esmolas, doações, etc.

Até aos nossos dias o catholicismo tem sido opprimido por meio da confissão, pelo espirito intrigante do clero romano sem crenças!

S. Jeronymo já no seu tempo (seculo IV) se mostrara envergonhado, ante a avidez insaciavel dos padres da Egreja, e encorajava aos imperadores a que prohibissem o clero de ser herdeiro de bens dos fieis.

Quantas depredações vergonhosas forão decretadas francamente pela Egreja na idade média?

Ella não queria sómente que se lhe deixasse uma parte da fortuna, não se contentava com pouco, dispunha arbitrariamente de tudo, porque queria tudo, e sempre com prejuizo dos legitimos interessados!

E áquelles que se negavão a satisfazer sua ambição erão infligidas as mais severas penas: negava-se-lhes tudo!

E querem os leitores um exemplo do que se faz, por meio do confessor, quaes os conselhos que muita vez procurão no confessionario, e os planos que ahi se engendrão?

Attendão:

Mme. de Maintenon, favorita de Luiz XIV, teve por seu primeiro confessor e director de consciencia, junto ao rei, o padre Gobelin, que affectando a mais austera rigidez, mas vendo o favor crescente de Mme. Scarron, tornou-se por tal modo servil e miseravel, que foi despedido sem explicações.

Maintenon procurou então o celebre prégador Bourdaloue, o qual, declarando não poder corresponder-se todos os dias com ella, obrigou-a a escolher Godet Desmarais, bispo de Chartres.

Do que com este se passou, está escripto a seguinte interessante passagem, que faz conhecer o gráo de influencia do confessor dessa mulher, e a natureza de suas relações com o rei !

Maintenon consultou ao seu director de consciencia se era um peccado ceder ella aos desejos do rei, deixando de ser simplesmente sua amiga para fazer-se sua esposa.

Godet Desmarais, respondeu-lhe :

« Eu vos affirmo que é uma grande virtude, um acto de submissão, paciencia e caridade, porque preservais áquelle, que vos é confiado, de cahir em impurezas e escandalos !

« Apezar, pois, de vossa altivez propria, é preciso que vos sujeiteis e deis asylo a uma alma que sem o vosso soccorro se perderá !

« Pensai bem, senhora.

« Que graça não mereceis por serdes instrumento dos conselhos de Deos, fazendo por virtude o que outras fazem por paixão e sem merito ! »

Confessada, confessor e rei são certamente um modelo de moralidade !

Quanto edifica um tal exemplo !

E o aviltamento do confessor é o meio pelo qual elle realiza os seus inconfessaveis interesses !

O confessionario constituio-se, pois, ou a simples degradação, ou o melhor canal para a espoliação ; mas conservando sempre o seu caracter politico primitivo.

Sempre a ambição !

Sempre a avidez dos padres de Roma !

E nem sequer a igualdade é observada para com os penitentes !

Aos fieis espontaneos, aos simples, e aos pobres ordenão o jejum, a penitencia e a peregrinação !

Aos ricos, porém, e aos poderosos, todas as penitencias, confissões e jejuns forão substituidos por esmolas e offertas fixas, que entravão, não para o bolsinho dos pobres ou para o cofre das Egrejas, mas para o thesouro do proprio papa !

Isto seria incrivel, se não houvesse provas irrecusaveis, apezar do grande cuidado da curia romana em dissimular e fazer desapparecer os exemplares das — *Taxas da chancellaria romana,* — em que todos os crimes possiveis são tarifados.

Tal é a confissão, como Roma a creou, como zelosamente a conserva, e quer sustentar a todo o custo !

E assim o deve fazer porque o confissionario é a principal arma politica de Roma !

D'ahi vem que o Vaticano, não confiando no clero nacional brazileiro, despeja de Roma para aqui uma quantidade espantosa de barbadinhos, de jesuitas, de lazaristas e das inseparaveis irmãs de caridade, seus doceis instrumentos e como elles iniciados nos tenebrosos mysterios de Roma, para a depredação e para o poder !

E essa terrivel immigração fradesca, que em cousa alguma nos vem coadjuvar, é pelos bispos criminosos e escravos de Roma, espalhada no interior das provincias, onde vão esses padres corrompidos plantar o fanatismo, enredar o povo, proclamar o *Syllabus* e o poder do papa, e aconselhar a resistencia ás leis e poderes do Estado !

E nestas condições póde o governo deixar de providenciar de modo a acautellar o futuro deste paiz, aliás tão ameaçado pela omnipotencia dos padres de Roma ?

Sabemos que Roma não se demittirá do maior e melhor dos elementos do seu poder, que é o confessionario.

Sabemos que a Egreja romana pretende supplantar todos os poderes politicos, e sujeitar tudo a seu unico imperio.

Neste caso, e attendendo reflectidamente para a

triste situação do Brazil, devemos procurar um remedio energico para cortar o mal pela raiz.

O confessionario acha-se em trabalho activo contra a liberdade de consciencia, contra a constituição, contra as leis.

Os bispos, publicando, sem autorisação, os decretos de Roma, puzerão-se por si mesmos fóra da lei.

Os jornaes denominados religiosos, mantidos pelo episcopado, escarnecem do governo, que nada faz, e injurião os liberaes sinceros que pedem que se proceda contra os infractores e violadores da lei.

Collocando-se acima da legislação, os bispos e ultramontanos provocão a anarchia e a guerra civil.

O governo, depositario de nossas leis, encarregado de manter a tranquillidade publica e a independencia moral, politica, religiosa de todos os cidadãos, não póde e não deve tolerar por mais tempo as intrigas, as insolencias do clero ultramontano e dos homens absurdos.

Ha perigo publico.... É preciso, pois, um remedio energico.

Este remedio está conhecido.

É a separação da Egreja do Estado.

Só assim o catholicismo póde ser preservado de uma ruina completa e deverá a prolongação de sua existencia áquelles cuja animosa iniciativa levar o governo, e por absoluta necessidade, a reduzir á impotencia os conspiradores de sachristias.

Se, ao contrario, o catholicismo não se remoçar ao contacto da civilisação moderna, morrerá de caducidade e desalento, como o paganismo e as outras religiões da antiguidade.

Venha o que vier; e os que hoje são chamados innovadores e a quem os padres de Roma apedrejão e maldizem, terão servido com utilidade a causa duplamente sagrada da liberdade e da patria.

*
* *

O bispo do Pará, rebelde como o de Olinda, e como este infractor da lei, e no mesmo caso que elle, acha-se pronunciado a prisão e livramento.

O crime é o mesmo pelo qual se acha condemnado e cumprindo sentença frei Vital de Oliveira.

O supremo tribunal de justiça cumprio o seu dever.

Terá o arsenal de marinha mais um hospede, e o thesouro nacional mais a despeza extraordinaria e illegal com o sustento de mais este preso *pobre*.

Macedo Costa no exercicio do bispado do Pará acompanhou áquelle em todos os desmandos, imprudencias e illegalidades.

Será, portanto, trazido preso a esta côrte o homem audaz que, abusando do caracter sagrado de que se achava revestido, não trepidou nem sequer em açular o povo paraense contra o estraugeiro inerme, pacifico e industrioso que alli habita, e que se esforça pelo bem de sua patria adoptiva, á qual a mulher, os filhos e a familia o prendem.

Deixará o bispo criminoso, do Pará, um preposto seu para alli continuar as tropelias, por elle autorisadas?

O que tem feito o governo, e em igual hypothese para Pernambuco?

O que fará em relação ao Pará?

Não tem força para fazer executar os decretos judiciarios e as suas proprias ordens?

Não sabe o que faça, ou não quer fazer o que sabe?

Acautele-se o povo.

A inercia do governo, e a acção incessante dos ultramontanos, e dos falsos liberaes o arrastarão ao mais hediondo dos despotismos.

Rio de Janeiro, 25 de Março de 1874.

XXX.

A execução da sentença do bispo de Olinda.

Qualquer que seja a desigualdade natural ou casual dos indivíduos, ha uma igualdade que jámais deve ser violada : é a da lei , é a da justiça, que deve ser sempre uma e a mesma e unica para todos sem preferencia, sem parcialidade alguma !

Marquez de S. Vicente.

Promette a constituição politica do Imperio, no art. 179 § 13, que a lei será igual para todos, quer proteja, quer castigue.

Se o systema de governo, consagrado nessa constituição, fosse entre nós uma realidade, essa promessa solemne, por isso que constitue a principal garantia dos direitos do cidadão, seria religiosamente cumprida.

Tal promessa, porém, é fallaz !

No Brazil, a igualdade perante a lei é escandalosa e revoltante mentira !

E quem assim a constitue é o governo imperial !

Com pezar o dizemos.

Os factos que se succedem comprovão irrecusavelmente esta triste verdade.

Um, sobre todos, nos obriga hoje a assim nos pronunciarmos.

Referimo-nos ao procedimento para com o sentenciado frei Vital de Oliveira !

O supremo tribunal o condemnou justissima e competentemente a 4 annos de prisão com trabalho por transgressão, provada manifesta e accintosa, das leis do Estado, por elle praticada no exercicio do emprego de bispo de Olinda, que lhe estava confiado.

O poder moderador exerceu em favor do condemnado a attribuição que lhe confere o art. 101 § 8.° da mesma constituição.

Moderou a pena de prisão com trabalho para a de prisão simples.

Até ahi estava em sua legitima faculdade ; e usou della com criterio. Folgamos de o dizer.

Excedeu-a, porém, designando o lugar em que a pena devia ser cumprida.

O mesmo decreto da commutação determinou que na fortaleza de Santa Cruz, desta côrte, fosse executada a sentença condemnatoria !

Nessa parte, verdadeira excrescencia no acto do poder moderador,—o decreto, além de inexequivel como depois se reconheceu, é evidentemente illegal.

Onde deva a pena de prisão simples ser cumprida, acha-se estabelecido pelo Codigo criminal, no art. 46, que expressa e terminantemente diz que « *a prisão simples obrigará os réos a estarem reclusos nas prisões publicas.* »

E quem expede a ordem designando a prisão (que deve ser a cadêa do municipio), é o juiz a quem a execução da sentença é commettida. (*Art. 414 do Regulamento n.* 120, *de* 31 *de Janeiro de* 1842.)

E nem para a designação da prisão ha o arbitrio que o poder moderador se arrogou, pois que é expresso no art. 48 do mesmo codigo— *que as penas de prisão serão cumpridas nas prisões publicas que offerecerem maior commodidade e segurança e na maior proximidade, que for possivel, dos lugares dos delictos.*

Na expressão — *prisões publicas* — não se comprehende senão as *prisões civis.*

De ha muito esta distincção se acha reconhecida, como se póde verificar em diversos actos do governo desde a portaria de 22 de Junho de 1823, avisos de 30 de Junho de 1828, de 4 de Janeiro e 27 de Outubro de 1830, até agora.

E attendendo-se a que, presentemente, existem, não só na côrte, como em muitas provincias, e especialmente na de Pernambuco, prisões civis bem construidas, e nas condições de asseio, salubridade e segurança exigidas, é fóra de duvida que a ordem para serem recolhidos ás fortificações presos civis, que têm de cumprir sentenças proferidas pelos tribunaes civis, é de todo o ponto incurial.

Accresce que, especialmente pela lei de 3 de Dezembro de 1841, incumbe ás auctoridades civis a inspecção das prisões, afim de que não só os presos sejão convenientemente tratados, como mais se conheça se as sentenças são fielmente cumpridas.

Essa inspecção, porém, não póde ser exercida em relação ás praças de guerra, como fortificações, etc., que a nenhuma subordinação são sujeitas para com as auctoridades civis.

Ainda mais: o juiz executor deve ter, sob sua jurisdicção, os encarregados da guarda dos presos civis, e esta essencialissima condição de ordem publica faltará sempre que presos civis estiverem sob a unica vigilancia de funccionarios militares.

E nem se poderá conceder que um official superior, ou general, encarregado do commando de fortificação, fique reduzido á condição de simples carcereiro, em relação aos presos que cumprem sentenças civis.

Vê-se, pois, quanto foi desacertada, e quanto inconveniente, a designação da fortaleza de Santa Cruz, e por acto do poder moderador, para lugar em que frei Vital deva cumprir a pena de prisão simples a que está condemnado.

As occurrencias, porém, depois desse acto, são do maior alcance, e cumpre menciona-las com franqueza e lealdade, para que o paiz as conheça, e comprehenda as indecencias praticadas, e em vista dellas se premuna de bastante resignação e não seja sorprehendido no futuro.

Desde o começo desta desgraçada questão episcopal se observa que o governo não confia em si, e por isso, procedendo sempre sem energia e sem criterio, arrasta o paiz a um verdadeiro abysmo.

Quando lembramos a deportação, o governo foi o primeiro a expor-nos á execração dos fieis ultramontanos, reprovando solemnemente tal expediente, ao mesmo tempo que se dizia armado até das temporalidades para conter o episcopado!

Ordenou o processo de responsabilidade criminal.

Manifestámos desde logo o inconveniente de tal procedimento e o reprovamos.

Previamos o que está acontecendo.

O supremo tribunal de justiça, entretanto, exhibio sua força legal, e, com irrecusavel competencia, condemnou o delinquente.

O poder moderador veio em seguida, e modificou na condemnação a parte que obrigava a — trabalho— reduzindo-a a prisão simples.

Designou, porém, como já dissemos, a fortaleza de Santa Cruz, para ahi ser cumprida a pena!

Depois de tal designação é que o governo conheceu que para dar a frei Vital uma prisão que não fosse a commum (por bem da igualdade!), não havia commodos nessa fortaleza!

Nem pensou antes nos resultados!

Procurou indirectamente fazer com que o commandante dessa praça cedesse a casa, em que alli habitava com sua familia, para aposento do *hospede* que tinha de receber!

Nada conseguio o governo!

Então lembrou-se de moderar ainda a pena, mandando o réo para S. João!

Dentro dessa fortaleza nem havia commodo, e nem frei Vital podia deixar de estar preso!

Em tal difficuldade o governo tomou a casa em que habitava a familia de um dos officiaes a serviço da mesma fortaleza, casa *fóra do portão e da vigilancia da guarda respectiva*, mandou pinta-la e forra-la de excellente papel; e assim se preparou a *chacara de recreio* para receber a frei Vital!

Ordenou o governo a remessa para alli de quanto fosse confortavel ao illustre hospede! A ida delle, porém, para essa sua casa de campo, anticipou-se de mais!

Por desencontro de ordens, aconteceu que o *hospede* chegasse antes da mobilia!

Que fatalidade! Que decepção para o governo!

O Sr. ministro da guerra mandou immediatamente dar uma solemne satisfação ao *réo illustre*, pedindo-lhe mil desculpas por não achar elle *a sua casa* já devidamente preparada!

Pouco tardou, porém, que a falta fosse remediada. Duas horas apenas erão passadas, quando a S. João aportou uma lancha a vapor, e rebocando uma embarcação que conduzia excellente mobilia, com tudo quanto uma pessoa de tratamento póde desejar; e mais boa provisão de excellentes vinhos, licôres e mais objectos para despensa, agua da colonia, brilhantina, pó de arroz, *etc.*, para *toilette!*

Procurado instantemente, e a todo preço, um bom cozinheiro, e não se tendo encontrado, se achou mesmo na fortaleza quem se encarregasse provisoriamente de fornecer a *frugal* comida ao *hospede*, concorrendo o governo para isso com 30$000 por dia!

Não era de esperar certamente que — um *tacebat*

24

fallado deixasse de ser convertido em um *preso em liberdade!*

Assim está o famoso frei Vital de Oliveira cumprindo LIVRE *a sentença de prisão!*

E para maior escarneo á moralidade publica, á dignidade do governo, á gravidade do poder moderador e á severidade do supremo tribunal de justiça, ao entrar esse *feliz condemnado* para a sua *provisoria residencia particular,* foi publicada a seguinte *ordem do dia* de 21 de Março de 1874:

« Tendo sido recolhido a esta fortaleza no dia 21 do corrente, afim de cumprir a sentença que lhe foi imposta, o Exm. Revm. Sr. bispo de Olinda, D. Fr. V. M. G. de Oliveira, o major commandante recommenda a toda a guarnição desta praça o mais reverente respeito e attenção a tão illustre hospede! »

Taes são as informações que pessoa insuspeita nos transmittio!

Frei Vital está em plena liberdade!

E não é tudo isto um accinte á dignidade publica, um insulto aos decretos do poder judiciario e ao paiz!

O heroico povo de Pernambuco, aquelle que, por esse réo confesso e altanado, rebelde ás leis e ás auctoridades, foi o mais atropellado e ferido, deve contemplar com dôr profunda, e com justo resentimento este proceder inqualificavel dos altos poderes do Estado.

O que mais se póde esperar?

O que diz a tudo isto o nobre e digno juiz de direito a quem está commettida a execução da sentença contra frei Vital?

Uma casa particular, *extra-muros* da fortaleza, casa que sempre servio de morada livre de officiaes e de paisanos, póde, de um instante para outro, e quando melhorada para se tornar mais agradavel a um *illustre hospede*, ser considerada uma prisão civil e nas condições exigidas para nella se cumprir a pena de prisão simples?

Saberá, por ventura, esse illustre magistrado que frei Vital entra e sahe quando lhe parece, e que á imitação do celeberrimo prisioneiro do Vaticano, se acha em plena liberdade?

Póde o illustre magistrado consentir que, depois de ter ficado esse réo á sua disposição, continue o governo a ter sobre elle, e para proporcionar-lhe todos os gozos possiveis, a influencia que todos com pasmo observão?

O que significa tudo isto?

Significa a falta de consciencia do dever da parte do govermo, o nenhum apreço á melindrosa questão, que se acha tão gravemente agitada no paiz!

Significa que a promettida igualdade da lei é apenas a mais escandalosa mentira!

Querem os leitores conhecer como é que a lei é igual para todos?

Attendão:

Confrontemos o tratamento dado a frei Vital com o que, por expressa ordem do mesmo governo imperial, se tem praticado em relação a outros cidadãos, aliás mais illustres do que esse frade rebelde e desnaturalisado.

Revolvamos um passado doloroso, para lembrarmos ao povo brazileiro a — igualdade perante a lei — com que é elle tratado.

Revolvamos um passado compungente para o paiz, e vergonhoso para os altos poderes do Estado, com o fim de ser aquilatado o que vale nesta *terra* ser soldado de Roma e suisso de Pio IX e quão pouco se merece por se querer firmar principios liberaes, mesmo nos limites da constituição do Imperio!

Comprehenda o povo o comportamento do governo e.... acautele-se!

Aquelles que procurão implantar nesta terra o despotismo do *Syllabus* são tratados com as distincções que ora vemos prodigalisadas a frei Vital!

Aquelles que, nem sequer pretendêrão mudança de fórma de governo, mas que desejárão obrigar o poderes publicos a melhor cumprirem a constituição, se virão reduzidos á mais lastimosa condição!

Para aquelles, toda a benevolencia; para estes, nem a caridade commum!

Vamos avivar a memoria do Sr. presidente do conselho de ministros, o illustre Sr. José Maria da Silva Paranhos, actual visconde do Rio Branco.

S. Ex., cuja voz em 1842 e 1848 tão energica e eloquente se ostentou contra as tropelias do governo, nos coadjuvará com o seu insuspeito testemunho no que dolorosamente vamos recordar.

Na idéa de corrigir erros notaveis que o governo geral commettia, e cheios de justo resentimento contra os individuos que occupavão a alta administração do Estado, muitos homens, que aliás figuravão em primeira plana na politica do paiz, se revoltárão em Pernambuco e tomárão as armas.

Loucura foi isso, mas loucura nobre e que não humilha.

O governo, como era de esperar, pois que dispunha da força, os desarmou, e tratou de os fazer punir.

Se erão criminosos, certo não podião ser considerados nunca em condições peiores do que frei Vital.

Ao contrario, o poder moderador, que depois os amnistiou, reputou-os mais dignos de sua benevolencia, do que a esse frade, em relação ao qual o mesmo poder já se pronunciou, sómente commutando-lhe a pena.

Pois bem: emquanto frei Vital é escandalosamente obsequiado, aquelles cidadãos, notaveis por seu caracter e posição social, recebêrão tratamento peior do que os facinoras e ladrões têm sempre recebido!

Attendão os leitores á differença de tratamento entre quem renega a sua nacionalidade para ser romano, rasga a constituição e as leis do Imperio para escravisar o povo, e sujeita-lo ao poder theocratico de uma auctoridade estrangeira, — e quem procura consolidar a liberdade nesta terra mesmo sob a protecção das leis que temos!

Recordemos a historia.

O general Abreu Lima, o Dr. Jeronymo Villela de Castro Tavares, lente da faculdade de direito do Recife, e deputado á assembléa geral legislativa, o Dr. hoje conselheiro, Felippe Lopes Netto, tambem deputado nesse tempo, e coroneis Joaquim Feliciano dos Santos, e Henrique Pereira de Lucena (pai do actual presidente de Pernambuco), o tenente-coronel Bernardo José da Camara, hoje barão de Palmares, o Dr. Borges da Fonseca e outros cidadãos por muitos titulos respeitaveis, tendo sido complicados na revolta de 1848, em Pernambuco, forão presos, sujeitos a processo e remettidos para a ilha de Fernando de Noronha.

Conduzio-os a corveta *Euterpe*, então commandada pelo capitão de fragata J. C. d'Haudain.

Villela Tavares foi acompanhado por sua senhora e por uma filha.

E porque o commandante da *Euterpe*, compadecendo-se dellas, lhes cedesse a sua camara, em falta de outro commodo no navio, *foi reprehendido asperamente* pelo presidente da provincia, Honorio Hermeto Carneiro Leão!

Os 1.º" tenentes Antonio Carlos Cesar de Mello e

Andrada e Soares Pinto, distinctos officiaes desse navio, tratárão os presos com delicadeza e attenção, sem que jámais faltassem a seus deveres.

Custou-lhes isso ficarem detidos a bordo em Pernambuco, não desembarcarem alli, e virem para esta côrte *sob excellente recommendação* que lhes proporcionou graves incommodos e desgostos!

Apenas desembarcados os presos em Fernando de Noronha, forão logo intimados pelo commandante do desatacamento, de ordem do commandante do presidio, para formarem no almoxarifado com os demais condemnados que alli se achavão, responderem á chamada geral dos presos na ilha, sentenciados, e receberem o que se lhes dava para alimentação, que consistia em—40 rs. por dia, e tres quartas de alqueire de pessima farinha de mandioca por mez!

Esses presos politicos, homens da mesma ordem social dos seus perseguidores, não podendo alimentar-se com isso só, que lhes era fornecido, mandavão, á sua custa, vir de Pernambuco a carne secca e bolaxa que lhes era indispensavel, e unicos generos que na ilha podião durar!

Esses parcos viveres, aliás absolutamente necessarios, não podião em Pernambuco ser embarcados sem a licença do presidente da provincia, que os procuradores dos presos erão obrigados a impetrar!

Não poucas vezes, porém, lhes foi negada essa licença!

E os infelizes presos politicos ficavão, por dous mezes e mais, redusidos aos mesquinhos recursos da ilha, e quando quasi nada podião conseguir, visto como o peixe e muitos outros objectos erão alli propriedade do commandante!

Grassava em Pernambuco a febre amarella, fazendo graves estragos na população; as familias desses presos politicos achavão-se no meio do conta-

gio; elles anciosos esperavão noticias das pessoas
que lhes erão mais caras, e, entretanto, lhes era
vedado receberem cartas, e até fallarem com os officiaes dos navios de guerra que ião estacionar na ilha,
de dous em dous mezes!

O Dr. Borges da Fonseca, tio do digno Sr.
senador Silveira Lobo, teve por muito tempo por
prisão a — Raza — ilha deserta, onde não havia casa
e nem agua potavel!

Ahi mesmo era guardado por um condemnado
a galés perpetuas, tido e havido pelo mais desalma-
do faccinora da ilha de Fernando de Noronha!

Os mantimentos para o Dr. Borges da Fonseca
erão mandados, de dez em dez dias, quando para
alli seguia alguma jangada, pelos seus companheiros
de infortunio, os quaes com elle repartião o pouco
que tinhão, inclusive a ração d'agua (de cisterna)
de que elles se privavão alternadamente para soccor-
rê-lo!

Ainda mais: consultando e coronel Cypriano,
commandante da ilha, ao presidente da provincia
quaes os castigos corporaes que podia infligir a esses
presos politicos, teve em resposta, por officio (que
deve estar no archivo da ilha e no registro da secretaria do governo da provincia, se de lá não roubá-
rão já esse documento de eterna vergonha a quem o
firmou), que Villela, Netto, Lucena e os demais
presos politicos devião ser tratados como os outros,
que povoavão a ilha (ladrões, assassinos, etc.!), e
que como elles erão passiveis dos mesmos castigos
corporaes (pancadas com a celebre e afamada *raiz de
gameleira!*)

Accrescentava o presidente Honorio nesse officio,
« que não se incommodasse o commandante com
participações de haver mandado castigar por tal modo
a esses presos, porque de tal não havia necessidade! »

Além do que cada um delles soffria pessoalmente, nenhum filho ou parente proximo, por mais innocente que estivesse, escapava ao odio dos adversarios politicos que se achavão no poder !

O actual presidente de Pernambuco, o Dr. Lucena, filho do preso coronel Lucena, foi procurado com instancia para ser recrutado, remettido para o sul e chibatado!

Póde, porém, por sua fortuna, escapar aos algózes, sendo quasi occultamente mandado para aqui, onde recebeu a primeira educação, e que tanto lhe aproveitou em sua carreira.

Quando Lopes Netto, Villela Tavares e Abreu Lima, presos politicos, todos homens notaveis, e vantajosamente conhecidos, forão transferidos, em Outubro de 1849, da fortaleza do Brum, onde se achavão, para bordo da corveta *Euterpe*, que os conduzio para Fernando de Noronha, o capitão Nery da Fonseca apresentou-se na praça d'armas da fortaleza, com uma escolta de 30 praças, e alli, depois de municiar com 10 cartuxos embalados a cada uma, dirigio-se aos quartos onde elles se achavão, e os fez sahir para o meio da escolta, e tão grosseira e precipitadamente procedeu, que nem tempo lhes deu para vestirem-se decentemente !

Delles apenas Villela conseguio tomar fato melhor, os outros sahirão de chinellas e paletó, como se achavão !

Assim forão levados pela escolta, á frente da qual marchava impavido o seu *valente* commandante, que, para mais realce de sua obra, mandou tocar a corneta para chamar a attenção do povo ante o bello espectaculo que á *moralidade* do governo elle offerecia !

Chegados ao arsenal de marinha, o digno chefe de esquadra Rodrigo Theodoro de Freitas, como elle se recordará, se recolheu ao interior da casa para não presenciar as miseraveis tropelias que erão pratícadas!

No arsenal os esperava uma lancha, na qual forão os tres presos embarcados, com tantos soldados quantos nella couberão, de baionetas armadas, e de espingardas carregadas!

Assim forão até bordo da *Euterpe!*

Deste modo foi que o governo imperial tratou a distinctissimos pernambucanos, cidadãos que por muitas vezes tinhão com honra e dignamente representado a nação, que erão queridos e respeitados em todo o Imperio, mas que uma vez, e na intenção de bem firmar as garantias que essa mesma constituição de 1824 lhes promettia, forão forçados a um acto extremo, e a elle arrastados pelo mesmo governo, de cujo accinte indecente nascêrão os odios que occasionárão essa lamentavel revolta de 1848, tão prejudicial á heroica provincia de Pernambuco, e que privou o Brazil de homens como Nunes Machado, o magistrado modelo, o patriota distincto, que, na phrase eloquente de Aprigio Guimarães — *jurou morrer por uma causa santa, e morreu!*

Poucos annos tinhão decorrido depois de identicos acontecimentos, que tambem enlutárão as liberrimas e igualmente heroicas provincias de Minas e S. Paulo.

Em 1842, e por igual motivo — de manter as liberdades patrias, outorgadas por essa mesma constituição, homens da qualidade de Theophilo Ottoni, Dias de Carvalho, padre Marinho, monsenhor José Augusto, padre Manoel Dias, Joaquim Camillo de Brito, João Gualberto Teixeira de Carvalho, Pedro Teixeira de Carvalho e outros mineiros, cujo caracter, representação social e excelsos serviços ao paiz os abonavam completamente, forão atirados ás enxovias de envolta com os ladrões e assassinos, percorrêrão ruas e estradas acorrentados e algemados, privados de sufficiente alimentação, desfeiteados e apupados pela plebe insuflada pelos agentes do governo imperial !

Distinctos paulistas, e cujos nomes serão immorredouros na historia do paiz, tiverão igual sorte !

O brigadeiro Raphael Tobias de Aguiar, o tenente coronel Bento José de Moraes, e Francisco Antonio de Castro Roso forão arrastados de S. Paulo até á fortaleza da Lage, nesta córte, e alli recolhidos ás humidas e pessimas prisões, onde estiverão privados de communicação e sustentados á sua custa, e isto mesmo com difficuldades !

Na enxovia immunda de Sorocaba estiverão o advogado Vicente Eufrasio da Silva Abreu, o Dr. José do Amaral Gurgel e o major João Carlos Oliva, e alli jazêrão por algum tempo, sustentando-se todos á sua custa, e soffrendo quanto insulto se póde imaginar !

O Dr. André Cursino, medico distincto, depois de ser no Bananal *castigado com pranchadas* pelos soldados do governo, apezar de ser cavalleiro do habito de Christo, foi arrastado para a cadêa publica de S. Paulo !

E nenhum desses paulistas illustres escaparia com vida, se alguns honrados conservadores de S. Paulo, e cujos sentimentos nobres os constituirão credores da maior gratidão publica, não tratassem de illudir ordens crueis que do governo partião e que autorisavão o completo exterminio de toda a raça liberal.

Compare-se agora tudo isso com o que ora se pratica com o criminoso frei Vital, e digão os leitores o que é entre nós essa igualdade da lei promettida na constituição do Estado.

Com qual daquelles vultos póde por ventura ser comparado o frade Vital?

Emquanto o brazileiro illustre por suas acções nobres, o patriota desinteressado, o homem livre, é tratado como forão todos esses pernambucanos, mineiros e paulistas, frei Vital, cuja condemnação é já caso julgado pelo proprio poder moderador, merece do governo imperial o maior acatamento, maior respeito, despezas illegaes, e cumprimento de pena em prisão illusoria?

E o que tem ganho o governo com tanta indecencia?

Sómente a arrogancia, a insolencia episcopal!

A pastoral ultima de frei Vital, que, contra a constituição e leis do Estado, affirma despeitoso continuar a reger a diocese de Pernambuco, mesmo suspenso, como se acha, do exercicio de suas funcções!

A carta incurial e desrespeitosa que o bispo de Diamantina dirigio ao Sr. ministro do imperio!

Como tudo isto é edificante!

Onde a razão juridica, o principio de direito que autorise o governo a distinguir frei Vital dos outros, como elle, sujeitos á punição judiciaria?

Póde o governo, sem degradar-se, obsequiar officialmente e á custa dos dinheiros publicos, e alterar indirectamente a natureza da pena imposta, áquelle sobre quem pesão os effeitos de uma sentença criminal passada em julgado?

O que é o *illustre hospede extra-muros* da fortaleza de S. João?

Um bispo?

Não. É um simples criminoso condemnado.

E' o individuo Vital de Oliveira, que se acha privado do exercicio do emprego ecclesiastico, que exercia, por haver incorrido em sancção penal.

È um criminoso que cumpre sentença, e que deve ser equiparado a outro qualquer, como elle sentenciado.

Comprehenda o povo a profunda differença que ha entre um *bispo* e um *réo*.

Se frei Vital fosse homicida, e como tal condemnado á morte, o enforcado não seria o bispo de Olinda, qualidade moral que permanece, e sim o individuo que praticara o homicidio.

Só a astucia romana confunde, em seu interesse, as duas distinctas condições, e para .poder amparar o crime que se commetta em seu proveito.

A artimanha insidiosa com que frei Vital pretende conservar o seu bispado *até no inferno*, se a tanto fôr condemnado, é um desses disparates que apenas provoca o riso.

No céo ou no infermo não ha corôas nem mitras, ha simplesmente almas dos que, bem ou mal, exercêrão no mundo attribuições que ahi lhes forão confiadas.

O *illustre hospede extra-muros* da fortaleza de S, João não passa, portanto, de um vulgar criminoso condemnado.

Vital M. G. de Oliveira é o sentenciado.

Rio de Janeiro, 8 de Abril de 1874.

XXXI.

A execução da sentença do bispo do Olinda.—A sua pastoral de 25 de Março
e o que elle chama figuras de rhetorica.

Não é a promessa constitucional, da igualdade da
lei para com todos, a unica falsidade pratica do systema de governo adoptado no Imperio.

Outra, tanto ou mais perigosa do que esta, e
que nos abysmará na aviltante nullificação de todos
os direitos, é a da independencia dos poderes politicos !

Compulse-se a legislação ordinaria, examine-se
quanto tem praticado o poder executivo, sempre ab-
sorvente de faculdades alheias, e estude-se a propria
constituição, onde se acha o germen desta tendencia,
e se comprehenderá quanto é verdadeira a nossa as-
serção.

E disto temos agora mais uma prova inequivoca
na inqualificavel benevolencia do governo para com o
condemnado Vital de Oliveira !

Desde que esse réo foi entregue aos tribunaes judiciarios, o poder executivo deixou de ter jurisdicção
sobre elle.

Condemnado pelo supremo tribunal de justiça,
e manifestada a vontade do poder moderador com a
commutação, com que o mesmo réo foi beneficiado,
ficou elle sob a auctoridade do juiz criminal a quem
incumbe a execução.

Toda a intervenção do poder executivo para com elle, e, em relação á pena e ao modo de ser ella cumprida, é um escandaloso abuso!

Examinemos os factos.

Quem ordenou a transferencia de frei Vital da fortaleza de Santa Cruz para a de S. João?

O governo!

Quem directamente trata de lhe fornecer delicada alimentação, e os gozos que lhe tem sido proporcionados?

O governo!

Quem lhe designou para prisão uma casa particular, deixando-o ahi em plena liberdade?

O governo!

Quem tem autorisado a que, sem ordem, sem regra, e arbitrariamente, receba esse réo as visitas que fazem á sua côrte?

O governo!

Quem tem autorisado directa ou indirectamente, a que nem nessa mesma casa particular esteja o condemnado recluso?

O governo ainda!

Que influencia tem o juiz criminal executor sobre o réo, e sobre os seus graduados, e respeitados carcereiros?

Nenhuma!

Quem, pois, exerce attribuições judiciarias em relação a frei Vital?

O poder executivo!

E o poder executivo não encontra nos agentes do poder judiciario a menor resistencia!

E porque?

Porque, praticamente, a promettida independencia dos poderes é tambem illusoria!

Tudo está, pois, falseado entre nós!

E disto se aproveita Roma para, sobre a desordem que reina em nossas instituições politicas, implantar o mais humilhante dos despotismos, o despotismo ultramontano.

Emquanto os presos, que cumprem sentenças, ainda de penas as mais moderàdas e por leves faltas, têm uma parca ração (ordinariamente de carne secca e feijão), e por cama uma enxerga pouco asseiada; emquanto esses infelizes comem, dormem e lavão-se, conforme lhes é determinado, e só fallão a quem para isso obtem uma licença; emquanto elles não podem transpór as grades de ferro das salas que lhes servem de prisão; e, se adoecem, são remettidos para enfermarias, onde são guardados á vista, — o feliz condemnado Vital de Oliveira, hospedado em uma casa particular fóra da fortaleza de S. João, sahe e entra quando lhe parece; tem lauta mesa onde se regala com os sybaritas com que convive, repousa em macios colchões, e em cama feita com finissimos lenções guarnecida de lindos laços de fita arranjados obsequiosamente por mãos delicadas; emprega o seu tempo no que melhor lhe parece, escreve, *ou assigna* pastoraes, *governa o seu bispado*, atropella com interdictos o infeliz povo de Pernambuco, desdenha de tudo, e especialmente do governo, abençôa o *seu carcereiro*, e desconhece a auctoridade de quem quer que seja sobre elle, *que é, será bispo* ATÉ NO INFERNO.

E como paga esse condemnado ao governo tanta benevolencia, tanta liberalidade, tanta graça, tanto respeito e acatamento, tão ridicula devoção, tanto deleixo na execução das leis, tanto desdem pelo soffredor povo de Pernambuco?

Como retribue elle a *alta magnanimidade?*

Com *figuras de rhetorica!*

Sabem os leitores o que, no conceito desse ultramontano, são figuras de rhetorica?

Interpellado pelo seu illustre carcereiro sobre o

que elle affirma de grilhões, masmorras, máos tratos
e perseguições, na sua celebre pastoral de 25 de
Março, escripta na fortaleza onde se achava, frei Vital
respondeu:

« Não faça caso disso; são figuras de rhetorica! »

E essas figuras são aleives, mentiras desfaçadas
e calumnias ao governo seu bemfeitor!

E a dispensa criminosa na lei, a escandalosa
desigualdade com que frei Vital é distinguido, não
podião, nem devião ser pagas senão com essas flôres
tão communs nos jardins de Roma, e que com tanta
habilidade são empregadas pelos jesuitas e ultramontanos!

Esses homens não vivem com a verdade: só o
embuste os alenta.

Hypocritas e refalsados, jamais confessão o beneficio, para nunca se constituirem devedores.

Figurão-se perseguidos para ganhar ante o fanatismo.

Quanto mais se tem humilhado o governo, tanto
mais altivos se têm elles manifestado.

O proprio imperante tem sido castigado com as
mais grosseiras desattenções do seu proprio capellão
mór!

Ora dá esse enraivecido pastor, na capella imperial, ordens para fazer cessar a musica que lhe
não agrada, estando presente o Imperador, e sem a
minima satisfação a este; ora deixa de comparecer
ás festas obrigadas da mesma capella, e ás quaes o
Imperador assiste, significando-lhe com a sua ausencia
o seu desagrado pelo máo comportamento do poder
moderador, de não ter perdoado ao rebelde frei Vital;
ora vomita do pulpito mil improperios contra todos,
e lança allusões clarissimas contra o chefe do Estado
e os seus ministros!

E assim pagão a longanimidade, a imperturbabilidade, a bonhomia do governo imperial, que não tem tido a coragem de fazer presente a Pio IX dos energumenos mitrados que aqui atição a guerra civil, mentem ao verdadeiro christianismo, e destróem no espirito do povo os principios religiosos que elle, sem luta, voluntario, e independente do insupportavel dominio ultramontano, professava.

E' por isso que um santo padre francez (citado por Michaud) dizia:

« L'Eglise romaine d'aujourd'hui n'est qu'une miserable geôle, dans laquelle on ne peut se tenir ni debout ni couché, et la papauté est bien réellement le chancre de l'Eglise catholique. »

Examinemos as *bellas figuras de rhetorica* com que o réo Vital de Oliveira paga os favores que lhe prodigalisa o governo.

Preso, se bem que *in voce* sómente, suspenso, por lei expressa, do exercicio das funcções episcopaes e de outras quaesquer publicas, elle dirigio aos pernambucanos uma pastoral, em termos de proclamação e alarma, na qual, entre outras, se lêm as *tiradas* que vamos transcrever, acompanhando essa insidiosa peça de architetura romana.

Começa dizendo que:

« Foi violentamente arrancado do seio de seu mimoso rebanho pelo torvelinho de mundanas tempestades, e atirado ás regiões de S. João, onde se acha perseguido, preso, encarcerado e condemnado pela humana justiça, e tudo por amor da augusta esposa! »

Quanta barbaridade!

Depois de pintar com vivas e *finissimas* côres as saudades que o devorão dos seus padres, do seu cabido, dos redactores da *União* e de suas ovelhas estremecidas, elle manifesta-se sentido por não

25

poder voar para o meio do seu rebanho, por quanto

« Por todos os lados o cercão fortes cadêas que o não deixão fugir da tristeza do carcere!

« Aqui, diz elle, mole ingente de pedra informe obstrue a sahida dos caminhos, alli as encapelladas ondas do oceano nos embargão o passo; acolá e além perennes sentinellas (!) marcão limites á nossa liberdade ! ! »

Como se insulta o bom senso publico!

Quem, como todo o povo do Rio de Janeiro sabe qual é o carcere, qual a solidão, quaes as cadêas e quaes as sentinellas, que vigião de continuo, não póde deixar de revoltar-se contra tanta falsidade.

E é assim que esse homem desleal illude aos que não estão presentes e que não podem suppôr sequer que tão desfaçadamente se falte á verdade.

Mas.... *são figuras de rhetorica!*

E cada uma dessas mentiras é firmada, não com uma prova qualquer ou com o testemunho de alguem, mas com textos das sagradas paginas, que assim são malbaratadas!

Nada faz um jesuita, ainda de mais perverso, que não seja apoiado em um versiculo do Evangelho!

Como a hypocrisia se ostenta!

Para coróar essa descripção dos martyrios que soffre, diz o poeta encarcerado:

« Quão digna de inveja ora nos parece a condição dos venturosos aligeros habitantes das ethereas regiões! Se, como estas innocentes creaturinhas do Senhor, tivessemos pennas, levantar-nos-hiamos em rapido vôo acima dos nossos guardas vigilantes, acima das altaneiras vagas do Atlantico, acima dos escarpados rochedos e dos montes alcantilados que nos circumdão, e iriamos pousar jubiloso, no meio de nossos irmãos e filhos muito amados : *Quis dabit mihi pennæ, sicut columbæ, et volabo et requiescam!*

Este — *requiescam* — diz muito mais do que o — *tacebat* — da defesa.

Se as ovelhas de Pernambuco vissem que o seu pastor, longe de se achar na solidão, em que elle se figura mergulhado, e que com côres tão negras descreve, está em boa companhia, aqui, de outras ovelhas, que D. Lacerda lhe emprestou, e com as quaes elle mata as saudades das suas, certo que aquellas ficarião comprehendendo que o apregoado pezar pela ausencia não passa de pintura de frade amoroso, e só para ser vista de longe.

Elle vive em S. João em um perfeito paraizo, conforme elle proprio o diz aos que o cercão, o acaricião, e se submettem á sua santa benção; e manda dizer para Pernambuco que chora e geme de saudades perennes pelas suas ovelhas muito amadas!

Pobre frei Vital!

Com tão pouca idade ainda não vimos jesuita mais completo. Como os poetas, o jesuita nasce feito!

Referindo-se á insidiosa e valente proclamação do metropolitano, diz elle:

« O vosso brado poderoso, ó grande e valente general, passou as grossas muralhas da minha prisão........

« Se não fossem esses grilhões, que ora arrasto, voaria sem mais tardar ao vosso appello! »

Entre outras banalidades diz — que sua liberdade de consciencia é atacada!

Em que?

Quando acceitárão os bispados, alguem a isso os coagio?

E não conhecião as nossas leis politicas?

Com a acceitação não se submettêrão a ellas voluntariamente?

Vai a liberdade de consciencia até á transgressão da lei, e por aquelles que livremente jurárão cumpri-la?

E podem os bispos ultramontanos, os energumenos suissos de Roma, fallar em liberdade de consciencia, elles que cegamente obedecem ao *Syllabus*, no qual essa grande faculdade é expressamente condemnada?

Mata-se a liberdade de consciencia fazendo effectiva a lei criminal contra o assassino, o ladrão, o perjuro, o infractor da lei, o rebelde, o destruidor da ordem e da segurança publica?

E é Vital, Lacerda, ou outro desses homens que agora calculadamente procurão refugio na liberdade de pensamento, quando sem escrupulo, sem consciencia, e para servir á causa negra do feroz despotismo de Roma, excommungão, expellem da Egreja a todos que elles suspeitão de pensarem livremente, e não hostilisarem aos que não pensão do mesmo modo?

Insidiosos, que pervertem a boa doutrina e a desnaturão para seus fins !

Desnaturados sacerdotes, que dividem a christãos, e assim aniquilão o catholicismo !

Vivem do sophisma e chamão a mentira figura de rhetorica !

Para manter em acção uma auctoridade, de cujo exercicio se acha suspenso em virtude de lei expressa, e, dest'arte, continuar, com escandalosa rebeldia, a dirigir a revolução romana, que se trabalha entre nós, diz elle ainda:

« Sepultado nas ignominias e na noute sombria do carcere— Episcopus sum !

« Atirado sobre os escabrosos penhascos de alguma ilha solitaria— Episcopus sum !

« Conduzido a plagas estranhas e longinquas, e se não puder mais voltar aos patrrios lares — Epicopus sum !

« Se os Neros e Dioclecianos me mandarem, por desenfado, lançar ás feras no amphitheatro, mesmo depois de devorado por ellas — Episcopus sum !

« Só o homem, que está em um cantinho da terra (o famoso Pio IX!) será capaz de desatar o nó que me liga a vós; e emquanto nas mãos de Pio, unico que póde atar e desatar neste mundo (!) não depositar o baculo, queirão ou não os Cesares—Episcopus sum! »

Como são pretenciosos esses padres de Roma!

Pódem fazer o que quizerem, e, dizem elles, ninguem os arredará de seu posto!

O poder civil nada determinará a respeito delles que possa ter execução!

Estados no Estado, reis dos reis, supremos governadores das nações, arbitros do genero humano, quem poderá arcar com tal omnipotencia?

Ha, porém, uma força legitima e poderosissima sobre tudo isso; ha uma auctoridade ante a qual esses padres altanados se curvaráõ submissos, — e essa força, essa auctoridade, esse poder é a dignidade de qualquer governo, o patriotismo de qualquer povo.

Não esqueceu ao encarcerado frei Vital, nessa sua proclamação de 25 de Março, o seu sonhado direito sobre as sepulturas publicas, a negação de sacramentos a quem lhe aprouver, a inviolabilidade do tal supposto direito de suspensões *ex-informata conscientia*, a reprovação do casamento civil, a separação da Egreja do Estado, etc.!

E compendiou todos os meios de acção, todos os calculos de poder, que os ultramontanos têm ideado!

E para fazer effeito ante os nescios, pergunta:

« E depois disso o que será feito da patria, e da religião, do Brazil e da Egreja, de Deos e de Cesar? »

E' estulta a pergunta em todas as suas partes, porquanto, ante o juizo esclarecido do povo, ante o espirito patriotico da nação, as respostas são em contrario ás que desejão os fulminadores de ridiculas excommunhões.

Com o casamento civil, com a sepultura livre, e livres os sacramentos, com plena liberdade de cultos, com Egreja separada do Estado, a patria se salvará de Roma, a religião se manterá em seu esplendor, o Brazil será uma nação independente, a Egreja reverterá á verdade de sua instituição, Cesar obedecerá, contente e sem murmurar, á soberania do povo, e Deos....

Deos sobre tudo! As derrotas dos ultramontanos não attingiráõ o Ser Supremo.

Deos que é justo, que só elle é omnipotente, omniciente e infallivel, porque só elle não erra, Deos illuminará os povos afim de os constituir cada vez mais legitimamente livres.

Entretanto o energumeno preso livre de S. João, na loucura de suas pretensões, e na idéa de que só falla a fanaticos e estupidos, pergunta imbecilmente:

« Se perecerem os bispos rebeldes, se se der franca sepultura a todos, se se decretar o casamento civil, se fôr adoptada a separação da Egreja do Estado, o que tudo se inclue em ficar Roma reduzida a seus reaes direitos: — o que será de Deos? »

Pergunta blasphema, pergunta insidiosa, perfida e sobretudo estupida!

Só póde conjecturar abalo na soberania divina, só póde figurar a quéda de Deos quem nelle não crê, quem o não sabe definir, que só tem a crença que o sordido interesse lhe indica, quem usa de mitra e de baculo não pela moralidade que encerrão, mas pela impostura que facilitão.

E são esses hypocritas, sem crença, nem sciencia, nem temor de Deos, que nos condemnão, porque não os seguimos cegamente!

Pobres de espirito!

Depois de equiparar a sorte de Deos á dos padres de Roma, esse energumeno, esse criminoso legitimamente condemnado:

« Lobriga nos longinquos horizontes do porvir scenas consternadoras, tempestades furibundas, catastrophes medonhas, golpes tremendos despedidos pelo anjo executor da justiça divina! »

Ao escrever essas palavras esqueceu sem duvida as que as precedião.

Ligou a sorte de Deos á dos padres de Roma (horrivel blasphemia), e depois de considerar ambos perdidos, faz figura de um preposto da justiça divina!

Se o constituinte aniquilou-se com os ultramontanos, cessará a delegação ao seu anjo executor. Neste caso, — quem fará effectivos esses horrores figurados?

Frade imbecil!

Nem se lembra que está no Brazil de 1874, onde muita sciencia, muito criterio, muita illustração existe, e, por isso, proposições como essas, que se contém na celebre pastoral de que ora nos occupamos, provocão o riso em vez de amedrontar alguem.

Todos sabem o fim sinistro a que se dirige o *volatil prisioneiro* de S. João, e todos, para não o expôrem mais á justa execração publica, lhe dirão ao ouvido:

Loquela tua manifestum te feci.

Quem não te conhecer que te compre.

Depois de excitar á revolta abertamente, depois de aconselhar contra o governo e contra o poder judiciario toda a mais tenaz resistencia, levada até ao sacrificio da vida, diz com uma compuncção de barbadinho e com uma contricção de jesuita:

« Jámais se abra a nossa boca para deixar escapar uma só palavra de queixa contra aquelles que ora nos estão perseguindo : quando os nossos labios se entreabrirem, seja para murmurar por elles fervorosas e ardentes supplicas ao Senhor! »

E isto é escripto na mesma peça em que se lê:

« Pelejar até o vosso ultimo alento : é mais honroso, e mais glorioso succumbir com heroismo em renhida batalha campal, do que comprar a liberdade com vergonhosa retirada. »

De ore tuo te judico.

Quem não te conhecer que te compre.

Ahi tem o governo as figuras de rhetorica com que o seu obsequiado réo lhe manifesta a sua romana gratidão.

Se para o Brazil é esse frade tão pouco respeitador da verdade dos factos, que estão no conhecimento geral,—o que não terá elle dito para Roma?

Mas, quem sabe, se a esta hora está o Brazil sendo atado ao poste de alguma concordata com a santa sé?

Quem sabe, se por conveniencia do pontificado, e em detrimento dos mais reaes interesses do paiz, e por amor de uma paz equivoca e apparente com a Egreja romana, não serão ainda sacrificadas as altas idéas de casamento civil, plena liberdade de cultos, registro civil e verdadeira independencia do Estado?

Parece-nos impossivel uma tal abjecção, mas o tratamento a frei Vital, a inercia da administração, o abandono perigoso dos pernambucanos, que soffrem ainda o jugo atroz de um frade tresloucado, nos conservão perplexo o animo sobre a solução de tão graves problemas.

Deos, que a despeito da praga que lhe irroga o bispo do inferno, ha de imperar sempre, illuminará o governo imperial e o obrigará a tomar uma attitude digna nesta incandescente questão.

Não se illuda o governo com a fallaz idéa de que não nos podemos libertar de Roma.

Será imbecilidade admittir o principal sophisma dos ultramontanos, que se reduz ao seguinte :

« Sem papa não ha catholocismo : sem catholocismo não ha christianismo nem religião ; sem religião não ha sociedade, e portanto — sem o papado desapparecerá o estado social, visto como o papa é a chave da abobada ! »

Como é insidiosa essa cadêa de disparates, que aliás parece tão harmonica !

Ella implicitamente envolve, entretanto, a supplantação de Jesus Christo pelo papa !

O catholicismo prescinde de papa como Pio IX quer ser.

Se a infallibilidade é caprichosamente mantida, — se o poder de Roma não se contém no puramente espiritual, — se a theocracia continúa a sustentar-se, — o catholicismo baqueará infallivelmente, e então... cada um será christão como melhor entender.

Fique, entretanto, Roma com o seu poder, mas sem acção entre nós.

Mantenha o Brazil a sua dignidade e independencia.

Digamos a Pio IX como, nos primeiros seculos da Egreja, disse Tertuliano a Zepherino :

Quœro unde hoc jus Ecclesiœ usurpes ?

Rio de Janeiro, 11 de Abril de 1874.

XXXII.

« Na Allemanha forão presos 500 padres. »

Consta de um telegramma de que nos deu conta o *Jornal do Commercio.*

E esta noticia nos chega quando, pela correspondencia de Londres publicada no mesmo jornal, se sabe que o projecto de casamento civil passou em ambas as camaras do *Reichsrath,* e que o governo, sempre solicito pela segurança do Estado, pela ordem publica, e em respeito ás leis, expedio um despacho ao presidente da provincia de Posen, chamando a sua attenção para o facto de terem muitos estudantes de theologia, desde que se fechárão os seminarios no seu districto, emigrado para *Innsbruck,* afim de se prepararem para receber ordens, e, assim illudirem as determinações do Estado relativas á educação e habilitações do clero.

Innsbruck não é uma iniversidade allemã, e, portanto, não póde satisfazer as exigencias das leis votadas em Maio ultimo.

Os ultramontanos sentirão-se com isso feridos no coração, porquanto a insidia que tinhão ideado para illudir a legislação, foi por esse modo nullificada.

Ainda mais, virão elles de todo perdido o plano

de resistencia que tinhão combinado, desde que foi tambem resolvido que os padres, que não quizessem executar as leis do Estado, e, transgredindo-as, se oppuzessem ás ordens e determinações da auctoridade civil, fossem *ipso facto* julgados fóra do gremio allemão e desnaturados, devendo desde logo ser expulsos do paiz.

É de crer, portanto, que se manifestassem os ultramontamos em hostilidade aberta contra os poderes publicos, e dahi as prisões, e talvez já as deportações.

Assim faz um governo sério e energico, que quer ordem, que procura firmar a tranquilidade publica e que dá exemplo de respeito á lei.

Quanto, porém, diversamente procede o governo do Brazil!

As ordens regulares no Imperio forão privadas legalmente de admittir noviços, ficando o numero dos frades, entre nós, muito sabiamente limitado ao que nessa occasião tinhamos; e os poderes do Estado, manifestando a vontade de acabar prudentemente com as ordens regulares, sem duvida inuteis já, e sempre mais prejudiciaes do que vantajosas, usárão desse meio indirecto, com o qual, sem affrontar suppostos direitos dos frades que existião, preparárão a sua lenta e infallivel extincção.

Illudindo essa acertada resolução, tratárão os ultramontanos de mandar para Roma estudantes brazileiros, para delles fazerem frades e jesuitas, e com elles augmentarem o numero dos que temos, dando força aqui á cruzada que se fórma contra as liberdades publicas!

E nem por ser clarissimo o espirito da constituição politica no seu art. 7.º § 2.º, o qual implicitamente estabelece o principio de que — nenhum brazileiro, de qualquer condição que seja, possa constituir-se dependente, por qualquer modo, de poder estrangeiro, o governo providenciou contra esse abuso !

Longe disto.

Daqui tem ido para Roma alguns moços, e no intuito sómente de entrarem para ordens regulares e voltarem jesuitas !

Entre outros muitos, vimos que Vital Maria G. de Oliveira foi para Roma, lá se fez frade e jesuita, e lá foi empregado em diversas commissões. E quando devêra ser declarado desnaturalisado, o nomeárão bispo de Olinda, e isto por influencia (infelizmente exercida ante os altos poderes) de um barbadinho notavel, dos mais humildes servos da curia romana, e iniciado no plano tenebroso do jesuitismo contra nós !

O resultado dessa descommunal nomeação foi o que ora lamentamos, e que se traduz no mais severo castigo ao proprio governo imperial, pela imprudencia do seu procedimento.

Compare-se, pois, quanto faz o governo da Allemanha com o que o nosso governo pratica !

Alli, uma vez previstas as intenções de Roma, e o assalto á liberdade de consciencia, a supremacia absoluta e indecente que o clero ousára tentar exercer contra o Estado, o governo, á testa do qual se vê o notavel estadista Bismark, tomou a iniciativa na defeza do paiz, da soberania da nação e da ordem publica.

Não forão necessarias representações, não foi mister que o espirito publico se levantasse arrogante para chamar os que governão ao cumprimento de seus deveres.

Cada um comprehende alli a sua missão, e os que são collocados e conservados na administração do Estado conhecem o dever, não temem as consequencias de o cumprir fielmente, e não jogão pelas posições os grandes interesses do povo.

O procedimento altamente digno de Bismark é a prova desta verdade.

Aqui o bispo capellão-mór (!) foi o primeiro a dar o exemplo de transgressão da constituição do Imperio; deu, com escandalosa ousadia, cumprimento a bullas não placitadas, affrontou o presidente do conselho de ministros, suspendendo de beneficios a um sacerdote, pelo crime de ter feito um discurso em louvor do acto legislativo da emancipação do ventre escravo; levantou o véo que encobria as latentes intenções do Vaticano contra a liberdade de consciencia, e contra as primeiras garantias consagradas por essa constituição do Estado; e o governo.... fingio ignorar tudo, e não se animou nem a fazer a mais leve observação ao bispo rebelde e audaz que assim deturpava as leis do paiz, affrontava, injuriava aos poderes publicos, e desdenhava daquelle que se achava collocado á testa do governo!

Aqui o bispo de Olinda, usando dessas mesmas bullas sem beneplacito, despeitado porque as suas entradas e sahidas erão annunciadas ao povo com repiques de sinos de uma egreja, por onde elle passava constantemente, lançou interdictos ás irmandades, ampliou a interdicção a quasi todos os templos, embaraçou dest'arte o culto divino, e declarou fóra do gremio da Egreja a maioria pacifica da população de Pernambuco!

E o governo.... dormio profundamente sobre isso, deixando que o povo gemesse sob o absolutismo intoleravel de um instrumento de Roma!

Cansado o povo de esperar a acção do governo, que aliás devia ser espontanea e prompta, e para matar, ao nascer, a horrivel revolução, e a guerra religiosa que se preparava, dirigio aos poderes do Estado suas queixas, e pedio remedio ao mal insupportavel já, a que estava exposto, e de que era victima por descuido dos mesmos poderes!

E o governo continuou, por longos mezes, na mesma indifferença, e sem dar signaes de vida!

As circumstancias urgirão, a opinião publica se levantou arrogante, os ministros tremêrão então pelas posições que occupão, è por tal modo arrastados, derão provimento aos recursos que lhes forão presentes, declarando ao mesmo tempo ao bispo criminoso que nada disso alterava o alto conceito, a estima e consideração que esse criminoso lhes merecia!

Proh pudor!

A despeito dessa cortezia, o bispo altanado lhes declarou que não lhes obedecia!

O flagello do povo continuou, o culto ficou sem exercicio, as crenças abaladas e o fanatismo desenvolvendo-se e adquirindo força!

E o governo ainda se conservou por muitos mezes sem dar accôrdo ds si!

A opinião publica, cada vez mais acrimoniosa contra esse *somno criminoso*, bradou alto em prol dos direitos do povo.

E o governo procurou um meio de libertar-se da responsabilidade, e...... tomando o conselho que um dos mais audazes ultramontanos lhe inspirára, submetteu a processo de responsabilidade, ante o poder judiciario, a esse bispo já desnaturalisado, não já cidadão brazileiro, já apenas susceptivel de deportação, unico remedio energico para livrar-nos desses sacerdotes do inferno, desses energumenos instrumentos para as torturas e para as fogueiras.

O poder judiciario bem comprehendeu o jogo, mas deu ao governo o exemplo de cumprimento religioso do seu dever.

O mais alto tribunal de justiça, contra o qual o ultramontanismo se atirou sem consciencia e insolentemente, só teve diante dos olhos a lei, e a cumprio.

Satisfez a sua elevada e nobre missão, e condemnou o audacioso individuo, que no exercicio de um episcopado ultrajára as leis e as auctoridades legitimamente constituidas.

O poder moderador confirmou o juizo de criminalidade do réo, e acertadamente moderou a pena para a de prisão simples.

Mas emquanto o poder judiciario processava o delinquente, o governo mandava a Roma beijar o pé a Pio IX, e pedir-lhe a auctoridade de sua palavra, como se aos poderes do Estado faltasse acção legal, e como se para o exercicio dessa acção necessitassemos de auctoridade estranha!

A missão a Roma deu o resultado esperado, isto é, nada de real, e só mystificação ao povo brazileiro, e um novo incentivo ao fanatismo, e á audacia, que com isso augmentou, dos jesuitas e ultramontanos!

Ainda mais: em quanto a gente fradesca projecta aquí mudar instituições para implantar o dominio romano, (segundo a voz publica, e nós vimos em uma carta escripta de Roma, e por pessoa competente e insuspeita) foi de cá commissionado e até habilitado com boa ajuda de custo outro emissario, para ir contratar *colonos de ordens regulares*, afim de virem instruir o nosso povo nas *grandes idéas*, sem duvida ultramontanas!

Desejamos que esta noticia, que aliás corre geralmente, seja desmentida pelo governo; ella é por demais avillante, e cumpre que não continue a correr impunemente.

A proposito de emissario do governo a Roma, offerecemos aos leitores o seguinte trecho de um artigo publicado na *Unitá Catholica*, por um *ecclesiastico brazileiro* e transcripto no *Diario de Pernambuco*:

«Concluindo, Sr. director, não posso deixar de sentir-me novamente dos ataques.... contra um ho-

mem que, ha trinta annos, se tem consagrado á defesa
dos principios catholicos e que, emprehendendo esta pe-
nosa viagem a Roma, obedeceu a seus sentimentos religiosos e aos ardentes desejos de vêr restabelecida a paz
e harmonia entre os dous poderes que regem o mundo. »

Se o governo não commissionou senão o Sr. Penedo a tratar em Roma de negocios do Estado, como
já vimos declarado em folha competente, é força
confessar que o tal plenipotenciario espontaneo, procurador sem procuração, delegado sem delegante,
diplomata voluntario, é da maior audacia.

A sua intimidade com os ministros jámais o podia decentemente autorisar a intrometter-se por tal
arte em negocios de alto interesse do Estado, e nos
quaes só o governo póde ter a iniciativa.

O governo é fraco, e se tem manifestado de
uma tal variabilidade de proceder para com a santa
sé, que ninguem mais o póde comprehender!

Ficamos, pois, em duvida sobre quem, em semelhante emergencia, é sincero para com o paiz.

Teve ou não esse ecclesiastico brazileiro incum-
bencia de tratar com Pio IX de interesses geraes e
gravissimos do Imperio, e para, como elle diz, restabelecer a paz e harmonia entre os dous poderes ?

As relações com Roma vão se tornando tão mys-
teriosas, a dubiedade do governo é por tal modo incomprehensivel, que induz a acreditar em um plano
occulto, e no qual os interesses ultramontanos não
deixaráõ de ser attendidos!

Será possivel isto?

Mas a victima, que é o povo, póde, de um instante para outro, perder a paciencia, com que tem
supportado tudo até hoje, e fazer por si mesmo a
lei, sob a qual deseja, quer, e ha de viver.

Entretanto, essa fraqueza, essa dubiedade do governo, só tem produzido vergonhas para o Imperio.

O Sr. Penedo, pouco considerado em Roma, teve necessidade do celeberrimo — ETC. — para poder aparentar que conseguira alguma cousa !

O novo plenipotenciario *in partibus* reçebeu em Roma o mais terrivel tratamento.

De quanto pretendeu foi repellido ! Não somos nós que o dizemos.

A *União*, folha de frei Vital, em Pernambuco, publicou uma carta de Roma, na qual se lê o segninte :

« Já deve ser conhecida ahi a *gloriosa* missão de que officiosamente encarregou-se um celebre personagem ecclesiastico. Enumerar-lhe as decepções por que passou esse personagem, seria trabalho insano. Só de algumas lhe fallarei.

« A primeira foi o artigo do *sacerdote brazileiro* publicado na *Voce della Veritá* em resposta á nota do *Observatore Romano*, que lhe enviei, e já lá deve ter chegado. Esse artigo desorientou o nosso personagem ecclesiastico, que voltou a responder pelo mesmo jornal.

« Mas que resposta ! Limitou-se a fallar de si e do seu famoso discurso.

« Depois dos elogios que o auctor fez a esse seu discurso, tornei a lê-lo, e cheguei a esta benevola conclusão : o orador ecclesiastico disse em resumo — que Deos era bom, mas que o diabo não era máo.

« Mas emfim deixemos o estrategico discurso, e vamos ás decepções.

« O personagem pretendeu uma condecoração, mas pessoa de alto cothurno o aconselhou que desistisse da pretensão, uma vez que, como devia saber, o santo padre não costumava dá-las escoteiras, e muito menos a ecclesiasticos.

« Tentou depois conseguir uma carta laudaticia do papa : esta pretensão teve a sorte da primeira, por falta de motivos plausiveis.

26

« Emfim, já o personagem se contentava com uma daquellas medalhas que o santo padre costuma dar a todos que têm a honra de uma audiencia particular.

« Mas, *proh dolor!* nem sequer isso póde conseguir das mãos do papa!

« Quanto á audiencia que elle afinal conseguio, nada lhe posso dizer; sei, porém, que ella lhe foi adiada por nove dias, por não ser considerada lisongeira.

« De outra parte informárão-me que o cardeal Antonelli não o recebêra com a sua costumada prazenteria, mas com reserva e desconfiança,

« Tudo isso, meu caro, fez com que o personagem ecclesiastico sahisse daqui cuspindo fogo.

« Quando elle lá apparecer, póde alguem apostropha-lo com estes versinhos do nosso epico:

« Oh lá, Velloso amigo, aquelle outeiro,
« E' melhor de descer que de subir. »

Tudo isto é vergonhoso!

E sobre quem reflecte?

A quem prejudica, no conceito do estrangeiro, que ignora as nossas miserias governativas?

Reflecte contra o Imperio, que por tal modo é aviltado; e anima a santa sé, que se persuadirá de que o Brazil póde ser definido pelo comportamento dos enviados, que official ou extraofficialmente, lá se têm apresentado com instrucções publicas ou secretas, confessaveis ou inconfessaveis.

E o máo effeito de tudo isto ainda mais é aggravado, attendendo-se a que o governo approvou quanto fez o Sr. Penedo, e não repelle publica e dignamente essa officiosidade do espontaneo emissario.

Voltemos ao assumpto principal deste artigo.

A disposição legal do supremo tribunal de justiça foi conhecida: a condemnação passou em julgado!

Vital de Oliveira devia soffrer a pena de prisão

simples por quatro annos. Réo como outro qualquer, sujeito ás mesmas leis, devia ter sorte igual á dos infelizes, que como elle soffrem a sancção da lei penal.

O governo, porém, tomou a si esse condemnado, illudio a condemnação, deu-lhe uma casa particular por prisão, e mandou que lhe fosse livre passear, receber visitas, etc.!

Proporcionou-lhe todos os commodos e regalos, e, sem autorisação legal, gasta com elle profusamente, fazendo convencer ao povo, que estupefacto observa essa desordem, que um individuo que exerça um bispado não é cidadão igual aos demais brazileiros, é uma entidade á parte, e que póde a seu salvo esbofetear o governo e o povo, não se lhe devendo por isso senão mais acatamento ainda!

Proh pudor!

E tal é a differença entre o governo da Allemanha e o do Brazil! Entre Bismark e Rio Branco!

E' força confessar que a distancia entre um e outro é enorme.

Qual a bitola, porém, para medir essa distancia? Não póde ser outra senão a do patriotismo!

E o patriotismo se avalia pelo desinteresse que se manifesta em não conservar posições já moralmente impossiveis, e pela ausencia de caprichos para não consentir nessa conservação.

Na actual questão com a santa sé, e quando a dignidade da nação está summamente comprommettida, é indispensavel ter força, ter coragem, saber sacrificar-se ao dever, em bem de salvar o deposito de que se esteja encarregado.

As circumstancias da luta ecclesiastica na Allemanha são muito mais graves, muito mais perigosas do que no Brazil.

Alli ha homens importantissimos commettidos

em favor de Roma, ha um partido clerical ultramontano perfeitamente montado, rico e com acção.

Entretanto o patriotico governo, que tem á sua frente um homem da tempera e com a sciencia e patriotismo de Bismark, não trepidou ainda no desempenho de seus deveres, e tem levado sempre vantagem contra os roupetas inimigos da civilisação e do progresso social,

Alli não tem faltado leis, nem fiel execução dellas.

Alli um ministerio, forte e apoiado pela nação, não foi dizer ao parlamento que se achava armado até os dentes para conter o episcopado rebelde, para, entretanto, depois, declinar da responsabilidade, mandar pedintes a Roma, acariciar criminosamente a presos condemnados, e sujeitar-se até á discrição de uma voluntaria intervenção.

Alli o governo teve franqueza perante o parlamento; requereu medidas, ellas lhe forão dadas, e assim armado legalmente, arcou, corajoso e digno, com o inimigo ousado, fazendo conter nos limites de sua jurisdicção espiritual os padres arrojados que pretendião avassallar o Estado aos seus inconfessaveis interesses.

No Brazil não ha um só padre douto e importante, respeitado da população, que se tenha envolvido na tal Catholica de casaca, que a politica mesquinha creou para fins diversos, mas que se abroquelou no *Syllabus*, suppondo que assim levantava o fanatismo em prol de seus planos!

O nobre clero brazileiro não se mede pelos *Apostolos*, pelas *Uniões* e nem por outros desses jornaes assalariados pelo episcopado rebelde.

Se alguma gritaria se tem levantado mais forte, e por bem poucos espoletas de paletó ou de samarra, é disso a causa unica a dubiedade, procrastinação de medidas, a incomprehensivel covardia do governo, a que seus amigos chamão prudencia, e a que nós chamamos indecencia.

E nem os bispos rebeldes tem valor em suas dioceses.

Frei Vital, nem revestindo-se dos habitos episcopaes, de baculo e mitra, com que comicamente se entregou á prisão, conseguio uma manifestação popular em seu favor!

D. Lacerda........ coitado! O que póde elle fazer no Rio de Janeiro, quando nem animo tem tido de fazer effectivos os interdictos, e só manifesta a sua *coragem* não comparecendo aos actos publicos a que é obrigado?

De que se teme, pois, o governo?

De sua propria sombra!

Rio de Janeiro, 15 de Abril de 1874.

XXXIII.

O escandalo continúa!

E podemos dize-lo, continúa com cynica ostentação!

A população está escandalisada e com razão.

A obstinação do governo é inexplicavel.

Não é já um erro que se commette, é um acinte revoltante á moralidade publica, e que, desbragadamente se pratica.

Daquelles de quem se devia esperar o exemplo de respeito ás leis, vem, ao contrario, o mais insolito menoscabo do que o direito prescreve!

Isto desmoralisa o paiz e o avilta, e dá o quilate do valor do povo ante aquelles que, com direito, ou por capricho da sorte, se achão elevados á primeira jerarchia social e politica.

Para onde vamos?

A *justiça* foi alugar aposentos á *guerra* para hospedar um condemnado civil; e a *guerra* julgou-se por tal modo honrada com o conchavo, que tomou a si só o hospede, e roja a seus pés *armas e bandeiras*, lei e rectidão, sisudez e hombridade!

E tudo para distinguir, entre tantos outros em identicas circumstancias, o escolhido que deve ser a excepção da igualdade ante o direito!

O hospede tem a seu serviço os soldados do Estado!

E o hospede é.... um criminoso condemnado, e que deve cumprir sentença!

Ao que chegamos!

Vamos dar conta ao paiz do que se tem passado na fortaleza de S. João, com referencia ao condemnado Vital de Oliveira.

Pela noticia minuciosa, que nos veio ás mãos, veráõ os leitores rectificados alguns factos, com que já occupamos a sua attenção, e se maravilharáõ de outros de que lhes vamos dar conhecimento.

Peza-nos fazê-lo, mas é do nosso dever.

A algumas repetições somos forçados para nada omittirmos da noticia tal qual nos foi agora fornecida.

Mas as repetições são efficazes, para que estejão vivas no espirito do povo as descommedidas infracções da nossa lei, e a audacia de quem a transgride.

Attendão os leitores:

« A mobilia fornecida pelo governo para a *casa de campo* de frei Vital (que se chama prisão!) é de oleo com medalhões duplos, sendo as commodas de mogno.

« Os apparelhos de louça para almoço e jantar, talheres, toalhas, guardanapos, roupa de cama, são finissimos e proprios de uma casa bem montada, para pessoa de tratamento, sendo todos esses objectos fornecidos pelo ministerio da guerra.

« Depois da chegada de frei Vital á fortaleza, se mandárão collocar bancos e estantes em frente da casa de sua residencia, para a banda de musica do deposito de aprendizes artilheiros (!) aquartellados na mesma fortaleza, tocar por espaço de duas horas diariamente.

« Frei Vital depois de deleitar-se um pouco com a musica, sahe de sua casa, distribuindo sorrisos e comprimentos a todos, dá seu passeio, quasi sempre até ás proximidades do Pão d'Assucar, e recolhe-se, encontrando muita vez ainda a musica tocando!

« O commandante da fortaleza nunca teve musica á porta, e entretanto um preso, que está sob sua guarda, a tem!

« Frei Vital tem visitado todos os officiaes da guarnição da fortaleza, solteiros e casados, e por occasião dessas visitas distribue rosarios e santinhos ás senhoras e ás crianças, e a alguns officiaes, exceptuando aquelles que lhe não beijão o annel, ou que parecem maçons.

« E o commandante é do numero destes, pois que é maçon conhecido.

« No dia 30 de Março ultimo, frei Vital passou a tarde e parte da noute em casa do commandante, retirando-se depois de tomar chá.

« Não é exacto que se tenha fixado a quantia de 30$000 por dia para as despezas de alimentação de frei Vital.

« Segundo o mesmo commandante o tem dito, é a ordem do governo sem limites (ordem verbal!), para que se dê a esse hospede o melhor tratamento, não se poupando despeza para isso! O commandante, portanto, póde gastar o que lhe parecer necessario para executar tal ordem!

« A verdade é que só com carne, costelletas de porco, carneiro, peixe, camarões, frangos, gallinhas, ovos, verduras, fructas, leite e pão, a despeza diaria tem regulado por 25$000.

« A copa está bem sortida e é fornecida pelo Sr. conselheiro Junqueira (não sabemos se por sua conta, ou pelos cofres publicos); afiançámos, porém, que é tudo de primeira qualidade. Vinhos e licores finissimos, optima cerveja, diversas qualidades de conservas, etc.

« Ainda não se achou cozinheiro, mesmo por 100$000 por mez, que já tem sido offerecidos, porque nenhum se quer sujeitar a estar na fortaleza.

« A comida para frei Vital é (na falta de cozinheiro alugado), preparada em casa do commandante, e conduzida para a desse hospede, por soldados e marinheiros !

« A's 6 horas da manhã se lhe manda café e chocolate do melhor : ás 9 horas, almoço que consta de cinco ou seis pratos, café, chá, leite, pão, manteiga queijo, biscoutos, etc. ; ás 4 1/2, jantar composto de muitos pratos, doces, fructas, vinhos, *pudins*, etc ; meia hora depois, café; ás 9 horas da noute, chá pão torrado, diversas qualidades de biscoutos, queijo, etc.

« Depois do almoço, e assim tambem depois do jantar, frei Vital dá o seu passeio, e para que este lhe seja mais agradavel, encontrando os lugares que elle percorre em estado de asseio, manda-se limpar o campo, praias, e caminhos, empregando-se nesse serviço os aprendizes artilheiros, e marinheiros que são feitorisados pelo major da praça e tenente ajudante !

« Frei Vital trouxe sómente um criado, que lhe serve de copeiro : este, porém, não basta para o serviço interno da casa, e por isso foi mandado para servi-lo um marinheiro dos escaleres da fortaleza que recebe do Estado 60$000 mensaes !

« Além deste, foi mais encarregado das compras do *illustre hospede* o 1.º patrão dos escaleres Miguel Rodrigues Coelho, que percebe ordenado pago pelos cofres publicos de 105$000 mensaes, ficando ambos dispensados de todo o serviço da fortaleza, e de usarem de seus uniformes, (o que foi ordenado pelo respectivo commandante!) para não dar nas vistas.

« Frei Vital diz missa todos os domingos e dias santos na capella da fortaleza (onde recebe as devidas continencias) ou no altar que foi levantado em sua casa.

« A's 5 horas da manhã, frei Vital e seu secretario banhão-se no mar. Nem isso lhe falta á conservação de sua força e robustez !

« É verdade que em vista da pastoral de frei Vital, o commandante, incommodado pelas falsidades e exagerações que nella se encontrão, relativamente ao seu tratamento na fortaleza, pastoral que comprometia o commandante, attentas as ordens e recommendações do ministro da guerra, em bem de fazer todos os obsequios ao illustre hospede, escreveu a frei Vital provocando-o a que declarasse os motivos que o autorisárão a dizer o que consta desse escripto.

« A isso respondeu elle em carta, da qual tem cópia o Sr. ministro da guerra, que fallára *figuradamente,* e que aproveitava a occasião para agradecer ao commandante e officiaes as attenções e considerações que lhe tributavão. Assim ficou o commandante justificado ante o mesmo Sr. ministro da guerra e o governo !

« Frei Vital é constantemente visitado. Declarou elle, ao chegar á fortaleza, que sua transferencia do arsenal de marinha para alli lhe foi muito agradavel especialmente por liberta-lo de constantes e incommodas visitas, até de curiosos que alli o procuravão.

« O incommodo, porém, continúa visto como especialmente alguns devotos não deixão de alli mesmo irem beijar-lhe o anel, e confessarem-se cada vez mais devotados ao martyr ! »

Esta noticia que recebemos e que sem alteração a transmittimos aos leitores, conclue com as seguintes palavras :

« Isto não póde ser contestado ! »

Se tudo isto não póde ser contestado, se o que jà em outro artigo dissemos, igualmente informados, não o foi até agora, é força confessar que na capital do Imperio, ante o mais elevado tribunal da justiça do paiz, em face do chefe do Estado, — actos se praticão, como esses a que taes noticias se referem, que depõem altamente contra a moralidade da administração publica, degradão a sociedade em que vivemos, e manifestão que nesta terra a lei é lettra morta, os direitos são illusorios, — e a igualdade, consagrada na constituição, a mais ridicula das ficções !

A sociedade actualmente parece que fez bancarrota de dignidade, e se acha em forçada e immoral liquidação.

Bem podemos, pois, perguntar :

Onde estamos?

Para onde vamos?

O que ha de sincero na ordem para ser processado o frade ousado que transgredio as leis do Estado, e desacatou os poderes publicos?

O que quer tudo isto dizer?

Traição?

Mentira?

Covardia?

Inepcia?

Não sabemos e nem podemos definir !

Quem mais desacatado é com tal comportamento do governo?

A justiça publica; — o venerando tribunal que proferio com tanta dignidade e jurispericia a condemnação desse réo; — o povo, em uma palavra — e especialmente o heroico povo de Pernambuco o mais offendido, o mais prejudicado por esse jesuita Vital de Oliveira.

Moralisemos :

Nas observações, porém, que vamos fazer não nos arrasta o odio, nem a má vontade, e nem o desejo de offender pessoalmente a qualquer dos cavalheiros que se achão á frente dos negocios publicos.

Não é o espirito de partido que nos dirige.

Narramos factos, confrontamo-los com a lei, e expomos ás vistas publicas e ás proprias consciencias dos que governão, o esqueleto de seus actos; e taes quaes pódem elles ser severamente apreciados.

Com o que vamos dizer, responsabilidade dos actos dos ministros de Estado, certamente não temos em mente a effectividade da punição. Cuidar, sequer, desse resultado, seria irrisorio, — em um paiz, onde essa responsabilidade é apenas um sonho do legislador, uma pretensão, aliás muito prudentemente concebida, mas que não passa de uma aspiração no corpo do nosso direito.

E essa idéa considerada com criterio, e em presença da constituição politica, combinadas as suas diversas disposições, ainda mais illusoria se manifesta. Para convencer disso basta comprehender a faculdade que foi dada a um dos poderes creados — de nomear e demittir livremente os ministros, e de perdoar, sem regra, sem limite, sem embaraço algum de lei positiva.

Assim, pois, e só para avaliar os factos e medir-lhe as consequencia, diremos:

O poder judicial é indcpendente. *(Art.* 151 *da constituição).*

Perturbar, nullificar, alterar ou modificar os effeitos de seus decretos, expedidos nos limites legaes, é usurpar-lhe attribuições; e nessa usurpação vai um attaque directo á sua independencia.

Não é independente aquelle, cuja vontade expressa é sujeita a qualquer alteração estranha.

Na presente hypothese, o poder executivo prejudicou os decretos judieiarios, e por conseguinte attacou de frente a independencia desse outro poder.

O poder judicial exerce as suas funcções fazendo executar litteralmente as penas que impõe aos culpados, e quem alterar de qualquer modo a pena imposta offende o livre exercicio daquellas attribuições.

A lei de 15 de Outubro de 1827, no art. 1°, § 1.° n. 20 estabelece que:

« Os ministros e secretarios de estado são responsaveis, attentando, por quaesquer actos de seu officio ou prevalecendo-se delles com dolo manifesto, contra—o livre exercio dos poderes politicos reconhecidos pela constituição do Imperio. »

E no § 3.° do mesmo artigo, estatue que a tal facto serão applicaveis as penas de

« Maxima: morte natural.

« Média: perda de confiança da nação e de todas as honras; inhabilidade perpetua para occupar empregos de confiança e cinco annos de prisão.

« Minima: perda de confiança da nação, inhabilidade perpetua, restricta ao emprego em que é julgado, e cinco annos de suspensão do exercicio de direitos politicos. »

Pelo art. 6.°, § 1.° dessa mesma lei, ainda os ministros e secretarios de estado são responsaveis ordenando ou concorrendo de qualquer modo para despezas não autorisadas por lei, e devem ser punidos, uma vez incursos nessa disposição, com as penas de remoção para fóra da côrte e seu termo por tres annos no maximo, por dous no médio, e por um no minimo.

Entretanto as despezas que têm sido feitas com o condemnado Vital de Oliveira não são autorisadas por lei!

Na rubrica—*conducção, sustento e curativos de presos*—não póde ser admittido—*mobilia, arranjos de casa particular, mesa lauta, bons vinhos, licôres, etc.*

Quanto mais que só aos presos pobres se dá o beneficio da lei.

Frei Vital é preso pobre?

Se o é deve manter-se na regra de que—«quem é pobre não tem vicios. »

Mas esse individuo não póde ser considerado tal, porquanto quem se offerece, affrontando o governo a pagar de seu bolsinho aos vigarios (seus instrumentos) as congruas que lhes forão suspensas; quem tem para gastar na propaganda ultramontana, de que se constituio um dos chefes; quem tem para sustentar um pasquim, que sob o titulo *União*, e sob seus auspicios ataca todos os mais caros interesses politicos, conspurca todos os caracteres e vilipendia todos os poderes do Estado, não é certamente um pobre.

E admira que esse homem, que tanto tem offendido ao governo, que tão descommunalmente o affronta, e que tão orgulhoso se ostenta, esteja recebendo favores desse mesmo governo, e, á custa de tal indecencia, coma, beba, etc.

O frade mendicante habitua-se a supportar, com apparente resignação, quanto lhe queirão fazer, ainda de mais affrontoso, comtanto que encha a sacola!

Da mesma sorte não se lhe dá do mal que faz; e se aquelle, a quem tem mais atrozmente offendido, lhe atira, mesmo enraivecido, um naco de pão, elle o apanha pressuroso e ri-se do tolo, que pensa affronta-lo com isso!

Como se harmonisa tanta audacia com tanta baixeza!

O jesuita sabe bem a sua regra: — concilia, para seus fins, os principios os mais repugnantes entre si.

E o governo não comprehendeu ainda o papel que representa?

Examinemos mais detidamente como cumpre o réo Vital a pena de prisão.

Diz o codigo criminal:

« A pena de prisão simples obriga os réos a estarem reclusos nas prisões publicas. »

A reclusão é, portanto, essencial á natureza da pena de prisão simples.

Reclusão é encerramento, e encerramento é lugar fechado.

Estar, pois, fechado, e em prisão publica, é que constitue a pena de prisão simples, como determina a lei criminal.

A casa, em que se acha o réo Vital de Oliveira, não só é particular e fóra das condições em que se deve considerar uma prisão, como que nem ahi está esse réo recluso.

Entra e sahe quando lhe parece, recebe visitas, e livremente; passeia por onde, como e quando lhe apraz, e nem sequer tem uma sentinella que o vigie.

Que pena, pois, está elle soffrendo?

Nenhuma; pelo menos legal.

Não póde livremente sahir para Pernambuco?

Mas isto não é pena definida no codigo.

Entretanto o supremo tribunal de justiça. o condemnou á prisão, que o poder moderador quiz que fosse simples.

Devia, portanto. esse réo soffrer prisão simples.

Mas o governo procedeu para com elle como já temos exposto, e burlou dest'arte o effeito legal do decreto judiciario, perturbando assim o exercicio do poder judicial.

O que concluir disso?

Que o poder executivo arbitraria e escandalosamente invade o campo da justiça — e dahi arranca aquelle, cujos destinos se achavão só e unicamente á mercê de magistrados, unicos a que a lei incumbe, não só o julgamento e condemnação, como a execução da pena em que porventura se tenha incorrido.

E o que é isto? .

Anarchia, desordem, subversão social, alteração

do systema de governo, poder discricionario, absolutismo emfim !

E tal é o estado em que, quasi sem sentirmos, temos chegado no Brazil ?

E o que faz o Sr. Dr. juiz de direito a quem a execução da sentença está commettida?

Bem considerado quanto temos exposto, avaliado o procedimento insustentavel e mesmo indefinivel do governo, perguntaremos :

Porque, na intenção de praticar-se o que ora observamos com pasmo, em vez de commutação de pena não se decretou o perdão do famoso frei Vital de Oliveira?

Seria indubitavelmente injusto um tal decreto, mas poupava os escandalos, que ora envergonhão o paiz !

Ha vontade de proteger a esse offensor audaz da constituição, e das leis ?

Não dá o governo o devido apreço aos soffrimentos que pesão sobre a população de Pernambuco?

Neste caso era mais franco, mais leal, mais nobre mesmo, por em liberdade a esse soldado de Roma, deixar que elle fosse proseguir, em sua diocese, na obra de destruição das liberdades publicas, em que se acha empenhado, e constituir aquella provincia em estado selvagem, e o povo que se garantisse como pudesse !

Era melhor entregar esse *pastor modelo* á discrição de suas proprias ovelhas, — e o governo conservar-se do alto de seu mangrulho administrativo, apenas tomando nota dos acontecimentos.

Porque o não fez?

Teme-se talvez do povo pernambucano !

Porque não consente que frei Vital soffra a pena que lhe foi imposta ?

Teme-se, talvez, da ousadia desse suisso de Roma; teme-se dos raios do Vaticano !

Cumpre, porém. que entre os dous, escolha francamente, e adopte um dos alvitres.

Ou liberdade de consciencia, ou Roma.

Ou constituição politica, ou *Syllabus.*

Quer as primeiras?

Salve o povo brazileiro, deportando os bispos rebeldes.

Quer as segundas?

Entregue francamente o povo á perversidade dos padres ultramontanos, e, unido com a santa sé, proclame no Brazil o governo absoluto e o consorcio horrivel do throno e do altar.

Ao concluir este artigo, transmittimos aos nossos leitores uma grata noticia que extrahimos do *Diario do Grão-Pará* e que contiem o seguinte:

« Foi ante-hontem recolhido á cadêa publica desta cidade o Rev. Sr. padre José Felix da Cruz Dacia (segundo a *Bova Nova*) e José Henriques Felix Dacia (segundo a nota que nos foi enviada da policia) pronunciado pelo Sr. Dr. juiz de direito do 1.° districto criminal, como incurso no art. 96 do codigo criminal, a prisão e livramento, pelo crime de impedir e obstar ás determinações dos poderes moderador e executivo.

« Foi hontem sustentada pela relação do districto a pronuncia decretada pelo Sr. Dr. juiz de direito, da comarca da Vigia contra o Sr. padre Mancio, vigario da mesma cidade. »

Parabens a esse honrado juiz de direito, que soube cumprir o seu dever.

A lei tem muita força, e afinal ha de vigorar.

E os vigarios, o cabido de Pernambuco e os criminosos prepostos do condemnado frei Vital de Oliveira ?

27

Quando serão punidos?

Quando se dará ao povo de Pernambuco a devida satisfação?

Rio de Janeiro, 18 de Abril de 1874.

XXXIV.

A infallibilidade papal.— O concilio que a votou e a opposição que teve.

Cumpre atacar o inimigo ousado no seu principal e mais forte reducto; é mister arranca-lo do seu escondrijo tenebroso, e expô-lo, tal qual é, ás vistas do povo.

E' indeclinavel tornar bem conhecido o profanador da religião, o destruidor do catholicismo, o implacavel inimigo da liberdade e do progresso humano.

No Vaticano tem elle a sua séde. Os ultramontanos o rodeião, e o incitão, aos mais arrojados e inauditos commettimentos!

A couraça, considerada impenetravel, e sob cuja egide despede seus raios contra o mundo inteiro, é a infallibilidade.

E' indispensavel, pois, defini-la com franqueza, e pô-la ao alcance de todos os espiritos, para que não mais illuda com o falso brilho que a cerca.

Chamem-nos blasphemos; não deixaremos de ser christãos.

Digão embora que as verdades que escrevemos são heresias. Pouco nos importa isto.

Proseguiremos sem temor, e estamos certos de que os covardes hoje serão denodados campeões das boas idéas, apenas superem o mal entendido e injustificavel receio, que ora os aterra, mas que não resistirá á reflexão e ao estudo sério da materia.

A verdade agrada a Deos.

Seremos, pois, sempre pela verdade. Só assim observaremos a sua lei.

Dizia Talleyrand a Pio VII:

« Pedi a Deos que vos perdôe as vossas offensas e traições; pedi-lhe que vos releve a ousadia, com que o tendes desfigurado e envilecido sobre a terra; pedi-lhe que vos perdôe por havê-lo associado aos crimes, que com tanta insolencia tendes commettido em seu nome. »

A Pio IX e aos seus bispos podemos, sem medo de errar, dizer outro tanto.

Toda a sua artificial extensa auctoridade, as suas descommunaes exigencias e odiosas determinações assentão sómente na audacia desses energumenos e na ignorancia do povo, que é a sua victima.

Consulte o povo a sua consciencia, comprehenda o que é Deos, em sua omnisciencia, omnipotencia, bondade e justiça, comprehenda os direitos e deveres do homem, e, abertos os olhos d'alma, se convencerá de que: só a audacia se arroja a fazer gestos e a praticar actos de raiva contra todo o genero humano; e só a ignorancia se sujeita ao rigor despotico que atropella as consciencias, que sopita as opiniões e que escravisa o pensamento.

A audacia deu a fatuidade e arrogancia do chefe romano e de seus prepostos:

Só a ignorancia tem admittido, na ausencia de reflexão e de estudo, que as portas do paraizo só se abrão á vontade discricionaria de um homem:

Sómente a audacia inculca que o papa e bispos têm, *ipso facto*, lugar distincto no céo; e só a ignorancia admitte que para ser premiado com a bemaventurança, e por boas obras que se tenhão praticado no mundo, é indispensavel licença do santo padre ou de seus sequazes !

Dissipada, pois, a ignorancia, o poder, que só com ella se mantém, baqueará.

Se Roma constituiu-se o elemento convencional do catholicismo, nem por isso está este em absoluta dependencia de Roma.

A convenção é de natureza especialissima.

Não é das de effeitos immutaveis e permanentes, porque depende das leis dos diversos Estados, e varia conforme as leis politicas e civis de cada um se alterão.

Essa convenção deve acompanhar o movimento do progresso.

A necessidade de manter-se em harmonia com as nações catholicas é de Roma, que disso depende essencialmente para conservar-se no caracter que lhe foi concedido, de centro dos convencionaes.

Roma isolada nada vale, e nem auctoridade tem para manter em dependencia os povos christãos.

Roma, porém, por inconfessaveis interesses dos padres, impõe-se a todo o custo, e para isso ameaça e blasphema, irrita-se e esbraveja : mas afinal cahirá exanime na sua verdadeira impotencia.

Com o Brazil rompeu a chamada santa sé a convenção.

Ella adoptou leis politicas, armou-se com a irrisoria infallibilidade, e tornou-se impossivel de ser centro da Egreja official.

Nada, portanto, perderemos em apartar do nosso systema essa Egreja do Estado, que caprichosamente se tornou mais do que insupportavel : impossivel !

Não foi o Brazil que aggredio Roma.

Constituindo-se nação independente, foi-lhe outorgada uma lei fundamental, e nella se estabelecêrão principios democraticos, que ainda permanecem.

A santa sé teve de tudo conhecimento, e, respeitando sem observações esses mesmos principios, approvou bispos para o Imperio, os quaes vivêrão em paz com o Estado e sob essa mesma lei.

A convenção, pois, para o Brazil, ficára desde logo perfeita, e a Roma cumpria sómente respeitar os principios sob os quaes acceitára as relações de amizade e convivencia religiosa que lhe forão permittidas.

Roma, porém, sem prévia consulta, e offendendo a soberania da nação, tomou resoluções repugnantes ás bases da convenção, que por tal arte, e perfidamente foi illudida, emquanto que o Brazil nada alterára do que, ao constituir-se, se obrigára.

O Brazil, pois, manteve o seu posto de honra e lealdade, entretanto que Roma apartou-se, renegando esses mesmos principios, que antes lhe não repugnarão! Nem se diga que, por sermos catholicos, deviamo-nos sujeitar, com sacrificio de nossa dignidade politica, ao que resolveu Pio IX, escudado nessa hedionha reunião de 1870, a que os propugnadores ultramontanos do obscurantismo chamárão — *concilio ecumenico*.

Essa reunião, que começou composta das mais notaveis celebridades ecclesiasticas, se reduzio aos padres mais subservientes a Pio IX, e que lhe servirão de instrumento para votar os maiores despropositos, sendo della enxotados todos quantos com dignidade e saber protestárão contra as exageradas pretensões do pontificado.

Sabe o povo como foi decretada pelos ultramontanos a inqualificavel infallibilidade, de que ora se serve Pio IX para incitar a guerra religiosa entre os proprios catholicos e em todos os paizes?

E' indispensavel que a historia desse horrivel attentado contra os attributos de Deos e contra a liberdade do homem esteja sempre presente á memoria do povo.

E' necessario que o manejo sordido, empregado por Pio IX para conseguir que se attribuisse essa qualidade a elle proprio repugnante, seja bem conhecido, para que ninguem se illuda com essa charlataneria pontificia, creada pela astucia, jesuitica, e para os fins nefandos que com pasmo se observão actualmente.

Tendo já, com desastrada imposição, abalado uma crença que a christandade havia voluntariamente abraçado, e que constituia um dos traços mais poeticos da nossa fé, levou Pio IX além a ostentação do seu peder, exigindo, arrogante, que fosse elle proclamado infallivel !

Combinado o plano, pô-lo em pratica.

Convocou uma reunião dos padres da Egreja para um concilio; e cerca de setecentos correspondêrão ao seu convite.

Começou por querer isola-los de qualquer communicação, e preparou-lhes hospedagem no Vaticano, despendendo do thesouro pontificio o necessario para isso.

O empenho unico era a declaração da desejada infallibilidade; e não convinha que os refractarios ganhassem terreno.

O aspecto da reunião não o animava, especialmente desde que o embaixador d'Austria, *ad instar* do de França, dirigira a Antonelli uma nota condemnando, nos termos os mais positivos, o projectado dogma.

O celebre Dupanloup tambem dirigira uma carta respeitosa, na qual, uma por uma, forão desfeitas as razões com que os instrumentos de Pio IX fundavão ardilosamente essa estupenda pretensão.

Dizia elle então:

« Declarado o papa infallivel será elle considerado impeccavel?

« A declaração provocada não deve alterar o passado, como o presente pontificado.

« Mas sabe-se, cumpre dizê-lo com respeito, mas é indeclinavel dizê-lo, que existirão papas fracos, ambiciosos, emprehendedores, que confundirão o espiritual com o temporal, e com pretensões de dominio sobre todas as coróas.

« Não será inutil, ou antes, perigosissimo fazer reviver a lembrança de taes aberrações?

« Para que, pois, os inconscienciosos advogados do papado fazem assim sangrar antigas chagas, e de novo expõem o pontificado? »

Como era de esperar, nessa reunião que se denominou — *concilio ecumenico*, se formárão dous partidos distinctos, e que abertamente se hostilisárão.

Pio IX, segundo a sua estatistica, contava com cerca de 270 votos, em cujo numero entravão 143 dos seus dependentes, e que pertencião aos Estados pontificios.

Apesar, porém, de sua confiança na inspiração do Espirito Santo, para completar o numero de seus partidarios, elle entendeu indispensavel intervir directa e pessoalmente na questão, e manobrar de modo a assegurar o triumpho!

As caballas politicas nada têm a invejar da que então foi executada.

Chamou á sua presença os bispos que se mostravão indecisos e hesitantes e os admoestou!

As ameaças o promessas não faltárão.

Temeu-se, porém, ainda do resultado, e fez distribuir aos membros do tal concilio o *Schema*, collecção de cincoenta e um artigos, sobre os quaes sómente podião os padres discutir e deliberar!

Mais ainda: ordenou que a discussão e deliberação devião terminar em dez dias !

Levantou-se contra tal e tão inaudita precipitação, e quando se tratava de uma materia que devia ser sujeita a muito detido e sério exame, a mais decedida opposição.

A maioria subserviente, porém, composta de votos comprados, e de votos extorquidos pelo medo, satisfez a vontade de Pio IX, e desde logo entrárão en discussão os artigos do *Schema*.

O principal desses artigos dizia que — o privilegio da infallibilidade abrangia não só todas as verdades reveladas, como tudo quanto fosse necessario para explica-las, defini-las e firma-las !

Isto equivalia a dizer, que a infallibilidade se entendia sem limites, sobre a sciencia e sobre a philosophia !

Sob tal imperio ficavão os costumes, e sob esta denominação elastica, os ultramontanos comprehendião todos os actos da vida civil, social e politica !

O poder dado pelo mesmo *Schema*, para o governo da Egreja, era illimitado e absoluto !

Estabelecia-se ainda mais que os direitos e privilegios do primado, davão ao pontifice romano poder absoluto sobre todas as Egrejas, e o constituião o pae, o doutor e o juiz supremo de todos os christãos, e como tal podendo communicar-se livre e independentemente de autorisação do poder civil, como todos os pastores e ovelhas da Egreja universal, e sem nenhuma auctoridade, nem a dos concilios geraes, para quem se pudesse appellar !

O arcebispo austriaco Schwartzemberg profligou com todas as suas forças esse systema de intolerancia e despotismo.

« Entre os proprios protestantes, dizia elle, ha muita virtude, e virtude esclarecida. Lançar um anathema geral é excitar a humanidade em favor do anathematisado. É mister, em vez de tal atropello, reconciliar e mostrar moderadamente que a unidade não está fóra das esperanças deste mundo. . . . . »

Não pôde, porém, continuar porque a sua voz eloquente foi abafada pelas desabridas vociferações dos partitarios de Pio IX !

E o virtuoso arcebispo foi forçado a ceder da palavra; e apostrophado indignamente pelo presidente, cardeal Capalti, foi constrangido a sahir da assemblea!

Outro prelado allemão, Strossmayer, levantou-se indignado, e tomando a defesa da mesma these disse :

« Não estamos no XVI seculo, em que catholicos e protestantes estiverão em crua guerra aberta. Vossos anathemas ultrajantes não nos trarão proselytismo.

« Ha muitos homens de solidas convicções, modelos de honra e de probidade, que não poderáõ jámais entender-se comnosco. »

O presidente chamou-o grosseiramente á ordem! E elle continuou.

Novamente chamado á ordem, disse que não obedecia á insolente intimação.

« Protesto, disse elle, contra tal procedimento attentatorio da liberdade de discussão! »

Os bispos que se achavão a seu lado, se levantárão e o applaudirão, e muitos outros acompanhárão essa honrosa manifestação.

Os ultramontanos, porém, abafárão toda a discussão, fazendo um barulho infernal e vociferando : *viva Pio IX!*

Desde logo doze bispos americanos, escandilisados com tanta indignidade, sahirão de Roma !

Strossmayer voltou ao concilio no dia seguinte, sendo recebido com a mais esplendida ovação de muitos bispos francezes e de outras nacionalidades.

Dubreuil, bispo de Avignon, em um eloquentissimo discurso, abundou nas idéas dos dous prelados allemães.

Strossmayer, depois de protestar contra as violencias de que tinha sido victima, offereceu á deliberação do concilio as seguintes importantissimas questões:

« Uma maioria é sufficiente para estabelecer um dogma?

« Se pela affirmativa, qual o prestigio da unanimidade dos concilios? »

A *flôr da gente* de Pio IX, porém, obedecia cegamente ao seu chefe, e não recuou diante de nenhuma indignidade e baixeza!

Hanan, prelado armenio, manifestando-se contra o projectado dogma, foi chamado á presença de Pio IX, e ahi reprehendido e molestado grosseira e indignamente!

Outro prelado, do Oriente, que tambem se declarou contra o infallibilismo em um notavel discurso que proferio, foi preso em pleno dia na rua Giulia, e, como resistisse, foi ferido pela policia. Acudirão ao conflicto alguns collegas, e todos forão maltratados, — sendo nessa occasião esbofeteado, pelos esbirros pontificios, um bispo dos que ahi apparecêrão!

E sempre tem sido assim!

Paulo Sarpi, por ter escripto com verdade e imparcialmente a historia do concilio de Trento, foi apunhalado á noute, nas ruas de Veneza!

Roma é rancorosa, e de ordinario tem no punhal seu grande argumento.

Em 1870, e para conseguir a desejada infallibilidade, os esbirros de Pio IX não esquecêrão o seu recurso favorito.

É que Pio IX dispunha alli, como aqui, de desalmados capoeiras.

Os offendidos, e assim atropellados pela policia, refugiárão-se na embaixada de França.

Um velho arcebispo, de mais idade que Pio IX, entendeu poder ser franco com elle, e lhe manifestou a sua repugnancia contra o que se estava praticando.

Pio IX, escandalisado por tamanha audacia, lhe disse, com arrogancia:

« Vós, que já tendes ambos os pés no tumulo, bem me podeis, á vontade, fazer opposição.

« Sahi do meu palacio; eu vos exilo! »

O respeitavel ancião lhe retorquio:

« Eu vos obedeço, santo padre; mas antes de partir permitti-me que vos diga que o concilio que vos declarou infallivel, não vos tornará immortal: se eu tenho os pés no tumulo, vós ahi tendes tambem ao menos a mão! »

O pobre velho foi desterrado!

Todos quantos se manifestárão imparciaes, os mais illustrados e mais dignos, deixárão o concilio, — e Pio IX, sómente com os seus aduladores e dependentes, fabricou a tal sua infallibilidade, que para mais detestavel ser, e menos digna de acatamento, — foi obtida com fraude, sob a violencia, sem ampla discussão, e por numero de votos insufficiente para a decretação de um dogma!

Que differença tem o concilio do Vaticano do *Latrocinio* de Epheso, onde se praticárão as mesmas tropelias e as mesmas violencias?

O que é, pois, a infallibilidade?

Uma impostura do pontificado romano, e que lhe serve de arma para quantas tropelias e acintes vemos hoje praticados!

A infallibilidade dividio os catholicos, e assim prejudicou o catholicismo.

A infallibilidade, equiparando um homem a Deos,

prejudicou intimamente as crenças religiosas, e prejudicou a religião.

Roma, portanto, com a infallibilidade, não é já catholica e nem religiosa: é sómente politica, e politica devassa, politica de usurpação, politica de mando absoluto, nefando e indigno.

Quiz elevar-se muito : aniquilou-se !

E, perguntamos ao povo, quem como Pio IX extorque, de uma reunião de padres, a declaração de que é infallivel, quem usa de tal declaração para alarmar os povos e perturbar a paz publica, — merece porventura que se faça o menor sacrificio, que se sustente, como do Estado, a actual pervertida Egreja de Roma ?

Mereceremos ser stygmatisados por escrevermos estas verdades, e por não illudirmos o povo ?

Mas quem não vê nos planos ultramontanos a idolatria do poder temporal, como a idolatria do poder espiritual ?

O que pretende o episcopado rebelde no Brazil ?

Respeito ao martyr do Golgotha, acatamento ás doutrinas do divino Mestre, á religião pura de Jesus Christo ?

Não ! — Elle quer o papismo !

E para sustenta-lo, e bem firma-lo, o nome de Deos, a religião do Crucificado, o Evangelho — tudo é posto em jogo indecente, e por calculo sordido, para consecussão do mais aviltante dos dominios !

Pio IX, algoz da liberdade de consciencia, e dos mais positivos principios liberaes, é um reprobo de Deos e da civilisação.

Profana o nome de Deos invocando-o cavilosamente para seus fins,

Quer ser adorado de preferencia ; e os padres que indecentemente lhe obedecem dão, entre nós, inconcussa prova desta verdade.

Querem os leitores um *specimen* do papismo, que no Brazil se quer implantar.

Attendão á seguinte noticia que lemos no *Jornal do Recife*:

« No altar-mór da Egreja do convento de S. Francisco desta cidade armárão, na quinta-feira santa á noute, uma mesa de fórma triangular (horror!), em torno da qual collocárão doze imagens representando os doze apostolos, mas no lugar destinado ao Divino Mestre, puzerão em vez da imagem de Jesus Christo um retrato do papa Pio IX !

« Esta innovação, na scena da eucharistia, á parte o sacrilegio, é da mais feliz concepção, pois dá uma perfeita idéa do espirito religioso de quem a concebeu e dos que a tolerárão.

« Substituir no altar a imagem do Redemptor da humanidade, do Deos vivo, pelo retrato de uma creatura de carne e osso e peccadora como outra qualquer, induzindo o povo credulo a render-lhe adoração como aos santos no meio dos quaes se achava, é de um paganismo idolatra só conhecido nos primitivos tempos.

« E o ridiculo !? Vêr-se S. Pedro em lugar inferior a seu successor, e com ar de obediencia a este ! *Proh dolor !*

« Foi pena que não substituissem o apostolo Judas pelo geral dos jesuitas, e a innovação teria ficado completa.

« Estava reservado aos fervorosos catholicos novos da nossa heroica provincia a gloria de substituir o filho de Deos, pelo filho do homem, a divindade, pela creatura, dando assim a prova mais evidente da sua perenne adhesão á curia romana e á doutrina do *Syllabus.*

« Fique, pois, o orbe inteiro sabendo de semelhante substituição, para que avalie devidamente até onde chega a dedicação ao papa pelos seus adeptos.

« Verdadeiramente o facto não é para admirar, pois já tendo elles comparado frei Vital a Jesus Christo, não fizerão mais que dar um passo para substituir este por Pio IX. »

E o que ha de admirar nessa horrivel profanação?

Quem, usando de um artificio fraudulento no concilio de 1870 se apropria de um attributo divino, para poder dominar o mundo, que muito é que se colloque em um altar, e se confunda com o proprio Deos, para ser, como elle, adorado!

E ha ainda quem, em respeito a Pio IX, e ao seu conclave ultramontano, pretenda que o Brazil continúe sujeito aos caprichos de uma Egreja que o degrada!

Podemos ser catholicos, como podemos ser christãos, sem ser romanos.

Roma constituio-se a negação da verdade, a mais perversa destruidora da dignidade humana.

Hoje, para não ser catholico, basta ser romano.

Não somos nós os schismaticos, — schismatico é Pio IX, e o são os seus suissos.

Rio de Janeiro, 23 de Abril de 1874.

XXXV.

Os falsos liberaes.—Como deve ser entendida a infallibilidade. —Uma bulla de Paulo IV.

Les hégéliens concilieront plus tôt l'être et le non être le oui et le non que les romanistes ne concilieront le vraie liberalisme, et le nouveau catholicisme romain.

MICHEAUD.

Os falsos liberaes comprehendem a posição equivoca em que se achão!

Procurão, porém, caprichosamente harmonisar a democracia com o *Syllabus*, e se enredão a ponto de não poderem jamais ser comprehendidos!

Conhecém, sem duvida, a triste contradicção em que se collocárão, mas sophismão, para aparentar uma vida que já perdêrão!

Como bem diz um illustrado escriptor: «Esses liberaes dansão sobre pontas de agulhas, obrigando a sua razão a contorsões as mais grotescas, não se podendo jámais manter com firmeza e sem cambalear.»

Nos ultimos apuros, nem piedade têm com os proprios textos em que assentão a sua dubia doutrina!

Para salvar o nefando dogma da infallibilidade, elles affirmão que essa qualidade não é nem pessoal, nem absoluta, e que não passa de pura ficção (se bem os comprehendemos) a omnipotencia pontificia!

A infallibilidade, neste caso, ficaria dependente do accôrdo com os bispos e padres da Egreja.

E' assim que, para sustentarem o novo attributo, pretendem que o concilio do Vaticano nada alterou do que existia já e se achava adoptado! E mais ainda: dizem que não ha infallibilidade senão emquanto é ella simplesmente o écho da revelação!

Se o concilio não definisse de outro modo esse novo merito do papado, diriamos que tal infallibilidade, quer o papa, quer qualquer bispo a tem, porquanto só reunidos elles a exercem.!

Mas, notem bem os liberaes romanistas, a reunião de 1870 do Vaticano proclamou que, quando o chefe da Egreja ensina como pastor qualquer doutrina, deve ser acreditado! Sendo assim, todo o romanista é obrigado a submetter-se e a acreditar na palavra do chefe, como na palavra divina, e isto em seu espirito e em sua consciencia!

Ninguem terá, pois, o direito de discutir!

Entretanto elles mesmos asseverão que a palavra, ou as decisões do pontifice não são de fé senão concordando com as escripturas, e com as tradições da Egreja!

Neste caso cada um dos crentes tinha direito salvo para indagar, discutir, e combinar a vontade do papa com a origem a que deve ser subordinada, para que se pudesse sujeitar.

O contrario disto nos levaria á consequencia de que, não podendo alguem entrar em taes indagações, e sendo indispensavel antes de tudo a obediencia cega, não seria a Egreja composta de seres pensantes e sim de simples automatos!

Que tal seria essa Egreja! Onde a liberdade de seus membros?

Com semelhante enredo, com taes contradicções, e armados de uma tão indecente filigrana, é que pretendem impôr-se ao povo como sectarios das idéas liberaes e, como sacerdotes da democracia!

Mas, pobres de espirito, nem attendem a que os proprios documentos que invocão em seu apoio os aniquilão com uma evidencia esmagadora!

Se procurão abrigar-se na declaração dos bispos allemàes, de Maio de 1871, na instrucção pastoral dos bispos suissos, de Junho do mesmo anno, ou, finalmente, no breve de Pio IX, de 27 de Maio tambem de 1871, esses romanistas, que se dizem liberaes, se perderáõ no abysmo em que as idéas livres cahirão, por força desses documentos, nos quaes o pensamento sem obstaculos, a liberdade de consciencia, e a legitima soberania dos povos, forão violentamente condemnadas!

Pio IX usando do seu novo attributo proclamou :

« *Damnamus ac reprobamus illorum sententias, qui hanc supremi capitis cum pastoribus et gregibus communicationem licite impedire posse dicunt, aut eadem redunt sæculari potestati obnoxium, ita ut contendant quæ ab apostolica sede vel ejus auctoritate ad regimen Ecclesiæ constituntur, vim ac valorem non habere, nisi potestatis sæcularis placito confirmentur. »*

Na verdade, os que, para continuarem romanistas, se sujeitão a essa imposição esmagadora das nossas instituições politicas, e do imprescindivel direito do beneplacito, manifestão-se antipodas das verdadeiras idéas liberaes.

E' assim, pois, que dizemos convencidos, que — aos que se proclamão liberaes e romanistas falta a devida sinceridade.

Procurão ainda defender-se dizendo que o papa só é infallivel quando falla — *ex-cathedra* —, e que assim bem poucas bullas podem considerar-se infalliveis!

Não illudão, e nem se illudão.

Quem já traçou os limites do—*ex-cathedra?*

Longe disto. O concilio do Vaticano lhe deu a mais ampla extensão, quando diz que—o papa deve ser obedecido sempre que ensinar a estabelecer uma doutrina.

Sempre, pois, que elle falla como chefe da Egreja é *absolutamente infallivel.*

Mas o papa, dirigindo-se ao mundo christão, não póde ser considerado nunca em caracter de simples particular, e, por conseguinte na generalidade estabelecida, e sem limites, pelo concilio, está perfeitamente comprehendido o uso perenne do novo attributo e sem excepção de nenhum acto.

E' evidente, portanto, que as palavras *ex-cathedra* são insidiosamente empregadas para illudir ás boas almas, mas sem a minima importancia para limitar o poder pontificio.

E' assim que Guibert, a proposito de uma carta que recebêra do papa, se exprimio na sua pastoral de posse do arcebispado de Pariz, do seguinte modo:

« Consideramos as palavras que nos dirigio o santo padre como *descidas do céo,* pois que ellas nos vêm de sua grande auctoridade. »

E era uma carta particular ao arcebispo!

E' assim que os proprios bispos entendem o *ex-cathedra!*

Quaes as bullas exceptuadas da força da infallibilidade?

Nenhuma!

E nem sequer romanista algum ousou cita-las!

« Nem sempre (apezar de tudo, dizem elles ainda) é infallivel o papa! »

Mas quando deixa de o ser?

Só se fôr na sua convivencia de familia e no seu commercio privado.

De accôrdo.

Mas não é esta a especie que nos occupa, e sim o que elle póde fazer, e ordenar no exercicio do seu cargo supremo.

E quando em taes circumstancias o papa procede, a obediencia não lhe deve ser negada, sob pena do mais severo anathema, como o proprio concilio o prescreveu.

Assim pois :

> Quando falla um sultão curvão-se escravos;
> E quando escravos por seu mando fallão,
> Quem lh'escutar a voz curvar-se deve!

E ahi temos o que é ser liberal — romanista!

Todos os liberaes que tomárão parte no tal concilio do Vaticano qualificárão de *indignos comediantes* os ultramontanos da maioria, aos quaes tudo foi permittido para abafar a discussão. e *empalmar* votos!

Muitos dos infallibilistas de hoje distinguindo-se entre elles o incomprehensivel e contradictorio Dupanloup, dizião, em pleno publico, que no Vaticano se representava *uma farça ridicula!*

Se o calculo de sordida politica os obrigou depois a mudarem de opinião, tambem os converteu de liberaes, que erão, em cegos absolutistas do papado,

A sinceridade dos ultramontanos póde bem medir-se pelo procedimento do celebre De Maistre, o patriarcha do ultramontanismo.

Condemna elle, como horrorosa heresia, a menor observação que se faça contra o procedimento do pontificado; préga a mais cega obediencia ao chefe da Egreja, e não conhece catholico, sem que, *ipso facto*, seja subserviente á curia romana!

Suas opiniões autoritarias o levárão até a dizer que não ha rei sem carrasco, o qual é a ultima palavra da justica!

Entretanto, fazendo uma escandalosa excepção á

sua doutrina, disse elle de um papa — *(Correspondence
T. 1.ª p. 138)* :

« Les forfaits d'un Alexandre Borgia sont moins
révoltants que cette hideuse apostasie de son faible
successeur.... Je n'ai point de termes pour vous
peindre le chagrin que me cause la demarche que va
faire le papo.

...... « Quand une fois un homme de son rang
oublie á ce point, il se degrade a n'etre plus qu'un
polichinelle, sans conséquence ! »

De Maistre continúa, porém, a ser endeosado
pelos ultramontanos, e nós, que temos qualificado
Pio IX, conforme os seus actos, somos por isso blasphemos e hereticos !

Santa sinceridade !

Um velho e sincero catholico, desses que dão
mais importancia ás doutrinas christãs, e aos reaes
interesses de religião, do que á audaciosa e repugnante infallibilidade, disse com razão, referindo-se
aos romanistas liberaes :

« A vós, espiritos escolasticos, que quereis a todo
o custo, para salvar as apparencias de vosso falso liberalismo, dar aos decretos do concilio do Vaticano
uma significação que elles não têm, e que Roma con-
demnará, desde que vós ousardes tomar ao serio o
que dizeis, responderemos:

« Vossas subtilezas, relativas a uma palavra que
chamais divina, são tão inconvenientes, como falsas.

« *Vestram excito in commontione sinceram mentem* (S. Pedro C. 3º v. 1º).

« E a vós, espiritos mais simples e mais sinceros, que, admittindo que os novos dogmas são a condemnação formal do verdadeiro liberalismo, a despeito
disto, esperais ainda que a morte de Pio IX trará o
restabelecimento das sãs doutrinas, responderemos :

« Vã esperança !

« O romanismo actual é uma torrente que tem a sua origem muito longe de vós, para que possais neutralisar os effeitos de sua força, e descansar tranquillo em suas margens.

« É a origem mesmo que é mister extinguir, e este trabalho reclama obreiros que não se limitem a cruzar os braços e a confiar friamente em suas chimericas esperanças.

« *Repum cœlorum vim patitur, et violenti rapiunt illud.* (S. Matheus, cap. 2º v. 12). »

Aquelles que francamente professarem as doutrinas que os decretos do concilio do Vaticano estabelecem, e combaterem abertamente todos os principios liberaes, serão logicos.

Os que, professando estes principios, se insurgirem contra a ecumenicidade desse concilio, bem como contra os novos dogmas, serão mais logicos ainda.

Pretender, porém, conciliar o liberalismo, a infallibilidade, a omnipotencia papal, isto é, ser ao mesmo tempo romano e liberal, é proceder inconsequentemente, faltar á propria dignidade, e, pelo menos, illudir a si proprio.

Segundo pensão os homens que mais acurado estudo têm feito da sciencia politica, não se pôde ser liberal sem a pratica da liberdade de consciencia, da liberdade de reunião, da liberdade de palavra, da liberdade de discussão, de imprensa e de voto.

Não é possivel, portanto, não é decente, não é sincero, não é logico, dizer-se liberal sem manter as leis tradicionaes contra o arbitrio de um chefe, que as pretenda violar em seu proveito pessoal.

Nesse concilio do Vaticano todas essas liberdades forão violadas.

Como, pois, querem que se acredite em sua sinceridade, aquelles que, dizendo-se liberaes, acceitão como santo, como inspirado por Deus, como legitimo regulador do catholicimo, esse concilio que negou completamente tcdos os principios do liberalismo?

Póde-se ser liberal sem propugnar pela descentralisação?

Póde-se ser liberal sem atacar o governo absoluto de todos por um só?

O que são os dogmas da infallibidade e omnipotencia do papa senão a centralisação e o absolutismo em nome de Deos, e isto não só no governo disciplinar dos actos exteriores, como no governo dogmatico, obrigatorio das consciencias?

Se o papa é infallivel tem jurisdicção absoluta sobre todos, e sobre cada um. Não haverá mais governo da Egreja pela Egreja, mas o papa por si só é quem regulará a crença das almas, e, por conseguinte, quem governará despoticamente todas as consciencias!

Póde um liberal admittir taes protervias?

Convençamos os liberaes romanistas de sua inconsequencia, de seu erro, ou antes de sua má fé, com as suas proprias armas, com os seus argumentos de defesa, com a justificação que produzem em prol do estupendo dogma a que se curvão.

A infallibilidade existio sempre, dizem elles!

Mas o papa só é infallivel quando falla como chefe da Egreja, e *ex-cathedra*, porque só nesse caso é elle inspirado pelo Espirito Santo.

Mas, *ex-cathedra*, conforme as decisões do concilio, que elles chamam ligitimo e santissimo, falla elle sempre que se dirige aos fieis como chefe da Egreja.

Á parte o que em tudo isto vai de insidia, como já mostramos, admittamos accidentemente que assim seja.

Se a infallibilidade data do começo do pontificado, e o concilio do Vaticano nada fez de novo, como elles pretendem para fazer no mundo circular sem maior escrupulo essa moeda falsa ecclesiastica, teremos que por exemplo, Paulo IV gosou tambem desse attributo, e especialmente quando, como doutor dos crentes e seu supremo director, fallou em materia de fé.

Paulo IV, no seu poder apostolico, decretou em uma bulla dogmatica, que arrogantemente dirigio á Egreja universal, o seguinte :

« Considerando que o pontifice romano goza da plenitude do poder sobre todos os reinos e nações, e que sobre a terra julga tudo, sem poder ser julgado por quem quer que seja — Nós, na plenitude desse poder, sanccionamos, estabelecemos, decretamos e definimos, pela presente constituição, que deve vigorar perpetuamente, que todas as pessoas, bispos, cardeaes, principes, reis e imperadores que forem convencidos de schisma ou de heresias, além das penas espirituaes de excommunhão, incorrão, pelo mesmo facto e sem outro processo juridico, na perda de todas as honras, de todo o poder, de todo o principado, ducado, reino ou imperio, ficando para sempre inhabeis e incapazes de os reassumirem, devendo ser entregues ao braço secular e para serem punidos.

« E aquelles que se atreverem a prestar-lhes confiança, recebe-los ou defende-los, incorreráõ em excommunhão.

« Serão declarados infames, e perderáõ o direito de ser testemunha, de testar e de herdar.

« Os seus devedores nada lhes paguem.

« Se forem juizes suas sentenças serão nullas, se advogados seu patrocinio não será recebido, se notarios os seus actos serão sem valor.

« Suas propriedades, seus dominios, seus reinos, seus imperios serão do dominio publico, e do pri-

meiro occupante, comtanto que este seja da obediencia
da Egreja romana.

« Que ninguem ouse de qualquer maneira op-
pôr-se a este decreto sob pena de incorrer na indignação de Deos todo poderoso e dos apostolos S. Pedro
e S. Paulo (!) »

Esta doutrina de Paulo IV, fallando *ex-cathedra*,
é formal e imponente.

Assim, pois, os liberaes romanos, que se proclamão submissos a Pio IX, pastor e doutor universal,
ousaráõ rejeitar o que ensinárão Innocencio IV, Bonifacio VIII e Paulo IV, tão pastores e universaes
como Pio IX?

Se a sua doutrina, se a sua impertinencia, se a
sua tenacidade são sinceras, não pódem á vontade e
a capricho fazer excepções, porquanto, admittidas
estas cahe todo o seu edificio por terra.

Mas aquellas doutrinas condemnão explicitamente
todos os principios liberaes.

Sendo assim, a circumstancia de se sujeitarem
aos novos dogmas de infallibilidade e omnipotencia
papal, os exclue clara e evidentemente do campo,
onde o verdadeiro liberalismo reside.

Pódem os pseudo-liberaes fazer jogo pueril e irrisorio de palavras; mas não convenceráõ jamais
que sinceramente professão os principios adiantados
que ostentão, e á sombra dos quaes se querem re-
commendar á confiança do povo.

Respeitamos a liberdade de consciencia de cada
um. Quem entender que deve ser romano, é livre;
póde proclamar-se tal.

Não é este livre arbitrio que estygmatisamos, é
sómente a contradicção, a hypocrisia, a impostura e
o charlatanismo que condemnamos.

Não se é liberal sómente por dizer-se tal; é
mister sobretudo que os actos, o pensamento, os es-

forços e os sacrificios mesmo provem a opinião professada.

O *Syllabus* será o pharol da humanidade para o absolutista franco, para o que professa a doutrina do direito divino no governo dos povos.

Para aquelles que querem a liberdade de consciencia e de cultos em toda a sua plenitude, para aquelles que antes de tudo, se subordinão á soberania do povo, para os que desejão ver o seu paiz livre e independente, esse pharol guia ao abysmo, á degradação social, á morte moral, emfim.

Nesse concilio do Vaticano, chamado *ecumenico*, vozes desinteressadas, e dos mais illustrados prelados, proclamárão as seguintes verdades:

« O que se quer é formar uma Egreja nova!

« O que se quer é romper com as antigas tradições religiosas!

« A Egreja romana, de 1870 em diante, será tudo menos a mesma que a precedeu. »

Assim pensamos nós tambem, e o dizemos com franqueza.

E é por isso que affirmamos que a actual Egreja romana deixou de ser a do Estado.

Não declinamos a responsabilidade que nos cabe. O paiz nos julgará.

Se dizemos francamente a verdade como a entendemos, núa e descarnada, mas sómente a verdade, é porque:

« *Meliora sunt vulnera diligentis, quam fraududulenta oscula odientis.* »

Rio de Janeiro, 25 de Abril de 1874.

XXXVI.

A primeira abertura do parlamento. — Esperança de que a falla do throno
se occupe da questão do dia. — Medidas que devem ser propostas.

*Chaque fait a des précedents. L'his-
toire raconte bien moins ce qui fut,
qu'elle n'annonce ce qui será.*

GUICHARDIN.

Os representantes da nação se congregão, o corpo
legislativo vai funccionar, a palavra do throno é com
anciedade esperada pelo povo.

Os males causados ao paiz pelo corrompido clero
romano; os caprichos e insolencias da curia; a ousadia e revoltante rebeldia dos prelados; os planos
tenebrosos, já em começo de execução entre nós pelos
suissos do pontificado; a dignidade do paiz abatida;
a soberania da nação desacatada; a constituição politica do Estado violada; os altos poderes sem acção;
o fanatismo acoroçoado pela insidia ultramontana; a
religião da maioria do povo abalada em sua essencia e legitimos fundamentos; a palavra de Deos ar-
remessada insidiosamente contra as liberdades publicas, e profanada pelos *hereges de roupeta*, em execução das instrucções politicas do nucleo de despotas
perversos que se aninhão no Vaticano: tudo reclama
providencias indeclinaveis, e que bem se podem dizer
— de salvação publica !

O que se passa nos outros paizes, o que se tem dado entre nós, os acontecimentos da actualidade, serviráõ aos legisladores de norma e de incentivo á sua acção patriotica e salvadora.

E conforme a pratica adoptada do systema politico que nos rege, segundo a organisação dos corpos legislativos, e de accôrdo com o modo porque são os representantes investidos de poderes, a palavra da corôa é suprema, e della depende toda a vida e acção administrativa.

A nomeação *livre* dos ministros de Estado, e a composição do parlamento pela influencia dos ministros, como é a realidade pratica no paiz, o que nem por ser repugnante ao legitimo systema representativo deixa de ser a verdade ante o observador severo e imparcial, tudo convence de que a acção da corôa entre nós, vale tudo e tudo póde !

Todos os anneis que formão praticamente a cadêa politica no Brazil pendem absolutamente de um élo principal, do qual emanão todas as inspirações, e dependem todos os acontecimentos !

Fallamos como vemos praticado, e sem interrupção, e que tem achado comparticipantes responsaveis em Gregos, como em Troyanos.

Sendo assim, é da palavra do throno que dependem, como sempre tem dependido, as soluções das mais altas questões do Estado.

Na emergencia melindrosissima em que se acha o paiz, ameaçado até da mais horrorosa guerra civil, a religiosa, e quando a prosperidade da nossa lavoura, o desenvolvimento da industria, o augmento da riqueza publica e futuro do Brazil, emfim, dependem de sérias medidas que entendem com o regimen ecclesiastico, até agora tão cegamente seguido, o silencio do throno sobre esta questão, e ao expôr ao parlamento as necessidades publicas a prover, não é de esperar.

Contamos que franca e lealmente o throno manifeste as suas opiniões, indique os remedios aos males que nos affligem, e pelos canaes competentes procure realizar as medidas de salvação publica, que são momentosas e. imprescindiveis..

Nesta situação o silencio não será sómente um mal, será uma culpa gravissima; e della, ante o inexoravel tribunal da opinião e da moralidade publica, e considerado o modo pratico. do systema, quem será o responsavel?

A tanto leva, diremos ainda, a pratica que tem sido dada ao que a Carta constituicional que, em 1824, foi outorgada ao Imperio, estabeleceu!

Desculpem-nos a brusca franqueza com que nos exprimimos. De outro modo faltariamos á verdade; e assim, longe de prestarmos um serviço, concorreriamos para o augmento das ruinas que deploramos, e que cumpre conhecer para remedia-las.

Não é possivel, não é decente mesmo, deixar, nas circumstancias em que nos achamos, de dar ás cousas o seu nome proprio.

Assuma cada um, francamente, a responsabilidade que lhe cabe.

Ante o espirito severo do paiz, e ao qual só a consciencia desembaraçada e livre serve de norma, nada valem as ficções constitucionaes.

O paiz já passou por uma grande decepção, quando, ao encerrár-se o parlamento no fim da sessão legislativa do anno passado, na falla do throno, que pôz termos aos trabalhos, e quando a questão episcopal romana, denominada religiosa, se achava já incandecente, nem sequer uma palavra se disse sobre ella!

O povo desejava instruir-se da situação de tão importante objecto, e ficou na ignorancia !

O povo necessitava saber qual a opinião do governo, e foi privado disso !

O povo necessitava de direcção ao seu comportamento, e deixaram-no entregue aos seus proprios instinctos!

O povo necessitava conhecer a lealdade e intenções daquelles a quem os seus destinos estão confiados, e isto lhe foi cruelmente negado!

O silencio guardado então pelo throno foi esmagador!

O povo vio nisto a falta de resolução e de coragem, para superar as graves difficuldades em que se achava!

O povo sentio-se abandonado!

E não se enganou!

O que o silencio prometteu, foi cumprido!

Limitou-se o governo a entregar o bispo de Pernambuco ao supremo tribunal de justiça; e logo que por este foi, como devia ser condemnado esse infractor ousado das leis do Estado, o governo o tomou aos seus cuidados, illudio a pena a que tinha elle sido obrigado, e, tirando-o arbitrariamente da acção do juiz executor, lhe deu (fóra de uma fortaleza, e em distincta casa particular) a mais ampla liberdade, e o mandou tratar, a expensas dos cofres publicos, com a maior ostentação!

Os interdictos em Pernambuco e no Pará continuárão até hoje vigorosos!

A suspensão, por força da lei, a que ficou sujeito o réo Vital de Oliveira, não o impedio de exercicio, e lá está a diocese de Pernambuco sujeita á sua jurisdicção, e os seus prepostos em acção effectiva contra o proprio governo que os supporta, e contra o povo de Pernambuco, que continúa flagellado pelo frade ultramontano que o privou de direitos, e até do culto divino!

O silencio do throno ao encerrar-se a ultima sessão do parlamento autorisou a que os barbadinhos e jesuitas, espalhados no interior do paiz, pratiquem quanta tropelia lhes tem suggerido o seu capricho, e mais tenhão-se occupado em formar o partido clerical romano, para opportunamente derribarem governo e instituições !

As folhas denuncião quasi diariamente factos escandalosos e crimes praticados por padres desnaturados a soldo dos bispos rebeldes !

Ha poucos dias lêmos, que um desses estupidos demolidores se atreveu a sublevar os fanaticos, de que fez a sua guarda de honra, e a expulsar um vigario de sua parochia, mandando ameaça-lo até de assassinato, se ousasse conservar-se no exercicio de seu cargo parochial !

Lêmos que esse mesmo frade, mandára atar a um poste um cidadãe pacifico, e assim amarrado o esbofeteára, ordenando que todos os de seu sequito fizessem o mesmo.

Vêmos, nos pulpitos, serem arrastadas reputações, mentir-se despejadamente, e açular-se o povo contra o governo e contra as instituições !

Aqui mesmo nesta capital, pelo proprio capellão-mór e pelos frades de sua côrte, blasphema-se, da cadeira sagrada, contra o governo, contra o supremo tribunal de justiça, e contra todos quantos, seguindo a escola liberal, são infensos ao ultramontanismo !

E o governo se se conserva calmo, resignado e sem acção, deixando que o povo continue a soffrer quanto lhe querem impôr os denodados suissos de Pio IX !

Vêmos em pratica a extorsão sob o titulo de — esmolas para o pobre do Vaticano —, e para a qual se aconselha ao escravo que subtraia do senhor o que puder certo de que será perdoado ! Ameaça de penas eternas e a promessa de eternos beneficios, tudo é empregado para arrancar do nosso pobre o obulo que lhe devia pertencer, e que é assim distrahido para alimentar o cofre recheado do chefe do Vaticano, o qual necessita de grandes sommas para emprehender a cruzada armada contra todos os christãos livres, e contra todos os catholicos dignos e sinceros !

No ultimo semestre do anno que findou foi arrancada do Brazil somma superior a 300:000$000 para nutrir a avidez de Pio IX !

E o que tem feito o governo?

Guarda sobre tudo o silencio, que o throno observou ao enserrar o parlamento ultimamente !

O silencio, porém, não póde continuar.

É indeclinavel que o throno diga o que pretende fazer, e seja explicito.

Não se declarará de certo ultramontano, nós o crêmos ; mas quando o fizesse, seria mais nobre do que encobrir com o silencio um procedimento dubio e aniquilador do paiz,

O throno fallará desta vez: contamos com isso.

Elle dirá, como tudo leva a crer, que o casamento civil deve ser decretado.

Comprehendemos ser este o seu primeiro empenho, em cumprimento de seus sagrados deveres.

Dessa medida depende essencialmente a immigração proveitosa para o Brazil: dessa medida depende a paz, a estabilidade e a segurança da familia ; dessa medida, altamente politica, depende por termo ao roubo e ás tropelias que a Egreja romana impõe a todos os fieis extorquindo-lhes dinheiro, conforme as exigencias de seu capricho, e aviltando-se ás mais asquerosas degradações.

Assim seguirá o Brazil o exemplo civilisador de todas as nações cultas.

Assim obstará o desenvolvimento e a consolidação do poder ultramontano, que nos pretende avassallar.

Assim dará independencia aos brazileiros, equiparando-os aos cidadãos das outras nações, nessa materia do mais palpitante interesse civil.

Não se necessitará assim de uma bulla, ou breve para contrahir matrimonio ;

Libertar-se-hão as fortunas particulares das extorsões de Roma ;

Não se terá de presenciar o escandalo revoltante de ser o incesto, o mais brutal, convertido por dinheiro em acto licito :

Não se lamentará a quebra de laços conjugaes, por simples mudanças de crenças.

A paz e a riqueza das familias serão assim garantidas ; as successões serão mais seguramente reguladas, e importantissimos direitos civis se firmarão para sempre.

O throno não deixará já de lembrar ao corpo legislativo a necessidade de serem estabelecidos, sem perda de tempo, os registros do estado civil, dos quaes tanto dependem os direitos civis dos habitantes do Imperio.

Tirar das mãos dos padres esses registros, darlhes ordem e fórma indispensaveis, fazê-los obrigatorios, pelos meios coercitivos indispensaveis, será de uma vantagem grandiosa.

O que temos hoje, imperfeito, é essa inconveniente sujeição á auctoridade ecclesiastica *independente*— que em regra geral é descuidadamente feito, dando-se faltas muitas vezes insupriveis : não póde continuar.

O rigistro do Estado, como o casamento civil, são actos todos da alçada do direito civil, e devem civilmente ser constituidos.

O throno não esquecerá a indispensavel secularisação dos cemiterios publicos, passando-os á administração das municipalidades, e sob a severa vigilancia da policia, ficando bispos e vigarios, privados da inqualificavel faculdade que se têm arrogado de negar e conceder sepulturas a seu arbitrio.

29

Se taes providencias forem obtidas na sessão legislativa que vai abrir-se, governo e parlamento bem merecerão do paiz.

São medidas de que já não se póde prescindir, são medidas que, limitando sabiamente o descommunal poder de Roma, a obrigarão a limitar-se áquillo a que devidamente póde aspirar.

Conte, porém, o governo com a mais crúa guerra do ultramontanismo, porquanto este se sentirá ferido no coração.

Conte, porém, o governo imperial, tambem, com o apoio da nação, que, sem duvida, não o abandonará para a consecução desse grande *desideratum*.

Assim procedendo, o governo, sem duvida, desprezará o *Syllabus*, mas salvará o paiz.

A satisfação das necessidades palpitantes do Imperio, em relação a esta materia, não póde já ser adiada.

E' por isso mesmo que os padres de Roma se empenhão agora, e sem rebuço, contra as nossas instituições. E' por isso que, com a celeberrima infallibilidade creada quando as nações catholicas se preparavão para pôr termo ás exageradas pretensões de Roma, elles se armarão, na persuasão de que, por tal arte, melhor illudirião para manter o seu nefando dominio.

Contavão com a imbecilidade dos povos, e os povos lhes oppõem sciencia e dignidade !

Nem obsta o que na sessão legislativa passada observamos, praticado por alguns cavalheiros que têm assento nos conselhos da corôa.

O estudo da materia, a que sem duvida no intervallo da sessão do parlamento se deverião ter dado, os terá convencido do seu erro.

Parece-nos que a nenhum delles repugnará já a idéa do casamento e do registro civis, etc.

Sapientis est mutare consilium.

E caso se dê ainda, desgraçadamente, divergencia entre os ministros, a recomposição, senão uma nova organisação, é imprescindivel.

Toda a demora é prejudicial.

E' mister sahirmos da apathia em que nos temos achado : cumpre occorrer ás necessidades publicas e satisfazer as instantes reclamações do paiz.

Assuma o governo a sua posição. Não se acobarde ante os arreganhos dos padres de Roma.

Sempre insidiosos, sempre fallazes, só amedrontão, entretanto, a imbecis.

Os governos fortes caminhão sem obstaculos, e, com a ponta do pé, arredão da estrada que percorrem os roupetas que encontrão, os barretes e as mitras que se prostituem ao sordido poder de Roma.

Para aniquila-los basta recordar-lhes a historia.

« As lutas implacaveis do clero contra o imperio, diz E. Langerou, contêm uma grande lição de moralidade politica.

« O que pódem as paixões, os interesses, os tempos, as circumstancias, os bons e os máos conselhos, bem serve para comprehender a injustiça das pretensões dos papas em dirigir politicamente os reinos e os imperios. »

Quem, conhecendo a historia, assiste ao espectaculo grotesco a que se prestão os padres de Roma, pregando uma falsa moral, profanando o nome de Deos, seduzindo pela palavra do Evangelho, e valendo-se da religião para resguardo de seus planos, — ri-se, sem duvida, quer da comedia, quer dos comediantes, quer dos espectadores nescios, que nella acreditão.

O que têm feito os padres de Roma ?

Como têm elles justificado a sua permanente hypocrisia ?

Em que correspondem na pratica ás palavras santas, que de continuo proferem?

Vis imitadores dos pretores romanos têm posto o imperio de Christo em almoeda.

Simão o Magico, é o typo de sua predilecção.

A compra e venda das cousas sagradas têm constituido o grande commercio de Roma.

As dignidades episcopaes têm sido muitas vezes objecto de trafico sem pudor.

Aldaberto, arcebispo de Bremen, dizia « que os padres erão sordidos cobradores do fisco. »

Dar ou vender um bispado a um leigo inepto, foi, por muito tempo, cousa ordinaria.

Até se praticou assim com um leigo casado!

E elle conservou sua mulher, e achou logo imitadores! O casamento deixou de ser obstaculo á obtensão dos beneficios ecclesiasticos, e os prelados e os padres se apresentárão publicamente *casados*, e, á sombra do santuario, mantinhão concubinas e bastardos!

No correr do tempo mudárão de leis. Elles mesmos as fabricárão, fazendo-as passar como dogmas!

As apparencias se trasformárão, veio a hypocrisia, mas os vicios permanecêrão!

E para alimenta-los era mister manter a todo o transe uma fonte de renda.

O casamento civil, e os registros civis, que nos primeiros tempos da Egreja erão por ella propria reconhecidos de jurisdicção puramente civil, forão convertidos em actos de auctoridade ecclesiastica!

Impedimentos forão declarados, sómente para serem dispensados, e as dispensas forão desde logo compradas a peso de ouro!

Ninguem podia saber quanto para isto ser-lhehia extorquido, porque a tabellá variava, e varia ainda, conforme o empenho dos nubentes, e conforme a sua riqueza!

Sabemos de uma dispensa que custou 20:000$000 ! Pernambuco a presenciou !

As dispensas constituirão assim um roubo organisado pela Egreja de Roma contra os fieis !

Não havia nem ha impossibilidade em Roma para dispensa !

Bispos, nuncios e legados, formárão uma escandalosa commandita com a santa sé, e desde então foi mais facil escapar das maõs dos scelerados, que nas estradas pedem a bolsa ou a vida, do que da emboscada terrivel, que nas camaras ecclesiasticas se formárão para converter o suor do povo em beneficio da Santa Madre Egreja de sua invenção.

A nunciatura no Brazil é muito ambicionada em Roma. A renda é famosa!

A civilisação, porém, tem progredido. As luzes têm sido diffundidas nas populações, a má fé e o embuste forão sendo conhecidos, e a queda da curia foi-se operando á medida que a illustração dos povos se desenvolveu.

E de tudo quanto os padres de Roma, ob e subrepticiameute, se tinhão apropriado, os governos conscienciosos e dignos os vão despojando.

O Brazil começa agora a luta da sua libertação.

Abertos os olhos, o povo encara o padre sem temor e sem receio.

O fanatismo irá perdendo a razão de ser, porque os padres que o alimentavão vão-se tornando conhecidos.

O brazileiro sensato e conhecedor de seus reaes interesses não escrupulisará de celebrar o seu casamento ante o notario publico, e procurará depois as benções da Egreja, conforme o seu culto, mas sem dependencia de nenhum desses sicarios de roupeta, que actualmente o roubão e o injurião, e que, em nome de Deos, lhe impõe dependencias affrontosas e infamantes.

Caminhemos para a libertação. Deus não nos abandonará.

Ubi spiritus Dei, ibi libertas,

Rio de Janeiro, 29 de Abril de 1874.

XXXVII.

Resultados estatisticos da malefica influencia do romanismo. — Affronta da folha episcopal *União* ao poder moderador.

Emquanto o throno não se manifesta ao paiz, emquanto ignoramos o que na falla da abertura das camaras será recommendado, e o que sobre a actual encandescente questão romana se proporá, para melhorar o estado de agitação dos espiritos em que se acha o Imperio, consultemos a historia ácerca da influencia do poder de Roma sobre os costumes, e avaliemos o que têm produzido, na moralidade dos povos, os conventos, o confessionario, as missões dos frades romanos, a subserviencia ao pontificado, o terror incutido aos fieis pelas excommunhões e pela astucia do ultramontanismo!

Avaliemos o que se consegue em conservar o predominio romano, com preterição de ampla liberdade de cultos, e com o monopolio de uma Egreja official.

Consultemos a differença que se nota no que concerne ao casamento, com o simples processo sacramental, e exclusivamente ecclesiastico, em comparação ao casamento reduzido á sua verdadeira natureza de contracto, e celebrado, portanto, sob a influencia da legislação civil.

Argumentemos com a estatistica conhecida; e,

para mais perfeita apreciação, remontemo-nos ao tempo em que o poder do papa tinha maior extensão e o pontifice rei governava tanto no temporal como no espiritual.

Guiados por Seymour, o qual nada adiantou nem alterou nos dados officiaes estatisticos a que se refere, tendo em vista o acurado e consciencioso trabalho de Guerry (da Egreja romana) o relatorio da justiça criminal de França em 1851, e de Alfieri, o que nos diz Mittermaier e outros muitos dos mais competentes na materia, vamos expôr aos leitores o quadro mais convincente do quanto a influencia de Roma tem sido malefica ao espirito do povo, e de que as doutrinas que os ultramontanos ensinão têm alimentado grande somma de crimes, desenvolvido em alta escala os vicios e com elles aviltado a sociedade.

Tanto mais directa e positiva é a influencia dos padres de Roma, quanto tem sido mais consideravel a perversão dos povos!

Libertem os poderes do Estado o Brazil dessa desastrada influencia romana; desterrem dentre nós os jesuitas de todas as especies, e a moralidade publica facilmente se restabelecerá.

Contra o que vamos offerecer aos leitores, não ha argumento possivel.

Attendão:

Na Inglaterra, onde o poder romano só a furto se faz sentir, contárão-se nos dez annos anteriores a 1851, 718 homicidos de todas as especies, sendo o termo médio annual — 72.

Comparado este numero com o da população então conhecida (17,927,609 habitantes), temos a proporção de 4 homicidos por cada milhão.

Entretanto, a Irlanda, quando mais sujeita ao romanismo, dava uma proporção de 33 assassinatos por milhão (1839); e logo que, melhorando de condições, para maior liberdade religiosa, se foi libertando da influencia de Roma, tal proporção desceu a 19 !

A Belgica, cuja differença da Inglaterra, quasi que é apenas a da religião, a Belgica, em 1852, sob a influencia dos padres de Roma, com uma população de 4,377,673, conforme a estatistica de Lentz, contou, razão annual, 84 assassinatos, ou 18 por milhão !

Na França, essencialmente romana, paiz onde o papismo tem mais força e onde os ultramontanos se achão melhor estabelecidos ; na França, em cujas revoluções politicas, a influencia do clero romano tem sido sempre effectiva e sempre contra as liberdades publicas, a proporção do numero desse crime com o da população esteve, em 1851, (conforme o relatorio apresentado ao governo) na razão de 31 assassinatos por cada milhão de habitantes !

Esse paiz registrou nesse anno 182 infanticidios e 32 parricidios !

A Austria, onde as *virtudes civilisadoras* dos padres de Roma são profusamente ensinadas, contou no mesmo tempo 36 assassinatos por cada milhão de habitantes sendo que só infanticidos, em um anno, se derão 124 !

A Bavieira, em 1849, influenciada absolutamente pelo romanismo, deu a proporção de 68 assassinatos por milhão !

Nos Estados da Egreja romana, e quando sob o mais ferrenho despotismo do papa, essa proporção é espantosa !

Foi de 113 !

Napoles, sem contar a Sicilia, deu, nessa mesma época, 174 homicidios por milhão !

« O termo médio annual dos homicidios em toda a Italia (diz Seymour), nessa terra onde o poder dos

padres de Roma era supremo e sem rival, foi de
1,968; de sorte que em cada anno que decorre o
numero dos homens, mulheres e crianças mortas, fria
e deshumanamente, é maior do que o dos que cahem
em alguns dos mais sanguinolentos campos de batalha!

« E isto acontece, diz elle ainda, na terra dos
conventos, dos mosteiros e dos confessionarios; na
terra de onde deviamos esperar, mais do que de nenhuma outra, o completo e feliz desenvolvimento das
restricções que a Egreja romana oppõe ao crime; na
terra onde os padres, frades e freiras excedião a
120,000 !

«·Em Roma havia 74 conventos de frades e 50
de freiras; e no entanto, ahi os homicidios chegárão
a 113 por cada milhão de habitantes !

« Em Napoles e na Sicilia, onde existião 16,455
frades e 13,000 freiras, numero maior do que em
nenhum outro paiz do mundo, a proporção dos assassinatos excedeu a de todas as nações !

« Comparados, diz elle mais, os paizes, onde é
exercida a influencia romana, com a Inglaterra, a
vantagem desta é suprema, e a seguinte tabella o
demonstra eloquentemente.

« Irlanda, subordinada a Roma, dá 19 homicidios
por milhão :

« Belgica, idem 18.

« França, idem 31.

« Austria, idem 36.

« Baviera, idem 68.

« Sardenha, idem 20.

« Lombardia, idem 45.

« Toscana, idem 56.

« Estados Pontificios, idem 113.

« Sicilia, idem 90.

« Napoles, idem 174 !

« E, entretanto, a Inglaterra, que não se subordina a Roma, apenas offerece a proporção de 4 por milhão!»

Certo que não é da verdadeira religião do Crucificado que resulta uma tão medonha desmoralisação.

A Egreja romana, isto é, os padres que dominão no Vaticano, illudindo todos os bons principios, e tudo adulterando em seu proveito sordido, forão os que a tal estado reduzirão o mundo catholico!

A certeza do premio, como do castigo, acha-se desvirtuada pelos padres de Roma, que de tudo fazem meio para extorquir dinheiro!

Desse infame negocio vem a prostituição dos costumes, e desta o augmento espantoso do crime!

Vendem a salvação da alma, e assim acoroçoão o malvado, o scelerado!

Vendem reliquias e breves, emprestando-lhes a virtude de livrar a quem os trouxer, de todos os males no mundo; e assim armão o fanatico para constituir-se feroz assassino!

Onde, portanto, chega a influencia do padre de Roma, ahi se levanta a immoralidade, que elle alimenta com vãs promessas, com ameaças horriveis, mentindo, emfim, aos preceitos do Divino Mestre!

Examinemos ainda por outra face a perversão dos costumes, occasionada pela astucia do Vaticano e alimentada pelo infame trafego da curia romana.

Já fallámos do empenho com que os padres ultramontanos sustentão, como instituição da Egreja e de propriedade exclusiva de Roma, a celebração do casamento, e a faculdade de dispensas para elle.

Vejamos agora os effeitos das funestas dependencias que a Egreja romana estabelece para esse acto da vida civil, e comparemos o que nos dominios do Vaticano acontece com o que se dà nos paizes onde o mesmo acto é livre de impedimentos e extorsões ecclesiasticas.

Procuremos a base de nosso juizo nas mesmas épocas a que nos referimos, tratando dos crimes commettidos, e tenhamos em vista os paizes onde, mesmo estabelecido o casamento civil, Roma conservou a sua preponderancia.

Londres, onde o casamento está fóra absolutamente dessa preponderancia, entre 78,097 nascimentos se contão 75,300 legitimos, e 2,797 illegitimos, ou 4 %.

Em Pariz, essencialmente romana, e onde os padres ainda influem, a despeito das instituições civis, os nascimentos illegitimos attingem a espantosa proporção para os legitimos, de 1 para 1 77/100 (!); proporção que, augmentando em alguns departamentos do interior, dá o resultado de que mais de um terço da população é de bastardos!

A estatistica de 1851, dava:

Legitimos................... 21,689
Illegitimos.,.............. 10,639

Bruxellas, essencialmente romana, contou na sua estatistica do movimento da população em 1851:

Legitimos................... 3,448
Illegitimos.................. 1,839 (35 %!)

Munich, com um governo influenciado pelo clero romano, e que por isso se empenha mais em fortalecer o poder dos padres do que em melhorar as instituições civis, Munich, onde o matrimonio, como aqui, é difficultado por exigencias ecclesiasticas, tem colhido disso o peior resultado!

Ahi se contão, em 3,464 nascimentos, apenas 1,762 legitimos, e 1,702 illegitimos (48 %!)

E taes têm sido as consequencias do poder dos padres ultramontanos!

Em Vienna subordinada a Roma, o quadro da decadencia dos principios moraes é doloroso!

Em 1841, os nascimentos attingirão a 16,682,

e destes só 8,941 forão legitimos, sendo quasi metade (7,741) illegitimos!

De anno a anno a desmoralisação augmentava, e tanto que, em 1849, dos 19,241 nascimentos que se derão, 10,360 forão illegitimos!

E, tomada a razão média, conforme os dados estatisticos officiaes se verificou:

De 1830 a 1838....44 %

De 1839 a 1847....48 %

De 1848 a 1851....51 %!

Emquanto o termo medio dos nascimentos illegitimos annualmente na Inglaterra é pouco mais de 6 %, vê-se, com espanto, que

Em Vienna é de 51 %

Em Klagenfurt é de 56 %

Em Gratz é de 65 %!

Roma, a cidade da Egreja, onde reside o papa, cujo exemplo devia edificar o povo; Roma, habitada pelos mais notaveis padres, quartel general dos ultramontanos; a cidade modelo e de onde emanão todos os decretos, todas as instrucções, toda a virtude, e toda a moralidade apregoadas pelo clero, nos offerece o seguinte espectaculo:

Em 1852 existião em Roma, além do papa, e de grande numero de cardeaes e de bispos, 1,280 padres, 2,002 frades, 1,698 freiras, e 537 estudantes ecclesiasticos!

Publicou-se alli a estatistica geral, mas com uma lacuna muito notavel, porém muito explicavel!

Não se soube o numero dos nascimentos illegitimos!

Para illudir os fieis, não forão esquecidos, porém, os relatorios de suas piedades e virtudes!

Esses relatorios, preconisando a caridade praticada na cidade santa, fallão das casas de meninos expostos, creaturas infelizes, que são salvas, alimentadas, vestidas e educadas pelós frades e freiras de Roma!

Nesses proprios relatorios se acha a prova mais convincente dos vicios que dominão a cidade pontificia!

O numero dos expostos recebidos durante uma serie de 10 annos subio a 34,689? A razão média annual é de 3,470!

Para se conhecer, porém, a enormidade de tudo isso, cumpre lembrar, que o termo médio da população dessa cidade, contando-se frades e freiras, bispos, padres e outros ecclesiasticos, que se devem reputar como população não productiva, e que estão sempre affluindo alli de todas as partes, especialmente da Italia, era de cerca de 153,678 almas.

Das pesquizas feitas por Bowring se conclue que o total dos nascimentos devia ter attingido a 4,373.

Ora, o numero de expostos era de 3,160, e isso explica a benevolencia sem igual da parte dos frades e das freiras em proteger esses infelizes; ao mesmo tempo que indica o numero espantoso dos nascimentos illegitimos, ou o numero sem par de mãis desnaturadas e crueis na cidade por essencia *moralisadora*, e donde partem as *lições, os exemplos dos bons costumes e das virtudes!*

Note-se, porém, que a despeito da *edificante caridade* com que são tratados alli os expostos, a mortalidade desses infelizes, nos estabelecimentos respectivos, tem chegado a 73%!

E é de Roma que a virtude, a caridade, o amor do proximo, a moralidade, emfim, nos deve vir!

Seymour nos offerece mais o seguinte quadro comparativo:

« Austria sob a influencia de Roma:

Vienna . . . . 51 %
Praga. . . . . 47 »

Lintz . . . . 46 »
Milão . . . . 32 »
Klagenfurt . . . . 56 »
Gratz. . . . . 65 »
Lembach . . . . 47 »
Leibach. . . . . 38 »
Zara . . . . 30 »
Brun . . . . 42 »

« Prussia libertada da acção clerical romana e sob a influencia de leis civis :

Berlim . . . . 18 %
Colonia . . . . 10 »
Dantzick . . . . 20 »
Magdeburg . . . . 11 »
Aix-la-Chapelle . . . . 4 »
Stettin. . . . . 13 »
Posen. . . . . 16 »
Potsdam. . . . . 12 »

« Diz-se muitas vezes, refere um notavel chronista inglez, que alguns paizes não sujeitos a Roma, como Noruega, Suecia, Saxonia, Hanover e Wurtemberg estão demasiadamente desmoralisados, ainda mais que outros sujeitos ás lições do pontificado de Roma!

« Não é exacto.

« Se a Noruega dá em nascimentos illegitimos 7 a 8 %, a Styria, com igual população, dá 24!

« Se a Suecia com 2,983,144 habitantes dá 7 %, a Alta e Baixa Austria (romana) dão 25!

« Se a Saxonia dá 14 %, a Corinthia (romana) dá 35!

« Se a Dinamarca dá 10 % a provincia romana de Saltzberg dá 22!

« Se o Hanover dá 10 %, Trieste (romana) dá mais de 23!

« Compare-se, finalmente, Wurtemberg com Baviera, sendo que naquella a maioria da população não se regula pelas virtudes romanas, e que esta tem tres quartas partes subordinadas ao pontificado, e se conhece que em Wertemberg a porcentagem é de 12, e na Baviera é de 24! »

Com esses dados, que ficão expostos e que são irrecusaveis, não pretendemos estabelecer superioridade em religião.

Longe disto.

Principios mais santos, incentivos de mais virtude e moralidade ninguem achará que não sejão os ensinados peio martyr do Golgotha, que são os que sinceramente professamos.

O que pretendemos demonstrar, e temos demonstrado com a eloquencia dos algarismos, e firmados em dados estatisticos, é que de Roma não vem nem religião, nem virtude !

De Roma vem o vicio, a retrogradação, o despotismo, e, por conseguinte, todos os males sociaes com o seu cortejo de crimes.

Roma não é religiosa, é politica; e sua politica acha-se exarada na sua actual carta constituinte, o maldito *Syllabus*.

A estatistica, que hoje apresentamos aos leitores, serve apenas para levar a convicção a seu espirito, de que o argumento comesinho dos ultramontanos — de que decretada a inteira liberdade de cultos, a plena liberdade de consciencia, e a independencia do Estado da Egreja de Roma, os costumes do povo se perverteráõ, o crime não achará obstaculo, e assim a sociedade inteira se esphacelerá, é absolutamente falso e nem resiste á menor analyse, consultada a historia.

Os frades de Roma, os jesuitas que de lá nos envião (e que excedem já a 2,000 !), a insidia romana nos confessionarios, não nos trazem o menor beneficio; expõem-nos, ao contrario, á desmoralisação e aviltamento a que a séde do pontificado está reduzida.

Venha, pois, em vez do que hoje nos atraza, o casamento civil, o registro civil, a secularisação dos cemiterios, a liberdade de cultos em toda a sua plenitude. sem o obice de uma Egreja official e privilegiada, e, sem duvida, o estado moral de nosso paiz ha de melhorar consideravelmente.

Com essas medidas, já tão reclamadas pelo paiz, e já tão indeclinaveis, o patriotismo renascerá, a immigração affluirá para o Brazil, a riqueza publica se consolidará, e poderemos então ser contados entre os povos que têm attingido á maior civilisação.

E' indispensavel, para a salvação e prosperidade desta terra, que o espirito do christianismo se confunda com a liberdade. Não é possivel conceber um sem o outro, e isoladamente.

Roma abate o christianismo: armada com o *Syllabus* pretende matar a dignidade dos povos!

« O Evangelho, diz E. Quinet, é o nosso contracto primitivo, e é elle quem faz do simples individuo o cidadão de um paiz de iguaes. »

O que dirá o throno ao parlamento?

Serão attendidas as providencias reclamadas tão instantemente pelo Brazil?

Esperemos!

Rio de Janeiro, 2 de Maio de 1874.

P. S.— Appreciem os leitores o que em seguida transcrevemos da *União*, folha episcopal de Pernambuco, e orgão do condemnado frei Vital de Oliveira!

O poder moderador é severamente chamado a contas pelos padres!

Andar assim!

« Vinte e dous assassinos forão perdoados, e

quatro tiverão commutação de pena. Forão mais perdoados. um prevaricador, um estellionatario e um estu-
prador !

« Eis aqui o caridoso acto com que o clementis-
simo Soberano commemorou a morte daquelle que é
o doutor da justiça !

« Parabens ao paiz, que, graças ao compassivo
coração imperial, já não é crime assassinar !

« Parabens ao paiz, que já desappareceu dentre
nós a antiquada pena de morte, execrando resto da
velha civilisação !

« Parabens ao paiz, cuja auctoridade se gloria da
popularidade de assassinos ! »

Com quanto prazer lerá esse frade este trecho de
sua folha, e ao som da musica com que o governo
imperial o obsequeia em S. João !

XXXVIII.

A falla do throno.

Está aberto o parlamento!

O throno já fez ouvir a sua palavra.

E sobre a mais importante questão da actualidade limitou-se ao seguinte:

« O procedimento dos bispos de Olinda e do Pará sujeitou-os ao julgamento do supremo tribunal de justiça. Muito me penalisa este facto, mas cumpria que não ficasse impune tão grave offensa á constituição e ás leis.

« Firme no proposito de manter illesa a soberania nacional, e de resguardar os direitos dos cidadãos contra os excessos da auctoridade ecclesiastica, o governo conta com vosso apoio e, sem apartar-se da moderação até hoje empregada, ha de conseguir pôr termo a um conflicto tão prejudicial á ordem social, como aos verdadeiros interesses da religião. »

Estas palavras contém tudo, e... nada!

Servem para qualquer procedimento ulterior, e dão lugar a que o gabinete possa, no correr da sessão, manifestar-se como mais convenha á sua segurança no poder!

O muito estudo, para aparentar que um só é
o pensamento do governo, quando infelizmente sobre
a materia em questão cada ministro segue rumo diverso, deu em resultado a extravagante agglomeração
de palavras que esses dous periodos da falla do throno
contém, e que nada encerrão de principios assentados, de estudos feitos, ou, sequer, de desejos de chegar a algum resultado positivo !

Dissemos que a corôa, ante a opinião do paiz,
era o principal responsavel pelos males que da encandescente questão, que traz em sobresalto o paiz,
resultassem.

E o governo expõe a corôa a confirmar esse
pensamento, confundindo o seu dever publico com a
sua particular commiseração, e mais ainda com a celebre promessa de moderação, esquecendo o systema
e com elle a divisão e independencia de poderes !

E' bom affirmar a idéa de que — entre o individuo que exerce o alto encargo de Imperante, e o
caracter deste encargo — a distancia é immensa.

O individuo póde penalisar-se, por ver applicar
a um delinquente uma pena grave, mas o magistrado,
o qual não tem coração e sómente cabeça, deve mostrar-se satisfeito e não pezaroso por ver cumprida a
lei, visto como o seu unico desejo deve consistir na
severidade do cumprimento de seus deveres.

Assim como foi estranhavel que o ministerio do
imperio reiterasse ao bispo de Pernambuco os seus
sentimentos de estima e consideração, quando lhe communicou a decisão do governo, dando provimento ao
recurso das irmandades, — do mesmo modo é estranhavel que na falla do throno, e quando o primeiro
magistrado da nação dá conta ao parlamento de terem sido alguns bispos responsabilisados para serem
devidamente punidos, se mostra por isso penalisado !

Na monarchia constitucional representativa, não ha

commiseração nem benevolencia, porque não sendo permittido o arbitrio, só póde haver justiça.

Os chavões de alta magnanidade, paternal solicitude, grande munificiencia, bondade e protecção, só applicaveis aos reis absolutos, não manifestão, quando usados em uma monarchia representativa, senão a perversão do systema.

Deixemos, porém, estas considerações geraes, e que desgraçadamente tanta applicação têm na phase que o paiz atravessa, e examinemos o que contém esses referidos periodos da falla do throno.

« A auctoridade ecclesiastica tem offendido gravemente a constituição e as leis.

« Essa mesma auctoridade tem menoscabado a soberania nacional, e atacado os direitos dos cidadãos.

« E o governo está no firme proposito de manter illesas constituição, leis, soberania e direitos assim conculcados por excessos dessa auctoridade. »

Assim se affirma na falla do throno.

E é quanto se tem dado.

« Grandes são os crimes commettidos pela horda ultramontana que nos atropella e severo castigo a deve aguardar. »

Não póde ser outra a traducção dessas palavras.

Qual o meio, porém, que a falla do throno lembra para pôr termo a tanto desmando, a tão grande insolencia, a crimes tantos ?

Um só, e que ao governo, suppomos, parece da maior efficacia !

E sabem os leitores em que se encerrão todas as lisongeiras promessas, para manutenção de direitos, defesa da soberania da nação, e acatamento á constituição ?

Proh dolor !

« Na moderação até hoje empregada, e com a

qual se ha de conseguir pôr termo ao conflicto tão prejudicial á ordem social ! »

E assim se escarnece do paiz !

O que é a moderação até hoje empregada?

A nação o sabe já !

E' a procrastinação, é o medo, é a não observancia da lei, é a subserviencia á curia romana, é o arrancar-se um condemnado do poder legitimo da justiça publica para o encher de favores e obsequios, regalando-o á custa do Estado, preterindo assim o principio santo, e de ordem publica, da igualdade perante a lei !

A moderação consiste em ser vilipendiado sem jámais confessar a offensa recebida !

A moderação tem consistido em conservar o povo de Pernambuco fóra da lei, privado de seus templos, sujeito a criminosos e extravagantes interdictos, e ainda (!) regido por um frade criminoso, que, suspenso de exercicio em virtude de lei, exerce as suas funcções ostentosamente, á vista e face e com conhecimento do governo que o tolera e que em premio dá-lhe casa particular por prisão, lisonjea-lhe o paladar com bons acepipes, e o diverte com musica, á custa do trabalho insano de educandos do Estado !

E para não apartar-se dessa moderação, o governo conta com o apoio das camaras !

O governo, que na sessão passada do parlamento affirmava que—se achava armado até os dentes para conter o episcopado rebelde — o governo, que entretanto continuou a ser ludibriado por esses bispos, e, como suprema medida, entregou dous dos muitos culpados ao supremo tribunal de justiça para serem responsabilisados, dizendo ao mesmo tempo que nada mais lhe era permittido, vem de novo, e sendo seu orgão o throno, proclamar-se habilitado com essa sua moderação para pôr termo ao conflicto tão prejudicial

á ordem social, como aos verdadeiros interesses da
religião!

Deste modo se pretende illudir duplamente o
povo.

Em primeiro lugar, affirmando-se que com as
nossas leis ordinarias se póde pôr termo ao conflicto;
e em segundo lugar dando á questão o caracter rigorosamente religioso, que ella não tem, e de que,
aliás, se lança mão para abafar no espirito do povo
o justo resentimento de que se acha elle possuido,
por se ver abandonado do governo, e por ver pre-
teridos todos os seus direitos!

Depois do chamado concilio ecumenico do Vaticano, as leis da Egreja de Roma tomárão um caracter singularissimo, o qual, fundado em uma celeberrima infallibilidade, as constituirão em impossivel
harmonia com as de todos os paizes livres.

A liberdade de consciencia e do culto, o beneplacito, a liberdade de imprensa, a secularisação dos
cemiterios publicos, a regularisação do casamento
pelas leis civis, os registros do estado civil pelas auctoridades civis, foi tudo condemnado!

A nossa constituição politica e leis civis forão
anathematisadas pela curia romana, a qual, além
de tudo, ainda quer chamar a si o julgamento de
todos os actos do seu clero!

A condemnação não póde ser revogada, porque
o tal dogma da infallibilidade o não permitte.

Sendo assim, o conflicto permanecerá, e sem
poder ser remediado!

O governo, sem attenção á dignidade do paiz,
mandou já emissarios a Roma os quaes só obtiverão
do rei dos reis, do homem divino, e do senhor absoluto do universo, o mais degradante desdem; e,
para coróar a obra, um — ETC. — formidavel, logo

após do *gesta tua non laudantur*, que até o presente não passa de um indecifravel enigma! ·

Como, pois, promette o governo na falla do throno pôr termo ao conflicto, apenas usando de sua moderação?

E' claro, portanto, que com tal promessa quer-se illudir o paiz, a quem aliás se deve toda a sinceridade.

Ninguem o pódc impunemente enganar: cedo ou tarde vem a verdade, e os mentirosos são castigados.

Quaes são os verdadeiros interesses da religião?

Por ventura consistiráõ no estabelecimento da idolatria ao pontificado romano?

O papismo é, ou foi nunca o catholicismo?

O o que tem a religião propriamente dita com o Estado?

Não podem ambas viver independentes?

E não será dessa independencia que resultará a paz, a ordem e a prosperidade da mesma religião?

Como conseguirá sómente a moderação estabelecer e firmar essa independencia?

Infeliz povo!

Como estás sendo mystificadu?

Porque não se ha de dizer a verdade?

Fatal casamento do throno e altar, a quanto arrastas os que te procurão!

Ainda uma grande inconveniencia e inexactidão se nota na falla do throno.

« Só dous bispos, diz ella, se collocáráõ nas condições de sujeição ao supremo tribunal de justiça. »

E os do Rio de Janeiro, Rio Grande do Sul, Marianna, Diamantina e Ceará, e o arcebispo da Bahia?

Têm estes feito menos do que os dous escolhidos pelo governo?

O crime mais grave, e cuja punição é mais

reclamada pelo legitimo interesse do paiz, é o da preterição do preceito constitucional do beneplacito, fazendo executar no Imperio, sem conhecimento e nem annuencia dos poderes do Estado, os decretos de Roma.

E' disso que todo o mal nos vem. Não é uma questão de maçonaria, como inculcão os padres impertinentes e de má fé, que defendem a infallibilidade de Pio IX.

A luta se travou entre o poder de Roma e o nosso poder civil; e aquelles bispos e arcebispo, rasgando a constituição politica do Imperio, derão execução a breves pontificios, independente de beneplacito.

Todos elles em suas funcções publicas deixárão de cumprir a lei, e lei constitucional, e todos são por conseguinte criminosos.

Porque não forão todos elles sujeitos áquelle tribunal?

Mas, dirão: os do Pará e Pernambuco, não se submettêrão a uma ordem do poder executivo, e por isso devião ser castigados de preferencia!

Mas isto é aviltar o systema politico do Imperio, se não traduzir, na mais feia realidade, todas as apparencias constitucionaes, com que se mystifica a nação.

A offensa ao poder executivo merece mais positiva punição do que a que é feita accintosamente á constituição do Estado!

Proh pudor!

Escolher, portanto, dentre todos os criminosos sómente dous, é um arbitrio intoleravel; mas que se explica pela falta de coragem, e pela nenhuma consciencia das falculdades legaes de que dispõe a alta administração do Estado.

Com tão pouco criterio forão lançados os dous periodos da falla do throno, a que nos referimos —

que até inculca ser o supremo tribunal de justiça—
simples referendario da sentença da condemnação dos
bispos !

Diz esse documento, referindo-se ao desregra-
mento dos bispos do Pará e de Pernambuco:

« Muito me penalisa esse facto, mas cumpria
que não ficasse impune tão grave offensa á constituição e ás leis. »

Note-se que um delles ainda não foi julgado!

Por honra do supremo tribunal de justiça, sem
duvida credor, em toda essa questão, dos maiores
elogios pela dignidade e independencia do seu comportamento, não admittimos uma tal intelligencia, e
estamos certos de que a propria coróa, como o governo, a repellem : queremos apenas fazer sensivel que
ao lançar estes dous periodos, o governo, pelas fataes
divergencias que reinão entre os membros do gabi-
note, por tal modo se embaraçou, tanto quiz illudir
a questão, com tanta precipitação quanto pouco criterio precedeu, que lançou nessa falla do throno
todas essas banalidades sem merito, sem significação,
e de tão dubio sentido!

O silencio guardado ao encerrar a passada sessão do parlamento equivale ás palavras, que, inter-
rompendo esse silencio, forão agora proferidas !

A falla do throno deixou o paiz, presentemente,
mais apprehensivo do que estava já !

O Imperio caminha sempre incerto, de decepção
em decepção !

Nenhuma reclamação publica é satisfeita, as
questões de mais urgente solução ficão adiadas !

O povo pergunta ao governo :

O *Syllabus* é lei no Brazil? e . . .

Jesus autem tacebat !

Teremos, como o reclamão gravissimos interesses do Estado, o casamento civil, o registro civil, a secularisação dos cemiterios?

Jesus autem tacebat !

A Egreja romana com o seu *Syllabus* e infallibilidade continúa a ser a do Estado? e ainda . . .

Jesus autem tacebat !

O governo é mudo; a falla do throne não o diz ao parlamento !

E o povo continúa a ignorar para onde o querem conduzir ?

As camaras legislativas não guardaraõ o mesmo silencio. Alli se ouvirá alguma cousa, e a discussão determinará o nosso juizo.

Aguardamos, pois, a discussão no parlamento, e voltaremos á imprensa para acompanhar como nos cumpre, os debates.

E se nem o parlamento fallar?

Fallará o povo, o qual vai-se tornando impaciente pelo desdem com que é tratado.

Dia virá em que a soberania da nação se manifeste em todo o seu legitimo poder e esplendor.

Então ninguem mais ousará mystifica-la.

Brevemente serão levadas ao parlamento representações do povo exigindo as medidas imprescindiveis para a garantia de seus direitos, e com o fim de liberta-lo do insupportavel jugo romano que o escravisa,

Ainda uma vez usa da faculdade que lhe confere a constituição.

Suppre com os seus reclamos o silencio dos que tinhão por stricto dever proferir uma palavra decisiva !

Esgotados esses meios ordinarios, restará a acção positiva e directa de sua soberania.

O povo quer ordem.

Mas a paciencia se esgota.

Não o precipitem.

A justiça pelas proprias mãos é sempre terrivel.

Com este, concluimos a segunda serie de nossos artigos.

Começaremos a terceira logo que nas camaras se tratar da materia de que nos temos occupado.

Rio de Janeiro, 6 de Maio de 1874.

FIM DA SEGUNDA SERIE.

INDICE.

———

478